D1687563

Geschichte imBuch

Israel

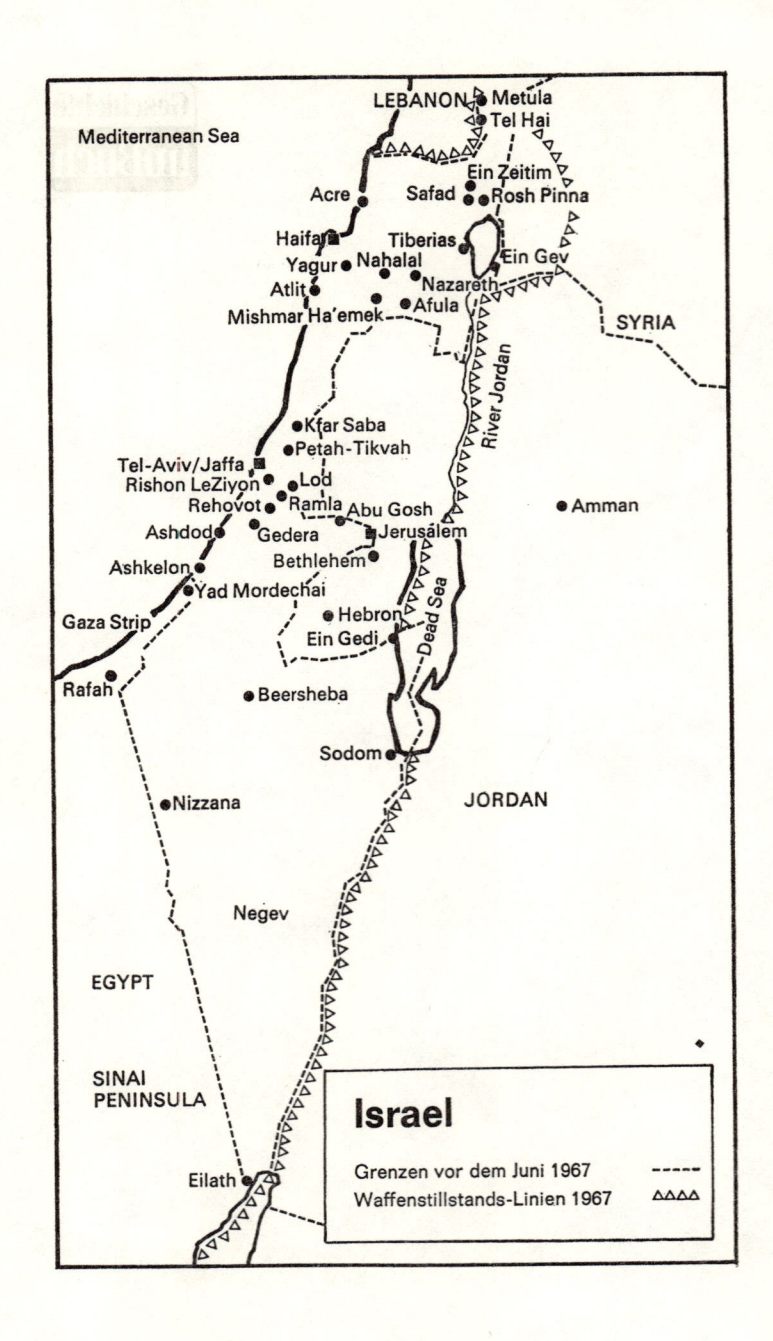

Grenzen vor dem Juni 1967   -----
Waffenstillstands-Linien 1967   △△△△

Jigal Allon

...und David ergriff die Schleuder

Geburt und Werden der Armee Israels

Mit einem ergänzenden Nachwort des Autors
für die deutsche Ausgabe

Aus dem Englischen übersetzt von
ARTHUR MANDEL

Colloquium Verlag Berlin

Meinen Eltern, Chaja und Ruben Paikowitsch,
Pionieren beim Wiederaufbau des Landes Israel

Die englische Originalausgabe erschien 1970 unter dem Titel
The Making of Israel's Army bei Vallentine, Mitchell & Co. Ltd., London

© 1971 Colloquium Verlag Otto H. Hess, Berlin
Satz und Druck: Rudolf Meier, Berlin
Schrift: Linotype Garamond
Einband: Schöneberger Buchbinderei, Berlin
Buchausstattung: Rudolf Hübler
Printed in Germany · ISBN 3 7678 0300 3

Vorwort

Bescheidenheit ist gewöhnlich keine Zier von Generälen, die zur Feder greifen. Niemand würde jedoch aus der Lektüre von Jigal Allons Buch erraten, welch hervorragende Rolle er bei der Gründung der Armee und des Staates Israel gespielt hat. Er nennt sich selbst nur selten, und lediglich die Pflicht des Geschichtsschreibers ließ ihn seine eigenen Briefe und Befehle unter die zitierten Urkunden aufnehmen, die ein einzigartiges Licht auf die Entwicklung der frühesten Kämpfe Israels werfen. Allon ist eine der bedeutendsten Persönlichkeiten Israels, im Ausland aber weitgehend unbekannt. Es ist charakteristisch für ihn, daß er sein Buch nicht dazu benutzte, seinen eigenen Beitrag zur Geschichte herauszustreichen.

Allon ist ein Sabra, ein gebürtiger Israeli, und — ungewöhnlich selbst für Sabras — nicht nur seine Eltern, auch schon seine Großeltern lebten in Palästina. Er kam im Jahre 1918 in einer von seinen Eltern mitbegründeten Siedlung in Galiläa zur Welt. In den unruhigen dreißiger Jahren verdiente er sich bei der Verteidigung jüdischer Ortschaften gegen arabische Angriffe die ersten Sporen. Er wuchs in der *Haganah* auf, deren Geschichte er hier schreibt und deren Elitetruppe, den *Palmach*, er gründen half. In den letzten Jahren des zweiten Weltkrieges diente er im *Palmach* und wurde 1945 im Alter von sechsundzwanzig Jahren dessen Befehlshaber, eine Stellung, in der er praktisch Kommandeur der gesamten israelischen Streitkräfte war. Allon war nicht nur für die Kämpfe gegen die Araber und die englische Okkupationsmacht verantwortlich, sondern auch für die gegen den Willen Englands organisierte illegale Immigration und die gleichfalls illegale Anlage neuer Siedlungen, die oft tief in arabischen Wohngebieten lagen und verteidigt werden mußten, während sie errichtet wurden.

Nach Ablauf des englischen Palästina-Mandats hing die Existenz der Juden einzig von der Macht ihrer Waffen ab. Aus dem ersten arabisch-jüdischen Krieg 1948/49 ging Allon als der bedeutendste Feldherr Israels hervor. In den ersten Monaten des Krieges organisierte er die Verteidigung Ostgaliläas und befehligte die Aktion, die diesen Teil des Landes mit der Stadt Safed dem jungen Staat rettete. Später stand er an der Spitze der Truppen, die den Weg nach Jerusalem offenhielten und an der Zentralfront die Armee von Transjordanien daran hinderten, das Land in zwei Teile zu zerschneiden. Schließlich leitete er die Operationen gegen Ägypten, die den Negev mit Elath, dem lebenswichtigen Zugang Israels zum Roten Meer, für Israel sicherten. Es waren Allons militärische Unternehmungen, denen Israel nicht nur seine Existenz, sondern auch seinen Bestand als lebensfähiger Staat zu einem großen Teil zu verdanken hat.

Mit dem Anbruch des unruhigen Friedens wandte sich Allon seiner Ausbildung als Staatsmann zu. Nach fünf Studienjahren an israelischen und englischen Universitäten wurde er im Jahre 1954 in die *Knesseth*, Israels Parlament, gewählt und ist seither eine Hauptfigur im politischen Leben des Landes, in Krieg und Frieden eine der einflußreichsten Stimmen in Israels Staatsrat. Sein Buch ist nicht nur eine akademische Studie von Israels militärischer Entwicklung — es gewährt auch aufschlußreichen Einblick in das Denken und den Geist eines Mannes, der noch auf lange Zeit hinaus dazu berufen ist, eine Hauptrolle im politischen Geschick des Nahen Ostens zu spielen.

Das Buch ist von fesselndem Interesse für den Militärtheoretiker und den Historiker. Israels Armee entstand im Kampf. Sie besteht — nach Jigael Jadins Worten — „aus regulären Soldaten, die elf Monate im Jahr auf Urlaub sind". Sie war und ist erfrischend frei von traditionellem Ballast. In ihren ersten Jahren war sie bestimmt von einer Synthese zwischen der Mentalität der englischen Armee, in der so viele Juden gekämpft hatten, und der gelockerten Disziplin des *Palmach*, einer Synthese, die den schwersten Prüfungen standhielt und in ihnen geläutert wurde. Israel hat nicht nur fremde Waffen, sondern auch fremde militärische Ideen angenommen, vor allem die des verstorbenen Sir Basil Liddell Hart, und sie seinen eigenen Bedürfnissen angepaßt. Heute ist seine Armee eine einzigartige, erfolgreiche Militärorganisation, die sich besonders seit dem Sechstagekrieg eines weltweiten Prestiges erfreut. Allon schreibt für sein Volk, nicht für Ausländer, schon gar nicht für Engländer. Seine Darstellung der Methoden der englischen Mandatsverwaltung und des jüdischen Widerstandes gegen sie ist nicht leidenschaftslos, und nicht nur der arabische Leser wird betroffen sein, wenn er von der „Befreiung" arabischer Städte und Bevölkerungszentren im Jahre 1948 erfährt. Allon scheint sich, wenn er von der „Befreiung" eines Territoriums von seiner jahrhundertealten Bevölkerung spricht, der darin liegenden Ironie ebenso wenig bewußt zu sein wie die Mehrheit seiner Landsleute. Aber, wie er sagt, die Juden kämpften damals mit der Verzweiflung von Menschen, für die es „keine Alternative" gibt. Sie tun es auch heute noch.

Michael Howard

Vorbemerkung des Autors

Das vorliegende Buch entstand aus meinem Beitrag zu *The Theory and Practice of War: Essays presented to Captain B. H. Liddell Hart on his seventieth birthday**. Es versucht, auf begrenztem Raum die Entwicklung der israelischen Militärdoktrin darzustellen, und zwar von der Zeit an, als die ersten jüdischen Siedlungen gegen Ende der siebziger Jahre des 19. Jahrhunderts ihre Verteidigung organisierten, bis zum Sechstagekrieg und darüber hinaus. Das Buch ist keine Militärgeschichte dieser Zeit, die kriegerischen Ereignisse werden nur erwähnt, um ihren Einfluß auf die Entwicklung der israelischen Militärdoktrin und deren Rückwirkung auf die Ereignisse aufzuzeigen.

Das Buch enthält einen großen Teil nichtmilitärischen, hauptsächlich politischen und sozialen Materials. Dies war unvermeidlich aufgrund des untrennbaren Zusammenhanges der politischen, sozialen und wirtschaftlichen Aspekte der Entwicklung der jüdischen Gemeinschaft und des jüdischen Staates mit der allmählichen Entwicklung der Strategie und dem Werden der Armee. Nichtmilitärische Gesichtspunkte wurden aber nur berücksichtigt, wenn sie militärische Maßnahmen beeinflußten oder von ihnen beeinflußt wurden.

In den zweiten Teil des Buches habe ich eine Reihe von Dokumenten und Berichten aus der Zeit von der Gründung der *Haganah* bis zum Sechstagekrieg aufgenommen. Sie sollen den Leser sozusagen von innen her mit den Prinzipien, den Methoden und dem Geist vertraut machen, die die Entwicklung des israelischen Verteidigungsheeres bestimmten und beseelten.

Ich hoffe, daß dieses Material zusätzliche Argumente für die Art

---

* Zur Theorie und Praxis der Kriegsführung, eine Sammlung von Aufsätzen, veröffentlicht anläßlich des 70. Geburtstages von Hauptmann B. H. Liddell Hart.

und Weise liefert, in der ich das Werden der israelischen Armee darstelle. Für ihre Hilfe bei der endgültigen Fassung des Buches bin ich in erster Linie Frau Professor Dorothea Krook von der englischen Abteilung der Hebräischen Universität Jerusalem zu Dank verpflichtet, die das Manuskript sorgfältig durchsah und durch wertvolle Hinweise und Anregungen zum Gelingen beitrug. Auch Herrn Gabriel Cohn, Mitglied der *Knesseth*, möchte ich Dank sagen für sein Interesse und seinen Beistand bei der Auswahl der im zweiten Teil des Buches enthaltenen Dokumente. Mein obenerwähnter Beitrag zu *The Theory and Practice of War* ist hier mit freundlicher Erlaubnis des Verlages Cassel, London, abgedruckt, dem ich hierfür meinen Dank ausspreche.

Jerusalem, im August 1969   Jigal Allon

Der Judenstaat ist als ein neutraler gedacht. Er braucht nur ein Berufsheer — allerdings ein mit sämtlichen modernen Kriegsmitteln ausgerüstetes — zur Aufrechterhaltung der Ordnung nach außen wie nach innen.

Theodor Herzl, *Der Judenstaat*, 1896

Erster Teil
Die Verteidigung des Landes

Vor der Staatsgründung

Israels Armee wurde am 31. Mai 1948 offiziell ins Leben gerufen. Während der voraufgegangenen fünf Monate hatte die *Haganah*[1] einen Verteidigungskrieg gegen lokale, von Freischärlern aus den benachbarten Ländern unterstützte arabische Guerillas geführt. Zwei Wochen vorher, am 15. Mai 1948, war — dem Beschluß der Vereinten Nationen vom 27. November 1947 gemäß — das britische Mandat über Palästina erloschen; der Staat Israel war ausgerufen und das neuerstandene Staatswesen von den regulären Armeen sechs arabischer Staaten überfallen worden. Bei den Invasionsländern handelte es sich um Ägypten, Transjordanien, den Irak, Syrien und den Libanon; der ägyptischen Armee angeschlossen waren einige Militäreinheiten Saudiarabiens. Einen jüdischen Staat auszurufen, schien angesichts der erdrückenden Übermacht der vereinigten arabischen Kräfte, die offen mit seiner Zerstörung drohten, sehr gewagt, wenn nicht tollkühn zu sein, und daß es geschah, ist nur im Licht der zu diesem Zeitpunkt nahezu siebzigjährigen Geschichte der jüdischen Streitkräfte zu verstehen, die sich aus kleinen Anfängen zur siegreichen Armee des Sechstagekrieges entwickeln sollten.

Bezeichnend für diese Entwicklung war, daß die jüdischen Streitkräfte (ob nun als illegale oder halblegale Einheiten unter türkischer und englischer Herrschaft oder später als legale und reguläre Armee) immer in enger Wechselbeziehung zu der jüdischen Bevölkerung Palästinas standen und mit deren sozialem, politischem und wirtschaftlichem Aufstieg Schritt hielten. Ein

---

[1] *Haganah* (hebräisch, Verteidigung) war der Name der geheimen Selbstwehrorganisation der jüdischen Bevölkerung Palästinas unter dem britischen Mandatsregime. Sie unterstand der Kontrolle der gewählten Instanzen der Zionistischen Weltorganisation.

ähnliches Band verknüpfte die zivilen und militärischen Sektoren der jüdischen Wiederbesiedlung. Die Bevölkerung und die von ihr gewählten Landes- und Lokalbehörden versahen die *Haganah* mit Menschen und mit Kapital, mit strategischen Stützpunkten, mit ideologischer Motivierung und politischer Autorität und ermöglichten ihr damit die Errichtung und Erhaltung ihres Apparats und die kontinuierliche Durchführung ihrer Aufgabe. Die *Haganah* wiederum gab der jüdischen Bevölkerung und der Zionistischen Organisation ein im Einzelfall und allgemein einsetzbares Abwehrorgan in die Hand, das für sie mit der Zeit ein ständig und allerorten verfügbares militärisches Hilfsmittel zur Ausführung ihrer immer kühneren politischen Pläne und Siedlungsprojekte werden sollte.

Schon in den achtziger Jahren des vorigen Jahrhunderts, als das Land noch unter türkischer Oberhoheit stand und die jüdische Bevölkerung kaum einige wenige Zehntausende zählte[2], begannen sich lokale „Zellen" zur Abwehr von Raub, Diebstahl, Plünderung, Mord und Vergewaltigung zu bilden, die zwar meistens unpolitisch waren, indirekt aber politische Bedeutung hatten. Da die Juden sich nicht auf die türkischen Behörden verlassen konnten, mußten sie sich damit abfinden, daß sie zum Schutz ihres Lebens, ihrer Frauen, ihres Besitzes und des bloßen Rechtes, im Heiligen Lande zu leben, auf sich selbst angewiesen waren. So entstanden um die Jahrhundertwende mehrere paramilitärische Einheiten bestimmter politischer Färbung, von denen die stärkste der *Haschomer* (Der Wächter) war, der Vorläufer der *Haganah*. Hier wurde zum erstenmal nicht mehr in Lokalmaßstäben gedacht: diese Einheiten stellten sich freiwillig für den Schutz der jüdischen Siedlungen im ganzen Lande zur Verfügung, wie entlegen sie auch waren, ja, je entlegener desto eifriger. Gemeinsam mit den Siedlern und lokalen Jugendgruppen übernahmen sie die Verteidigung dieser isolierten Dörfer, ihrer Felder und Plantagen.

Im ersten Weltkrieg, besonders nach dem Erlaß der Balfour-

---

[2] Mehr als die Hälfte der 24 000 Juden lebten in Jerusalem, die anderen fast alle in Hebron, Safed, Tiberias, Jaffa und Akko.

Deklaration³ und dem Eintritt der Vereinigten Staaten in den Krieg, wurden die palästinensischen Juden von den Türken (zu Recht) der Illoyalität und der Zusammenarbeit mit den Engländern verdächtigt. Als die NILI-Gruppe⁴ aufflog, deren Mitglieder, fast ausnahmslos junge jüdische Siedler, für die Engländer Kundschafterdienste im Lande leisteten, lösten die Türken alle militärischen und paramilitärischen jüdischen Organisationen auf und verbannten die Bewohner der jüdischen Siedlungen, die sich im Süden, nahe bei Ägypten befanden (von wo die Engländer heranrückten), in den Norden, nach Galiläa. Damals entstanden die ersten jüdischen Bataillone in der englischen Nahostarmee. Sie setzten sich aus Freiwilligen und dienstpflichtigen Rekruten aus Palästina, England und Amerika zusammen und gaben jungen Juden eine erste Gelegenheit, aus nächster Nähe eine gute militärische Ausbildung und Organisation kennenzulernen. Es war ihnen zudem möglich, eine gewisse Menge leichter Waffen und anderen Materials beiseitezuschaffen, was ihnen später sehr zugute kommen sollte.

Kurz nach Kriegsende übertrug der Völkerbund das Palästina-Mandat Großbritannien. Der Aufbau des jüdischen Nationalheims gewann nun mit einer verstärkten Einwanderung und Ansiedlung praktische Formen, die arabisch-jüdische Spannung nahm einen mehr politischen Charakter an. Die antijüdische Feindseligkeit war zunächst nur auf einen kleinen Teil der

3 Die Balfour-Deklaration (1917) ist die bekannte Erklärung des englischen Kriegskabinetts unter Lloyd George, in der die englische Regierung ihre „Sympathie mit den jüdisch-zionistischen Bestrebungen" ausspricht und ausdrücklich feststellt, daß sie „die Errichtung eines jüdischen Nationalheims in Palästina mit Wohlwollen betrachtet und die größten Anstrengungen machen wird, die Erreichung dieses Zieles zu erleichtern". Die Erklärung war hauptsächlich das Werk von Dr. Chaim Weizmann und das Ergebnis seiner langjährigen diplomatischen Bemühungen. Sie trägt das Datum vom 2. November 1917 und ist in Brieform an Lord Rothschild gerichtet; ihr Verfasser war Lord Arthur Balfour, dem als Außenminister eine führende Rolle bei der Entscheidung des englischen Koalitionskabinetts zufiel, sich auf die Förderung eines jüdischen Nationalheims in Palästina festzulegen.
4 NILI, die Anfangsbuchstaben des Bibelverses „*Nezach Jisrael Lo Jeschaker*" („Der Held in Israel lügt nicht"). (I Samuel XV, 29.)

Araber beschränkt, griff aber bald weiter um sich, besonders nach der Vertreibung König Feisals I. aus Damaskus[5] und angesichts der zögernden und schwankenden Haltung gewisser Kreise der Mandatsregierung. Wenn diese Feindseligkeit auch nie alle Araber erfaßte, wurde sie doch von nun an zu einer permanenten Begleiterscheinung der palästinensischen Wirklichkeit und beeinflußte die Entwicklung der jüdischen Verteidigung in entscheidender Weise.

Die Zeit zwischen den beiden Weltkriegen (1920—1939) war von einer Reihe arabischer Angriffe auf jüdische Siedlungen und Bevölkerungszentren charakterisiert, den sogenannten „arabischen Unruhen", die einander in immer stärkerem Ausmaß, besser ausgerüstet und unter geschickterer Führung in drei Wellen folgten: 1921, 1929 und 1936 bis 1939. Im allgemeinen griffen die Engländer ein, um Ruhe und Ordnung wiederherzustellen, aber manchmal verhielten sie sich „neutral", und selbst dort, wo sie helfen wollten, dauerte es oft Stunden und Tage, ehe sie die bedrohten Gebiete erreichten[6]. Da die Juden nicht ausschließlich

[5] Emir Feisal (später erster König des Irak) stand mit T. E. Lawrence an der Spitze des arabischen Aufstands gegen die Türken. Als Thronfolger des Königs von Hedschas, seines Vaters, Scherif Husseins, des Führers der damaligen arabischen Nationalisten, vertrat Feisal die Araber auf der Pariser Friedenskonferenz von 1919. Er unterstützte die Balfour-Deklaration und akzeptierte das englische Mandat über Palästina, in dem festen Glauben, daß die Araber in den restlichen Teilen des Nahen Ostens ihre Unabhängigkeit erhalten würden.
[6] Nach dem Hebron-Massaker von 1929, das 59 Juden das Leben kostete, veröffentlichte die Londoner *Times* den folgenden Bericht eines Augenzeugen: (Freitag, den 30. August 1929) „Das erste Gebäude, das angegriffen wurde, war ein großes jüdisches Haus in der Hauptstraße; die Bewohner hatten sich eingeschlossen, öffneten aber aus unbekannten Gründen das Tor, um zwei Knaben herauszulassen, die an Ort und Stelle erschlagen wurden. Der rasende Mob drang in das Haus ein und schlug oder stach die dort Befindlichen tot. Die Ortspolizei, die aus einem englischen und zwei arabischen Offizieren und 30 arabischen Polizisten bestand, tat alles, um dem Treiben Einhalt zu gebieten, aber der Mob war außer Rand und Band, überfiel jüdische Häuser und erschlug die Bewohner — Männer, Frauen und Kinder. Die Polizei machte von der Schußwaffe Gebrauch, aber erst nach dem Eintreffen von zwölf englischen Polizisten und zwölf Mann der Royal Air Force

mit dem Beistand der Behörden rechnen konnten, blieb ihnen nichts anderes übrig, als eine eigene Militärorganisation aufzustellen. Diese wurde von der Regierung gesetzlich verboten, aber die Juden ließen sich nicht abschrecken, und so entstand die *Haganah*. Die jüdischen Verteidigungskräfte waren inzwischen durch neue Einwanderer, besonders aus Osteuropa, nicht nur zahlenmäßig, sondern auch qualitativ verstärkt worden. Die Neuankömmlinge, meistens begeisterte, junge Idealisten, waren aufgrund der Verteidigung osteuropäischer Gettos gegen antisemitische Pogrome mit illegaler paramilitärischer Taktik vertraut. Die Anlage und Entwicklung der zionistischen Pioniersiedlungen waren von Anfang an mindestens teilweise von politisch-strategischen Überlegungen bestimmt. Der Siedlungsort wurde nicht nur in Anbetracht seines wirtschaftlichen Potentials gewählt, sondern auch (und oft hauptsächlich) im Hinblick auf seine Verteidigungsmöglichkeiten, die allgemeine Siedlungsstrategie (Schaffung einer politischen jüdischen Präsenz in allen Teilen des Landes) und die Rolle ganzer Siedlungsblöcke in einem kommenden, möglicherweise entscheidenden Kampf. Dementsprechend wurden solche Ländereien angekauft oder, wenn sie herrenlos waren, einfach urbar gemacht, die in entlegenen Landesteilen inmitten arabisch bevölkerter Gebiete lagen, womöglich nahe der Grenze. Die Siedlungen — Bauerndörfer, *Kibbuzim*[7] und *Moschawim*[8] — waren daher nicht nur räumlich, sondern auch durch topographische und demographische Hürden voneinander getrennt, wozu noch die politischen Hindernisse kamen, die die Mandatsmacht ihnen in den Weg legte. Jede Siedlung hatte daher eine *Haganah*-Feste zu sein. Die administrativen und

aus Jerusalem konnte die Ruhe wiederhergestellt werden."
7 *Kibbuzim* (Einzahl *Kibbuz*): kollektive Pioniersiedlungen mit gemeinsamem Eigentum, genossenschaftlicher Lebensweise, sozialer Gleichberechtigung und gegenseitiger Verantwortung und direkter demokratischer Mitbestimmung der Mitglieder.
8 *Moschawim* (Einzahl *Moschaw*): eine andere Form von Kollektivsiedlung mit teilweiser Beibehaltung des Privateigentums, aber — wie im *Kibbuz* — starker Betonung gegenseitiger Hilfe auf genossenschaftlicher Grundlage.

landwirtschaftlichen Pläne und Anlagen waren mit den militärischen eng verknüpft, und das Budget hatte für Schwert und Pflugschar aufzukommen.
Die Unruhen von 1936 und 1939, die von dem Jerusalemer Großmufti Hadschi Emin el Husseini initiiert worden waren (er fand später in Nazi-Deutschland Zuflucht), kosteten die jüdischen Gemeinden viele Opfer und richteten schweren Schaden an, beschleunigten aber gerade dadurch den weiteren Ausbau der *Haganah*. Die arabischen Guerillaformationen nahmen im Laufe der Ausschreitungen an Zahl und Stärke zu, während die britischen Kräfte (mit ehrenwerten Ausnahmen) entweder nicht willens waren, die Terrorausbrüche zu unterdrücken — wie es in Anbetracht der von der Mandatsmacht übernommenen Aufgabe ihre Pflicht und Schuldigkeit gewesen wäre —, oder aber in ihrer Ratlosigkeit weit über das notwendige Maß hinausgingen. Die *Haganah* war sich der neugeschaffenen Situation und der damit verbundenen Gefahren voll bewußt: die Ausschreitungen mußten unverzüglich aufhören, sollten sie nicht viel ernstere Formen annehmen. Dies hätte unvermeidlich einen Zusammenstoß auf der ganzen Linie hervorgerufen, zu einer Zeit, da die Araber durch ihre zahlenmäßige Überlegenheit, die territoriale Verbindung mit den arabischen Nachbarländern und die Neutralität — wenn nicht indirekte Unterstützung — der Engländer dreifach im Vorteil gewesen wären. Eine weitere Folge davon hätte in der Untergrabung der jüdischen Position im Lande oder dem Überhandnehmen einer der Balfour-Deklaration und dem Mandat unfreundlichen Haltung in London bestanden. Die jüdische Verteidigungspolitik konnte sich daher nicht länger auf den Schutz von Leib und Leben, von Hab und Gut beschränken, sondern hatte sich auch auf die aus dem Gebot der politischen Selbsterhaltung erwachsenden Aufgaben zu erstrecken.
Zwei Schritte der Engländer kamen der *Haganah* in dieser Lage sehr zustatten. Der eine war die offizielle Gründung einer jüdischen Siedlungspolizei (*Jewish Settlement Police*, JSP), die aus drei Teilen bestand: a) einer kleinen Anzahl motorisierter, von den Mandatsbehörden bezahlter und bewaffneter Einheiten zur

Übernahme aller lokalen Sicherheitsdienste; b) einer zahlenmäßig größeren Sonderpolizei, die die Waffen der motorisierten Einheiten zu ihrer Ausbildung oder auch im Notfall gebrauchen durfte; c) mobilen, gleichfalls von der Regierung unterhaltenen Einheiten für bestimmte Zonen, mit der Aufgabe, an Wegen und Feldern Streife zu gehen, angegriffenen Siedlungen zur Hilfe zu kommen und arabische Guerillas auf ihrem Wege zu jüdischen Siedlungen oder auf dem Rückzug abzufangen.

Der andere, inoffizielle, aber nicht minder bedeutsame Schritt war die Berufung von Hauptmann (später General) Orde Wingate nach Palästina durch die Irak Petroleum Company, deren zur Haifaer Raffinerie führende Erdölleitung von arabischen Guerillas schwer beschädigt worden war. Zu ihrem Schutz wurde eine Wingate unterstehende, gemischt jüdisch-englische Truppe aufgestellt, die *Special Night Squads* (SNS), die für ihre Aufgabe jedoch zu klein und nicht ausreichend bewaffnet war. Wingate knüpfte daher geheime Beziehungen zu ähnlichen Einheiten der *Haganah* an und entlieh häufig Waffen aus deren Arsenal, zwecks gemeinsamer Durchführung der meist nächtlichen, sich tief ins Innere von Galiläa erstreckenden Kontrollgänge beiderseits der Ölleitung. Die illegalen Einheiten tauchten dann im Morgengrauen unter, während die legalen zu ihrem Ausgangspunkt zurückkehrten.

Beide Polizeiformationen, JSP und SNS, die eine legal, die andere halblegal, wurden jüdischerseits von der *Haganah* gestellt und dienten ihr als Deckmantel für Ausbildung und Aktionen. Die Ankunft von Wingate, seine ungewöhnliche, von der Bibel inspirierte Begeisterung für den Zionismus, dazu seine unkonventionellen militärischen Gaben, verbunden mit großem persönlichem Mut, waren für die jungen Kämpfer der *Haganah* ein Erlebnis von historischer Tragweite. Sie sahen in Wingate den idealen Engländer ihrer Träume, der die Erzählungen der Bibel sozusagen mit der Muttermilch eingesogen hatte und in der Botschaft der Propheten keinen mumifizierten Text, sondern lebendige Wahrheit sah. Volk und Land der Bibel waren ihm ein unteilbares Ganzes. Das Land Israel wurde zu seiner großen

Liebe, und in seiner einfachen, selbstverständlichen Art stellte er sich rückhaltlos in den Dienst der jüdischen Sache.

Wingates jüdisches Gegenstück und sein Mitarbeiter in der *Haganah* war Jizchak Sadeh, ein militärisches Genie ersten Ranges, einer der großen Feldherrn der jüdischen Geschichte, Vater moderner Kriegskunst und Nestor der meisten jungen Kommandeure Israels, einschließlich meiner selbst. Zusammen führten die beiden eine taktische Reorganisation der *Haganah* durch, lehrten sie, weit entlegene Felder, Plantagen und Wege zu überwachen und zu sichern, dem Feind aufzulauern und durch Angriffe auf seine Stützpunkte seine Initiative zu lähmen. Sie brachten dadurch die *Haganah* aus den Schützengräben heraus und hinter den Drahtverhauen hervor in das offene Gelände und ließen sie in immer stärkerem Maße eine aktive Abwehr-Strategie annehmen.

Gleich Wingate war auch Sadeh der geborene Führer, aber bei aller Ähnlichkeit charaktermäßig sein polares Gegenstück. Wingate war stolz und zurückhaltend, Sadeh stolz, aber offen und warmherzig; Wingate hager und asketisch, Sadeh stämmig, Ringkämpfer von Beruf, lebenslustig und voller Vitalität. Wingate kam aus der Tradition der englischen Dissenter und Puritaner, war mehr religiös als emotionell motiviert, Sadeh ein Kind des neuen Geistes, der die jüdische Welt durchströmte, besonders der russischen Revolution. Beide verfügten über großen Weitblick, formten ihre umwälzenden militärischen Ideen in Übereinstimmung mit den Anforderungen der Gegenwart, nahmen sich aber dabei die ferne Vergangenheit, die Heldengestalten der Bibel, zum Vorbild.

Obwohl so verschieden in ihrer Art, war ihnen — vielleicht wegen ihrer kühnen Denkweise und ihres, wenn es darauf ankam, impulsiven Draufgängertums — ein ähnliches Los im Leben beschieden: immer allen voran, immer anfangs mißverstanden, immer auf sich selbst gestellt.

Das Zusammentreffen dieser beiden außerordentlichen Männer stand unter einem besonders günstigen Zeichen. „Eine Zeitlang schon", schrieb Jizchak Sadeh, „hatten wir das gleiche getan wie Wingate, nur in geringerem Ausmaß und nicht so gut. Wir folgten gleichlaufenden Pfaden, bis sie sich trafen und wir in ihm unseren Führer fanden." Ohne Wingates Beitrag zur Gestaltung des jüdischen militärischen Denkens im mindesten unterschätzen zu wollen, möchte ich sagen: Seine bloße Gegenwart als Berufssoldat und Nichtjude bestätigte uns die Richtigkeit jener „gleichlaufenden Pfade", die zu bahnen Sadeh und seine Mitarbeiter soviel Mühe gekostet hatte.

Die hervorstechenden Merkmale von Wingates Taktik, die sich der militärischen Theorie und Praxis der *Haganah* tief einprägten, können folgendermaßen umschrieben werden:
Zuerst und vor allem kommt es auf das persönliche Beispiel des Kommandeurs an, sei es bei gewagten, selbständigen Aktionen oder bei langen, erschöpfenden Dauermärschen. Wingates Leute sprachen oft von dem Mut, den er ihnen mit seinem persönlichen Vorangehen einflößte. Sein Wort war Gesetz. Er bestand auf peinlich genauer, zielbewußter Disziplin unter voller Berücksichtigung der gegebenen Umstände und auf unnachsichtlicher Bestrafung selbst der kleinsten Vergehen. Beim Entwerfen der Aktionspläne war er äußerst gründlich und umsichtig und ständig bemüht, sich des Verständnisses seiner Leute für Grund und Zweck der Aktion zu vergewissern. Er betrachtete sie als seine Partner in Rat und Tat, deren Bereitschaft und Zustimmung er vor Beginn einer jeden Aktion zu gewinnen hatte. Bei aller pedantischen Genauigkeit bei der Ausarbeitung der Pläne hatte er einen ungewöhnlichen Sinn für Improvisation in unvorhergesehenen Situationen. Er bevollmächtigte seine Offiziere — und bildete sie dementsprechend aus —, das Kommando zu übernehmen, sich schnell neu zu orientieren und selbständige Entscheidungen zu treffen. Er hatte erkannt, wie wichtig es in einem Guerillakrieg, wie er ihn 1938 in Palästina führte, war, die verfügbaren Kräfte auf das Hauptobjekt zu konzentrieren, ohne dabei, wenn die Lage es erforderte, die koordinierte Führung zerstreuter Truppen zu vernachlässigen. Besonderen Nachdruck legte er auf den Überraschungs- und Schnelligkeitsfaktor. Schließlich betonte er die ideologische Motivierung der Krieg-

führung. Er sah sich im Geiste als modernen Gideon, der auf demselben Terrain kämpfen mußte, auf dem der biblische Gideon die Midianiter geschlagen hatte. Er liebte es, die Bibel zu zitieren, und glaubte an die Einzigartigkeit des jüdischen Volkes und sein Recht auf Rückkehr in sein historisches Heimatland. Aber nicht bloß die jüdische Vergangenheit, auch die Gegenwart faszinierte Wingate, das jüdische Aufbauwerk mit seinen *Kibbuzim* und *Moschawim,* besonders mit den an strategisch wichtigen, aber entlegenen Punkten liegenden Siedlungen und solchen Werken wie dem Bau des „Nordzaunes" entlang der syrisch-libanesischen Grenze durch jüdische Arbeiter unter jüdischem Schutz. Als geschworener Anhänger einer offensiven Verteidigung (in der Sprache moderner jüdischer Strategie: Verlegung des Krieges ins Feindesland) begeisterte sich Wingate an den jüdischen Kommandos und ihren weit über den Schutzbereich der Befestigungen hinausgehenden Aktionen. Durch die Eingliederung jüdischer Kräfte in seine Truppeneinheiten schuf er verhältnismäßig günstige Bedingungen für ihre praktische Ausbildung. Kurz, er betrachtete sich als Mitglied der *Haganah,* und so sahen wir ihn alle: als unseren Mitkämpfer oder — wie wir ihn nannten — Freund.

Gegen Ende 1936 hatte es sich erwiesen, daß der Kampf nicht mit einem Schlage und dem Zusammenbruch der konzentrierten Kräfte der einen oder der anderen Seite zu entscheiden war. Beide Seiten waren für die Engländer illegal und konnten es daher angesichts der britischen Truppen nicht zu einer mehr als kurzlebigen Kräftekonzentration bringen. Die bloße Anwesenheit der Engländer setzte der zahlenmäßigen Stärke der Kampfeinheiten eine Grenze. Die *Haganah* hatte sich daher auf eine ausgedehnte Guerillataktik einzustellen, ihre wenigen legalen Einheiten wirkungsvoll einzusetzen und im Notfall auf ihre zahlreicheren illegalen Einheiten zurückzugreifen. Das bedeutete für sie und besonders für ihre Feldeinheit FOSCH (so genannt nach den Anfangsbuchstaben des hebräischen Wortes für Feldkompanie) Übung im Kampf im offenen Feld zu jeder Tages- und Nachtzeit, und zwar meistens in Abteilungs-, manchmal auch in Kompaniestärke, gelegentlich in Zusammenarbeit mit Wingate im Rahmen eines in kleinere Einheiten aufgeteilten Bataillons. Diese Truppen lernten, den Feind in hügeligem oder bebautem Gelände aufzuspüren, ihm einen Hinterhalt zu legen, ihm in die Flanke zu fallen oder ihn frontal anzugreifen und sich, sobald es militärische oder politische Überlegungen erforderlich machten, von ihm zu lösen.

Das unmittelbare Ziel der Araber war, möglichst viele jüdische Siedlungen durch Isolierung oder direkten Angriff zu vernichten, die Errichtung neuer Siedlungen zu verhindern, den jüdischen Widerstand zu brechen und die Juden von der Ausrufung eines Staates abzuschrecken; ihr Endziel — die Engländer zur Rücknahme ihrer Versprechungen an die Zionisten zu zwingen und einen arabischen Mehrheitsstaat zu gründen. Das Ziel der Zionisten war das genaue Gegenteil. Ihnen kam es darauf an, alle jüdischen Stadt- und Landsiedlungen zu schützen, so entlegen und schwer zu verteidigen sie sein mochten; normale Bedingungen für das Produktions-, Handels- und Verkehrswesen aufrechtzuerhalten; einen wirtschaftlichen Zusammenbruch zu verhindern und so die Behauptung der Gegenseite zu widerlegen, das Land werde von den Arabern kontrolliert; zudem waren die Zionisten bestrebt, das jüdische landwirtschaftliche Siedlungswerk in immer weitere, strategisch wichtige Gebiete zu tragen.

Die Jahre 1936 bis 1939 waren demzufolge auch Höhepunkte des Siedlungswerkes und der militärischen Durchdringung strategisch bedeutsamer Gebiete mit neuen *Kibbuzim*. Die Kampf- und Pioniereinheiten der *Haganah* übernahmen (neben ihren sonstigen Aufgaben) die Errichtung verteidigungsfähiger sogenannter Palisaden- und Wachtturmsiedlungen. Die dabei angewandte Methode war ebenso originell und unmilitärisch wie praktisch. An einem vorher festgelegten Ort, der in jüdischem Volksbesitz war, wurde ein vorfabrizierter Siedlungsposten aufgestellt, der aus einer Anzahl hölzerner Fertighäuser, einem

Verpflegungs- und Küchengebäude u. a. bestand, mit einem Wachtturm und Scheinwerfern in der Mitte. Das Ganze war von einer hölzernen Doppelwand umgeben, die man mit schußfestem Steinschutt ausgefüllt und mit Schießscharten versehen hatte; davor lagen Drahtverhaue und Minenfelder. Die Aufstellung eines solchen Komplexes dauerte gewöhnlich einen Tag, vom frühen Morgen bis tief in die Nacht. Es waren meistens junge Mitglieder der zionistischen Pionierbewegung und der *Haganah*, die sich hierfür freiwillig meldeten und zusammen mit den nationalen Institutionen Zeit und Ort ihrer endgültigen Ansiedlung festsetzten. Die jüdische Siedlungspolizei übernahm tagsüber den Schutz der Anlage, während die illegalen Einheiten die Zufahrtswege überwachten, in der Umgebung patrouillierten oder im Hinterhalt lagen. Die Siedler trugen bei der Arbeit leichte Waffen und lösten sich im Wachtdienst ab — eine moderne Version der Arbeiter Nehemias, die „mit der einen Hand die Arbeit taten, mit der anderen die Waffen hielten"[9]. Im Schutz dieser befestigten Anlage wurden die umliegenden Felder bestellt und mit der Zeit eine neue, bessere Siedlung errichtet, deren Fertigstellung mit der Übersiedlung der Mütter und Kinder ins neue Heim ein großer Tag war, der festlich begangen wurde. Es war alles sehr unmilitärisch, aber unter den im Palästina der dreißiger Jahre gegebenen Verhältnissen eine ausgezeichnete Methode zur Erreichung politisch-militärischer Ziele. Neue Gebiete wurden erschlossen und strategische Stützpunkte errichtet, deren Besatzung Soldaten und Landwirte in einer Person waren.

Unterdessen setzte die *Haganah* unter dem Druck des militanten arabischen Nationalismus ihren Ausbau fort. Fast alle Juden und Jüdinnen im Lande gehörten zu dieser Zeit der einen oder anderen ihrer Einheiten an. Zahlreiche Offiziere und Unteroffiziere wurden ausgebildet, mehr und bessere Waffen erworben und vor allem ein das ganze Land umfassender Apparat unter verstärkter Leitung geschaffen, sogar ein erfolgreicher Versuch mit einer ständigen Bereitschaftstruppe gemacht —

[9] Nehemia IV, 17.

alles, ohne die Rolle der regionalen und lokalen Befehlshaber zu beeinträchtigen oder ihrer taktischen Initiative Abbruch zu tun. Es gab natürlich Rückschläge und Mißerfolge, aber militärisch gesehen war diese Zeit ein Erfolg. Keine einzige Siedlung wurde aufgegeben, im Gegenteil: neue wurden errichtet und zu geschlossenen Siedlungsblöcken vereint. Die Angriffe der Araber kosteten diese immer mehr und büßten allmählich an Stoßkraft ein, bis es im Frühjahr 1939 zu einem etwas unbehaglichen Stillstand kam. Die größte Errungenschaft dieser Zeit war die Umstellung der jüdischen Militärorganisation auf geostrategische Grundlagen (d. h. strategisch umschriebene geographische Zonen). Die *Haganah* machte weitere Fortschritte in bezug auf Stärke und Qualität, Ausbildung und Disziplin, Kampferfahrung und Selbstvertrauen. Noch war nicht das Bataillon ihre taktische Einheit (das war die Kompanie), aber Nachschub, Transport und Hilfstruppen funktionierten im Bataillonsmaßstab. Und das bedeutete, daß die *Haganah* als moderne Volkswehr fungieren konnte, eine Armee im Werden.

Die Zionisten hatten vielleicht die militärischen Aktionen, das Arabische Komitee aber hatte zweifellos den politischen Kampf gewonnen. Der wachsende Einfluß der Achse Berlin—Rom und ihre Propaganda im Nahen Osten verschafften den Arabern in dieser kritischen Zeit offensichtlich bessere Verhandlungsmöglichkeiten. Sie verwarfen den Bericht der Peel-Kommission (1937), der die Teilung Palästinas in einen jüdischen und einen arabischen Staat vorsah, und rangen der englischen Regierung das berüchtigte Weißbuch von 1939 ab, das die jüdische Einwanderung, selbst aus Hitler-Deutschland, abdrosselte und den arabisch-jüdischen Prozentsatz der Bevölkerung — geplant war für immer — zum Nachteil der Juden festsetzte. Jüdische Ansiedlung wurde in weiten Gebieten des Landes rundweg verboten, selbst wenn der Boden Juden gehörte — das aber mußte zur Schaffung eines neuen Gettos im Verheißenen Lande führen. Die Auflösung der *Haganah* wurde verfügt, und die in Aussicht gestellte Selbstverwaltung hätte die Juden auf Gedeih und Verderb der arabischen Mehrheit ausgeliefert. Die neue Politik be-

deutete das Ende des Traumes vom Judenstaat, wenn nicht die buchstäbliche Vernichtung der jüdischen Gemeinschaft in Palästina. Das war selbst für die gemäßigtsten jüdischen Führer, wie Chaim Weizmann, zuviel. Es sah nach einem unvermeidlichen Zusammenstoß zwischen Juden und Engländern aus, deren Zusammenarbeit in Palästina zwar kein ganzer Erfolg, aber doch kein völliger Mißerfolg gewesen war.
Es wurden auch sofort Maßnahmen zur Bekämpfung des Weißbuches getroffen — wohlgemerkt: des Weißbuches, nicht Großbritanniens. Mehrere Schiffe mit illegalen Einwanderern aus Europa, ausnahmslos vor den Nazis geflüchteten, erreichten die palästinensische Küste (einige, wie die *Struma*, gingen auf offener See unter)[10]. In den gesperrten Gebieten wurden neue Siedlungen nach der bekannten Methode errichtet, mit dem Unterschied, daß sie nun als Stützpunkte im Kampf gegen das England der Weißbuchpolitik, nicht gegen die Araber dienen sollten, und daß sie nicht wie bisher vom Morgen bis zum späten Abend, sondern vom Abend bis zum Morgen aufgebaut werden mußten, um nicht von den englischen Patrouillen bemerkt zu werden. Da der Kampf gegen das Weißbuch auch auf militärischem Gebiet ausgetragen werden sollte, war sogar ein eigenes Freiwilligenkorps zur Durchführung von Sabotageakten und Stoßtruppunternehmen ausgebildet worden. Die Vorbereitungen waren schon ziemlich weit gediehen, als der Krieg ausbrach.
Das brachte die Juden in ein schweres Dilemma. Die Engländer kämpften tapfer und anfangs fast allein gegen den größten Judenfeind aller Zeiten. Konnten die Juden in dieser Situation gegen sie vorgehen — zumal an einem der Hauptstützpunkte Englands? Die Antwort war natürlich: nein. (Wie man es in diesem Fall erreichen konnte, offiziell oder nicht als Bundesgenosse im Krieg gegen Deutschland und Italien anerkannt zu

---

10 Die *Struma* stach mit 769 Flüchtlingen von Rumänien aus in See, Bestimmungsort war Palästina. Sie erreichte Istanbul, dessen Hafen ihr jedoch versperrt blieb, als bekannt wurde, daß die Passagiere keine palästinensische Einreiseerlaubnis hatten. Das Schiff ging im Februar 1941 im Schwarzen Meer unter und nahm alle Passagiere bis auf einen mit sich.

werden, wurde das wichtigste Problem.) Sollten die Juden aber eine Haltung einnehmen, die in London dahin gedeutet werden konnte, daß sie sich mit dem Weißbuch abgefunden hatten? Die Antwort war natürlich ein zweites Nein: Die militärischen Vorbereitungen und der Kampf gegen das Weißbuch hatten weiterzugehen. David Ben Gurion, der Vorsitzende der Zionistischen Exekutive, präzisierte die Paradoxie in unübertrefflicher Weise: „Wir werden den Krieg führen, als gäbe es kein Weißbuch, und das Weißbuch bekämpfen, als gäbe es keinen Krieg." Wunderbar gesagt — aber der zweite Teil der Erklärung war schwerer in die Praxis umzusetzen als der erste. Es endete damit, daß die jüdische Bevölkerung sich in den Dienst des Krieges gegen die Achsenmächte stellte, ihre eigene Sache aber vernachlässigte. Vielleicht war das unvermeidlich, um so mehr, als die Juden aufrichtig zur Niederlage Nazi-Deutschlands beitragen wollten, sich aber daneben vielfach der Illusion hingaben, der Krieg werde zu einer neuen Balfour-Deklaration mit einer eindeutigen, stärkeren Verpflichtung Englands zugunsten eines jüdischen Staatswesens führen.

Die Ereignisse der ersten Kriegsjahre stellten die Lage im Nahen Osten auf den Kopf. Frankreich wurde überrannt, und die französischen Streitkräfte in Syrien und im Libanon schlugen sich auf die Seite der Vichy-Regierung. Die Türkei schwankte, war aber einem Anschluß an die Achse, sollte sie weiterhin erfolgreich bleiben, nicht abgeneigt. Ägypten war vom Westen her bedroht, arabische Kreise sympathisierten mit Berlin, und der prodeutsche Staatsstreich Raschid Alis in Bagdad ließ die Welt aufhorchen. Es sah ganz danach aus, als drohe der Nahe Osten in eine riesige Zangenoperation genommen zu werden. Die Führer der jüdischen Gemeinschaft in Palästina konnten vor der Möglichkeit, daß das Land Schauplatz größerer Kriegshandlungen und vielleicht gleich anderen Territorien aufgegeben werden könnte, die Augen nicht verschließen. Die Juden hätten sich dann zwei Feinden gegenübergesehen, den Deutschen und den Arabern.

Diese Erkenntnis führte zu einem Wendepunkt in der Geschichte der jüdischen Kampforganisation und wurde zum Anlaß sofortiger Aktion. Im Mai 1941 folgte das Oberkommando der *Haganah* einer Idee der Zionistischen Exekutive und stellte in aller Eile eine eigene, unabhängige, geheime Stroßtruppe zusammen, neun Kompanien stark, jederzeit und allerorten einsetzbar. Diese Truppe, *Palmach* genannt (die Anfangsbuchstaben der hebräischen Worte für Stoßtruppen, *Plugoth Machaz*) sollte entweder im Einvernehmen mit den alliierten Kräften oder selbständig vorgehen. Die Gründung des *Palmach* fiel zeitlich mit dem Entschluß der Westmächte zusammen, in Syrien und dem Libanon einzumarschieren. Die Alliierten hatten wenig Zeit zur Vorbereitung des Feldzuges und traten daher an die Politische Abteilung der Zionistischen Exekutive mit dem Ersuchen heran, ihnen zwei Kompanien des *Palmach* zur Wegerkundung, für Sabotageakte, als Vorhut und für Späherdienste zur Verfügung zu stellen. Diese Aufgaben wurden zu voller Zufriedenheit des Alliierten Oberkommandos für den Nahen Osten gelöst, und die inoffizielle Zusammenarbeit blieb bis zum Sieg von El Alamein bestehen, was einer *de-facto*-Anerkennung des illegalen *Palmach* durch die englischen Behörden gleichkam. Der Verband wurde der britischen Armee nicht einverleibt (im Gegensatz zu den Zehntausenden junger Juden, die unter die englischen Fahnen eilten), und zwar auf beiderseitigen Wunsch. Der *Palmach* wollte seine Unabhängigkeit bewahren, und die Engländer bestanden auf dem provisorischen Charakter der Zusammenarbeit. Anscheinend sahen sich beide Partner schon auf verschiedenen Seiten der Barrikaden und hatten sich daher (um Aristoteles zu paraphrasieren) vorläufig ebenso zu lieben, wie sie sich einmal hassen sollten.

Die Zusammenarbeit mit den Engländern, so kurz sie war, bot dem *Palmach* eine einzigartige Gelegenheit zur Ausbildung unter legalen und daher erleichterten Bedingungen, und zwar durch eigene sowie englische Spezialisten, in Sabotagetätigkeit, Kommando-Überfällen, Späherdiensten und in einem Verbindungs- und Nachrichtenwesen, das auch unter Invasionsbedingungen funktionieren konnte. Unter dem Deckmantel der von den Engländern anerkannten und finanzierten Hundertschaften wurden Tausende ausgebildet und eingesetzt. *Palmach*-Emissäre sprangen mit dem Fallschirm über den deutschbesetzten Balkanländern ab, um den jüdischen Widerstand zu organisieren, oder nahmen an englischen Vorstößen tief ins feindliche Hinterland im Westen Ägyptens teil. Andere, die die deutsche Sprache beherrschten, mischten sich unter die Kriegsgefangenen oder schmuggelten sich, als Araber verkleidet, über die syrische und libanesische Grenze, um Nachrichten von einer möglichen deutschen Invasion zu sammeln und weiterzugeben. Das Gros des *Palmach* aber bereitete sich auf den Fall vor, daß es den Deutschen und Italienern gelingen sollte, Palästina zu besetzen.

Die Vorstellung eines Zusammenstoßes mit der deutschen Kriegsmaschine veranlaßte den *Palmach*, neue Kampfmethoden einzuführen. Die Ungleichheit der Gegner war mehr als augenfällig. Eine offene Konfrontation hätte das Ende der jüdischen Kräfte bedeutet. Der Kampfplan zog diesen Umstand, aber auch die Beschaffenheit des Terrains in Betracht. Zunächst galt es, möglichst viele Zivilpersonen in Sicherheit zu bringen; dann — zur Entlastung der anderen Fronten —, den deutschen Vormarsch zu stoppen; und schließlich, sollte sich die Lage ausweglos gestalten, lieber im Kampf als in der Gaskammer eines deutschen Todeslagers zu sterben. In diesem Sinne wurde folgender Plan entworfen: Die Bergkette des Karmel mit der zwischen Haifa und Akko gelegenen Sebulon-Ebene und der sich von Haifa ins westliche Galiläa erstreckenden Berglandschaft sollte zu einem großen, mit einem Küstenflugplatz versehenen, gutbefestigten Platz für die halbe Million palästinensischer Juden ausgebaut werden — ein modernes Massada, nur stärker befestigt und besser zu verteidigen als sein historischer Vorgänger[11]. Das gebirgige, von der See und aus der Luft her zugängliche und zu versorgende Gebiet, das Tiefenverteidigung und

---

11 Massada war die Felsenburg am Toten Meer, in der 960 jüdische Aufständische oder „Zeloten", drei Jahre nach der Tempelzerstörung durch Titus, lieber freiwillig in den Tod gingen, als sich den römischen Belagerern zu ergeben.

Ausfälle gegen feindliche Verbindungslinien, Stützpunkte und Anlagen erlaubte, bot eine leidlich gute Chance, durchzuhalten. Spätere Erfahrungen mit Tobruk, Leningrad und anderen eingeschlossenen Punkten beweisen, daß der Plan gar nicht so unrealistisch war. Es wäre sogar möglich gewesen, diese Feste, sollte das Blatt sich wenden, in einen Brückenkopf umzuwandeln und sich mit den verbündeten Landungskräften zu vereinen.
Glücklicherweise kam es nie dazu. Aber schon das Planen in solchen Kategorien, die erforderliche Ausbildung, organisatorische Vorbereitung und Erkundung der Stellungen, die Beschäftigung mit der Strategie und Taktik des Feindes vermittelten der *Haganah* und ihrem Stoßtrupp, dem *Palmach*, neue Maßstäbe militärischer Vorstellung und Erfahrung und gaben dem jüdischen militärischen Denken einen starken Anstoß und größere Reife. Im allgemeinen ging die Judenheit Palästinas aus dem zweiten Weltkrieg erheblich gestärkt hervor. Zehntausende von Freiwilligen hatten in britischer Uniform bei den verschiedensten Waffengattungen des Heeres gedient und eine wertvolle militärische und technische Schulung erhalten. Damit ausgerüstet, kehrten sie zur *Haganah* zurück, der sie dann gute Dienste leisten sollten.
Die Geschichte des *Palmach* in den Kriegsjahren ist ein Kapitel für sich. Nicht das Ende der Zusammenarbeit mit den Engländern an sich, sondern der daraus resultierende Geldmangel setzte der Weiterentwicklung des *Palmach* eine Grenze und gefährdete seinen Fortbestand. Der Unterschied zwischen dem englischen und dem zionistischen Budget war eben zu groß, und der *Palmach* sah sich vor eine schwere Wahl gestellt. Er konnte sich der englischen Armee anschließen oder sich auflösen und nach Hause gehen. Das eine wie das andere hätte die *Haganah* ihres Rückgrats beraubt. Er konnte aber auch versuchen, aus eigener Kraft als Bereitschaftstruppe fortzubestehen. Das war kein leichtes Unterfangen. Es bedeutete, von einer regelrechten Armee zu verlangen, daß sie sich ihren Unterhalt verdiente — ein ungewöhnliches Ansinnen, gelinde gesagt. Hinzu kam, daß der Sieg von El Alamein die unmittelbare Gefahr abgewendet hatte,

die Menschen glaubten, erleichtert aufatmen zu können, und in ihrer Opferwilligkeit nachließen. Den Ausschlag gab schließlich die Überzeugung, daß der Sieg der Alliierten bei all seiner historischen Tragweite noch lange nicht den Sieg des Zionismus bedeute und der Kampf um die Unabhängigkeit erst nach dem Kriege richtig beginnen werde. Und das machte die Menschen zu neuen Opfern und neuer Mühsal bereit. Die Alternative war: blieb das Weißbuch bestehen, mußten die Juden mit Waffengewalt gegen die Engländer vorgehen; wurde es abgeschafft, schlugen die Araber gegen die Juden los. *Haganah* und *Palmach* hatten sich jedenfalls für einen militärischen Zusammenstoß bereitzuhalten, der mit dem Ende des Krieges und der Demobilisierung näherrückte.

Um den *Palmach* zu retten, wurde ein origineller Plan gefaßt. Alle seine Einheiten wurden auf *Kibbuzim* im ganzen Lande verteilt. Benachbarte Einheiten bildeten Kompanien, benachbarte Kompanien — Bataillone. Jeder Mann hatte jeweils einen halben Monat in der *Kibbuz*-Wirtschaft zu arbeiten, die andere Hälfte seiner militärischen Ausbildung zu widmen. Was er in dem halben Monat verdiente, mußte für den ganzen reichen. Der Plan war ein durchschlagender Erfolg und der Fortbestand des *Palmach* gesichert. Er wurde aber auch ein Erfolg in einer ganz anderen, unvorhergesehenen Weise: die jungen Leute konnten sich nicht nur selbst erhalten, sie gingen auch durch eine Schule ganz besonderer Art, die dazu beitrug, den *Palmach* mit jenem Korpsgeist zu erfüllen, der ihn dann bis zum Ende auszeichnen sollte.

Die Einführung des Bataillons als Kampfeinheit und die beginnende Formierung von Brigaden durften die Anpassungsfähigkeit des *Palmach* an die Bedingungen des Guerilakrieges nicht beeinträchtigen. Die Soldaten wurden weiterhin in möglichst kleinen Einheiten ausgebildet (es hieß, der einzelne Mann mit seinen Waffen sei die kleinste Einheit des *Palmach*) und konnten daher ihre persönlichen Fähigkeiten auch im Rahmen größerer Formationen zur Geltung bringen. Zwar wurde jetzt mehr Gewicht auf die Stabilisierung stärkerer Truppeneinheiten gelegt (von der Abteilung und dem Zug über Kompanie und Bataillon zur Brigade), in der Praxis aber blieb der dem Operationsziel angepaßte und oft aus Angehörigen verschiedener Waffengattungen gebildete Stoßtrupp die Regel. Eine erfolgreiche Zusammenarbeit kleiner Einheiten stellt hohe Ansprüche an die Intelligenz, den Weitblick und die Vorstellungskraft der Kommandeure; die intensive Schulung des *Palmach* im Guerillakrieg trug viel zur Entwicklung dieser Gaben bei. Bekanntlich ist es leichter, Guerillaverbände in eine reguläre Armee umzuwandeln als umgekehrt. Heute scheint es mir, daß eine der besten Eigenschaften des *Palmach* die vielseitige Ausbildung war. Seine Mitglieder waren einer spartanischen Disziplin unterworfen und in der Anwendung der verschiedenartigsten Waffen geschult, von Dolch und Handgranate, Maschinengewehr und Mörser bis zum Sprengstoff. Sie absolvierten intensive Kurse in Geländeausbildung, Tages- und Nachtkampf in großen und kleinen Gruppen. Ihr Orientierungssinn schärfte sich, und zu Fuß machten sie sich mit dem Land in seiner Länge und Breite vertraut, besonders mit den Gebieten, in denen sie vielleicht einmal kämpfen mußten. Viel Zeit wurde auf das Studium der Kriegstechnik und Kampfart etwaiger Gegner (wie der Engländer und Araber) verwandt. Neben der Infanterie-Ausbildung stand auch eine erste Schulung in Wasser-Land-Operationen bei der Landung illegaler Einwanderer. In einer erregten Auseinandersetzung zwischen den *Palmach*-Kommandeuren und den Offizieren, die die militärische Schule der Engländer durchlaufen hatten, wurde die englische Ausbildungsmethode im Geländekampf als zu schematisch und schwerfällig verworfen. Um im Falle einer allgemeinen Mobilisierung die Streitkräfte schnellstens auf Maximalstärke bringen zu können, wurden alle dazu befähigten *Palmach*-Kämpfer zu Kommandeuren ausgebildet, selbst wenn sie keine Aussicht auf baldige Zuteilung einer eigenen Truppe hatten und noch eine Zeitlang als Gemeine dienen mußten. Diese Maßnahme ermöglichte es dem *Palmach*, im Ernstfall seine Kräfte um ein Mehrfaches zu vergrößern.

Als einzige stehende Truppe übernahm der *Palmach* auch die Organisierung zweier anderer Teile der Streitkräfte — Flotte und Luftwaffe. Mehr als zwanzig Mann lernten in privaten Sportklubs leichte Maschinen zu fliegen (andere waren nicht verfügbar), um Aufklärungs- und einfache Angriffsflüge durchführen zu können. Hunderte von Matrosen wurden ausgebildet — der Anfang einer Flotte, zunächst im Dienst der illegalen Einwanderung; wieder andere wurden in Aufklärungs- und Sabotagetätigkeit geschult. Sprengstoffe gehörten zur persönlichen Ausrüstung aller Männer und vieler Mädchen und wurden dazu verwendet, Verwirrung im gegnerischen Lager zu schaffen oder aber — anstelle der Artillerie, über die die *Haganah* nicht verfügte — feindliche Stellungen mürbe und sturmreif zu machen.

Als die ersten *Palmach*-Rekruten ihr drittes Dienstjahr hinter sich hatten, wurde eine *Palmach*-Reserve geschaffen, der von nun an jeder Soldat nach zwei Dienstjahren zugeteilt wurde. Abteilungsführer dienten drei, jüngere Offiziere vier Jahre, und vom Kompaniechef an wurde die Dauer der Dienstzeit vom Befehlshaber des *Palmach* bestimmt. Die Reservisten wurden alljährlich zu mehrwöchigen Manövern und gelegentlichen Übungen einberufen, ein System, das von den israelischen Verteidigungskräften übernommen wurde und sich bei jedem Anlaß, vom Freiheitskrieg 1948 bis zum Sechstagekrieg 1967, ausgezeichnet bewährt hat.

Der *Palmach* war das „Laboratorium" der *Haganah*, in dem neue Ausbildungs- und Organisationsmethoden erprobt wurden. Seine Errungenschaften sind natürlich solche der *Haganah*, und die hohen Anforderungen, die er stellte, wurden für die gesamten bewaffneten Kräfte vorbildlich. Der *Palmach* war die erste reguläre jüdische Armee unter eigenem Kommando seit dem Aufstand Bar Kochbas gegen die Römer — eintausendachthundert Jahre vor seiner Gründung. Kein bloßer Zweig der *Haganah*, war er ein Ansporn für die jüdische Bevölkerung, fremder Unterdrückung die Stirn zu bieten, ein verläßliches Instrument in der Hand ihrer politischen Führung. Gegen

Kriegsende bestand der *Palmach* aus vier gut organisierten, gut ausgerüsteten und gut disziplinierten, kampfbereiten Bataillonen, umgeben von zahlreichen, jederzeit mobilisierbaren Einheiten der *Haganah*.

Nur das eine blieb noch offen: die Palästina-Politik der englischen Nachkriegsregierung. Die *Labour Party* hatte sich für die Errichtung eines jüdischen Staates in Palästina ausgesprochen und war darin viel weitergegangen, als es die Zionistische Organisation erwartet oder verlangt hatte[12]. Große Hoffnungen wurden daher auf eine *Labour*-Regierung gesetzt, um so größer war aber auch die Enttäuschung, als diese Hoffnungen betrogen wurden.

Der Wahlsieg der *Labour Party* im Jahre 1945 ließ zunächst alle Herzen höher schlagen, brachte aber auch die Möglichkeit eines Nachlassens der Wachsamkeit in der *Haganah* und der Bevölkerung im allgemeinen mit sich. Jede Armee ist von der Volksstimmung abhängig; das gilt verstärkt für eine freiwillige, geheime Volkswehr. Dazu kamen in diesem Falle die Kriegsmüdigkeit und ihr zersetzender Einfluß auf die Kampfbereitschaft der Menschen. Die zionistische Führung war sich glücklicherweise dieser Gefahr vollkommen bewußt. Mehrere ihrer Mitglieder und die meisten Kommandeure der *Haganah*, besonders die des *Palmach*, warnten vor einer Entspannung, solange die Politik der neuen englischen Regierung nicht feststand. Und

12 Auf der Parteikonferenz von 1945 hatte H. Dalton im Namen der Exekutive die offizielle Parteipolitik folgendermaßen umschrieben: „Die Partei hat zu wiederholten Malen, zuletzt erst im vergangenen April, erklärt, daß es nach den unbeschreiblichen Greueltaten, die an den Juden Deutschlands und anderer Länder Europas begangen wurden, moralisch falsch und politisch ungerechtfertigt wäre, den Juden, die sich nach Palästina begeben wollen, Hindernisse in den Weg zu legen. Wir sind für die Befreiung der jüdischen Einwanderung von allen Beschränkungen und haben unzweideutig zu verstehen gegeben, daß es unerläßlich ist, die Zustimmung und Mitarbeit der englischen, der amerikanischen und der sowjetischen Regierung in dieser Angelegenheit zu erreichen. Meiner Meinung nach sollte versucht werden, festzustellen, ob wir nicht gemeinsam mit den anderen beiden Regierungen eine Politik unterstützen könnten, die uns einen glücklichen, freien und blühenden jüdischen Staat gibt."

als diese Regierung nur allzubald ihre Absicht verriet, die antizionistische Politik ihrer Vorgängerin fortzusetzen, trat die *Haganah* mit voller Zustimmung der Zionistischen Organisation zum Kampf gegen die Engländer an, um diese zu zwingen, ihre Politik zu ändern oder das Palästina-Mandat an die UNO als die Nachfolgeorganisation des Völkerbundes zurückzugeben. Die Wahl von Strategie, Taktik, Vorbereitung und Form eines jeden militärischen Unternehmens muß in Anbetracht aller einschlägigen Faktoren getroffen werden. Um den Kampf der *Haganah* gegen die Engländer zu verstehen, darf man deshalb die besonderen Umstände, die ihn bestimmten oder beeinflußten, nicht außer acht lassen. Die Juden in Palästina waren eine Minderheit; mit etwa einer halben Million stellten sie ein Drittel der Gesamtbevölkerung. Sie waren in den Städten und Dörfern des Küstengebietes und Teilen von Galiläa konzentriert, ferner in isolierten Siedlungen, meistens *Kibbuzim*, im arabischen Hinterland, in den Bergen von Judäa und dem nördlichen Negev. Selbst dichtbesiedelte jüdische Wohngebiete waren von arabischen Ortschaften durchsetzt, und fast alle Städte hatten eine gemischte Bevölkerung. Demgegenüber lagen die britischen Militär- und Polizeistationen an den strategisch wichtigen Punkten des Landes; die Mandatsregierung hatte das Heft in der Hand, und die britische Flotte kreuzte in Sichtweite der Küste. Die englischen Truppen waren gut ausgebildet, gut ausgerüstet und fronterfahren, aber kriegsmüde. Die Volkswirtschaft und die öffentliche Meinung Englands warteten ungeduldig auf eine möglichst schnelle und komplette Abrüstung. Von der arabischen Welt war in einem englisch-jüdischen Konflikt bestenfalls eine feindselige Neutralität zu erwarten, von den palästinensischen Arabern ein Zusammengehen mit den Engländern.
Was war zu tun? Ein offener Krieg hätte den Engländern einen Vorwand geliefert, mit aller Schärfe und den besten Aussichten auf Erfolg gegen die Juden vorzugehen. Die britischen Streitkräfte hatten nicht unter den Nachteilen der Illegalität zu leiden und konnten ihre Beweglichkeit und ihre Überlegenheit auf allen Sektoren der Kriegführung voll zur Geltung bringen. Das Land

hat keine großen Waldgebiete oder Dschungel, und da auch die meisten Hügel und Berge von Arabern bewohnt waren, kam ein klassischer Guerillakrieg nicht in Frage. So blieben nur die folgenden drei Möglichkeiten: eine unterschiedslos gegen alle britischen Stützpunkte und das gesamte britische Personal gerichtete Terrortaktik; ein „begrenzter" Kampf, der sich unter Verzicht auf bewaffnete Auseinandersetzungen mit illegaler Einwanderung, illegaler Errichtung von neuen Siedlungen in den gesperrten Gebieten und Massendemonstrationen zufrieden gab; und ein „Mittelweg", der auch tatsächlich eingeschlagen wurde: er verwarf den persönlichen Terror als unmoralisch — weil gegen die jüdische Ethik und ihre Achtung vor menschlichem Leben gerichtet — und als unpraktisch — wegen des möglichen Gegenterrors — und wählte die zweite Alternative, illegale Einwanderung, Besiedlung gesperrter Gebiete und Massendemonstrationen, in Verbindung mit Guerilla-Aktionen als den besten Weg, den Kampf zu führen[13].

Ich habe absichtlich (und, wie ich glaube, mit Recht) „Kampf" und nicht „Krieg" gesagt, denn wenn auch der Kampf militärische Aktionen nach Guerilla-Art einbezog, war er doch kein richtiger Guerillakrieg. Zudem suchte die *Haganah* grundsätzlich Verluste an Menschenleben — auf jüdischer wie auf britischer Seite — zu vermeiden oder doch möglichst zu reduzieren. Dementsprechend achtete man auch bei der Aufstellung und der Ausführung der Pläne besonders sorgfältig darauf, daß diesem Grundsatz — oft unter erheblichen Risiken — treugeblieben wurde.

Die im folgenden skizzierte Darstellung dieser Strategie — sie machte sich als Strategie der „konstruktiven Kriegführung" einen Namen — soll in aller Kürze ihre obenerwähnten Faktoren charakterisieren. Die illegalen Einwanderer kamen meistens

---

[13] Terroraktionen wurden von den nationalen Autoritäten abgelehnt, aber von zwei kleinen, separatistischen Untergrundbewegungen, die sich den gewählten Vertretungen der jüdischen Bevölkerung widersetzten, bejaht: dem *Irgun Zwai Leumi* (National-militärische Organisation) und seinem Ableger *Lochamej Cheruth Jisrael* (Israels Freiheitskämpfer).

per Schiff, überschritten aber auch zu Fuß und sogar im Flugzeug die Landesgrenzen. In den Jahren von 1945 bis 1948 überquerten an die 65 Schiffe mit etwa 100 000 Immigranten das Mittelmeer — fast ausnahmslos Überlebende des Nazi-Massenmordens. Die Einwanderung hatte ein dreifaches Ziel: 1. die Überreste der jüdischen Bevölkerung Europas zu retten; 2. die Zahl der Juden in Palästina zu erhöhen; 3. die jämmerliche Unzulänglichkeit der Einwanderungsquoten des Weißbuches aufzuzeigen, um so die Sympathie der öffentlichen Meinung der Welt zu gewinnen und das wortbrüchige England angesichts der Tragödie des jüdischen Volkes bloßzustellen. Die illegale Besiedlung des Landes sollte Stützpunkte an strategisch wichtigen Stellen schaffen und wiederum die Weißbuch-Politik anprangern, die die Juden praktisch aus dem größten Teil des Landes verbannte. Ziel der militärischen Aktionen war nicht die Vernichtung der englischen Truppen in Palästina; das hätte nicht in der Macht der jüdischen Streitkräfte gelegen, obwohl sie stark genug waren, beträchtliche Einheiten und Stützpunkte zu zerstören. Vielmehr sollte die Position der Engländer, sollten ihr Prestige und ihr Sicherheitsgefühl untergraben und der Regierung ein für allemal klargemacht werden, daß Palästina ohne jüdische Zustimmung keine sichere und verläßliche Basis sein konnte. Der Verzicht des *Palmach* auf unnötige Vernichtung von Menschenleben und seine eindrucksvollen militärischen Erfolge sollten die Bewunderung der palästinensischen Juden erwecken und der Welt wie auch den Juden selbst zeigen, daß sie keine *quantité négligeable* waren.

Die ungewöhnliche Kombination dieser drei Elemente — Einwanderung, Ansiedlung, militärische Aktionen, alle illegal — sollte das in Frage stehende Problem den beteiligten Parteien deutlich machen und sie zu einer positiven Antwort zwingen. Sie sollte den Engländern und der ganzen Welt beweisen, daß eine ungerechte und untaugliche Politik nichts wert sei, und England dazu bringen, sie zugunsten einer besseren oder aber auch schlechteren aufzugeben — welch letzteres die Juden in ihrem Kampf für eine gerechte Lösung nur noch bestärkt hätte.

Der Kampf selbst war natürlich nicht Selbstzweck, sondern Mittel, den Boden für die politischen Aktionen zu bereiten, die die Zionistische Weltexekutive von Jerusalem aus in London, anderen Hauptstädten und bei den Vereinten Nationen unternahm. Nicht unerwähnt sollen hier die (glücklicherweise nicht tiefgehenden) Meinungsverschiedenheiten zwischen den Vertretern der geschilderten Kampfmethoden bleiben. Manche von ihnen (darunter auch ich) hatten ihre Zweifel, daß es möglich sein werde, eine Änderung der von uns bekämpften Politik herbeizuführen, solange die Engländer in Palästina fest im Sattel saßen; wir hätten es vorgezogen, wenn sie zur Rückgabe des Mandats an die Vereinten Nationen gezwungen worden wären. Wir traten auch dafür ein, den militärischen Kampf unter größtmöglicher Schonung von Menschenleben mit stärkerem Nachdruck zu führen und ununterbrochen in Gang zu halten.

Die (zum großen Teil mit englischer Hilfe) getroffenen Vorbereitungen im Hinblick auf eine mögliche deutsch-italienische Invasion während des Krieges kamen den Juden nun im Kampf gegen die Engländer sehr zustatten. Dieser wurde weniger heftig und mit mehr Zurückhaltung geführt, als wenn es gegen die Deutschen und Italiener gegangen wäre. Die Besatzung der Schiffe mit den Einwanderern bestand gewöhnlich aus jüdischen Seeleuten, Funkern und Sanitätern, manchmal durch nichtjüdische Freiwillige verstärkt, meistens Italiener und Griechen. Sobald es einem Schiff gelungen war, die Blockade zu brechen und seinen Bestimmungsort an der palästinensischen Küste zu erreichen, übernahmen Fußtruppen vom Lande her, zuweilen auch auf der Reede liegende Boote seinen Schutz. Die Passagiere wurden in kleine Boote verladen; hilfsbedürftige auf den Schultern anderer an Land getragen und alle unverzüglich von bewaffneten Begleitern, die gefälschte Personalausweise bei sich hatten, in bestimmte Ortschaften gebracht und dort unter der Zivilbevölkerung einquartiert. Diesem Rettungswerk gingen natürlich intensive Vorbereitungen in Europa voraus, so der Aufbau einer Untergrundbewegung in den Flüchtlingslagern, der Abtransport der Flüchtlinge aus Ost- und Mitteleuropa und ihre Fahrt bis zum Mittelmeer, der Ankauf, die Ausstattung und die Abfertigung der Schiffe — alles organisiert vom europäischen Untergrundkommando der *Haganah*, das aus *Palmach*-Leuten, dienstentlassenen palästinensisch-jüdischen Soldaten der englischen Armee, die zu diesem Zweck in Europa geblieben waren, und kampffähigen Flüchtlingen, wie Gettokämpfern, Partisanen und anderen, bestand. Es war ein gigantisches Unternehmen, das über viele Landesgrenzen hinwegreichte und dem es gelang, nicht nur den englischen Nachrichtendienst (in Europa und Palästina) und die britische Mittelmeerflotte mit ihren Aufklärungsflugzeugen, sondern auch die zahlreichen motorisierten Einheiten der Engländer in Palästina hinters Licht zu führen. So wurde die *Haganah* zu einer Militärorganisation, die in der Lage war, derartige großangelegte Vorhaben durchzuführen; diese gaben den beteiligten Mannschaften Gelegenheit, sich mit Landungsoperationen und ihren logistischen und administrativen Hilfsmitteln vertraut zu machen.

Die Erstarkung der *Haganah* war von einer solchen des ganzen Volkes begleitet. Die jüdische Bevölkerung Palästinas erfuhr durch solche Unternehmen am eigenen Leibe die Höhe des Preises, den die nationale Unabhängigkeit kostete. Jede Landung wurde am darauf folgenden Tage öffentlich bekanntgegeben, um ihre politische Bedeutung nicht ungenutzt zu lassen. Mußte die Aktion bei Tageslicht stattfinden, versteckten die Kämpfer ihre Waffen, und die Bewohner der Umgebung wurden an die Küste gerufen, um sich unter die Ankömmlinge zu mischen und diese vor einer Verhaftung durch die Engländer zu bewahren. So mancher ließ dabei sein Leben im Feuer der Maschinengewehre. Solche Ereignisse festigten die Solidarität der Bevölkerung mit den Kämpfern und trugen dazu bei, aus einzelnen Menschen eine Nation zu schmieden.

Obwohl nicht so kompliziert wie die illegale Einwanderung, vermittelte die illegale Ansiedlung der *Haganah* zusätzliche militärische Erfahrung. Wie erwähnt, ging es dabei um die Ortswahl, die Herstellung der vorfabrizierten Dorfanlage, ihren Transport, ihren Aufbau und ihre Verteidigung sowie um die

Organisierung der Zusammenarbeit von Soldaten und Zivilpersonen. Vieles daran war quasi-militärisch, trug aber dazu bei, daß die *Haganah* zu einer Militärkraft wurde, die sich ihrer nationalen Verantwortung voll bewußt war. Am wichtigsten blieben natürlich die militärischen Groß- und Kleinaktionen; ihr Ziel waren Eisenbahnlinien, Brücken, Panzerfahrzeuge, Polizeistationen, militärische Einrichtungen, Flüchtlings- und Gefangenenlager, Radaranlagen, bewaffnete Patrouillienboote und Schiffe in Palästina und Zypern. Alle diese Objekte waren an Ort und Stelle oder von Militärstreifen bewacht. Manche von ihnen befanden sich in der Nähe jüdischer Wohngebiete, andere lagen weiter entfernt an der Grenze. Mit Ausnahme des Transjordanischen Grenzkorps, das aus arabischen Soldaten und englischen Offizieren bestand, beteiligten sich die Araber nicht an dem Kampf gegen die Juden; sie lieferten aber dem englischen Nachrichtendienst oft Informationen über jüdische Truppenbewegungen (andererseits gab es auch Araber, die das gleiche für die *Haganah* taten). Die meisten Aktionen mußten daher in der Nacht durchgeführt werden. Um nicht die Aufmerksamkeit von Arabern oder englischen Patrouillen zu erregen, dauerte sowohl die Annäherung an das jeweilige Ziel als auch der Rückzug oft stunden-, bei entfernteren Objekten tagelang, wobei dann nachts marschiert und tagsüber in einem Versteck gerastet wurde. Das verlangte große Ausdauer und ein hohes Maß an taktischem Können. Es galt, in kleinen Einheiten allein oder koordiniert vorzugehen, in Kompanie- oder Bataillonsstärke einzelne oder mehrere benachbarte Anlagen anzugreifen oder Einheiten verschiedener Stärke in gemeinsamen Operationen unter Brigadekommando einzusetzen. Kriegerische Erfahrung wurde nicht nur im Kampf selbst erworben, sondern auch bei Beweglichkeits- und Schießmanövern in der Wüste südlich des Toten Meeres. Der Umstand, daß alle Einheiten des *Palmach* und viele der *Haganah* in jeder Art Kriegstechnik ausgebildet wurden, schärfte ihren Verstand und bereitete sie auf die großen Kämpfe vor, die ihrer harrten.

Neben den Landkräften entwickelte sich die kleine Flotte des

Palmach, die im Kern aus einer Überwasserflotte und einem besonderen Sabotage-Geschwader bestand. Daß man lernte, illegale Schiffe zu dirigieren und englische Schiffe zu versenken, erwies sich beim Aufbau der späteren Flotte Israels als sehr nützlich.
Als Überfälle dauerten die *Haganah*-Aktionen gewöhnlich nicht lange. Sie hatten kurz zu sein, um den Beteiligten zu ermöglichen, sich im Schutz der Dunkelheit zurückzuziehen und alle Spuren hinter sich zu verwischen. Die englischen Gegenschläge waren eher Polizeiaktionen als militärische Operationen. Später allerdings verstärkten die Engländer ihre Aktionen, dehnten sie auf Zivilanlagen aus und gingen sogar dazu über, führende jüdische Persönlichkeiten zu verhaften. Aber diese strengeren (und erfolgreicheren) Maßnahmen standen schon am Anfang vom Ende der britischen Herrschaft in Palästina. Sie zeigten, daß die Engländer keine vereinzelten Gruppen militanter Extremisten gegen sich hatten, sondern eine das ganze Volk umfassende nationale Freiheitsbewegung. Mit ihren Unterdrückungsversuchen stießen die Engländer die Welt vor den Kopf und verwandelten ihre quasi-militärischen Siege in politische Niederlagen. Das Ende kam im Februar 1947, als die englische Regierung ihren Entschluß bekanntmachte, den ganzen Komplex den Vereinten Nationen zu übergeben. Diese stimmten im November desselben Jahres für eine Teilung Palästinas in einen jüdischen und einen arabischen Staat. Das englische Mandat wurde aufgehoben und der 15. Mai 1948 als letzter Termin für den Abzug des gesamten englischen Personals festgesetzt.
Es verdient noch hinzugefügt zu werden, daß die beiden anderen jüdischen Geheimorganisationen, die erwähnten Terroristengruppen, das Ihre dazu beitrugen, die Engländer zum Verlassen des Landes zu zwingen. Ihre Aktionen waren äußerst waghalsig und ihre Mitglieder meistens tapfere Männer und Frauen, die vor Selbstaufopferung nicht zurückschreckten. Allein hätten sie aber die Niederlage der Engländer nicht herbeiführen können, vor allem deswegen, weil sie inmitten der Bevölkerung isoliert dastanden. Im Gegensatz dazu hatten die Aktionen der *Haganah*

die besten Aussichten auf Erfolg, nicht nur wegen ihres größeren Umfangs und ihrer Andersartigkeit, sondern auch weil die gesamte Bevölkerung sie aktiv unterstützte. Nicht unbedeutend für die Entwicklung der jüdischen Streitkräfte in dieser und jeder anderen Periode waren ihre eingangs erwähnten nichtmilitärischen Aspekte: die enge Zusammenarbeit zwischen den zivilen und militärischen Teilen der Bevölkerung, die Kontrolle, die die gewählten Zivilbehörden über das Militär hatten, und die Loyalität der Soldaten ihrer noch nicht ausgerufenen oder anerkannten Nationalregierung gegenüber. Die Reife, die daraus spricht, ist vielleicht das schönste Zeugnis für die *Haganah*, eine wahre nationale Befreiungs- und Verteidigungsarmee.

Der Freiheitskrieg

Während sich die Verhandlungen der Vereinten Nationen dahinzogen, begann die Spannung zwischen Juden und Arabern sich zu verschärfen. Beide Seiten beschleunigten die Kriegsvorbereitungen, verstärkten ihre Mannschafts- und Waffenbestände und intensivierten die Ausbildung. Es stand fest, daß der Abzug der Engländer der Auftakt zu einem arabisch-jüdischen Zusammenstoß sein würde. Als die UN-Vollversammlung am 29. November 1947 mit Zweidrittelmehrheit (einschließlich der Stimmen der Vereinigten Staaten und der Sowjetunion) beschloß, das Land in zwei selbständige Staaten zu teilen, mit gemeinsamem Wirtschaftssystem und mit Jerusalem als internationaler Enklave, sprachen sich die Araber sofort dagegen aus. Hier und da kam es zu Ausschreitungen, und arabische Guerillas tauchten in entlegenen Landesteilen auf.

Der Krieg, als Israels Freiheitskrieg bekannt, läßt sich in vier deutlich erkennbare Phasen teilen, die den israelischen Streitkräften ihr Merkmal aufdrückten und Israels Herrschaft über das Land ausdehnten. Die erste Phase dauerte etwa sechs Monate, von Anfang November 1947 bis in den März, den April und die erste Maihälfte 1948 hinein — nach dem jeweiligen Stand des britischen Abzuges, der sich in Etappen bis zum 14. Mai 1948 hinzog. Solange die Engländer im Lande waren, hatte die *Haganah* im Untergrund zu bleiben und ihre (nun viel größeren) Aktionen nach Möglichkeit unter dem Deckmantel ihrer legalen Einheiten zu unternehmen. Das Mittelmeer war ebenso wie die Küste noch unter britischer Kontrolle und die jüdische Einwanderung illegal. Die meisten Schiffe wurden abgefangen und die Einwanderer auf Zypern interniert[1]. Waffen

---

1 Von den 63 Schiffen, die zwischen April 1945 und Januar 1948 nach Palästina abgingen, wurden 58 von den Engländern aufgebracht.

wurden dringend benötigt und mußten eingeschmuggelt werden. Die Araber hatten in den von den Engländern geräumten Gebieten im Innern des Landes freie Hand und standen in direkter Verbindung mit den arabischen Nachbarländern.

Die Mandatarmacht erklärte sich neutral, und die englischen Truppen erhielten den Auftrag, nur die restlichen Stützpunkte und die Wege nach Haifa, ihrem Einschiffungshafen, zu sichern. Die Entsendung einer internationalen Kommission, die die Ausführung der UN-Beschlüsse beaufsichtigen sollte, wurde von London abgelehnt.

Die Strategie der *Haganah* in der ersten Kriegsphase kann folgendermaßen charakterisiert werden:

1. Entlegene Siedlungen waren auf keinen Fall aufzugeben[2], wodurch sich lange Verbindungs- und Nachschublinien ergaben. Diese Siedlungen sollten den arabischen Druck von den jüdischen Zentren teilweise ablenken und als Ausfallbasen für Guerilla-Aktionen hinter den feindlichen Linien dienen, im übrigen aber bis zu einer allgemeinen Befreiungsoffensive für ihr Gebiet sich selbst überlassen bleiben.

2. Um den Abzug der Engländer nicht zu stören, waren offene Zusammenstöße sowohl mit ihnen als auch (vorläufig wenigstens) mit den Arabern zu vermeiden, da andernfalls eine englische Intervention und eine Verzögerung des Abzugs die Folge gewesen wären.

3. Vorwiegend jüdisch bewohnte Gebiete waren zu zusammenhängenden Territorien zu vereinigen, um die Verbindung ins Innere sicherzustellen, Arbeitskräfte zu sparen und eine verhältnismäßig günstige Auffangposition für die von den arabischen Staaten offen angekündigte Invasion zu bilden.

Diese Richtlinien wurden im allgemeinen eingehalten; sie legten den Grund für die kommenden großen Kämpfe. Die Vorrunde trug auch zu einem weiteren Ausbau der Streitkräfte bei, und zwar auf folgende Weise:

2 Die einzige Ausnahme war Beth Ha'arawa am Nordrand des Toten Meeres. Aber selbst hier wurden die Siedler nur etwas weiter nach Süden, nach Sodom gebracht, das nicht so nahe an der Straße Amman-Jericho lag.

1. Der *Palmach*, die Stoßtruppe der *Haganah*, trat zum Krieg mit vier voll mobilisierten und zu einer Brigade vereinigten Bataillonen an, deren Zahl bald auf zehn heraufgesetzt wurde (drei Brigaden). Sie waren einem Zentralkommando unterstellt, das zwecks ständiger Verfolgung ihrer in- und ausländischen Aktionen in nächster Nähe des Hauptquartiers der *Haganah* stationiert war. Dieser Einheit wurden besondere Aufgaben im Rahmen der allgemeinen Strategie zugewiesen, oder sie wurde den Kommandeuren bedrohter Frontabschnitte als Angriffsspitze bei größeren Aktionen zugeteilt. Später operierte der *Palmach* gemeinsam mit den anderen Teilen des Heeres.

2. Die junge Flotte und die junge Luftwaffe wurden vom *Palmach* abgetrennt und zu selbständigen Teilen der Streitkräfte mit eigenem Kommando umgewandelt, blieben aber bis zum Kriegsende dem Generalstab der Armee unterstellt.

3. Eine größere Anzahl von Bataillonen wurde vom Feldkorps der *Haganah* herangezogen, zu Brigaden formiert und in ständiger Bereitschaft gehalten. Anfangs für gewisse Gebiete bestimmt, gaben sie bald ihren quasi-territorialen Charakter auf und konnten nun vom Oberkommando an jedem beliebigen Kriegsschauplatz eingesetzt werden.

4. Aus älteren Männern sowie Frauen und Jugendlichen unter 18 Jahren wurde eine Bürgerwehr gebildet, die im Rahmen der *Haganah* in teilweisen Bereitschaftszustand versetzt wurde und die passive Verteidigung jüdischer Stadtviertel und Siedlungen zur Aufgabe hatte. Manchmal wurde sie auch als Verstärkung in landwirtschaftliche Siedlungen entsandt, um beim Wachdienst und der Arbeit auszuhelfen. Die Bürgerwehr nahm den Truppen gewisse defensive Aufgaben ab und stellte sie für den aktiven Kampf frei.

5. Hilfsdienste, wie Transport- und Sanitätswesen, ziviler Luftschutz u. a., konnten ohne Schwierigkeiten organisiert werden. Da die Bevölkerung meistens auf die eine oder andere Weise mit der *Haganah* verbunden war, konnten die nötigen Arbeitskräfte und Materialien ohne weiteres aufgebracht werden.

Diese Dienstleistungen waren durchweg freiwillig; es gab noch keinen jüdischen Staat, der Gehorsam hätte erzwingen können. Idealismus und gemeinsame Gefahr reichten jedoch zusammen aus, eine Armee im Werden zur Verteidigung eines Staates im Werden zu schaffen.

Die zweite Kriegsphase war kurz, aber entscheidend. Sie umschloß die wenigen Tage, höchstens Wochen zwischen der Evakuierung der einzelnen Provinzen durch die Engländer und ihrem endgültigen Abzug am 15. Mai 1948, dem Tag, an dem das Mandat erlosch. In dieser kurzen Zeitspanne standen sich Juden und Araber bei physischer Abwesenheit, aber sozusagen politischer Anwesenheit der Engländer gegenüber.

In dieser eigenartigen Situation konnte die *Haganah* die territoriale Geschlossenheit der jüdischen Landesteile und die Verbindung zwischen ihnen herstellen, arabisch gehaltene Gebiete unter ihre Kontrolle bringen und die Verteidigungsanlagen in Erwartung der drohenden Invasion ausbauen. Die meisten arabischen Angriffe auf jüdische Siedlungen wurden zurückgeschlagen und bedeutende Teile des Landes befreit, wie Ober- und Untergaliläa mit den arabischen Zentren Samach und Beisan und den gemischt jüdisch-arabischen Städten Safed und Tiberias; Westgaliläa mit Haifa und seiner gemischten Bevölkerung[3]; die Araberstadt Jaffa; große Teil des neuen Jerusalems und viele strategisch wichtige Ortschaften von Nord bis Süd. Nicht weniger bedeutend war eine Reihe erfolgreicher Operationen zum Entsatz belagerter Orte im Jerusalemer Korridor und am Eingang zum nördlichen Negev. Die *Haganah* mußte auch schwere Schläge hinnehmen — erhebliche Verluste an Menschenleben, die Vernichtung vieler Fahrzeuge und ganzer Transportkolonnen auf dem Weg zu isolierten Punkten sowie die Zerstörung mehrerer Siedlungen in der Gegend von Jerusalem. Im allgemeinen sah aber die Bilanz nicht ungünstig aus,

---

[3] Akko wurde zwei Tage nach Erlöschen des Mandats genommen, und die Befreiung von Westgaliläa einige Tage später, am 22. Mai 1948, abgeschlossen.

und das bewies die Errichtung einer besseren Verteidigungsposition für den unmittelbar bevorstehenden Angriff überlegener Feindkräfte.

Die dritte Phase des Krieges dauerte vom 15. Mai bis zum 10. Juni 1948. Es war eine schwere Zeit. Die arabischen Armeen schlugen gleichzeitig an allen Fronten los, mit einer Überlegenheit an Zahl und Ausrüstung, die nicht minder niederdrückend war als der psychologische Effekt der Invasion. Obwohl die *Haganah* für eine volle Gegenoffensive noch nicht bereit war, tat sie das Richtige und wählte keine bloß defensive Strategie. Hätte sie das getan, hätte sie den Krieg verloren. Die Initiative wäre in der Hand des Feindes geblieben, der ungehindert Zeit und Ort seiner Angriffe wählen und genug Truppen zusammenziehen konnte, um die jüdischen Linien an fast jeder Stelle zu durchbrechen. Die *Haganah* entschied sich für einen defensivoffensiven Weg, die sogenannte „aktive Verteidigung". Es gab natürlich keine durchgehende Frontlinie, und fast jede Siedlung oder Siedlungsgruppe hatte sich selbst zu verteidigen. Stellenweise wurden Hügel und Befestigungen von regulären Truppen gehalten, und eine Serie von Überfällen, die oft tief hinter die Linien des Feindes führten, zwang diesen zu großer Wachsamkeit an Stützpunkten, Brücken und anderen militärischen Anlagen. Zum erstenmal verwendeten die Israelis Artillerie, einige wenige veraltete Geschütze. Die Luftwaffe, eine kleine Anzahl leichter Aufklärungsflugzeuge (Piper Cubs und Austers), wurde durch mehrere bessere Maschinen verstärkt, zumeist Messerschmitt-Jäger. Der psychologische Wert der Artillerie und der Flugzeuge war vielleicht ebenso groß wie der militärische, wenn nicht größer.

Langsam begann die Zahl der israelischen Angriffe und Gegenangriffe, überwiegend nächtliche Aktionen, zuzunehmen. Fast alle Angriffe des Feindes auf befestigte Siedlungen schlugen fehl, bis auf zwei oder drei, die ihn teuer zu stehen kamen. Dennoch erzielte er an mindestens zwei Fronten beträchtliche Erfolge: die Ägypter drangen bis auf zwölf Kilometer vor Rechoboth vor, die Syrer errichteten einen Brückenkopf diesseits des Jordans in Obergaliläa, und die Transjordanier besetzten Ramle und Lydda (mit dem internationalen Flugplatz, kaum eine halbe Autostunde von Tel Aviv entfernt) und schlugen die israelischen Angriffe auf Jenin und Latrun zurück. Allmählich kam es zu einem Stillstand. Die arabischen Armeen büßten ihre Stoßkraft ein, und die Israelis waren nicht zu großangelegten Offensiven fähig, obwohl ihre Verteidigung immer aktiver wurde. Beide Seiten brauchten eine Atempause, und so kam es am 11. Juni zu einem von den Vereinten Nationen vorgeschlagenen Waffenstillstand von einem Monat.

In Anbetracht der Kräfteverhältnisse durfte diese Phase des Krieges von den Israelis als bedeutender, wenn auch nicht entscheidender Sieg betrachtet werden. Nicht nur war der Feind an den meisten Fronten aufgehalten worden — die Israelis hatten auch viel Gelände gewonnen. Dem standen an Passiva gegenüber: der Verlust mehrerer Siedlungen und — besonders schmerzlich — der Jerusalemer Altstadt.

Ermutigt durch ihre Erfolge, belehrt durch ihre Niederlagen, benutzten die Israelis den Waffenstillstand zur Konsolidierung ihrer Kräfte. In diese Zeit fallen auch die ersten offiziellen Staatsakte. Die *Haganah* wurde zum Heer des neuen Staates erklärt[4], das den Namen *Zahal* erhielt, nach den Anfangsbuchstaben des hebräischen *Zava Haganah le-Jisrael,* Verteidigungsarmee für Israel, und die Truppen leisteten dem neuen Staat am 28. 6. 1948 den Treueid. Eine Uniform und Rangordnung wurden eingeführt, mit dem höchsten Rang des *Rav-Aluf* (Generalmajor), den nur der Generalstabschef hatte — als erster Jakov Dori, Oberkommandeur der *Haganah*. Die Kommandeure der verschiedenen Fronten, des *Palmach,* der Luftwaffe, der Flotte und der Panzerwaffe sowie einige höhere Offiziere im Generalstab wurden zu Brigadegenerälen ernannt *(Aluf)*[5]. Die anderen

4 Das geschah schon elf Tage vor Beginn des Waffenstillstandes, am 31. Mai 1948.

5 Im Jahre 1969 kam ein neuer Rang hinzu, der des *Tat-Aluf,* dem Brigadegeneral entsprechend; der *Aluf* rückte nun zum Generalmajor auf, der *Rav-Aluf* zum Generalleutnant, dem höchsten Rang, den nur der Generalstabschef hat.

Untergrundorganisationen wurden aufgelöst und ihre Mitglieder in die Armee aufgenommen. Die Umgestaltung der *Haganah* zur regulären Armee eines unabhängigen Staates war mehr nominell als substantiell. Organisationsform und Rangstufung, die Menschen, ihre Ergebenheit und ihre Verantwortungen blieben sich gleich. In einem gewissen Sinne aber war der Übergang doch sehr bedeutsam: Er symbolisierte die Verwandlung Palästinas in einen unabhängigen jüdischen Staat und die der Bevölkerung in eine Nation — und das war von großem moralischem Wert. Die Armee bestand nun aus sieben regulären und drei *Palmach*-Brigaden sowie einer Panzerbrigade. Diese war noch ziemlich armselig ausgerüstet, die anderen aber verhältnismäßig gut, und zwar mit tschechischen und französischen Waffen, auch Geschützen (das allerdings unzureichend). Die Luftwaffe erwarb eine Anzahl tschechischer Messerschmitt-Jäger und englischer Spitfires, dazu mehrere Dakotas für Transport- und Bombenflüge. Die Flotte verbesserte ihre Ausrüstung und die Ausbildung im Guerilakrieg zur See, für Landungsoperationen und im Küstenschutz. Alle Teile der Streitkräfte hatten nun ihre eigenen Befehlshaber, dem Generalstabschef unterstellt, der seinerseits dem Premier- und Verteidigungsminister, David Ben Gurion, und seinem Stellvertreter, Jisrael Galili, verantwortlich war[6]. Ein engeres Kriegskabinett wurde bevollmächtigt, gewisse Entscheidungen für die Regierung zu treffen; entsprechende Vollmachten erhielt der Verteidigungs- und Außenpolitische Ausschuß der *Knesseth* (Parlament) für die ganze Volksvertretung. Die israelischen Kräfte waren dem Feind noch immer an Zahl und Bewaffnung sowie in bezug auf die geopolitische Position unterlegen, nicht aber an Organisation, Disziplin, Kampfgeist und einem Gemeinschaftsgefühl, das sich in einem Entweder-Oder ausdrückte: Entweder du gewinnst den Krieg, oder du wirst ins Meer getrieben, du — und dein Volk mit dir. Das ist der Sinn jenes „Wir haben keine Wahl", das dem Bewußtsein des Volkes

6 Jisrael Galili war der letzte Kommandeur der *Haganah* und kam als solcher einem Kriegsminister der Untergrundarmee gleich.

Ausdruck gibt, daß es um seine nackte Existenz kämpft. Eines stand fest: beide Seiten würden, sobald nur der Waffenstillstand ablief, versuchen, bei der Wiederaufnahme der Feindseligkeiten die Initiative an sich zu reißen.

Die vierte und letzte Phase des Freiheitskrieges begann am 11. Juni 1948. Sie brachte eine radikale Umstellung der Kriegstechnik und Logistik der israelischen Armee mit sich. Der Feind stand in der Nähe der jüdischen Siedlungszentren; die Israelis konnten daher keine rein defensive Strategie anwenden. Einmal in der Offensive, hätten die Invasionsarmeen die dünnen jüdischen Linien durchbrechen, die israelischen Kräfte erdrücken und den jüdischen Teil des Landes, der — ohne Tiefendimensionen — leicht zu überrennen war, erobern können. In dieser Situation taten die Israelis das einzig Richtige: die Initiative zu ergreifen, in dem Moment, da der Waffenstillstand zu Ende ging. Der gegnerischen Offensive um auch nur einen Tag zuvorzukommen, hätte die Beschlüsse der Vereinten Nationen verletzt. Da der Feind die Gewohnheit hatte, nachts nicht anzugreifen, beschlossen die Israelis, ihm wenigstens um einige Stunden zuvorzukommen und ihre eigene Offensive in dem Augenblick zu beginnen, da der Waffenstillstand ablief, nämlich um Mitternacht.

Der Krieg war nicht zu gewinnen, ohne daß der Gegner vernichtend geschlagen wurde. Das machte die Zusammenziehung von Truppen an einer Front und in einem Maße erforderlich wie nie zuvor: die Überlegenheit an einer Front sollte die allgemeine Übermacht des Gegners aufwiegen. Zu diesem Zweck wurde eine Dringlichkeitsliste aufgestellt: das wichtigste war, der Bedrohung von Tel Aviv und Umgebung ein Ende zu machen, und zwar durch die Befreiung von Lydda und Ramle und die Besetzung des Hügellandes östlich der Küste, ferner die Belagerung von Jerusalem aufzuheben und die von den Transjordaniern besetzte Altstadt von Norden her zu umfassen. Dann galt es, die Gegend von Haifa durch die Befreiung von Nazareth und der restlichen Teile Untergaliläas zu sichern. Inzwischen mußten im Süden die Ägypter, im Osten die Iraker und im Nor-

den die Syrer mittels einer aktiven Verteidigungstaktik, die sich auf Siedlungen und motorisierte Kräfte stützte, aufgehalten werden, bis die Zeit für eine Gegenoffensive reif war. Die Operationen — darunter ein waghalsiger Angriff der Panzerbrigade auf Lydda — waren alle von Erfolg gekrönt, unter Einsatz von vier Brigaden unter einem gemeinsamen Kommando (dem des *Palmach*) an der zentralen und zweier Brigaden unter einem Kommando an der nördlichen Front. Diese Kämpfe vermittelten der Armee eine neuartige Erfahrung und neue Maßstäbe und gaben ihr größere Zuversicht. Neben dem Einsatz stärkerer Truppenverbände gegen ein Einzelziel wurde der Guerillakrieg nicht vernachlässigt. Die von Artilleriefeuer unterstützten großangelegten Tages- und Nachtoperationen waren von Guerilla-Aktionen begleitet, welche in den allgemeinen Plan auf eine Weise eingebaut waren, die sich bis ans Kriegsende und darüber hinaus gut bewährte. Das Ziel, das die Armee sich gesetzt hatte, wurde im großen und ganzen erreicht, und wenn die Vereinten Nationen nicht am 19. Juli 1948 einen neuen Waffenstillstand verhängt hätten, wäre die israelische Offensive mehr oder weniger ungestört weitergegangen, die Kräfte von Front zu Front verlegt und der Feind vernichtet oder zum Verlassen des Mandatsgebiets gezwungen worden.
Der zweite Waffenstillstand dauerte bis zum 10. Oktober 1948. Die israelische Kriegführung hatte nun neben den bisherigen Faktoren auch mögliche weitere Interventionen der UNO in Form von Waffenstillständen in Rechnung zu stellen, die man gerade dann zu erwarten hatte, wenn die Israelis im Begriff waren, die Oberhand zu gewinnen und neue Territorien zu besetzen, oder wenn der Gegner sich bedroht sah. Die unmittelbare Folgerung daraus war, daß jede Aktion im Rahmen des Gesamtplans durchgeführt werden, gleichzeitig aber auch in sich abgeschlossen dastehen mußte.
Ein anderes symbolisches Ereignis fällt in diese Zeit: die erste legale Parade einer jüdischen Armee unter einer jüdischen Regierung seit der Zerstörung des Zweiten Tempels; es fand im Juli 1948 in Tel Aviv statt.

Die Israelis benutzten die Zeit des zweiten Waffenstillstands (19. Juli bis 10. Oktober 1948) dazu, ihren Truppen eine Ruhepause zu gönnen, sie durch neue Kräfte zu verstärken (aus den Reihen der heranwachsenden Jugend und der neuen Einwanderer, die nun legal aus den Lagern in Zypern und vom europäischen Kontinent ins Land strömten) und sie mit mehr und besseren, von der Tschechoslowakei und Frankreich gelieferten Waffen zu versehen. Der Armeestab wurde reorganisiert und das Land in vier territoriale Befehlsbereiche geteilt, damals „Fronten" genannt: die Nordfront (Galiläa), die sich gegen libanesische, syrische und irakische Truppen sowie die sogenannte „Befreiungsarmee" unter Fawzi al Kaukji zu verteidigen hatte; die Ostfront (das sogenannte „Dreieck"[7] und die Region Samaria-Scharon), wo auf der Gegenseite irakische und transjordanische Kräfte standen; die Zentralfront mit der Achse Tel Aviv-Jerusalem, der das Gros der transjordanischen Armee mit irakischen Truppen am nördlichen und ägyptischen Verbänden am südlichen Flügel gegenüberstand; und die Südfront, die südliche Hälfte Palästinas, die sich von Rechoboth im Norden bis ans Rote Meer erstreckte und größtenteils in der Hand der Ägypter war, die dort von saudi-arabischen Einheiten unterstützt wurden. Der Reorganisierung fiel auch der *Palmach* als selbständige Einheit zum Opfer; seine drei Brigaden blieben zwar intakt bis ans Kriegsende bestehen, sein Hauptquartier aber wurde aufgelöst. Der *Palmach* wurde teilweise durch eine neue Truppe ersetzt, die NACHAL (Anfangsbuchstaben von *Noar Chaluzi Lochem*, Kämpfende Pionierjugend), der die Mitglieder der verschiedenen Jugendorganisationen (einzeln oder gemeinschaftlich) angehörten; hier war jeder Soldatengruppe eine solche künftiger Siedler angeschlossen.

Meiner Ansicht nach war die Reorganisation richtig, bis auf zwei Punkte. Ich war für die Aufrechterhaltung des *Palmach* als einer speziellen Einheit für schwierige Aufgaben, direkt dem Generalstabschef unterstellt. Seine Auflösung wurde später wenigstens

---

[7] Das „Dreieck" ist das Hügelland des östlichen Zentralpalästina, so genannt nach der Lage seiner drei größten Städte, Tul-Kerem, Nablus und Jenin.

teilweise mit der Aufstellung eines Fallschirmkorps wiedergutgemacht, das bei gefährlichen Unternehmungen, besonders hinter den feindlichen Linien, in Aktion trat und seinen Einsatzort entweder durch Absprung mit dem Fallschirm oder in Dauermärschen erreichen konnte. Der zweite Punkt meiner Kritik betraf die Anzahl der Befehlsbereiche, der „Fronten". Vier erschienen mir zu viel; in einem Lande von den Ausmaßen Palästinas mit seinem spezifischen geostrategischen Charakter hätten zwei, höchstens drei genügt und der meiner Meinung nach anzuwendenden Strategie entsprochen. Ihr zufolge sollte unsere erste Aufgabe die Vernichtung des Feindes im Süden und Norden sein und erst dann, nach Sicherung der Flanken, der Angriff auf das bergige Zentrum mit Jerusalem erfolgen. (Das letztere war durch Umgehung der Iraker und Transjordanier zu erreichen, die dann, im Rücken angegriffen, durch einen offengelassenen Korridor oder über eine Landbrücke hätten abziehen können.) Tatsächlich wurde die Anzahl der Befehlsbereiche nach dem Kriege mit Auflösung des Ostkommandos auf drei herabgesetzt, und dabei ist es bis auf den heutigen Tag geblieben.
Während des Krieges war die Armee nicht in Divisionen, sondern, wie schon erwähnt, in „Fronten" gegliedert. Diese waren auf bestimmte Regionen zugeschnitten, aber die einzelnen Brigaden gehörten keiner bestimmten Region an, sondern wurden je nach der Kriegslage verschiedenen Frontkommandeuren zugeteilt und für größere Aktionen an ihren Fronten zusammengezogen. Das entsprach den Kampfbedingungen, unter denen die an Zahl und Stärke unterlegenen israelischen Kräfte auf Überlegenheit nur in Einzelkämpfen hoffen durften, gestützt auf ihre Beweglichkeit, den Umstand, daß sie schnell und leicht zu konzentrieren und zu manövrieren waren, und den Überraschungsfaktor. Eine verstärkte Bürgerwehr hatte die Lücken an den andern Fronten wettzumachen. Die Frontkommandeure waren für die Verteidigung ihres Gebietes, einschließlich der Pläne und deren Ausführung, voll verantwortlich. Daneben standen sie mit den lokalen und regionalen Zivilbehörden in Verbindung.
Die Offensiven, die mit Abschluß des Waffenstillstands am

10. Oktober 1948 eingeleitet wurden, besonders die im Negev und in Mittelgaliläa, brachten neue Gebiete unter israelische Kontrolle, schwächten den Feind und trugen zur Verbesserung der Strategie und der militärischen Organisation Israels bei. Die Soldaten lernten, in großen Einheiten koordiniert vorzugehen, ohne ihre Guerilla-Beweglichkeit oder ihre Improvisationsfähigkeit einzubüßen. Sie machten besseren Gebrauch von der begrenzten Artilleriedeckung und Unterstützung der Kämpfe aus der Luft und erwarben mehr Erfahrung in Pionieraufgaben, Bewegungs- und Manövriertaktik. In dieser Zeit wurde die Taktik des „indirekten Anmarsches" (so vortrefflich von Sir Basil Liddell Hart entworfen) weitgehend und erfolgreich angewendet, besonders bei der Negev-Kampagne und auf der nördlichen Sinaihalbinsel (Januar 1949).

Als Ergebnis dieser Aktionen wurde ganz Galiläa befreit und Israel zurückgegeben; israelische Truppen erreichten den Litani-Fluß an der libanesischen Grenze, und die Belagerung des Negevs durch die Ägypter wurde aufgehoben. Die Negevfront reichte von Aschdod und Askalon am Mittelmeer über Faluja und Bejt Jubrin nach Hebron in den Hügeln im Osten; sie hatte lange Verbindungslinien zwischen El-Arisch, Rafah und Gaza entlang der Küste und zwischen Ismailia am Suezkanal und Abu Ageila, Auja el Hafir, Bir-Asluj und Beerseba im zentralen Negev. Die Ägypter wurden geschlagen und der ganze Nordnegev mit Beerseba befreit. Nur eine ägyptische Brigade, eingeschlossen und isoliert im Faluja-Kessel, hielt sich entschlossen bis zum Waffenstillstand; ihr Aufklärungsdienst unterstand einem jungen Major namens Gamal Abdel Nasser.

Neben diesen entscheidenden Siegen wurde auch ein Versuch unternommen, die Berglandschaft von Hebron und Bethlehem zu befreien, die von den geschlagenen Ägyptern aufgegeben worden war, ohne von den Transjordaniern besetzt zu werden. Zwei israelische Kolonnen hatten auch schon fast ihr Ziel erreicht, als die Regierung — ich glaube, irrtümlicherweise — ihnen Halt gebot. Das Vakuum wurde auch sofort kampflos von der transjordanischen Arabischen Legion eingenommen.

Die Säuberung des Gazastreifens und des Südnegevs bis hinunter ans Rote Meer war zu einem späteren Zeitpunkt vorgesehen; mit ihr wurde gegen Ende 1948 begonnen. Am 22. Dezember wurde eine großangelegte, motorisierte Operation eingeleitet, mit doppeltem Ziel: der Weg südlich von Beerseba zur Sinaigrenze war zu sichern, die Bedrohung von Beerseba abzuwenden und das Tor zur Vernichtung der ägyptischen Truppen im Gazastreifen zu öffnen; als zweites war der Südnegev von den Transjordaniern zu befreien. Ohne auf Einzelheiten einzugehen, sei hier nur gesagt, daß durch eine Kombination von Guerilla-Aktionen und schnellen Vorstößen starker Einheiten die ägyptische Front südlich von Beerseba überrannt und am 28. Dezember die Sinaigrenze überschritten wurde. Der Hauptknotenpunkt im Sinaigebiet, Abu Ageila, wurde in einem kurzen, harten Kampf genommen, ebenso die Stützpunkte Kusseima, Kunteila und Bir-Hassne mit den Flugplätzen von Bir-Gafgafa und El-Arisch, die unseren vorwärtsstürmenden Truppen in die Hände fielen. Ein kleiner motorisierter Stoßtrupp drang bis auf vierzig Kilometer an den Suezkanal vor, der damals noch in englischer Hand war, während die Haupteinheiten nach Nordwesten vorstießen, um El-Arisch, die Sinai-Hauptstadt, zu nehmen und in den Gazastreifen einzufallen, und zwar an einer Stelle, wo kein Angriff zu erwarten war und die daher nur schwach verteidigt wurde[8].

Die gesamte ägyptische Armee war von ihrem Heimatland abgeschnitten und dem Untergang preisgegeben. Die Israelis standen vor den Toren von El-Arisch, zum Gnadenstoß bereit, als die Regierung unter amerikanischem Druck den Vormarsch stoppen ließ und den Abzug aller Truppen von der Sinaihalbinsel anordnete. Der Befehl rief in der Armee große Mißstim-

[8] Der herkömmlichen Militärdoktrin wäre dieser Plan sinnlos erschienen, da er ausgedehnte Verbindungslinien ohne eine ausreichende Panzer- und Artilleriedeckung vorsah. In einem Bewegungskrieg kann aber das sinnlos Scheinende manchmal zum Sinnvollsten werden, und zwar gerade deshalb, weil es sinnlos und unlogisch erscheint, das heißt das Unvorhergesehene, das der Feind am wenigsten erwartet und für das er sich daher nur unvollkommen vorbereitet hat.

mung hervor, wurde aber gehorsam befolgt, und am 15. Januar 1949 verließ der letzte israelische Soldat die Sinaihalbinsel.
Es bot sich bald eine andere Gelegenheit, den Gazastreifen anzugreifen, diesmal von israelischem Gebiet aus. Einem anderen Stoßtrupp war es gelungen, die Dünen zu durchqueren und einen Keil zwischen Rafah im Süden und die israelisch-ägyptische Grenze zu treiben, der den Streifen mit seiner Hauptstraße in zwei Teile schnitt und, ohne die Eisenbahnlinie zu zerstören, ihre Kontrollzentrale besetzte. Man erwartete, daß dieses Manöver die ägyptische Armee demoralisieren und zum Abzug veranlassen werde, als sich die ägyptische Regierung zu Waffenstillstandsverhandlungen bereit erklärte, unter der Bedingung, daß sich die Israelis zurückzögen, was auch geschah. Das war falsch, denn es schwächte Israels Position am Verhandlungstisch. Der am 24. Februar 1949 unterschriebene Waffenstillstandsvertrag ließ den Gazastreifen in ägyptischer Hand.

Die Niederlage der Ägypter erlaubte den Israelis, sich mit verstärkter Kraft der endgültigen Befreiung Palästinas zuzuwenden. In einem weitausholenden Manöver, unter dem Einsatz von drei Brigaden, wurde der Südnegev mit einem Teil des Golfes von Akaba am 16. März 1949 erobert, gleichzeitig auch das Westufer des Toten Meeres mit Massada und Ejn Gedi und ein Teil der Wüste Judäa.

Nun die Mißerfolge: aufgrund falscher Überlegungen wurden mehrere gut vorbereitete Aktionen gegen die Hebronhügel, gegen Alt-Jerusalem und das „Dreieck" fallengelassen — Gebiete, die schon mehrmals, besonders nach der ägyptischen Niederlage, vor ihrer Befreiung gestanden hatten; sie blieben in jordanischer Hand. Trotz mehrerer Rückschläge (bei Jenin im Norden, bei Bethlehem und dem Sitz des Hochkommissars im Süden von Jerusalem) und trotz der mangelnden Initiative in bezug auf den Jerusalem-Sektor hätte diese Befreiungsaktion jetzt mit weniger Mühe und größerer Aussicht auf Erfolg durchgeführt werden können als die großen Unternehmen im Negev und auf der Sinaihalbinsel. Aber die Gelegenheit ging vorüber, und das Waffenstillstandsabkommen wurde bald darauf unterzeichnet: vom Libanon am 23. März, von Transjordanien am 3. April und von Syrien am 20. Juni 1949. Der Irak zog seine Truppen ab, ohne das Abkommen zu unterzeichnen. Aufgrund der Waffenstillstandsbedingungen räumten die Israelis den Libanon südlich des Litani und die Syrer ihren Brückenkopf in Obergaliläa; die eingeschlossene ägyptische Brigade erhielt freien Abzug aus dem Faluja-Kessel; Transjordanien annektierte das Gebiet Samaria-Hebron sowie die Altstadt von Jerusalem und nannte sich von nun an Königreich Jordanien. Der Gazastreifen blieb, wie schon erwähnt, unter ägyptischer Besetzung. Alles dies verhinderte natürlich die Errichtung des von dem Teilungsplan der UNO vorgesehenen arabischen Staates. Der Staat Israel ging aus dem Krieg mit einem größeren und strategisch vorteilhafteren Gebiet hervor, als die Vereinten Nationen ihm zuerkannt hatten, aber dennoch kleiner, als es seiner militärischen Kraft entsprach und als seine Verteidigung gegen neue Bedrohungen durch die alten Feinde es erfordert hätte.

Israels Armee entstand im Kampf. Das trifft auf diese und alle folgenden Perioden ihrer Geschichte zu. Manche Merkmale ihrer Entwicklung von kleinen Wächtergruppen um die Jahrhundertwende zur modernen Armee, die sie heute ist, sind intelligenter Führung zu verdanken. Im allgemeinen aber ist ihre Entwicklung ihr, vor allem was Größe und Ausrüstung anbelangt, vom Feinde aufgezwungen worden, und mehrere ihrer Erfolge verdankt sie Irrtümern und Schwächen auf der gegnerischen Seite. Dennoch: des Feindes Schwäche auszunützen, das heißt, sie konstruktiv verwerten zu können, dazu gehört besonderes Talent. Auf die israelische Armee angewandt, bedeutet das — neben einem guten Aufklärungsdienst — Offiziere und Soldaten, die nicht nur in herkömmlicher Art gut ausgebildet und organisiert, sondern auch körperlich und geistig reif sind für die ganz besonderen Kriegsziele, die eine nationale Befreiung und Verteidigung erfordert.
In ihrer heutigen Form stammt Israels Armee von dem sieg-

reichen Heer des Freiheitskrieges und dieses von seiner Mutterorganisation, der *Haganah*, ab. Die hervorragenden Eigenschaften des Heeres von 1949 haben sich der israelischen Verteidigungsarmee für immer aufgeprägt. Sie ist eine legale, reguläre Armee, aber infolge bestimmter soziologischer Elemente nach Geschichte und Zusammensetzung grundsätzlich eine Volksarmee — sowohl in ihrer Beziehung zur Nation als auch in ihren Traditionen und Gewohnheiten.

Die *Haganah* hinterließ ein reiches Erbe. Zunächst natürlich verdankt ihr die Armee ihre Existenz, das heißt Mannschaften und Waffen in relativ großer Menge; dazu ein souveränes Land als geostrategische Basis für ihre Operationen; einen Stab hervorragend geschulter, hingebungsvoller Kommandeure, vom Zugführer bis zum Generalstabschef; einen festgefügten Block von Truppeneinheiten mit einem Geist und einem Verhaltenskodex, die ebenso gut waren wie seine militärischen Leistungen. Von der *Haganah* erbte die Armee auch ihr tiefverwurzeltes Zielbewußtsein, ihren Idealismus und ihre Bereitschaft zu freiwilligem Dienst; Kameradschaftsgeist und gegenseitiges Verantwortungsgefühl von Einheiten, Dienstgraden und Individuen und die besonders enge Beziehung zum Volk in seiner Gesamtheit[9]. Die Unabhängigkeit von veralteten militärischen Traditionen, ein auffallendes Charakteristikum der *Haganah*, ging praktisch unverändert auf die neue Armee über, die nur das für die Aufrechterhaltung von Disziplin und Leistungsfähigkeit absolut notwendige Minimum an militärischen Gebräuchen und Formalitäten anerkennt und darin durchaus zweckbetont ist[10]. Wenn man

---

9 Das Postulat, sich seiner Aufgabe bewußt zu sein, ist im letzten der neun Kriegsgrundsätze Israels festgehalten: 1) Verfechtung des Ziels, 2) Initiative, 3) Überraschung, 4) Konzentrierung, 5) Kraftersparnis, 6) Deckung, 7) Zusammenarbeit, 8) Beweglichkeit, 9) Ziel- und Sachbewußtsein.

10 Ein beredtes Zeugnis für diesen Geist gibt der verstorbene Oberst Robert Henriques in seinem Buch *A Hundred Days to Suez* (London 1957, S. 12): „Die Israelis können bei feierlichen Paraden äußerst stramm sein, aber sie lassen wenig Anzeichen von Disziplin im herkömmlichen Sinne erkennen. Offiziere werden von ihren Untergebenen und Kameraden oft beim Vornamen genannt; salutiert wird selten; es gibt viel unrasierte Kinnbacken,

schließlich bedenkt, daß die *Haganah* von ihrer illegalen Gründung an das Werk einer nationalen Freiheitsbewegung war, geleitet von demokratisch gewählten zivilen Institutionen, ist es nicht erstaunlich, daß die neue Armee auch ihre demokratischen Wertmaßstäbe und ihre unbedingte Loyalität den neuen Formen parlamentarischer und sozialer Demokratie gegenüber von der *Haganah* übernahm und so zu einem der wichtigsten Bürgen für die Demokratie in Israel wurde.

keine äußeren Anzeichen von Respekt gegenüber Vorgesetzten, keine „Herren" (Herr Feldwebel, Herr Major). Die Soldaten sind aufrichtig davon überzeugt, ihren — und allen — Offizieren gleich zu sein, unterwerfen sich aber im Kampf widerspruchslos ihrer Autorität. Ich kann es nicht erklären, ich habe keine Ahnung, wie und warum es klappt. Aus meiner Erfahrung in der britischen und amerikanischen Armee weiß ich, daß eine erstklassige Disziplin im Felde von einer solchen in der Kaserne abhängt. Israels Armee scheint diese Erkenntnis zu widerlegen."

Dem Sinai-Feldzug entgegen

Mit der Unterzeichnung der Waffenstillstandsverträge und dem Ende der Kampfhandlungen beginnt eine neue Phase in Israels Existenz und damit eine Reorganisation seiner Verteidigungs-Armee. Wer darauf gehofft oder gar damit gerechnet hatte, dem Waffenstillstand werde ein Friedensvertrag folgen, sah sich (wie manche Israelis, darunter auch ich, vorausgesagt hatten) getäuscht. Die arabischen Regierungen erklärten wiederholt, daß sie keinen Frieden schließen, den Kriegszustand aufrechterhalten und sobald als möglich einen Revanchekrieg führen würden, die sogenannte „zweite Runde". Sie begannen aufzurüsten, hielten die für sie günstigen Klauseln des Waffenstillstandsabkommens ein, verletzten die anderen und schürten das Feuer unter der Kriegsatmosphäre, ohne es zu einem Krieg kommen zu lassen, solange sie sich nicht stark genug fühlten. Israel sah sich daher gezwungen, Gegenmaßnahmen zu ergreifen. Ihr Ziel war, den Krieg zu verhindern, das Mittel dazu, einen starken Militärapparat aufzubauen, um den Gegner von einem Angriff abzuschrecken und — sollte es dennoch zu einem Krieg kommen — diesen zu gewinnen.

Der junge Staat nahm ein großangelegtes Programm für die völlige Integration der Einwanderer, die Wirtschaftsentwicklung und den Aufbau moderner Wohlfahrtseinrichtungen in Angriff. Da die Mittel und Arbeitskräfte, die ihm für Ansiedlung und Produktion zur Verfügung standen, begrenzt waren, andererseits der Militärdienst nicht Selbstzweck, sondern Mittel zur Sicherung des Fortbestandes des neuen Staates war, wurde beschlossen, ein möglichst kleines, hauptsächlich aus Dienstpflichtigen bestehendes Heer zu unterhalten, mit einem ständigen Befehlsstab und den einschlägigen Kadern. Das Gros der Armee bestand aus den ausgemusterten Reservisten, die alljährlich für mehrere Wochen zur Ausbildung und zu Manövern und im Notfall auch jederzeit einberufen werden konnten, in General Jigael Jadins trefflicher Formulierung: reguläre Soldaten mit elf Monaten Urlaub im Jahr[1]. Aus Sparsamkeitsgründen wurden Hilfsdienste, wie Transport-, Melde- und Nachrichtenwesen, sowie Pionier- und Sanitätsdienste zivilen Organisationen zugewiesen, die jederzeit mobilisierbar waren. Gehälter, finanzielle Zuwendungen und Ausgaben im allgemeinen waren möglichst niedrig zu halten. Die Armee wurde mit den besten Waffen versehen, die im Ausland gekauft oder im Inland fabriziert werden konnten, obwohl das dem Volk in seiner Gesamtheit erhebliche Einschränkungen auferlegte.

Ein wichtiger Schritt war die Einführung der allgemeinen Wehrpflicht für Frauen. Mit Ausnahme der Töchter streng religiöser Familien müssen fast alle israelischen Mädchen eine bestimmte Dienstzeit im Heer ableisten. Zum Teil in Kampfeinheiten, in der Mehrzahl aber im Kanzleidienst und der Territorialverteidigung verwendet, setzen sie viele Männer für Kampfhandlungen frei; das war besonders wichtig in einem an Arbeitskräften chronisch armen Land, aber auch von großem sozialem und moralischem Wert, denn es bedeutete unter anderem, daß der Dienst an der Nation und die Opferbereitschaft für sie Privileg beider Geschlechter waren.

Die jüdische Bevölkerung von Israel kann natürlich nicht mit dem Zuwachs der arabischen Nachbarländer Schritt halten, selbst wenn sich ihr eigener um ein Mehrfaches erhöhen sollte. Die Israelis konnten daher den bekannten Spruch, daß Gott auf der Seite dessen sei, der das letzte Bataillon habe, nicht akzeptieren, sondern änderten ihn dahingehend ab, daß Gott, von einem Wunder abgesehen, auf seiten des Stärkeren sei, und bemühten sich, die quantitative Überlegenheit des Feindes durch eine qualitative wettzumachen, die letztlich den Ausschlag geben sollte. Erste Aufgabe war daher die verbesserte Qualifizierung des ein-

---

[1] Um einzelnen Arbeitgebern keine besonderen Lasten aufzuerlegen, wurden die Reservisten während der Zeit ihrer Einberufung aus einem allgemeinen Fonds bezahlt, zu dem alle Arbeitgeber beitrugen.

zelnen. Da viele der neuen Einwanderer aus dem Orient und aus Ländern mit hohem Analphabetentum kamen, wurde damit begonnen, ihnen eine europäische Elementarbildung zu geben. Die Armee nahm es auf sich, die Schule durch eine allgemeine und eine technische Ausbildung, vor allem aber durch eine ideologische Erziehung zu ergänzen, die den jungen Leuten helfen sollte, die nationalen und sozialen Ideale ihres Staates, den zu verteidigen sie berufen waren, zu verstehen. Daneben ließ auch das Bildungsniveau vieler Kriegsteilnehmer zu wünschen übrig. Kommandeure, die während ihrer bisherigen langen Dienstzeit keine Gelegenheit zum Studium gehabt hatten, wurden ermutigt, auf Staatskosten an allgemeinen und technischen Kursen im In- oder Ausland teilzunehmen. Auf der rein militärischen Seite wurde die individuelle und gemeinsame Ausbildung intensiviert; besonderer Nachdruck wurde dabei auf die Aneignung gründlicherer technischer Kenntnisse, körperlicher Ausdauer und geistiger Bereitschaft für gewagte Aktionen gelegt.

In einer jungen Armee mit Freiwilligen-Tradition konnte der einzelne Soldat nicht als bloße Nummer behandelt werden, sondern als Mensch mit all seinen Vorzügen und Schwächen. Neben der allgemeinen Ausbildung und dem erforderlichen Drill wurde daher von Anfang an besondere Rücksicht auf die Entwicklung seines Charakters und seiner Fähigkeit genommen. Das bedeutete die Ablehnung der alten Feldwebel-Regel, daß der Mensch gebrochen werden müsse, um ein Soldat zu werden. Israels Armee ist der Meinung, daß ein gebrochener Zivilist ein gebrochener Soldat ist.

Die neuen Waffen verlangten große Sachkenntnis. Israel konnte bestenfalls ebenso gute Waffen und Ausrüstungsgegenstände erwerben wie seine Feinde, keinesfalls aber bessere oder in größeren Mengen. Diesem Umstand mußte durch eine hervorragende wissenschaftliche, technologische und technische Sachkenntnis sowie durch bessere Organisation und Logistik Rechnung getragen werden, dazu durch besondere Courage und strategische und taktische Fähigkeiten, die an Virtuosität grenzten.

Angesichts der Unmöglichkeit, ein quantitatives Gleichgewicht herzustellen, mußten die Truppen mit den besten Waffen versehen werden — vorausgesetzt, daß es politisch möglich war, sie zu bekommen; zudem wurden alte Modelle mit neuen und besseren Teilen ausgestattet, zum Beispiel alte Panzer mit modernen Kanonen etc. Gute Instandhaltung trug auch ihr Teil bei.
Israels geostrategische Position war jetzt natürlich wesentlich vorteilhafter als vor dem Kriege, aber im Vergleich mit den arabischen Nachbarländern immer noch ungünstig. An der Westküste Asiens gelegen, ein integraler Teil des asiatischen Kontinents, gleicht es einer Insel, ohne im Meer zu liegen, das heißt, ohne die strategischen Vorteile einer Insel zu haben. Zu Lande war es von Feinden umgeben, und seine Häfen am Mittel- und am Roten Meer luden zu Blockaden und Landungsversuchen ein. Mit Ausnahme von Nordgaliläa und dem Südnegev hatte das Land keine Tiefendimensionen — besonders im Zentrum, dem Küstenstreifen und dem Jerusalemer Korridor. An einer besonders gefährdeten Stelle betrug der Abstand von der jordanischen Grenze bis zum Mittelmeer knapp fünfzehn Kilometer. Die Küstenebene mit dem Großteil der Bevölkerung und der Industrie hat keine Bergbarrieren; die Hauptstadt Jerusalem war zweigeteilt; und zwei feindliche Heere standen im Gazastreifen und auf dem Westufer des Jordans — Ausfalltore für Überfälle und Invasionen. Israels Tor zum Roten Meer, dem Indischen und dem Stillen Ozean und darüber hinaus, der Hafen von Elath, war besonders exponiert: er lag auf einem schmalen Landstrich zwischen Ägypten und Jordanien und kann an der Meerenge von Tiran und der Einfahrt ins Rote Meer leicht blockiert werden. Israel befand sich größtenteils in der Schußweite weittragender Feldartillerie, ganz abgesehen von Bombern oder Boden- und Wasserraketen.
Im Nordosten, Israels Hauptquelle für die Wasserversorgung des Landes, überblickten die Syrer seine Täler und sein größtes Fischereigebiet, den Tiberias-See, zwei der wichtigsten Zentren seiner Lebensmittelversorgung. Diese geostrategischen Bedingungen waren angetan, die arabischen — und jeden anderen —

Strategen wie im Jahre 1948 dazu zu verleiten, durch gleichzeitige, allseitige Angriffe die Israelis zur Aufsplitterung ihrer Kräfte zu bringen und ihnen die Initiative zu entreißen. Moderne Militärtechnologie hätte ihnen das unter voller Ausnützung des Überraschungsfaktors erlaubt. Um einer möglichen Intervention der Vereinten Nationen zuvorzukommen, hätten die Araber auch versuchen können, die Entscheidung in einigen wenigen Tagen zu erzwingen und die Welt vor eine vollendete Tatsache zu stellen. Ihre stärksten Kräfte standen in Ägypten; Israels schwächster Punkt, sein „weicher Unterleib", war die Jordanien vorgelagerte Küstenebene. Das Ärgste, was Israel drohte, war ein koordinierter gleichzeitiger Überfall, eine Art Pearl Harbor, angefangen mit dem Versuch, die israelische Luftwaffe zu zerstören, um dann in vereinten Land- und Landungsmanövern das Land an mehreren Stellen in Stücke zu schneiden — und das begleitet von Guerilla-Aktionen der Fallschirmtruppen und irregulären Einheiten sowie von Massenbombardierung der Zivilbevölkerung und der Industrie- und Militäranlagen.

Das waren die theoretischen Möglichkeiten. Israel mußte auf das Schlimmste gefaßt sein und seine Strategie dementsprechend entwerfen. Als erstes war die Territorialverteidigung zu verstärken. Die Errichtung eines Netzwerkes gut ausgerüsteter, befestigter Siedlungspunkte an den Grenzen und im Landesinnern an eventuellen Achsen und Durchgangswegen hatte das Land mit strategischer Tiefe zu versehen und den Mangel an natürlicher Tiefe wettzumachen. Die Beteiligung der Siedler an der Verteidigung ihrer Wohngebiete sollte — wie schon einst — nicht nur eine mögliche Invasion stören, sondern auch die alltäglichen Sicherheitsbedingungen verbessern, die israelische Kontrolle selbst der entlegensten Punkte an der Grenze sichern, die Armee von den Aufgaben der passiven Verteidigung befreien und ihr damit Bewegungs- und Konzentrierungsfreiheit geben.

Das war aber nur eine Teillösung der geostrategischen Unzulänglichkeiten. Der Feind konnte nicht abgeschreckt, der Krieg mit defensiven Maßnahmen allein nicht gewonnen werden, und obwohl das moralische und politische Ziel der israelischen Stra-

tegie die Selbstverteidigung war, mußte die Armee zur Erreichung dieses Zieles in der Lage sein, die Initiative zu ergreifen und im Falle eines jeden, besonders aber eines überraschenden Angriffs entscheidende Schläge zu führen.
Dieser Bereitschaftszustand war durch eine entsprechende Strategie und Gliederung der Streitkräfte herzustellen. Ohne Israels lange Küste oder die Meerengen und Seewege zu übersehen, die es mit den Arabern teilte, und ohne die wachsende Stärke seiner strategischen Luftwaffe und seiner Raketen außer acht zu lassen — muß doch gesagt werden, daß der israelisch-arabische Hauptkriegsschauplatz auf dem Festland liegen würde und daß die entscheidenden Schlachten dort stattfinden mußten. Seit Ende des Freiheitskrieges war diesem Umstand voll Rechnung getragen worden. In der Dringlichkeitsliste, die die Israelis aus Sparsamkeitsgründen aufgestellt hatten, figurierten denn auch die Landstreitkräfte und ihre Unterstützung durch die taktische Luftwaffe an erster Stelle. Neben dem Wunsch, Rivalitäten und Kräftevergeudung auszuschalten und das Höchstmaß an Zusammenarbeit und Leistungsfähigkeit zu erreichen, war dieser Umstand mit ein Grund dafür, daß die einzelnen Teile der Streitkräfte mit ihren Stäben einem Zentralstab mit einem Armeegeneral an der Spitze unterstellt wurden.

Seit dem Freiheitskrieg hatten sich die von den Westmächten belieferten Arsenale der Ägypter, Syrer und Iraker durch Lieferungen aus der Sowjetunion und der Tschechoslowakei erheblich gefüllt, desgleichen die Jordaniens, des Libanons und Saudi-Arabiens durch solche aus dem Westen. Das meiste bekam Ägypten: große Mengen an Panzern, Geschützen, Kampfflugzeugen, Bombern, U-Booten und anderem Material. Den Lieferungen auf dem Fuße folgten russische Militärberater, während ägyptische und andere arabische Soldaten zur Ausbildung nach Osteuropa geschickt wurden. Auf diese Weise fanden die Ideen und Methoden der russischen Kriegführung in Ägypten Eingang: der Masseneinsatz von Artillerie, Panzertruppen, Kampfflugzeugen und starken Reserven zur Ausführung riesiger Durchbruchsaktionen, die die Vernichtung der feindlichen Linien und Panzerkräfte zum Ziel haben. Diese Ereignisse zwangen die Israelis, im Ausbau ihrer Land- und Luftstreitkräfte einen Schritt weiter zu gehen. Mehr Gewicht wurde jetzt auf die Panzerwaffe gelegt, die mit einem erstklassigen Wartungsdienst (der sie über große Entfernungen begleiten konnte) ausgestattet und von gut ausgebildeter motorisierter Infanterie und einer Luftwaffe unterstützt wurde, die von gleicher Qualität (wenn auch nicht Quantität) war wie die des Gegners. Ein besonderes Panzerkorps wurde mit Transportmitteln ausgerüstet, die es ermöglichten, die ganze Einheit in kürzester Zeit von einem Landesteil in den anderen zu werfen. Das Fallschirmkorps wurde erweitert und erhielt eine zusätzliche Ausbildung und Ausrüstung. Dem Bedarf nach einer guten Panzerabwehr seitens der Territorialverteidigung und der Truppen wurde weitgehend Rechnung getragen. Die Infanteriebrigade blieb nach wie vor die größte Kampfeinheit; es kam aber etwas Neues hinzu: Operations-Kommando-Einheiten, mehrere Brigaden stark. Diese neuartige Einheit kann am besten als sehr großer Stoßtrupp bezeichnet werden (hebräisch *Ugdah*), etwa in Divisionsstärke, aber in der Zusammensetzung elastisch wie ein Korps. Die Regions-(früher Front-)Kommandeure behielten ihre Stellung als Befehlshaber der einzelnen Kriegsschauplätze.

Vom Aufbau einer strategischen Luftwaffe und einer starken Kriegsmarine wurde Abstand genommen. Große Aufwendungen für diese Teile der Streitkräfte, so wichtig sie an sich sein mochten, hätten den Etat des Heeres gekürzt, und dieses hatte Vorrang. Von allem *etwas* zu haben, ergibt im Ernstfall Null. Die Bombardierung feindlicher Städte war aus humanitären und praktischen Gründen zu vermeiden, einerseits, um die Zivilbevölkerung zu verschonen, andererseits, um den Krieg auf den für ihn zuständigen Schauplatz, das Schlachtfeld, zu begrenzen. Eine gute taktische Luftwaffe kann ja nicht nur für Luftkämpfe verwendet werden, sondern ebensogut die Landstreitkräfte unterstützen, Schiffe angreifen oder militärische Anlagen unter

Beschuß nehmen. Die Flotte war weniger für die Kontrolle der hohen See und Geleitschutzaufgaben bestimmt als für den Küstenschutz, kleinere Landungsmanöver an feindlichen Küsten und spezielle Aktionen leichter Flotteneinheiten von großer Schlagkraft.
Israel hatte bewußt und ausdrücklich auf jede Territorialerweiterung verzichtet. Es lag im Sinne dieser Politik und im wirtschaftlichen und politischen Interesse des Landes, so wenig wie möglich für militärische Zwecke auszugeben, um so mehr, als der Großteil der wirtschaftlichen und sozialen Ressourcen für die Aufnahme von Immigranten und den Aufbau eines verhältnismäßig unterentwickelten Landes verwandt werden mußte. Israel hatte das Wettrüsten der fünfziger Jahre nicht begonnen, durfte aber auf keinen Fall hinter seinen Gegnern zurückbleiben. Nach wie vor zwang der Feind den Juden ihre Armee und deren Ausbau auf; und sie taten darin auch ihr Bestes. Aber der Größenunterschied blieb bestehen und mit ihm die unverhohlene Drohung, der Krieg werde in größerem Maßstab wiederaufgenommen werden. Israels Haltung war verständlicherweise von der Gefahr eines Überraschungskrieges bestimmt. Ein solcher Überfall hätte nicht unbedingt erfolgreich sein müssen, aber die Möglichkeit, daß er es sein könnte, war groß, und obwohl es für Israel politisch und diplomatisch von Vorteil gewesen wäre, den Gegner den ersten Schritt tun zu lassen, durfte es sich das — wie hoch der politische Preis immer sein mochte — vom militärischen Standpunkt her nicht erlauben: seine nackte Existenz stand auf dem Spiel.
Die Gefahr eines solchen Überfalls hängt noch immer über Israel. Damals wurde erkannt, daß einer der besten Wege, sie abzuwenden, die sogenannte „vorwegnehmende" oder „vorgreifende" Offensive war. Das ist nicht mit einem Präventivkrieg zu verwechseln. Eine vorwegnehmende Offensive ist gerechtfertigt, wenn einwandfrei feststeht, daß der Feind eine unmittelbar bevorstehende Invasion beabsichtigt und dazu Angriffskräfte zusammenzieht. Jedes Land hat das unveräußerliche Recht, zu den Waffen zu greifen, wenn es angegriffen wird; nicht minder hat

es das Recht, den Angreifer auf dem Wege zur Invasion aufzuhalten. Hätte er keinen Krieg gewollt, so hätte er nichts unternehmen dürfen, was einen vorwegnehmenden Gegenangriff auslösen konnte. Wollte er aber den Krieg, so kann er sich nicht beschweren, wenn ihm ein Strich durch die Rechnung gemacht worden ist. Das Recht auf eine vorgreifende Gegenaktion verstärkt auch die Sprache der Abschreckungsmittel des bedrohten Landes und verringert die Möglichkeit feindlicher Aktionen. Waffen an sich schrecken den Gegner nicht ab; erst die Gewißheit, daß der andere bereit ist, sie sofort und wirksam zu gebrauchen — erst seine Glaubwürdigkeit macht ihre Anwendung vielleicht überhaupt unnötig.
Diese Doktrin wurde im Sinai-Feldzug vom Oktober 1956 befolgt[2]. Vorwegnehmende Maßnahmen müssen äußerst vorsichtig angewendet werden, und nur dann, wenn die aggressiven Absichten des Feindes festgestellt und über jeden Zweifel erhaben sind. Nicht einem Überfall zum Opfer zu fallen, aber auch nicht voreilig zu handeln — das erforderte einen vorzüglichen Nachrichtendienst für alle erwähnten Zweige der israelischen Verteidigungskräfte: das engmaschige territoriale Verteidigungssystem, das schnellbewegliche Panzerkorps, die taktische Luftwaffe, die motorisierte Infanterie, das Fallschirmkorps, die Artillerie, die kleine, aber wichtige Kriegsmarine und das Transport-, Wartungs-, Beschaffungs- und Nachschubwesen; dazu — in Ergänzung des Nachrichtendienstes — erforderte es ein gutes Melde- und Warnsystem. Die Kombination dieser Kräfte, getragen von dem einheitlichen Willen der Armee und der Zivilbevölkerung, gab Israel eine recht gute Chance, den Krieg zu verhindern oder im Kriegsfall die arabischen Armeen einzeln oder zusammen zu schlagen.

In der Zwischenzeit hatte sich an den Grenzen (mit Ausnahme der libanesischen) ein beunruhigendes Element bemerkbar gemacht, das die militärische Lage Israels sehr beeinflussen sollte.

2 Ich komme auf die Frage des vorwegnehmenden oder vorgreifenden Gegenzuges noch ausführlich zurück (s. S. 91 ff.).

Irreguläre, halbreguläre, manchmal auch reguläre arabische Truppen hatten es sich auf Anweisung oder mit stillschweigender Duldung ihrer Regierungen zur Gewohnheit gemacht, die israelische Grenze nachts oder auch am Tage zu überschreiten, um Terrorakte gegen Zivil- und Militärpersonen auszuführen, verbunden mit Sabotage, Raub, Diebstahl und Spionage. In den Jahren von 1951 bis 1956 nahmen diese Infiltrationen bedrohliche Ausmaße an[3]. Kein Land kann sich heute mit einer Mauer umgeben, und Infiltrationen können weder von Militärstreifen noch von im Hinterhalt liegenden Truppen verhindert werden. Israels Grenzen waren lang, zu lang für das kleine Land, und die Siedlungen lagen überall verstreut, oft sehr isoliert; Bauern und Hirten arbeiteten ständig auf den Feldern an der Grenze; Fischerboote mit ihren starken Lichtern befanden sich auf dem Tiberias-See in Sichtweite der syrischen Stellungen. Solche Bedingungen erlaubten es dem Feind, den Israelis das Leben schwerzumachen. Das war zwar eine natürliche Konsequenz des von den Arabern hartnäckig aufrechterhaltenen Kriegszustandes, aber mehr als einmal wurde von arabischer Seite offen erklärt, daß es sich um offiziell genehmigte Aktionen handle. Die ägyptische Regierung stellte sogar ein eigenes Korps mit dem mittelalterlichen Namen *Fedajin* zur Durchführung von Terrorakten jenseits der israelischen Grenze auf. In flagranter Verletzung des Abkommens von Konstantinopel aus dem Jahre 1888[4], des Waffenstillstandes und der Beschlüsse des Sicherheitsrates der Vereinten Nationen sperrte Ägypten den Suezkanal für die israelische Schiffahrt und alle Schiffe, die nach Israel gingen oder von dorther kamen. Gleichzeitig wurde über den Golf von

---

3 Die Zahl der jüdischen Toten und Verletzten betrug im Jahre 1951 — 137, im Jahre 1952 — 147, 1953 — 162, 1954 — 180, 1955 — 258.

4 Artikel 4 besagt: „Der Suezkanal hat immer, im Krieg wie im Frieden, für jedes Handels- und Kriegsschiff ohne Unterschied der Flagge frei und offen gehalten zu werden. Die Hohen Vertragschließenden Parteien stimmen daher darin überein, die freie Benutzung des Kanals in Kriegs- und Friedenszeiten in keiner Weise zu beeinträchtigen. Der Kanal darf nie der Ausübung des Blockade-Rechtes ausgesetzt sein."

Akaba eine Sperre für alle Schiffe verhängt, deren Bestimmungshafen Elath war.

Diese Situation schaffte neue Probleme für Israels Sicherheit und Souveränität. Die Zahl der Opfer an Zivilisten und Militärpersonen begann zuzunehmen, ebenso der angerichtete Schaden, und ein Gefühl der Ohnmacht und Hilflosigkeit bemächtigte sich allmählich der Bevölkerung. Israels Unfähigkeit, den Eindringlingen mittels passiver Verteidigung Halt zu gebieten, wurde von den Arabern als militärische Schwäche gedeutet und reizte ihren Appetit, bis sie kaum noch der Versuchung widerstehen konnten, diesen Kleinkrieg, der sie so wenig, Israel so viel kostete, auszuweiten.

Die Lage wurde unerträglich und führte schließlich zur Anwendung einer dynamischen Repressalien-Strategie. Eine Reihe gut organisierter Operationen gegen feindliche Militäranlagen, Vorposten und Polizeistationen an der Grenze wurde unternommen. Sie wurden gewöhnlich in der Nacht ausgeführt — meistens von Fallschirmjägern, die dabei aber als Infanterie eingesetzt wurden. Die aufs Korn genommenen Anlagen befanden sich gewöhnlich in oder nahe den Gebieten, die am meisten unter den Eindringlingen zu leiden hatten. Mit der bedauerlichen Ausnahme von Kibija (Jordanien), wo eine Anzahl arabischer Zivilpersonen getötet wurde, waren alle Objekte eindeutig militärischer Art.

Diese Aktionen waren meistens von Erfolg begleitet. Wieder einmal wurden Höhepunkte militärischen Könnens erreicht, die mit Hilfe besserer Waffen in der Vergangenheit Geleistetes übertrafen. Der Umstand, daß meistens Fallschirmjäger damit betraut wurden, erregte die Eifersucht von Angehörigen anderer Waffengattungen; nichtsdestoweniger wurden sie zum Vorbild für alle. Sie gaben den Männern, die die Pläne entwarfen, und den Befehlshabern neue Gelegenheit, Ausbildung, Taktik und Waffen der ständig wachsenden israelischen Armee zu testen, stellten das Vertrauen in den Reihen der Bevölkerung und der Armee wieder her und überzeugten den Feind von Israels Fähigkeit, sich zu verteidigen. Nach und nach beruhigte sich im allgemeinen die Situation an den Grenzen, mit Ausnahme der ägyptischen. Der UN-Sicherheitsrat, der in den meisten Fällen Israels Gegenmaßnahmen verurteilte, obwohl sie als Antwort auf feindliche Provokationen erfolgten, bestärkte damit nur die arabischen Regierungen in der Anwendung dieser Methoden. Die Infiltrationen begannen von neuem, die Spannung stieg, das Wettrüsten beschleunigte sich, und so erreichte die Hitze den Siedepunkt.

Ich behandle hier die Entwicklung der israelischen Armee und ihrer Doktrinen und werde daher nicht im Detail auf die Sinai-Kampagne eingehen. Israels Entschluß, einen vorwegnehmenden Krieg zu beginnen, ist vielleicht hier und da noch umstritten, es darf aber nicht vergessen werden, daß die Situation von verantwortlichen israelischen Strategen aufgrund verläßlicher Berichte abgewogen wurde, ehe man eine Entscheidung traf. Die Blockade der jüdischen Schiffahrt im Suezkanal und im Roten Meer verletzte nicht nur internationales Recht, sondern kam einer ökonomischen Kriegserklärung gleich, besonders im Falle des Hafens von Elath, ohne den der Negev, wo sich die Mineralvorkommen des Landes befinden, nicht entwickelt werden kann. Die ägyptisch kontrollierten *Fedajin*-Einbrüche von der Sinaihalbinsel und dem Gazastreifen aus hatten einen alarmierenden Umfang angenommen und stellten ein Sicherheitsproblem ersten Ranges dar; die israelischen Gegenmaßnahmen trafen den Feind zwar sehr hart, konnten ihn aber von seinem Treiben nicht abbringen. Die Zusammenziehung von ägyptischen Kräften im Norden der Sinaihalbinsel erschien äußerst bedrohlich und kündigte ganz offenbar eine Invasion an. Durch das Militärbündnis, das Ägypten, Jordanien und Syrien am 25. Oktober 1956 schlossen und das ein gemeinsames Oberkommando unter einem ägyptischen General vorsah, drohte Israel ein Angriff von drei Seiten, der es zum Kampf an drei Fronten gezwungen hätte.

Der Umstand, daß England und Frankreich mit Ägypten im Streit lagen, schuf für Israel eine günstige politische und militärische Situation. Ich bin aber überzeugt davon, daß Israel auf jeden Fall die Initiative ergriffen hätte und das Resultat ebenso gut, wenn nicht besser gewesen wäre, allerdings mit höheren Verlusten an Menschenleben. Der Sechstagekrieg hat das seither mehr als hinreichend bestätigt.

Die oben geschilderten Sicherheitsbedingungen ließen Israel keine Wahl, als sich zu dem notwendigen Übel, dem vorwegnehmenden Krieg, zu entschließen. Die besten Aussichten auf Erfolg boten sich an der ägyptischen Front — falls man dort eine militärische Überlegenheit herstellen konnte. Panzertruppen, motorisierte Infanterie, leichte Aufklärungsabteilungen, Kampfflugzeuge, Fallschirmjäger und Feldartillerie, dazu die erforderlichen Wartungs-, Pionier-, Versorgungs- und Sanitäts-Einheiten mußten dort zusammengezogen werden, selbst auf Kosten anderer Fronten. Man konnte das Risiko auf sich nehmen: die Reserven standen voll mobilisiert da, das territoriale Verteidigungssystem war verstärkt worden, und für den Notfall wurden starke mobile Einheiten bereitgehalten.

Um den Überraschungsfaktor voll ausnutzen zu können, war es unbedingt erforderlich, die Vorbereitungen und die Wahl der Front, des Zeitpunktes und der Methode der Offensive streng geheimzuhalten. Die Reserven wurden in aller Stille einberufen und Gerüchte von einem bevorstehenden Angriff gegen Jordanien in Umlauf gesetzt, während starke Kräfte kurz vor der Stunde Null an den Ausgangspunkten der Aktion an der ägyptischen Grenze zusammengezogen wurden. Nach dem Auftakt durch eine kühne Fallschirmjäger-Landung tief im Innern des Sinai durchquerten Panzertruppen und motorisierte Infanterie-Einheiten die Halbinsel; sie hatten die Aufgabe, die feindlichen Stellungen zu umgehen und nach Möglichkeit zu zerstören, Munition und Waffen zu erbeuten und die restlichen Kräfte des Feindes zum Rückzug zu zwingen, um so die Sinaihalbinsel und den Gazastreifen bis an den Suezkanal in die Hand zu bekommen. Der Zweck war natürlich, eine ägyptische Offensive zu vereiteln, aber auch, die Sinaihalbinsel bei einer künftigen Friedenskonferenz als Verhandlungsobjekt in der Hand zu haben. Der Vormarsch der Landstreitkräfte war mit der Beschießung von Flugplätzen, von Verbindungslinien und militärischen Stützpunkten verbunden und begleitet von dem Vorstoß einer Kolonne in südwestlicher Richtung, auf die Einfahrt des Golfes von Akaba zu, mit der Besetzung der Inseln Tiran und Samfier. Der Feind wurde von diesen vielseitigen Aktionen völlig überrascht, und schon im Anfangsstadium des Feldzuges konnten entscheidende Erfolge erzielt werden. Jetzt bewährte sich das ausgezeichnete mobile Wartungssystem: es ermöglichte den Panzer- und den motorisierten Truppen, in hundert Stunden den Suezkanal zu erreichen. Wäre nicht das englisch-französische Ultimatum dazwischengekommen[5] — die Israelis hätten den Kanal überschritten und das ägyptische Regime zu Fall gebracht.

Es trifft zu, daß das englisch-französische Ultimatum, dazu die Beschießung von Port Said und die Landung von Truppen, auf seiten des ägyptischen Ober- und Regional-Kommandos erhebliche Verwirrung auslösten und ihm nichts anderes als den Rückzug von der Sinaihalbinsel zum Suezkanal übrigließen. Den Krieg verloren aber hatten die Ägypter schon vor der englisch-französischen Intervention, und als sie sich zum Rückzug entschlossen, war es dafür zu spät. Israel nützte die Gelegenheit aus und eroberte zusätzlich (nicht ohne Kämpfe) den Gazastreifen und einen Stützpunkt an der Einfahrt in den Golf von Akaba.

Der Krieg wurde hauptsächlich zu Lande geführt, aber die Marine blieb nicht müßig. Israels kleine Flotte war imstande, die ägyptische Kriegsmarine in Schach zu halten, und kaperte sogar den Zerstörer *Ibrahim el Awal* in den nördlichen Gewässern vor der Mittelmeerküste.

Obwohl das Gros der israelischen Truppen an der ägyptischen Front stand, blieb der Armee Kraft genug, nicht nur die Jordanier und die Syrer, von den Libanesen ganz zu schweigen, zurückzuhalten, sondern auch tief in ihr Territorium einzudrin-

---

5 Am zweiten Kriegstag richteten die Engländer und Franzosen ein Ultimatum an Ägypten und Israel, sich auf fünfzehn Kilometer vom Kanal zurückzuziehen. Ägypten lehnte ab.

gen. Ägyptens Verbündete leisteten ihm trotz seiner Hilferufe keinen Beistand. Einer glaubwürdigen Quelle zufolge soll sogar der ägyptische Oberbefehlshaber ihnen geraten haben, im eigenen Interesse stillzuhalten — was sie auch taten.

Im allgemeinen glaube ich, daß der Sinai-Sieg ein Resultat jener Eigenschaften von Israels Armee war, die im Jahre 1956 schon zu ihrer Tradition gehörten: unkonventionelle Auffassung des Krieges, Anpassungsfähigkeit, streng sachliche Haltung, bewußte Disziplin und wohlüberlegter Mut, verbunden mit intelligentem Verständnis für die Erfordernisse der Kriegführung und der unschätzbaren Gabe, in der Nacht ebenso gut wie am Tage zu kämpfen. Trotzdem und trotz moderner Kampfmittel und hochstehender Logistik kam es hier und da zu Irrtümern und Verwirrung; im großen und ganzen aber hatte die Armee die Probe bestanden.

Die Israelis mußten sich in der Folgezeit aus allen eroberten Gebieten auf die Waffenstillstandslinien von 1949 zurückziehen. Das geschah aber nicht aus Schwäche, sondern unter dem politischen Druck der Vereinten Nationen, der Sowjetunion und besonders der Vereinigten Staaten. Wieder einmal wurde die Sinaihalbinsel den geschlagenen Ägyptern zurückgegeben, ohne daß Israel den Frieden erhalten hätte, der in meinen Augen beide Male erreichbar gewesen wäre. Gewisse Erfolge machten diese Verluste teilweise gut: das ägyptische Oberkommando mußte zugeben, daß Guerilla-Aktionen in einen richtigen Krieg ausarten und drohende Aufmärsche vorwegnehmende Gegenmaßnahmen auslösen können. Es legte sich nun auch mehr Zurückhaltung auf. Die *Fedajin*-Einfälle wurden seltener, und obwohl Ägypten ein riesiges Aufrüstungsprogramm in Angriff nahm, wagte es elf Jahre lang nicht, Israel herauszufordern. In diesen elf Jahren stieß Israels Schiffahrt im Roten Meer und im Golf von Akaba auf keine Hindernisse, wenn auch der Suezkanal gesperrt blieb. Und selbst der Bau der Wasserleitung vom Tiberias-See zum Negev, der im Jahre 1965 fertiggestellt war, führte trotz aller Drohungen nicht zum Krieg.

Vom Sinai-Feldzug zum Sechstagekrieg

Wie 1949 wurde auch 1956 die Gelegenheit verpaßt, einen dauernden Frieden zwischen Israel und seinen Nachbarn herbeizuführen. Die siegreichen Israelis gaben nicht nur die Sinaihalbinsel auf, sondern auch den Gazastreifen, der in neuerer Zeit nie zu Ägypten oder der Sinaihalbinsel gehört hatte. Dafür erhielt Israel drei Zusicherungen, die seine Sicherheit und seine Rechte garantieren sollten: 1. das Versprechen Ägyptens, von allen feindseligen Handlungen gegen Israel, einschließlich Infiltrationen, Abstand zu nehmen; 2. Ägyptens Zustimmung zur Stationierung kleiner Einheiten einer UN-Sicherheitstruppe *(United Nations Emergency Force, UNEF)* an strategisch wichtigen Punkten seiner Grenze zu Israel und in Scharm-el-Scheik am Eingang zum Golf von Akaba; 3. die feste Zusage der seefahrenden Mächte, die Meerenge von Tiran für alle Schiffe, ohne Unterschied von Flagge und Ladung, freizuhalten. Weder die Vereinten Nationen noch die Großmächte garantierten, daß Ägypten sich dauernd an diese Vereinbarungen halten werde. Die einzige Garantie — wenn man so sagen darf — war die Erklärung Israels, daß es eine Blockade der Straße von Tiran als *casus belli* betrachte und sich frei fühle, nötigenfalls mit militärischen Mitteln darauf zu reagieren.
Es dauerte auch nicht lange, bis Ägypten zu verstehen gab, daß es den Kriegszustand aufrechterhalten werde, allerdings mit dem liebenswürdigen Zugeständnis, keinen Angriff auf Israel unternehmen zu wollen, solange es seines Sieges nicht sicher sei — eine doppelte Realpolitik; sie ermöglichte es Ägypten einerseits, sich darauf zu berufen, daß es das Abkommen wortgetreu einhielt: tatsächlich blieb die Meerenge elf Jahre lang offen und die ägyptisch-israelische Grenze (nicht aber die anderen) von Terrorakten verschont; andererseits konnte Ägypten hinter den

dünnen UNEF-Linien mit russischer Hilfe ungestört ein riesiges Aufrüstungsprogramm in Angriff nehmen, einschließlich des kostspieligen Versuches, Raketen und nicht ganz konventionelle Waffen, wie chemische und radiologische (nicht-atomare) Sprengköpfe, herzustellen. Niemand zweifelte daran, daß die ägyptische Regierung, sobald sie die Zeit für gekommen hielt, den Abzug der UNEF-Kräfte verlangen oder diese irgendwie umgehen werde. Bis dahin konnte sie ihren chauvinistischen Elementen gegenüber die Anwesenheit der UNEF in Scharm-el-Scheik als Vorwand dafür angeben, daß die Straße von Tiran offen blieb.

Neben dem Aufbau einer großen Armee, einer Kriegsmarine und einer strategischen Luftwaffe tat die ägyptische Junta alles, um ihren Einfluß in der arabischen Welt auf diplomatischem Wege oder durch die Untergrabung mißliebiger Regierungen und offene militärische Intervention (wie im Jemen) zu stärken. Unentwegt posaunte sie das Gebot der arabischen Einheit unter ägyptischer Führung aus, oder zumindest die Notwendigkeit eines vereinigten Oberkommandos für alle arabischen Armeen zur Vernichtung des gemeinsamen Feindes, Israels.

Auch die anderen arabischen Staaten taten das Ihre. Neben Ägypten erhielt auch Syrien Waffen aus der Sowjetunion, der Libanon, Jordanien und Saudi-Arabien bezogen solche aus dem Westen, und der Irak bekam sie aus Ost und West. Zum erstenmal begannen sich auch andere arabische Länder, insbesondere Algerien, in den Nahostkonflikt einzumischen und die arabische Sache, vor allem Ägypten, zu unterstützen. Und die Errichtung eines vereinigten Oberkommandos im Jahre 1961 unter einem ägyptischen General war trotz vager Autorität und häufiger Rückschläge ein ominöses Anzeichen dafür, daß Israel diesmal (nicht wie 1956) gezwungen sein würde, an mehr als einer Front zu kämpfen.

Diese politischen und militärischen Vorgänge ließen Israel wieder einmal keine andere Wahl, als den Aufbau seiner eigenen Streitkräfte unermüdlich weiterzutreiben. Das Jahrzehnt von 1956 bis 1966, besonders seine zweite Hälfte, sah große israelische Fortschritte auf wissenschaftlichem, technologischem, wirtschaftlichem, sozialem und demographischem Gebiet. Auch militärisch ging es vorwärts, und Israels Militärdoktrin nahm an Reife und Raffinement zu. Sie beruhte auf folgenden Punkten: 1. Der drohende arabische Krieg ist nach Möglichkeit zu vermeiden. 2. Sollte er doch ausbrechen, hat er gewonnen zu werden. 3. Nur eine siegesgewisse Armee hat die Kraft, den Feind abzuschrecken. 4. Die Abschreckungsfähigkeit der Armee besteht nicht allein in ihrer Stärke, sondern auch in der glaubwürdigen Bereitschaft, sie im gegebenen Moment entscheidend einzusetzen. 5. Israel hat darauf gefaßt zu sein, seinen Feinden gleichzeitig an allen Grenzen gegenüberzustehen. 6. Israel hat auf niemandes Hilfe zu rechnen[1].

Ein Krieg ist eine Reihe von Schlachten, eine Schlacht der Zusammenstoß feindlicher Kräfte. Kampfkraft besteht aus der Summe von Mannschaft, Bewaffnung, Logistik, Terrain, Klima, Anführung und Kampfgeist. Ein Krieg endet gewöhnlich mit dem Sieg des Stärkeren, und militärische Stärke ist eine Funktion des Kriegspotentials eines Landes. Dieses Potential ist wieder von fünf Faktoren bestimmt: Bevölkerung, geostrategische Lage, wirtschaftliche Stärke, politische Beziehungen und Stellung in der internationalen Arena, soziales und politisches Regime. Eine Übersicht der einschlägigen Tatsachen und Zahlen ergibt, daß die arabischen Länder Israel in den ersten vier Faktoren weit überlegen waren, während Israel nur in einer Beziehung einen solchen Anspruch erheben konnte: in seiner Gesellschafts- und Regierungsform und seinen sittlichen Werten.

In demographischer Hinsicht standen Israels zweieinhalb Mil-

---

[1] Der Rest dieses Kapitels beruht auf meinen Schriften und Referaten über Verteidigungsfragen aus dieser Zeit, besonders der Rede „Active Defense for Survival" vom 22. Februar 1967 (später abgedruckt in der hebräischen Zeitschrift *Molad*). Ich habe absichtlich die ursprüngliche Reihenfolge und den Nachdruck, den ich auf meine Argumente legte, beibehalten, um die Übereinstimmung der militärischen Doktrin, wie sie damals entwickelt wurde, mit dem tatsächlichen Verlauf des Sechstagekrieges zu vergleichen, der die praktische Richtigkeit dieser Doktrin keine vier Monate später so glänzend beweisen sollte.

lionen Juden mehr als hundert Millionen Araber vom Atlantischen Ozean bis zum Persischen Golf gegenüber[2]. Geostrategisch gesehen, war Israel ein schmaler, eingeschlossener Landstrich, mit dem Rücken zum Meer, die Feindländer dagegen waren ein Subkontinent[3].

Äußerst arm an Rohstoffen, sieht sich Israel einer Reihe von Ländern mit beinahe unerschöpflichen Naturschätzen gegenüber: großen Flüssen, weiten Strecken fruchtbaren Ackerlandes, nahezu der Hälfte aller Kohlenwasserstoff-Vorkommen der Erde (hauptsächlich Öl). Wie in seiner unmittelbaren Umgebung stand Israel auch in der Welt allein da. Abgesehen von den Juden, hat es keinerlei ethnische oder religiöse Verbindungen zu irgendeinem Volk der Erde (seine einzigen ethnischen Verwandten sind ironischerweise die Araber), und in den Vereinten Nationen hat es eine Stimme gegen den monolithischen Stimmblock seiner Feinde.

Lediglich in seinem Gesellschaftssystem war Israel seinen Feinden überlegen. Ein politisch und sozial demokratischer Staat inmitten von rückständigen patriarchalischen, autokratischen und diktatorischen Regimen — das allein ist schon ein Vorteil und kann die andern vier Faktoren aufwiegen, ja, in gewisser Beziehung sogar übertreffen. Die Geschichte des Nahen Ostens

---

[2] Bevölkerungszahlen für Februar 1967 in Millionen: Ägypten 30,907, Syrien 5,6, Jordanien 2,145, Irak 8,44, Libanon 2,52, Saudi-Arabien 6,99, Jemen 5, Algerien 12,54, Libyen 1,738, Marokko 14,14, Tunis 4,56, Sudan 14,355, Kuwait 0,52 — zusammen mehr als 109 Millionen. Israels jüdische Bevölkerung zählte 2,35 Millionen, die nichtjüdische (Araber, Drusen, nichtarabische Christen u. a.) 314 700.

[3] Hier einige einschlägige Zahlen (wieder für Februar 1967):

Land	Fläche (in qkm)	Wasser pro Jahr (in cbm)
Ägypten	1 000 000	84 000 000
Irak	438 000	40 000 000
Jordanien	96 600	689 000
Libanon	10 400	3 000 000
Syrien	185 000	29 600 000*
Israel	20 000	1 350 000

* Der Euphrat mit seinen Milliarden Kubikmetern nicht eingerechnet.

aschomer-Mitglieder mit ihrem Kommandanten Jisrael Schochat (Mitte), Galiläa 1904.

Jizchak Sadeh (Mitte) mit Mosche Dajan (links) und Jigal Allon, Chanitah 1938.

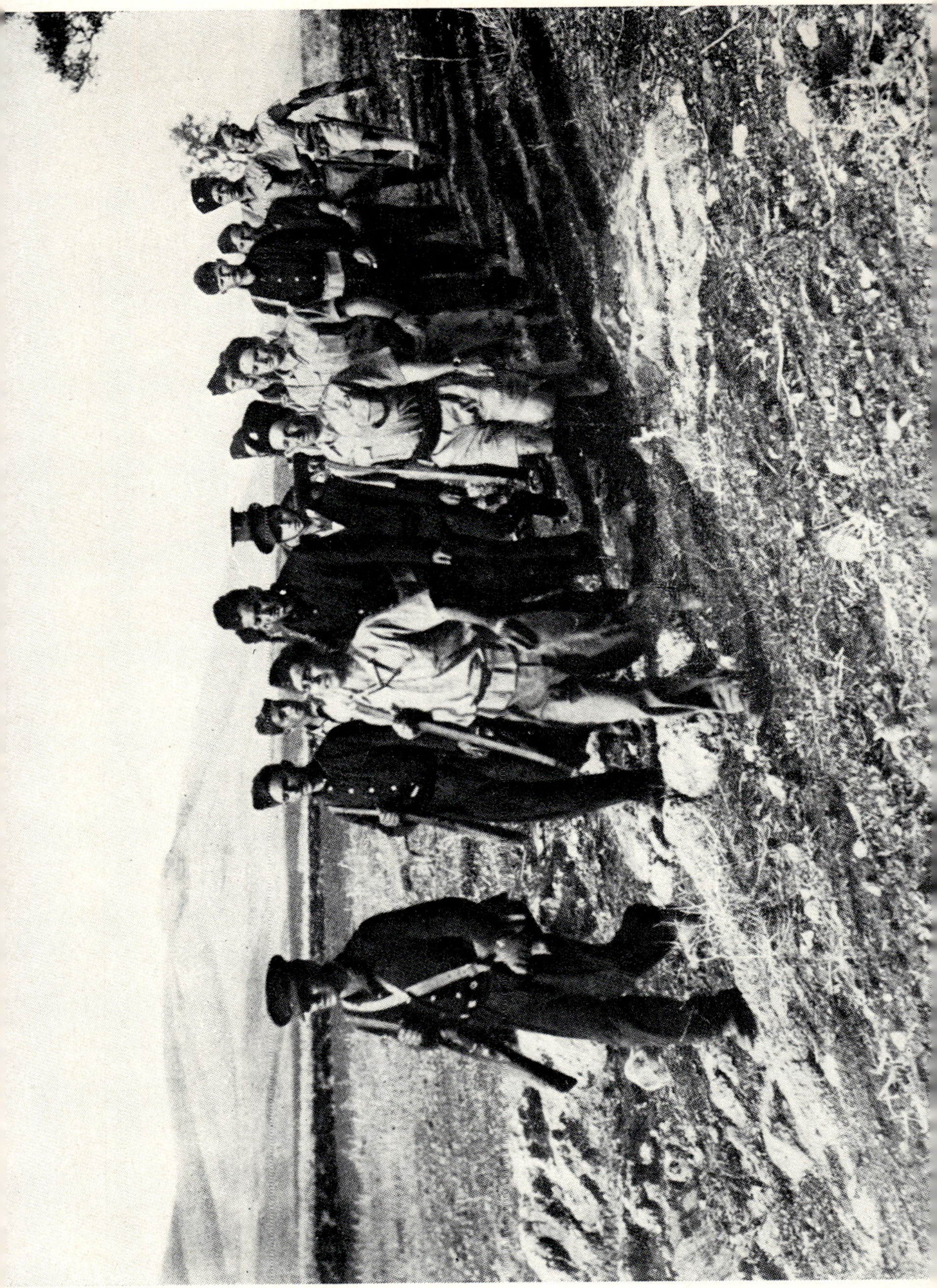

zeigt, daß eine Demokratie wie Israel in einem Maße auf die Loyalität ihrer Bürger rechnen kann, das den arabischen Ländern unbekannt ist. Ein solches System ermöglicht der Regierung das physische und moralische Aufbieten der gesamten Bevölkerung; es erlaubt Israel, jedem seiner Bürger Waffen anzuvertrauen, und gibt seinen Streitkräften ein qualitatives Übergewicht in bezug auf Kampfgeist, Anführung und rationelle Verwendung der Ausrüstung. Es verleiht dem Land eine stabile Regierungsform und der Bevölkerung ein starkes Zusammengehörigkeitsgefühl und Zielbewußtsein. Es ermöglicht ein unvergleichlich höheres Kultur- und Bildungsniveau, größere Ausmaße wissenschaftlicher und technischer Kenntnis und einen besseren Gesundheitszustand. Hinzu kommt noch das bereits erwähnte, gleichfalls dem demokratischen System entstammende Gefühl des „Wir haben keine Wahl" eines Volkes, das für seine Existenz kämpft und weiß, daß ein verlorener Krieg sein Ende bedeutet.

Israels Überlegenheit in dieser Hinsicht ermöglichte es ihm, die Überlegenheit, die seine Feinde in bezug auf das Kriegspotential besaßen, einigermaßen zu verringern. Israels Bevölkerung war klein, sein Heer, verglichen mit den Armeen anderer Länder, winzig. Es konnte das einigermaßen wettmachen, indem es eine große Zahl von Reservisten mittels regelmäßiger Übungen auf einem hohen Bereitschaftsgrad hielt, und auch insofern, als es damit rechnen konnte, daß die ganze Bevölkerung die Kriegslast auf sich nehmen werde. Den Mangel an geographischer Tiefendimension suchte es durch strategische Tiefe zu ersetzen: das hochentwickelte, auf bewaffnete Siedlungen gestützte territoriale Verteidigungssystem und eine Strategie, die darauf zugeschnitten war, den Krieg in das Land des Gegners zu verlegen. Der Mangel an Geldmitteln wurde teilweise mit der Streichung unnötiger Ausgaben und der Aufstellung einer Dringlichkeitsliste behoben; die internationale Isolierung dadurch, daß Israel überall um Freunde warb: ohne die Beziehungen zu den Großmächten zu vernachlässigen, nahm es Kontakt zu kleineren Staaten, besonders zu den Entwicklungsländern in Asien, Afrika und Süd-

amerika auf. Es lehnte sich an keine Großmacht oder Einflußsphäre an und schloß keinerlei Bündnisse.
Dennoch blieb die Unterlegenheit in vier der fünf genannten Punkte bestehen. Drei Dinge gewannen daher besondere Bedeutung: Dringlichkeitsfolge, Kampffähigkeit, Verteidigungsdoktrin.
Um auf das letzte zuerst einzugehen: trotz aller Verbesserungen der Territorialverteidigung stand es augenfälliger denn je fest, daß eine rein passive Strategie dem Feind nicht verbieten kann, Zeit, Ort und Methode des Angriffs nach eigenem Ermessen zu wählen und Israel den größten Gefahren auszusetzen. Die einzige Antwort war, entschlossen die Initiative zur Vernichtung des Feindes zu ergreifen, nötigenfalls durch vorwegnehmende Aktionen. Der Krieg hatte aus politischen und militärischen Gründen kurz und vernichtend zu sein, die größeren Kämpfe hatten auf feindlichem Boden ausgetragen zu werden und die eigenen Kräfte so weit vorzurücken, wie es nötig war, um den Feind zu schlagen, neue Auffangpositionen zu errichten und feindliche Landesteile bis zum Abschluß eines Friedensvertrages mit der Festsetzung neuer Grenzen besetzt zu halten.

So sah im großen und ganzen die Verteidigungsdoktrin nach dem Sinai-Feldzug aus. Sie erforderte eine Revision in mehrfacher Hinsicht: die Dringlichkeitsfolge des Ausbaus der einzelnen Waffengattungen, das Ausbildungs- und Erziehungsniveau sowie das Gebot individuellen und kollektiven Wagemutes — diese drei Komplexe wurden im Sinne der neuen Doktrin revidiert, mit dem Nachdruck auf offensiver Stoßkraft.
Zwar lag der zukünftige Hauptkriegsschauplatz auf dem Festland, ohne Luftüberlegenheit aber war an einen Sieg nicht zu denken. Die taktische Luftwaffe wurde daher ausgebaut — auf Kosten der allgemeinen Lebenshaltung — und hinsichtlich Zahl, Feuerkraft, Reichweite und Beweglichkeit verstärkt; sie wurde so zu einem Mehrzweckinstrument zur Durchführung von Luftkämpfen, Angriffen auf Land- und Seeobjekte, zur Unterstützung der schnellbeweglichen Bodentruppen sowie für Aufklä-

rung, Landung von Truppen (besonders Fallschirmjägern), Verbindungs-, Ambulanz- und Bergungsaktionen. Zahlreiche Hubschrauber jeder Größe wurden eingeführt, da sie sich für die erwähnten Aufgaben, vor allem für Truppenlandungen hinter den feindlichen Linien, besonders gut eignen.
Das Panzerkorps, der wichtigste Teil der Landstreitkräfte, wurde bedeutend erweitert und in bezug auf die Zahl der Panzer, auf Feuerkraft, Manövrierfähigkeit und Ausdauer verbessert, da es in der Lage sein mußte, die Linien des Gegners zu durchbrechen, die feindlichen Panzer zu umgehen, einzuschließen und zu vernichten. Nicht minder wichtig war der Ausbau des Wartungsdienstes, der zusammen mit den schnellen Panzern große Entfernungen pausenlos zurücklegen konnte.
Auch die Infanterie nahm an Stärke und Bewaffnung zu, wurde noch mehr motorisiert und darin ausgebildet, allein oder gemeinsam mit der Panzer- und Luftwaffe vorzugehen; desgleichen die Feldartillerie, die bessere Geschütze erhielt und den anderen Waffengattungen des Heeres an Schnelligkeit nicht nachstand.
Das Fallschirmkorps war kein kleines Elitekommando mehr, sondern eine erstklassige (wie die Luftwaffe auch weiterhin aus Freiwilligen bestehende) Einheit, die nicht nur kleine und große Überfälle durchführen, sondern notfalls auch die Aufgaben der Infanterie übernehmen konnte; die in der Lage war, in großer Zahl hinter den feindlichen Linien abzuspringen, und auch bereitstand, um mitten ins Gefecht geworfen zu werden.
Die Marine machte ähnliche Fortschritte. Von schweren und teuren Schiffen war, wie erwähnt, aus Sparsamkeitsgründen abgesehen worden, dafür wurde leichten, schnellen Torpedo-, Artillerie- und Raketenbooten mit weittragenden Schnellfeuergeschützen der Vorzug gegeben. Ein Flotten-Überfallkommando wurde aufgebaut und eine kleine Anzahl von Zerstörern und U-Booten angeschafft. Das Hauptgewicht wurde auf Schnelligkeit, Feuerkraft und Wagemut gelegt, um feindliche Schiffe auf hoher See stellen, die Küste verteidigen, die feindliche Flotte am Verlassen ihrer Heimathäfen hindern oder ihre Stützpunkte angreifen zu können.

Die Hilfsdienste — Nachschub-, Pionier-, Sanitäts- und Transport-Korps — wurden erweitert und blieben meistens zivilen Organisationen anvertraut, die schnellstens in die Kriegsmaschine eingeordnet werden konnten. Für den Fall der Bombardierung von Bevölkerungszentren, Militäranlagen und Flugplätzen wurde für Fliegerabwehr und zivilen Luftschutz gesorgt. Flugabwehrgeschütze verschiedenen Kalibers und Flugabwehrraketen wurden installiert, was natürlich auch zur allgemeinen Verteidigung beitrug. Bombensichere Unterstände wurden in exponierten Grenzorten errichtet, aber auch im Landesinnern, denn alle Landesteile und Städte waren gleichermaßen Luftangriffen ausgesetzt. Die Aufstellung von Antiraketenraketen wurde geplant, ebenso die Anschaffung von Senkrechtstartern, die kürzere (und daher weniger gefährdete) Rollbahnen brauchen; dazu ein Eildienst für die Ausbesserung beschädigter Flugplätze und anderer Anlagen. Die eigentliche Luftverteidigung aber war Teil der allgemeinen Strategie und bestand darin, die feindlichen Bomber von vornherein unschädlich zu machen und feindliche Schiffe und Raketenwerfer in sicherem Abstand von den Küstenstädten zu halten.

In dem hier besprochenen Jahrzehnt, besonders seinen letzten fünf bis sechs Jahren, entstanden mehrere halbmilitärische und politisch-militärische Ideen, die im strategischen Denken Israels um diese Zeit eine große Rolle spielten. Sie betrafen 1. einstweilige Abkommen mit den Arabern, vor allem Nichtangriffspakte, 2. den Präventivkrieg, 3. atomare Abschreckungsmittel, 4. die akute Frage einer „vorgreifenden Offensive" oder des „vorwegnehmenden Krieges"[4].
Wie viele andere Israelis glaubte auch ich, daß es zwischen dem harten Entweder-Oder, hier: Friedensvertrag, da: totaler Krieg, einen dritten Weg gäbe, der uns nicht den ersehnten Frieden, aber wenigstens eine längere Ruhepause bringen würde: Die arabischen Regierungen waren vielleicht nicht abgeneigt, auf Nichtangriffspakte mit gegenseitiger Kontrolle durch gemischt

4 s. S. 91 ff.

jüdisch-arabische Kommissionen einzugehen, die mit den besten Überwachungsmitteln ausgestattet waren und beide Seiten vor einem Überraschungsangriff bewahrten. Solche Abkommen konnten die Waffenstillstandsverträge ergänzen oder ersetzen und uns zwar keinen Frieden bringen, aber den Krieg vermeiden oder ihn aufschieben; der Verzicht auf Luft- und Landangriffe kam einem Verzicht auf Angriffe jeder Art gleich. — Das aber waren Wunschträume. Mit der Zeit wurde es unzweideutig klar, daß die riesigen Rüstungen der Araber und besonders der Ägypter nur eines bedeuteten: an einem Nichtangriffspakt war ihnen ebensowenig gelegen wie an einem Friedensvertrag. Was sie wollten, war die militärische Überlegenheit in einem neuen Krieg, in dem sie den Sieg über Israel davontragen würden.
Daneben gab es in Israel Pessimisten, deren Haltung fatale Irrtümer in sich barg — Experten und Laien, die sich darin einig waren, daß die Zeit gegen uns arbeitete: Die Bevölkerung der arabischen Länder und ihr Lebensstandard stiegen unaufhörlich; mehr und mehr junge Leute erhielten eine elementare und höhere Bildung; kurz, die arabische Welt befinde sich in einem qualitativen Aufstieg und werde uns über kurz oder lang einholen; ihre zahlenmäßige Überlegenheit werde ihnen dann ein militärisches Übergewicht geben, das Israel erdrücken und zerstören werde.
Diese pessimistischen Ideen hätten uns auf dreierlei Irrwege führen können: wir hätten geglaubt, einen Präventivkrieg beginnen zu müssen; wir hätten uns einer Großmacht und ihren Versprechungen verschrieben; Furcht und Verzweiflung hätten uns verleitet, ein „Terrorgleichgewicht" zu schaffen, ähnlich den Atommächten mit ihren gegenseitigen Abschreckungsmitteln.
Ich war der Ansicht, daß die Zeit nicht unbedingt gegen uns sei; sie ist neutral, man muß sie nur anzuwenden verstehen. Der Feind hatte ohne Zweifel eindrucksvolle Fortschritte gemacht und war stärker geworden; im Verhältnis gesehen aber waren auch wir stärker, jedenfalls viel stärker als 1949 und 1956. Die Zeit war also nicht gegen uns gewesen, und sie wird es auch in Zukunft nicht sein, mindestens für zwei Generationen. Zwischen

sozialem Fortschritt und der Fähigkeit, schnell veränderliche wissenschaftliche und technologische Erfindungen anzuwenden, besteht eine bestimmte Beziehung. Gewiß, die Araber machen Fortschritte, aber die militärische Technologie ist ihnen weit voraus. Ultramoderne, komplexe Waffen in der Hand einer rückständigen Bevölkerung sind nicht unbedingt ein Vorteil, sondern — im Gegenteil — viel eher eine Belastung als eine Hilfe. Auch die rapide Zunahme der arabischen Bevölkerung ist mehr ein Fluch als ein Segen, denn die unbeschreibliche Armut, in die die künftigen Kämpfer gegen Israel hineingeboren werden, ist kaum dazu angetan, bessere Soldaten aus ihnen zu machen.

Die Idee eines Präventivkrieges schien mir aus moralischen und politischen Gründen verwerflich. Es wäre moralisch falsch gewesen, einen Krieg heraufzubeschwören, solange er ohne Gefahr für Israel vermieden werden konnte; schließlich hätte sich die Lage doch noch ändern können und ein Krieg sich für viele Jahre, vielleicht für immer vermeiden lassen. Ein arabischer Angriff war möglich, sogar wahrscheinlich, aber nicht sicher; nichts durfte daher unternommen werden, was den *status quo* stören konnte. Aus Gründen politischer und praktischer Überlegung hätte Israel einen historischen Fehler begangen, hätte es sich in einen Angriffskrieg verwickeln lassen; es hätte Freunde verloren und sogar ein Embargo über sich verhängt gesehen, das ihm die Erneuerung und Ersetzung seines Waffenbestandes sehr erschwert hätte.

Israel hatte sich meiner Meinung nach unbedingt von einer Politik fernzuhalten, die seine Sicherheit von einer fremden Macht abhängig gemacht hätte. Natürlich ist es gut, Freunde in der Welt zu haben, besonders unter den einflußreichen, waffenproduzierenden Großmächten. Bei aller Wertschätzung von Freundschaft und Wohlwollen darf aber Israel unter keinen Umständen seine Existenz anderen Ländern und ihren militärischen Garantien anvertrauen. Ein solcher Schritt könnte zu einem politischen Diktat führen, das uns vorschreibt, auf welche Weise der arabisch-jüdische Konflikt zu lösen ist, und das könnte unter Umständen zugunsten der Araber ausfallen; der Garant muß ja in der Beurteilung der Lage mit uns nicht unbedingt einverstanden sein. Der Ausgang eines modernen Krieges wird in den ersten paar Tagen, ja Stunden entschieden, und die Hilfe käme dann zu spät. Und schließlich: wir leben in einer Welt der Selbsthilfe, und der Fortbestand unseres Staates hängt davon ab, ob wir uns ohne fremde Hilfe verteidigen können. Bis auf die Lieferung von Waffen liegt das in unserer Macht, aber auch in dieser Beziehung ist es wünschenswert, daß wir uns unabhängig machen. Die Erfahrungen unserer Kriegsindustrien haben bewiesen, daß die einheimische Produktion erstklassigen Kriegsmaterials möglich ist und erweitert werden kann; neben seiner politischen Bedeutung und als Beitrag zur Landesverteidigung fördert dieser Umstand auch die Entwicklung unserer Metall- und Forschungs-Industrien.

In der Frage eines atomaren Gleichgewichts herrschte weitgehende Übereinstimmung, die auch von mir geteilt wurde: Angenommen, Israel hätte die Wahl zwischen einem Abschreckungsgleichgewicht durch konventionelle Waffen oder durch Kernwaffen, es müßte sich unbedingt für die ersteren entscheiden. Abgesehen von den internationalen und politischen Folgen einer Kernwaffenproduktion durch Länder, die nicht dem „Atomklub" angehören, würde Israel sich in eine äußerst gefährliche Lage begeben, sollte ein arabischer Staat in den Besitz von Kernwaffen gelangen, unabhängig davon, ob Israel einen atomaren Gegenschlag führen könnte oder nicht. Kriegslustig, unbeständig und unverantwortlich, wie die arabischen Regierungen sind, wären sie auch fähig, unter irgendeinem Vorwand die erste Bombe zu werfen, und die Möglichkeit eines atomaren Gegenschlages wäre für die in Bunkern zusammengepferchten Überlebenden ein schwacher Trost.

Es war immerhin nicht ausgeschlossen, daß der Feind unkonventionelle Waffen herstellen oder solche von einer Atommacht bekommen konnte. Israel hatte daher im eigenen Interesse über die Entwicklung in den arabischen Ländern, vor allem in Ägypten, auf dem laufenden zu sein und seine eigene Kernforschung auf einem hohen Niveau zu halten, ähnlich den hochentwickelten Ländern der Welt. Das war auch von wirtschaftlicher, politischer und wissenschaftlicher Bedeutung, denn die wissenschaftliche und technologische Stufe, auf der ein Land steht, ist der Schlüssel zu seinem Potential für die Erzeugung von Kernwaffen, und wollte sich Israel nicht überrumpeln lassen, hatte es dieses Potential hoch zu halten.

Andererseits waren es gerade Israels Errungenschaften auf dem Gebiet der Physik und der Kernforschung, die einen feindlichen Angriff auf seine wissenschaftlichen Institute und Atomreaktoren hätten herbeiführen können — mit der an die Weltöffentlichkeit gerichteten frommen Ausrede, damit habe nur die Einführung von Kernwaffen in den Nahen Osten verhindert werden sollen. Das war ein zusätzlicher Grund für Israel, sich mit den modernsten konventionellen Waffen auszurüsten, um gegen jeden Angriff, unter welchem Vorwand er auch erfolgen mochte, geschützt zu sein.

Im folgenden werden die Bedingungen aufgeführt, unter denen sich Israel berechtigt oder gezwungen gesehen hätte, den Krieg zu beginnen:
1. Bedrohung Israels durch massive Zusammenziehung offensiver Streitkräfte an seinen Grenzen;
2. Vorbereitung eines Luftangriffs auf Israels Flugbasen;
3. ein (auch lokal begrenzter) Luftangriff auf Israels Atomanlagen und wissenschaftliche Institute;
4. Ausweitung des Guerillakrieges — Legen von Landminen und Beschießung — in einem Maße, dem die passive Verteidigung und Repressalien nicht gewachsen waren;
5. ein Militärpakt Jordaniens mit anderen Ländern, der Jordaniens Territorium, vor allem das Westufer des Jordans, feindlichen Streitkräften zugänglich machte;
6. Sperrung der Meerenge von Tiran durch Ägypten.
Jede dieser sechs Bedingungen stellte einen *casus belli* dar und hätte Israel berechtigt, einen Verteidigungskrieg zu beginnen, dessen Ort, Zeitpunkt und Methoden ihm allein vorbehalten gewesen wären.

Die Zusammenziehung offensiver Streitkräfte an der Grenze konnte nur eines im Sinn haben: den Angriff. Sie war die erste Phase der Offensive und hatte dementsprechend behandelt zu werden.

Überlegenheit in der Luft bot die beste Chance für einen Sieg; die feindliche Luftwaffe durfte daher die unsrige nicht am Boden überraschen. Sobald der Nachrichtendienst oder die Radarschirme einen unmittelbar bevorstehenden Luftangriff meldeten, mußte er vereitelt und die feindliche Luftwaffe vernichtet werden — nach Möglichkeit noch vor dem Abflug.

Kairo wußte von unseren Atomanlagen, und der ägyptische Präsident hatte oft gegen sie gewettert. Die Möglichkeit eines verwegenen Luftangriffs, begleitet von der Erklärung, daß damit nichts anderes als die Zerstörung dieser Anlagen beabsichtigt sei, war nicht von der Hand zu weisen. Es mußte daher jedermann klargemacht werden, daß ein derartiger „begrenzter" Angriff einen sofortigen allgemeinen Gegenschlag auslöste; Ägypten würde sich dann vielleicht eines Besseren besinnen.

Guerilla-Aktionen, Sabotage und Beschießung von Grenzorten sind Beispiele aktiver Kriegführung. Israel hatte keinen Grund, dem Feind einen Gefallen zu tun und nach seiner Pfeife zu tanzen; es hatte sein eigenes Interesse zu wahren und durfte selbst vor der Besetzung von Feindesland nicht zurückschrekken, wenn das Vertreiben der feindlichen Kräfte aus ihren Verstecken dies erforderlich machte. Das bloße Wissen darum, daß Israel das zu tun bereit war, hätte den Feind von solchen Abenteuern abgeschreckt; andernfalls oblag es Israel, ihn dazu zu bringen und Terror und Sabotage ein Ende zu setzen.

Ein Blick auf die Landkarte — und man kann sehen, wie exponiert Israel Jordanien gegenüber war: das von Jordanien besetzte Westufer lag an Israels „weichem Unterleib". Eine stoßkräftige Einheit hätte hier — als ersten Schritt einer allgemeinen, mehrfrontigen Offensive — versuchen können, Israel in zwei oder drei Stücke zu schneiden. Jerusalem war zweigeteilt, und sein westlicher Teil buchstäblich eine Zielscheibe für die jordanischen Schützen; desgleichen Elath, einen Katzensprung von

Akaba entfernt, Jordaniens Hafen am Roten Meer. Und das bedeutete: solange Jordanien die Waffenruhe respektierte, geschah ihm nichts; sollte es jedoch einer anti-israelischen Koalition beitreten und sein Territorium anderen arabischen Armeen öffnen, würde Israel den vorgetriebenen Keil des Westufers in eine Riesenfalle für den Feind verwandeln.

Israel hatte zu wiederholten Malen unmißverständlich bekanntgegeben, daß es die Sperrung der Straße von Tiran als Kriegshandlung betrachte und energisch darauf reagieren werde. In meinem Buch *Der Sandvorhang* heißt es, daß die Schließung der Straße von Tiran ein „offener Kriegsakt" sei und daß „Israel sich daher im eigenen Interesse keinesfalls mit einer Defensivaktion begnügen dürfe, die an einen von Ägyptens Herrscher gewählten Ort und Zeitpunkt gebunden wäre. Es gibt keinen gröberen Fehler, als sich vom Feind Ort und Zeit und damit die Methode des Kampfes vorschreiben zu lassen"[5]. Eine Sperrung der Straße von Tiran war keine begrenzte Aktion, die mit einer begrenzten Gegenaktion zu beantworten war; sie kam einer Kriegserklärung gleich und berechtigte Israel, Ort, Ausmaß und Stunde Null des Gegenschlages selbst zu bestimmen.

Das dritte Kapitel des *Sandvorhangs* heißt „Ein Land mit dem Rücken zum Meer" und beschreibt ausführlich die hier erwähnten Methoden, die ein Feind für einen Überfall wählen würde. Sie bestehen, kurz zusammengefaßt, aus folgenden Schritten:
1. einem Luftangriff auf die israelische Luftwaffe vor ihrem Abflug;
2. einer gleichzeitigen Offensive von mehreren Seiten mit starker Abschirmung durch die Luftwaffe;
3. Landungen von Marine-Infanterie, um die Kräfte des Gegners zu binden und ihn zu beunruhigen oder auch als Teil einer allgemeinen Invasion; Einsatz von Guerillas, Landung von Fallschirmjägern und Einsatz von Marine-Infanterie hinter den Linien zwecks Herbeiführung größtmöglicher Verwirrung

---

[5] *Der Sandvorhang* (hebräisch *Massach schel Chol*), Kibbuz Meuchad, Israel, S. 348; dieser und die folgenden Hinweise sind der Auflage 1960 entnommen.

und Zerrüttung sowie zur Unterbrechung der Verbindungslinien;
4. Bombardierung von Bevölkerungszentren und Industrie-Anlagen aus der Luft und vom Meer her[6].
Auf diese oder ähnliche Weise sollten die Feindseligkeiten begonnen und eine Reihe von *faits accomplis* geschaffen werden, ehe Israel Zeit zur Mobilisierung gehabt oder „eine internationale Autorität einen Waffenstillstand erzwungen hätte"[7].
Israels einzige Waffen gegen einen solchen Überfall waren seine militärische Bereitschaft und sein Recht auf vorgreifende Schritte. Eine vorgreifende Gegenoffensive wurde von mir folgendermaßen beschrieben: „Israels Offensiv-Operation gegen den Aufmarsch feindlicher Kräfte mit Besetzung von wichtigen Sicherheitspunkten im Feindesland zu einer Zeit, da der Feind seine Truppen für eine Offensive bereit hält, sie aber noch nicht begonnen hat"[8].
Es wurde mir vorgehalten, daß ein „vorgreifender Gegenangriff" eine *contradictio in adjecto* sei: Kann man denn von einem Gegenangriff sprechen, solange es noch keinen Angriff gibt? Meine Antwort war, daß es sich hier um einen rein verbalen, also scheinbaren und nicht wirklichen Widerspruch handele. Entscheidend ist, daß der Feind seine Truppen für einen Angriff zusammenzieht, und das ist ein integraler Teil einer Offensive; daß er ferner die Luftüberlegenheit durch einen Angriff auf Israels Luftwaffe erringen will, solange diese noch am Boden ist — ein Manöver, das den gesamten israelischen Verteidigungsmechanismus mit einem Schlage lahmgelegt und Israel einer totalen Niederlage ausgeliefert hätte. Unter diesen Umständen konnte Israel nicht umhin, sich moralisch und politisch berechtigt, ja, genötigt zu fühlen, dem Feind die Initiative zu entreißen.
Es war in der ganzen Welt bekannt, daß Israel den Frieden wollte und die arabischen Staaten auf dem Kriegszustand beharrten. Israel durfte nicht zulassen, daß sie insofern zwei Flie-

6 a. a. O., S. 61-62.
7 a. a. O., S. 60.
8 a. a. O., S. 73.

gen mit einer Klappe schlugen, als sie unter Berufung auf den Kriegszustand ihre Offensivkräfte aufbauten und zum Angriff formierten, gleichzeitig aber von Israel verlangten, wie mitten im Frieden stillzusitzen. Israels Existenz stand auf dem Spiel; es war daher zu einer vorwegnehmenden Initiative berechtigt, selbst wenn dies eine Verurteilung durch die Vereinten Nationen nach sich gezogen hätte. Natürlich durfte nichts unterlassen werden, um die Weltorganisation und die öffentliche Meinung, sollte es dazu kommen, von der lebenswichtigen Notwendigkeit eines solchen Schrittes zu überzeugen. Aber ehe die Zustimmung der Welt dazu erfolgt wäre, hätte Israel zerstört sein können — unter den Sympathie- und Beileidskundgebungen der Welt.

Ein vorwegnehmender Gegenschlag hat es vor allem auf die Zerstörung der feindlichen Luftwaffe und ihrer Anlagen und damit auf die Luftüberlegenheit abgesehen. Darauf folgt die Vernichtung der gegnerischen Bodenkräfte und die Besetzung geeigneter Stellungen auf feindlichem Territorium zur Vereitlung neuer Angriffe. Die besetzten Gebiete können dann bei einer Friedenskonferenz der Grenzziehung zugute kommen.

Mit welchem zeitlichen Vorsprung ein vorwegnehmender Gegenangriff auszuführen ist, kann nicht genau bestimmt werden. Im allgemeinen sollte man dem Feind Zeit lassen, möglichst viele Truppen zusammenzuziehen, da dann um so mehr von ihnen vernichtet werden können. Ich erlaube mir, erneut mein erwähntes Buch zu zitieren: „Um einen Umschwung herbeizuführen, hat der Gegenschlag Monate, Wochen oder auch Tage vor dem erwarteten Angriff zu beginnen. Im äußersten Fall ist dem Feind, wenn es nicht anders geht, um einige wenige Stunden zuvorzukommen; Hauptsache, man kommt ihm zuvor[9]."

Alle diese Überlegungen sprachen für eine vorwegnehmende oder vorgreifende Gegenaktion. Die andere Seite der Medaille war die selbstauferlegte Zurückhaltung, erst dann loszuschlagen, wenn man zweifelsfrei davon überzeugt war, daß die unbedingte Notwendigkeit dazu bestand und einer gewissenhaften Prüfung unterzogen worden war. Um zusammenzufassen: Der Unter-

9 a. a. O., S. 76.

schied zwischen einer vorgreifenden Gegenoffensive und einem Präventivkrieg besteht darin, daß diese als Operation offensiv, moralisch genommen aber defensiv, jener hingegen militärisch und moralisch ein Angriffsakt ist; ferner, daß der vorgreifende Gegenschlag entweder von dem tatsächlichen, sichtbaren Aufmarsch feindlicher Kräfte zwecks offensiver Handlungen bestimmt ist, oder von einer radikalen Verschlechterung der Sicherheitsbedingungen infolge von Verletzungen des Waffenstillstands durch den Gegner. Natürlich darf nicht jede Verlegung von Truppeneinheiten als Vorbereitung einer Offensive, nicht jede Prahlerei, jede säbelrasselnde Herausforderung eines demagogischen Machthabers als Kriegserklärung betrachtet werden. Für einen guten Nachrichtendienst, wie Israel ihn hat, ist es vielleicht nicht einfach, aber gewiß nicht unmöglich, zwischen einer Zusammenziehung von Truppen zum Zweck einer Offensive und — sagen wir — einem Divisionsmanöver oder einem neuen Schachzug im Nervenkrieg zu unterscheiden. Aber Israel hatte eben nicht nur ständig auf der Hut zu sein — es mußte gleichzeitig diese Unterscheidungen treffen können, wollte es sich sein Recht auf eine vorwegnehmende Gegenoffensive vorbehalten — vorausgesetzt, daß ihm nichts anderes übrigblieb.

Der Sechstagekrieg

Israels Versuch, den Krieg durch zeitweilige Abkommen oder durch die Abschreckungskraft seiner Verteidigungskräfte zu vermeiden, schlug fehl. Anscheinend unterschätzte der Feind Israels Stärke sowie seine Bereitschaft und Entschlossenheit, sie in einer offensiven Strategie tatsächlich anzuwenden, und ließ sich deshalb auf eine Reihe von Provokationen ein, die Israel zwangen, sich zur Wehr zu setzen.

Von Mitte Mai 1967 an überschritten die Regierungen von Ägypten, Jordanien, Syrien und des Irak jeden erdenklichen Rubikon, und dann gab es für sie kein Zurück mehr: ein Zusammenstoß war unvermeidbar. Starke ägyptische Kräfte bezogen Stellung auf der Sinaihalbinsel; die Meerenge von Tiran wurde für israelische Schiffe gesperrt; Jordanien schloß ein aggressives Bündnis mit Ägypten, öffnete ägyptischen und irakischen Truppen seine Grenzen, stellte seine eigenen Militäreinheiten unter ägyptisches Kommando und konzentrierte Panzerkräfte auf dem Westufer des Jordan. Der ägyptische Staatspräsident gab in aller Offenheit zu, daß dies Vorbereitungen für einen Vernichtungskrieg gegen Israel seien.

Die Phasen der Maikrise bieten Anschauungsunterricht darin, wie leicht es ist, in einen Krieg hineinzuschlittern. Es begann mit der Behauptung, Israel wolle Syrien angreifen. Die Sowjetunion griff diese völlig unbegründete Behauptung mit einer Flut von Beschuldigungen gegen Israel auf und drängte den ägyptischen Staatspräsidenten (wie er später selbst erklärte) dazu, Panzertruppen in der Sinaiwüste aufmarschieren zu lassen, um Israel von seinem „schändlichen" Vorhaben im Norden abzubringen[1].

---

[1] Die Vertreter des Generalsekretärs der Vereinten Nationen begaben sich an Ort und Stelle und verständigten die syrische und ägyptische Regierung

Die Sowjetunion wußte natürlich, daß Israel nicht die leiseste Absicht hatte, Syrien anzugreifen. Als der russische Gesandte von dem israelischen Premier- und Verteidigungsminister, Levi Eschkol, eingeladen wurde, sich an die Grenze zu begeben, um sich persönlich davon zu überzeugen, daß dort keine Truppen zusammengezogen wurden, lehnte er die Einladung ab: er brauche keinen Beweis für etwas, was er ohnehin wisse. Was die Russen anscheinend befürchteten, waren israelische Repressalien gegen Syriens unzählige Provokationen, Sabotageakte und Beschießungen von Grenzorten — Repressalien, die das von Moskau begünstigte *Baath*-Regime in Damaskus hätten zu Fall bringen können. Das war auch der Grund dafür, daß sie Ägypten dazu drängten, Truppen auf die Sinaihalbinsel zu schicken, obwohl das die Gefahr eines Krieges mit Israel heraufbeschwören mußte.

Die ägyptischen Maßnahmen waren von viel Lärm und Großsprecherei begleitet und machten auf die ägyptische Bevölkerung und die arabische Welt im allgemeinen großen Eindruck, was wiederum die ägyptischen Machthaber in ihrer Haltung bestärkte und sie einen Schritt weitergehen ließ: sie verlangten den Abzug der UN-Sicherheitstruppe (UNEF), um so die Barriere zwischen den ägyptischen Kräften und der israelischen Grenze wegzuräumen. Als Antwort darauf stellte der Generalsekretär der Vereinten Nationen Ägypten vor die Wahl zwischen dem *status quo* und dem sofortigen Abzug der UNEF. Für einen von unersättlichem Prestigehunger verzehrten Mann wie Nasser war das eine unwiderstehliche Herausforderung. Er nahm den Handschuh auf, stürzte sich Hals über Kopf in ein unüberlegtes Abenteuer und forderte am 18. Mai 1967 den Abzug der UN-Kräfte, ein Verlangen, dem Generalsekretär U Thant auch unverzüglich entsprach. Er fegte damit alle im Jahre 1957 getroffenen Übereinkommen mit einem Streich hinweg (die u. a. Israels Rückzug von der Sinaihalbinsel von dem Vorhandensein der dünnen UN-Linie zwischen Israel und Ägypten abhängig gemacht hatten).

am 9. Mai davon, daß von einer israelischen Truppenkonzentration an der syrischen Grenze keine Rede sein könne.

Nasser, der gewiegte Politiker, ließ sich von seinem zügellosen Ehrgeiz weiter hinreißen und verfügte am 21. Mai die Sperrung der Straße von Tiran, obwohl er wußte, daß Israel diesen Schritt als *casus belli* betrachten und sich zu Gegenschlägen berechtigt fühlen werde.

Nasser hatte offenbar eine solche Reaktion einkalkuliert, denn er verstärkte die Truppen auf der Sinaihalbinsel durch motorisierte Infanterie und Panzerdivisionen und mobilisierte sowohl die ägyptische Luftwaffe als auch die Kriegsmarine — an sich schon eine offene Bedrohung Israels. Das war kein bloßer Schlag gegen die israelische Schiffahrt, sondern der Auftakt zu der von den arabischen Herrschern, Nasser allen anderen voran, angekündigten Invasion. Die Unruhe in Israel stieg mit der Flut wilder Drohungen offizieller ägyptischer Sprecher und Staatsmänner, die außerhalb Israels von Millionen Menschen auf den Bildschirmen in aller Welt gehört und gesehen werden konnten[2]. Die israelische Regierung proklamierte die allgemeine Mobilmachung.

Auch der König von Jordanien wußte, daß Israel zu diesem Zeitpunkt den diplomatischen Weg einem Krieg vorgezogen und jede friedliche Lösungsmöglichkeit des Konfliktes erwogen hätte. Andererseits befürchtete er aber, daß das wachsende Prestige Nassers seinen Thron hinwegschwemmen werde, und das bewog ihn, nach Kairo zu fliegen, seine Armee dem ägyptischen Oberkommando zu unterstellen und sein Land irakischen, ägyptischen und palästinensischen Formationen für eine Invasion Israels zur Verfügung zu stellen.

In Wirklichkeit hatten die arabischen Armeen, besonders die ägyptische, ihre Kriegsvorbereitungen noch nicht abgeschlossen. Starke ägyptische Kräfte waren überdies im Jemen gebunden. Die ägyptische Strategie beruhte anscheinend mehr auf Glücksspiel und Phantasie als auf nüchterner Überlegung. Die Krise, die Ägypten an den Rand des Abgrundes brachte und in den Krieg stürzte, war ein willkürliches Schlittern auf einer schlüpfrigen

2 Radio Kairo verkündete am 25. Mai: „Das arabische Volk ist endlich soweit, Israel von der Landkarte zu wischen..."

Eine Abteilung der Jüdischen Brigade beim Siegesappell der Westmächte, Italien 1945.

Die *Haganah* im Einsatz während der arabischen Unruhen von 1947.

Die *Haganah* schafft illegale Immigranten von der *Parita* an Land.

Beth Josef, eine Palisaden- und Wachtturmsiedlung im Jordantal.

Bahn, keine ruhig kalkulierte Abwägung der Möglichkeiten. Wenn man zurückdenkt, erscheint es geradezu unbegreiflich, wie sich die Männer der ägyptischen Junta so sehr verrechnen konnten. Sie spotteten über Israels Stärke trotz seiner Siege in der Vergangenheit und überschätzten ihre eigene Kraft trotz der schmählichen Niederlagen, die ihnen nicht nur von Israel, sondern auch von den primitiven Stämmen des Jemen zugefügt worden waren.

Bereits jeder einzelne Schritt des Feindes hätte genügt, Israel zu militärischen Gegenmaßnahmen zu berechtigen, um wieviel mehr galt das für alle zusammen. Die Blockade von Elath war ein kriegerischer Akt, der Israel Handlungsfreiheit gab und ihm anheimstellte, wo, wann und wie es zum Gegenschlag ausholen werde. Kein unabhängiger Staat — und gewiß keiner von denjenigen, die Israel Zurückhaltung und Mäßigung nahelegten — hätte die Blockade eines seiner Häfen ruhig hingenommen und nicht zu den Waffen gegriffen.

Der Feind hatte offen angekündigt, daß er von der Sinaihalbinsel her angreifen werde, und dort zu diesem Zweck offensive Kräfte zusammengezogen — und das war die erste Kriegsphase. Sobald diese Kräfte ihre Stellungen bezogen hatten, sollte die Offensive der Luftwaffe, des Heeres und zum Teil auch der Flotte beginnen. In seiner geostrategischen Lage, mit seinen begrenzten Mitteln, seiner zahlenmäßigen Unterlegenheit und seinen leicht verletzbaren Städten und Siedlungen durfte Israel dem Feind neben allen anderen Vorteilen nicht auch noch die Handlungsfreiheit überlassen. Die Initiative nicht an sich zu reißen, hätte Selbstmord bedeutet. Die Lage verschärfte sich, als arabische Luft- und Landoffensiven sich von drei Seiten her ankündigten: Ägypten, Jordanien und Syrien, gefolgt vom Libanon. Mit dem Einmarsch von ägyptischen und irakischen Truppen in die jordanischen Stellungen auf dem Westufer des Jordan waren die Würfel gefallen. Die Männer, die dafür verantwortlich waren, mußten wissen, daß sie den Krieg heraufbeschworen hatten. Selbst jetzt hätte ein Krieg noch vermieden werden können, hätte sich eine einflußreiche internationale Autorität eingeschaltet und Ägypten veranlaßt, seine Kriegsvorbereitungen einzustellen, die Straße von Tiran zu öffnen und von Infiltrations- und Terrorakten abzusehen. Niemand fand sich jedoch dazu bereit; der Krieg war unvermeidlich.

Auf israelischer Seite stand fest, welche Fronten den Vorrang hatten und wo die Hauptmacht einzusetzen war. Die Pläne waren bis ins Kleinste ausgearbeitet, und da der israelische Nachrichtendienst genau über den Aufbau der arabischen Armeen, ihre Stellungen und Pläne informiert war, konnten die israelischen Streitkräfte sich dementsprechend vorbereiten.

Auf Antrag des Premier- und Verteidigungsministers bevollmächtigte das israelische Kabinett den Oberkommandierenden, General Rabin, zur Einberufung der Reserven. Die beiden Gegner standen einander an allen Fronten gegenüber; die Hauptfront befand sich an der Grenze von Ägypten, das die größte arabische Armee besaß und das Kommando über die anderen hatte.

Es sei hier besonders auf die schnelle und reibungslose Mobilisierung der israelischen Streitkräfte hingewiesen, die den Feind von einem Angriff abschrecken oder — sollte er ihn doch wagen — zurückschlagen sollten. Israel konnte die Initiative auf dreierlei Art ergreifen: am besten mit einer vorwegnehmenden, aber auch mit einer gleichzeitigen oder — wenn nichts anderes übrig blieb — mit einer zurückschlagenden Gegenoffensive.

Vom militärischen Standpunkt aus war die Lage äußerst ernst, aber eindeutig und durchaus klar. Die arabischen Armeen waren auf dem Sprung, obwohl noch nicht ganz bereit zur Offensive. Die arabischen Luftwaffen warteten auf das Kommando zu massiven Angriffen auf die israelischen Flugplätze, da sie die israelischen Maschinen am Boden überraschen wollten (man war nicht darauf erpicht, sich mit ihnen in der Luft zu messen). Aus einer Position überlegener Stärke sollte eine gleichzeitige Invasion vom Land aus und eine Beschießung vom Meer aus erfolgen, beides unter dem Schutz der arabischen Luftwaffe.

Ich war dafür, den Gegenangriff zu beginnen, sobald der Feind den Großteil seiner Truppen auf der Sinaihalbinsel zusammengezogen, aber noch nicht zum Angriff formiert hatte. Das war der günstigste Moment, ihn unter den geringsten Verlusten unsererseits zu schlagen.

Politische Überlegungen kamen dazwischen. Israel hatte im Jahre 1957 die Sinaihalbinsel und Gaza in der allgemeinen Annahme aufgegeben, die Seemächte würden die Meerenge von Tiran offenhalten[3]. Die Regierung beschloß deshalb, mit dem Gegenschlag zu warten, bis eine diplomatische Anfrage ergeben hatte, ob die betreffenden Regierungen entschlossen waren, Wort zu halten. Das war moralisch und politisch falsch. Der Truppenaufmarsch auf der Sinaihalbinsel und das Militärbündnis mit Jordanien waren jetzt das Hauptproblem und hatten die Frage der freien Schiffahrt in den Hintergrund gedrängt. Ob die Seemächte einen Versuch machen würden, Ägypten zur Aufhebung der Sperre zu bewegen, war mehr als fraglich; daß sie aber kein Expeditionskorps auf die Sinaihalbinsel entsenden würden, um Israel zu Hilfe zu kommen, stand fest. In Anbetracht des Tatbestandes kann mit aller Gewißheit gesagt werden, daß Israel mit Ausnahme von Waffen und Ersatzteilen keine Hilfe brauchte. Kein Staat wollte verständlicherweise in eine Aktion verwickelt werden, die ihn dem Verdacht aussetzen konnte, im geheimen Einverständnis mit Israel vorzugehen, und niemand war daher bereit, Israels Maßnahmen gutzuheißen. Im Gegenteil, alles, was die diplomatischen Anfragen ergaben, waren gute Ratschläge an Israel, von militärischen Aktionen abzusehen, sich zu gedulden und dergleichen mehr — mit dem Ergebnis eines unnötigen und gefährlichen Zeitverlustes. Gewiß, Israel mußte den Westmächten seine Stellung erklären, der gegebene Moment dafür war aber die Zeit unmittelbar nach Kriegsausbruch.

Selbst wenn eine internationale Flotte das Rote Meer erreicht hätte, um die Blockade zu brechen, sie hätte die arabische Land- und Luftoffensive nicht aufgehalten; im Gegenteil, das arabische Oberkommando hätte in Erwartung eines solchen Schrittes die

---

3 s. S. 77.

Offensive vorverlegt und die Welt wäre vor ein *fait accompli* gestellt worden.
Die Sowjetunion nahm eine verbissene anti-israelische Haltung ein und ignorierte böswillig den Tatbestand. Die drei freundlichen Westmächte rieten zur Mäßigung und dazu, „auf den ersten Schuß zu warten". Wohlmeinende Freunde waren dafür, ein israelisches Schiff durch die Meerenge zu schicken; sollten die Ägypter ihm den Weg verstellen und es unter Beschuß nehmen, „hätte Israel einen ausgezeichneten *casus belli* und freie Bahn für eine allgemeine Offensive gegen Ägypten".
Israel konnte es sich nicht leisten, auf solche Ratschläge einzugehen oder auf die Fata Morgana einer internationalen Flotte zu warten. Es durfte auch nicht stillsitzen, bis die ägyptische Offensive ins Rollen kam. Kriege beginnen heutzutage nicht mit einem „ersten Schuß", sondern mit großen Luftangriffen; Abwarten wäre tödlich gewesen. Schon gar nicht konnte Israel auf einen *casus belli* oder die Stunde warten, da eines seiner Schiffe bei Tiran angehalten werden würde. Eine Blockade zu verhängen ist ein ebensolcher *casus belli,* wie ein Schiff an der Weiterfahrt zu hindern. Überdies hätte das ägyptische Oberkommando ein solches Manöver wahrscheinlich durchschaut und, statt ein vereinzeltes Schiff zu beschießen, die geplante Landoffensive gegen Israel begonnen. Ein Schiff nach Tiran zu schicken, damit es dort angehalten werde, wäre einem Telegramm des israelischen Generalstabschefs an den ägyptischen Oberkommandierenden gleichgekommen, in dem er diesem den Zeitpunkt der Gegenoffensive mitteilte. Wieder einmal half uns der Feind aus der Zwickmühle. Mit der mörderischen Beschießung der Siedlungen entlang des Gazastreifens am 2. Juni 1967 lieferte er uns mehr als einen „ersten Schuß". Er verlegte zudem starke Panzerkräfte in die Nähe der Negevwüste, wahrscheinlich, um diese zu durchschneiden und Elath von Akaba und der Sinaihalbinsel aus in einem Zangenangriff zu nehmen (was wieder die Zwecklosigkeit eines Versuches, die Meerenge zu öffnen, bestätigte) und eine Vereinigung der ägyptischen und jordanischen Armeen zu ermöglichen. Nicht genug damit, begannen auf ägyptischer Seite

verdächtige Luftmanöver, die auf unseren Radarschirmen deutlich verfolgt werden konnten — ein zusätzliches Signal für den bevorstehenden Angriff.
Israels Streitkräfte waren kampfbereit. Das allgemeine Aufgebot war bis auf einige letzte Reserveeinheiten komplett. Vorbereitung und Logistik, Kampfgeist und Eifer des Offizierkorps waren hervorragend.
Als Mitglied des Verteidigungsausschusses der Regierung hatte ich mehr als fünf Jahre hindurch an den Beratungen mit dem Generalstabschef über die Kriegsdoktrin, die Dringlichkeitsfolge, den Aufbau und die Ausrüstung der Truppen teilgenommen. In der Vorkriegszeit, während des Krieges und nachher war ich Mitglied des engeren Kriegsberatungs-Komitees des Premierministers und konnte das reibungslose Ineinandergreifen der Verteidigungsdoktrin und Strategie mit den tatsächlichen Kriegsoperationen aus nächster Nähe verfolgen. Am Vorabend der Kampfhandlungen wurden noch einige unbedeutende Abänderungen vorgenommen, manche gut, manche nicht, im übrigen aber verlief der Feldzug planmäßig.
Der Beginn des Krieges war von dem verständlichen Wunsch begleitet, eine zweite Front zu vermeiden. Durch Vermittlung von General Odd Bull, dem Chef der UN-Waffenstillstands-Kontrollkommission, wurde versucht, König Hussein vom Eintritt in den Krieg abzubringen. Aber die Vorsehung wollte es anders und hatte anscheinend die Besetzung Cis-Jordaniens und die Vereinigung Jerusalems beschlossen. Von den lügnerischen Siegeskommuniqués der „Stimme der Araber" verführt, sprang Hussein auf Kairos Beiwagen, und so ergaben sich von Anfang an drei Fronten (Ägypten, Jordanien, Syrien) bei möglicher Neutralität des Libanons, zumindest solange, wie es für Israel nicht schlecht aussah.
Die größte Gefahr drohte von der Sinaihalbinsel her; Jordaniens Stärke lag in seiner geostrategischen Lage, Syrien war ein Störenfried. Der Hauptstoß hatte daher gegen Ägypten geführt zu werden; es verfügte über die größten Land-, Luft- und Seestreitkräfte und erhob Anspruch auf die arabische Vorherrschaft.

Israel hatte den Moment für einen Überraschungsangriff versäumt, die Armeen standen sich kampfbereit gegenüber, und eine Überraschungsmöglichkeit lag nur noch auf taktischem Gebiet — dem Schlachtfeld.
Die ägyptischen Truppen hatten ihre Stellungen bezogen und konnten jeden Augenblick zum Angriff übergehen; die ägyptische Kriegsmaschine lief an. Israel durfte die Initiative nicht länger den Arabern überlassen, es hatte zum „Gegenangriff" überzugehen. Legal war es ein Gegenangriff, denn die Ägypter hatten bereits mit lokalen Feindseligkeiten begonnen. Da sie aber die Grenze noch nicht überschritten hatten, kann der israelische Schlag als eine Offensive bezeichnet werden, um einer unmittelbar bevorstehenden Invasion zuvorzukommen.

Die Luftüberlegenheit war der Schlüssel zum Sieg, durch sie allein aber war der Krieg nicht zu gewinnen. Obwohl wir die Gelegenheit zu einer strategischen Überraschung verpaßt hatten, konnte unsere Luftwaffe die ägyptische noch immer am Boden überrumpeln. Das Manöver gelang auch vollkommen, dank der Zusammenarbeit, Kühnheit, Ausdauer und Vielseitigkeit unseres Luft- und Bodenpersonals. Die feindlichen Bombengeschwader, Jagdflieger, Rollbahnen und sonstigen Anlagen wurden mit einem Schlag außer Aktion gesetzt. In drei Stunden — den ersten des Krieges — hatte die ägyptische Luftwaffe aufgehört zu existieren. Dann kam Jordanien an die Reihe und die in der Nähe von Israel liegenden syrischen und irakischen Flugbasen. Gleich der ägyptischen Luftwaffe, dem ersten Opfer von Israels Luftoffensive, wurden auch sie innerhalb weniger Stunden unschädlich gemacht[4].
Auch in den wenigen Luftkämpfen, die stattfanden, zeigte sich Israels Überlegenheit. Von einigen wenigen Einflugversuchen abgesehen, erschien kein einziger ägyptischer Bomber über

---

4 Da das Gros der feindlichen Luftkräfte am Boden zerstört wurde, kamen die meisten Piloten mit dem Leben davon. Der Wiederaufbau der arabischen Luftwaffe bestand daher nicht so sehr in der Ausbildung neuer Piloten als im Ersetzen der verlorenen Maschinen.

Israel. Die Zivilbevölkerung wurde mehrere Male in die Luftschutzräume geschickt, war aber durch eine dichte Luftabwehr vor Bombenabwürfen und Bordwaffenangriffen aus der Luft gut geschützt. Die letzten Reserveeinheiten konnten ungehindert einberufen werden. Israels Industrie überstand den Krieg ohne jeden Schaden, und die Fließbänder liefen ungestört weiter. Der Verkehr im Inland, an die Front und im Frontgebiet lief reibungslos. Die Bodentruppen gingen in den Kampf, ohne Luftangriffe befürchten zu müssen, und konnten auf die wirksame Unterstützung ihrer eigenen Luftstreitkräfte rechnen. Transport, Nachschub und Aufklärung, Hilfe für Verwundete hinter der Front und Ambulanz-Pendelverkehr funktionierten tadellos. Israels Luftwaffe stellte neue internationale Höchstleistungen kollektiver und individueller Art auf. Der Krieg sah auch zum erstenmal viele Hubschrauber in Aktion.

Die Sinaihalbinsel kann je nachdem als Pufferzone zwischen Ägypten und Israel, Sprungbrett für einen Angriff auf Israel oder Falle für dort stationierte Truppen dienen. Nach dem Abzug der Israelis im Jahre 1957 hatte Ägypten seine Stellungen im Gazastreifen und die Land- und Luftbasen auf der Sinaihalbinsel wieder aufgebaut. Außerhalb des Gazastreifens gab es aber keine starken Truppeneinheiten; die Sinaihalbinsel blieb also eine Pufferzone, die eines Tages als Sprungbrett für eine Invasion von Israel dienen sollte. Tatsächlich hatte jetzt, das heißt 1967, der Hauptteil der ägyptischen Infanterie und Panzerkräfte dort Stellung bezogen, eine Invasionsarmee, wie die Wüste sie in dieser Stärke noch nie gesehen hatte. Es lag an Israel, das Sprungbrett in eine Falle für den Feind zu verwandeln.
Diese Aufgabe fiel den drei Panzerdivisionen der Südarmee zu. Sie wurde von ihnen glänzend gelöst und die auf der Sinaihalbinsel konzentrierte ägyptische Armee vernichtet. Es war eine gemeinsame Aktion von Panzertruppen, motorisierter Infanterie und Fallschirmjägern, die als Infanterie-Stoßtrupps eingesetzt wurden, unterstützt von der Luftwaffe, mobiler Artillerie, dem Pionierkorps und dem auf engste Zusammenarbeit mit den vor-

rückenden Truppen eingestellten Wartungspersonal, den unter Beschuß arbeitenden Ärzten und Sanitätern und selbst von kulturellen und Unterhaltungsgruppen, die der Armee folgten. Die israelischen Landstreitkräfte, insbesondere das Panzerkorps und die Infanterie, verstanden es auch, den versäumten strategischen Überraschungseffekt durch eine Reihe taktischer Aktionen wettzumachen. Die klassische Strategie des indirekten Angriffs wurde nach allen Regeln der Kunst angewendet, abgesehen von den großen Durchbruchsaktionen im Norden, im Zentrum und im Süden der Sinaihalbinsel, die nicht vor, sondern erst nach der Umgehung und Einschließung der ägyptischen Truppen und nach der Sperrung der Bergpässe im Rücken des Feindes einsetzten.

Zwischen den vom Negev zum Suezkanal führenden Straßen liegt schwer passierbares Terrain, das von Panzern und Panzerfahrzeugen nur an wenigen Stellen durchquert werden kann. Dieser geographische Umstand ermöglichte es den schnellen Kolonnen der Israelis, sich auf das Hauptobjekt zu konzentrieren, ohne ihre Kräfte aufzusplittern und große Einheiten zum Schutz der Flanken einsetzen zu müssen. Mit der Geographie auf ihrer Seite, waren sie nicht nur der Sorge um die Flügel enthoben, sondern hatten die Operationsinitiative in der Hand und durchschnitten die Verbindungslinien des Feindes, dessen drei Armeen dadurch den Kontakt miteinander verloren.

Die Bodentruppen rückten über äußerst schwieriges, teilweise für unpassierbar gehaltenes Terrain vor, ihr intensives Feuer, aus der Luft unterstützt, fegte ihnen den Weg frei und ließ sie alle Schnelligkeitsrekorde brechen. Sie besetzten die Bergpässe im Rücken des Feindes, verlegten ihm dadurch den Rückzugsweg zum Suezkanal und nach Ägypten, zerstörten oder erbeuteten fast das gesamte ägyptische Kriegsmaterial und schlugen die Armee in Stücke.

Angesichts der Niederlage von Nassers besten Truppen bestand keine Aussicht, den Gazastreifen zu halten. Da jedoch der Angriff auf den Streifen und Gaza selbst verzögert und den Israelis der Überraschungsfaktor genommen worden war, kam es hier

zu heftigen Kämpfen. Dennoch stimmte der Sieg in bezug auf Schnelligkeit und Ausmaß mit den Berechnungen des Generalstabs, der Luftwaffe, des Südkommandos und der Divisionskommandeure überein — wohl der beste Beweis für die Richtigkeit der Pläne und die Tüchtigkeit der Truppen.
Die Israelis hatten den Suezkanal erreicht. Die Ägypter glaubten, daß sie nun den Kanal überschreiten und Kairo besetzen würden, und erklärten sich daher am 8. Juni zu einem Waffenstillstand bereit.
Die jordanisch-syrische Front war als zweitrangig betrachtet worden. Als beide Länder jedoch Feindseligkeiten gegen Israel begannen, wandte man sich nach der Zerstörung der ägyptischen Luftwaffe auch diesen Gegnern zu. War Israel aber imstande, Jordanien anzugreifen, während es noch auf der Sinaihalbinsel kämpfte? Waren die an der syrisch-jordanischen Grenze stationierten israelischen Kräfte nicht zu schwach, um einen solchen Angriff mit einiger Hoffnung auf Erfolg zu unternehmen?
Es stimmt: sie waren zu schwach — für die Defensive, und mußten daher angreifen, um den Feind in die Defensive zu drängen. Die zahlenmäßige Unterlegenheit zwang ihnen eine offensive Strategie auf, wollten sie dem Feind die Initiative nehmen, seine Linien durchbrechen, seine Stellungen ausschalten und nach Möglichkeit zerstören und ihn auf eine Linie (den Jordan) zurückdrängen, die ihn benachteiligte. Schließlich stand ihnen auch die siegreiche Luftwaffe zur Verfügung, eine Art überall einsetzbarer Reserve.
Die Jordanier warfen Panzer-Verstärkungen an das Westufer des Jordan und nahmen die Wohnviertel von West-Jerusalem unter Beschuß. Am 5. Juni besetzten sie den Sitz der UNO-Vertretung und rückten auf den Skopusberg vor. Ihre weittragenden Geschütze nahmen von Kalkilija aus die Küstenorte unter Feuer, und das Flugfeld von Ramat David lag in Reichweite ihrer Artillerie. Ägyptische Stoßtruppen standen in Latrun zum Angriff auf die Küstenebene bereit.
Das Königreich Jordanien war also aktiv in den Krieg eingetreten, und Israel ging zur Offensive über — zunächst an einigen

Punkten in lokalen Gegenangriffen, dann aber entlang der ganzen Frontlinie in einer großangelegten Gegenoffensive von Panzerverbänden und Infanterie; an besonders gefährlichen Punkten, zum Beispiel Ost-Jerusalem, wurden auch Fallschirmjäger eingesetzt. Eine große Zangenoperation entlang der Bergkämme brachte Israel am 7. Juni wieder in den Besitz aller Gebiete, die Jordanien westlich des Jordans annektiert hatte; die Aktion war von der Wiedervereinigung Jerusalems gekrönt, die die Altstadt und die heiligen Stätten innerhalb ihrer Mauern dem jüdischen Volke zurückgab.

Nur an der syrischen Front rührte sich auf jüdischer Seite vorläufig nichts. Die schwere syrische Artillerie nahm die israelischen Siedlungen im Hule- und Jordantal unter Beschuß, und es kam sogar zu einem Vorstoß syrischer Panzerverbände nach Obergaliläa. Dennoch blieb Israel in der Defensive, obwohl es, wie sich bald zeigte, imstande gewesen wäre, die Syrer von den Golanhöhen zu vertreiben.

Diese gefährliche Verzögerung wurde wieder durch politische Ungewißheit verursacht. Die Widerstandskraft der Syrer wurde überschätzt; die Ägypter hatten noch keinen Waffenstillstand verlangt, und es war ungewiß, ob sie sich dazu so schnell entschließen würden; ein Zusammenstoß mit Syrien hätte die Sowjetunion in den Krieg hineinziehen oder zu einem stärkeren Druck auf Israel veranlassen können. Meiner Meinung nach hätte Israel die Offensive gegen Syrien sofort nach der Vernichtung der arabischen (einschließlich der syrischen) Luftwaffe beginnen sollen: die Syrer wären von den Anhöhen vertrieben worden, ihre restlichen Truppen hätten sich zur Verteidigung von Damaskus eingegraben, und ganz Südsyrien hätte besetzt werden können.

Dies hätte neben der militärischen auch erhebliche politische Bedeutung gehabt. Israel hätte eine Territorialverbindung mit den von den Syrern unterdrückten Drusen herstellen und die Ausrufung eines drusischen Staates, eines unabhängigen Drusiens, veranlassen können. Nach den Erfahrungen mit den israelischen Drusen, die im besten Einvernehmen mit ihren jüdischen Mit-

bürgern leben, freiwillig die Militärdienstpflicht auf sich genommen und in erheblicher Zahl der israelischen Grenzpolizei beigetreten sind, wäre es möglich gewesen, ähnliche gute Beziehungen zu den Drusen außerhalb Israels herzustellen. Ein ihm freundlich gesinnter Drusenstaat zwischen Israel und Syrien-Jordanien hätte viel zur Stabilisierung des Nahen Ostens beigetragen.
Aber auch diese Gelegenheit wurde unnötigerweise verpaßt, bis es für eine Offensive zu spät war. Damaskus nahm den vom UN-Sicherheitsrat vorgeschlagenen Waffenstillstand an, setzte aber die Beschießung israelischer Siedlungen fort, und dies gab Israel eine neue, politisch gesehen, letzte Möglichkeit, die syrischen Plagegeister von den Golanhöhen zu vertreiben, von denen her sie aus stark befestigten Stellungen unter Verletzung früherer Abkommen und des am vierten Kriegstag angenommenen Waffenstillstands das Hule- und Jordantal unaufhörlich mit Artilleriefeuer belegten. Israelische Panzertruppen und motorisierte Infanterie kämpften sich, unterstützt von der Luftwaffe, eine mit stark ausgebauten Stellungen besäte Berglandschaft hinauf, die als uneinnehmbar galt. Binnen zwei Tagen waren die gegnerischen Linien durchbrochen und die syrischen Truppen in wilder Flucht. Ein abermaliger Waffenstillstandsbeschluß des Sicherheitsrates machte dem Schießen am Abend des 10. Juni ein Ende.
Israel hatte um sein Leben gekämpft und einen glänzenden Sieg davongetragen. Rein operationsmäßig hatte es eine offensive Strategie verfolgt; aber der Sechstagekrieg war ein Verteidigungskrieg *par excellence,* wie ihn die Geschichte wohl noch nie gesehen hatte. Die Araber, und vor allem die ägyptischen Rädelsführer, hatten diesmal die Welt nicht im Zweifel über ihre Absicht gelassen: die totale Vernichtung Israels. Sie hatten nun allen Grund, die dem Krieg vorangehende spektakuläre Propaganda für einen Heiligen Krieg *(Jihad)* gegen Israel zu bereuen. Wer nicht von Vorurteilen und Haß verblendet und eines unparteiischen Urteils unfähig war, zeigte Verständnis und Sympathie für Israels heroischen Kampf, den es allein und ohne

fremde Hilfe überstanden und gewonnen hatte. Kairos Versuch, das Debakel auf eine angebliche Intervention der anglo-amerikanischen Luftwaffe zu schieben — als wäre eine Niederlage aus angelsächsischer Hand weniger schimpflich als aus israelischer — wurde überall mit gebührender Verachtung abgetan.

Der Sechstagekrieg bestätigte in vieler Hinsicht meine Überzeugungen:
1. Israel konnte nicht des Isolationismus geziehen werden. Es hatte in der ganzen Welt um Freundschaft, um politische, wirtschaftliche und militärische Hilfe geworben (und sie auch andern gewährt); es hatte aber erfahren müssen, daß es letztlich in seinem Existenzkampf allein dastand. Selbst das beschränkte Versprechen der Seemächte in bezug auf das Offenhalten der Straße von Tiran erwies sich als unerfüllbar. Die UN-Sicherheitstruppe an der ägyptischen Grenze war binnen weniger Stunden hinweggeschmolzen wie Schnee von der Sonne. Die Moral? Wir durften uns nicht auf militärische Garantien verlassen, sondern hatten eine Armee aufzubauen, die ohne fremde Hilfe zur Verteidigung unseres Landes ausreichte. Militärische zieht politische Abhängigkeit nach sich, und eine Großmacht hätte uns mit ihrer „Garantie" eine völlig unannehmbare Lösung des Palästinaproblems aufzwingen können. Der Garant hätte nicht unbedingt mit unserer Beurteilung der Lage übereinstimmen müssen, und selbst wenn er es getan und die besten Vorsätze gehabt hätte — die Hilfe wäre zu spät gekommen. Diesmal hatten wir allein gekämpft, ohne den Fehler von 1956 zu begehen, und als Konsequenz unserer militärischen Siege bedeutende politische Erfolge errungen. Das war etwas anderes als der Sinaikrieg von 1956, wo wir England und Frankreich auf unserer Seite hatten, aber schwere politische Verluste hinnehmen mußten, die verheerende Folgen für unsere Sicherheit und den Frieden im Nahen Osten hatten.
2. Der Sechstagekrieg war mehr als ein Konflikt zwischen Armeen und Völkern; er war eine Auseinandersetzung zweier grundverschiedener Gesellschaftssysteme, einer sozialen und

politischen Demokratie und einer Militärdiktatur, die mit einer erbärmlich rückständigen Bevölkerung willkürlich schaltete und waltete. Die Demokratie siegte, und das allein beweist, daß die Zeit nicht gegen uns war. Israel erwies sich im Jahre 1967 stärker als je zuvor, stärker als alle arabischen Armeen zusammen, und zwar deshalb, weil das arabische Gesellschaftssystem allen Fortschritten zum Trotz in der Militärtechnologie nachhinkt. Den arabischen Soldaten waren die komplizierten, ultramodernen Waffen, mit denen man sie ausgerüstet hatte, fremd; keineswegs feige oder unbegabt, versagten sie vor Aufgaben, die weit über ihr kulturelles und soziales Niveau hinausgingen. Hinzu kam, daß die arabischen Staaten alles andere als einig waren, sowohl nach außen als auch nach innen. Der vorherrschende Tenor war Lug und Trug. Die Herrscher belogen einander, Minister intrigierten gegen ihre Kollegen, Offiziere führten ihre Vorgesetzten irre, Soldaten ihre Offiziere. Die Machthaber brachten es nicht über sich, zueinander oder auch nur vor sich selbst ehrlich zu sein.

Demgegenüber war Israel ein Musterbeispiel an Harmonie und Zivilisation, trotz aller Gegensätze geeint und zielbewußt im nationalen Existenzkampf; unterstützt von der Solidarität der Weltjudenheit und der Sympathie der internationalen öffentlichen Meinung. Es war ein Triumph der Demokratie über die Tyrannei, individueller und kollektiver Qualität über bloße Masse.

3. Der Sechstagekrieg hat bewiesen, daß wir den Bestand unseres Landes und der Juden als Volk der Anwendung des vorwegnehmenden Gegenangriffs zu verdanken haben. Israel gewann den Krieg, indem es dem Feind die Initiative nahm und so der Vernichtung entging. Wir haben ein für allemal gelernt, daß es in einem Krieg mit den uns umgebenden Arabern keinen anderen Weg gibt als den, die Initiative zu ergreifen und keine passive Strategie zu verfolgen. Demgemäß kann eine vorgreifende Initiative nicht mehr als Angriffsakt betrachtet werden.

4. Mut und Tapferkeit unserer Offiziere und Soldaten im Sechstagekrieg sind allgemein bekannt. Es gab einundfünfzig ehren-

volle Erwähnungen (in einem Krieg von knapp sechs Tagen) für außerordentlichen Mut und Selbstaufopferung[5], die englischen oder amerikanischen Soldaten die höchsten Tapferkeitsorden, das Viktoriakreuz bzw. die *Medal of Honor*, eingebracht hätten. Ohne Prahlerei, aber auch ohne falsche Bescheidenheit kann gesagt werden, daß dies für Juden nichts Ungewöhnliches ist. Man denke nur an ihren zähen Widerstand gegen die Römer vor zweitausend Jahren; wie sie es im Mittelalter vorzogen, lebendig verbrannt zu werden, statt ihren Gott zu verleugnen; wie sie unter unbeschreiblichen Qualen die Jahrhunderte christlicher Verfolgung überstanden. In neuerer Zeit sei auf den beispiellosen Mut und die Hartnäckigkeit der ersten zionistischen Siedler in Palästina hingewiesen; den heroischen, hoffnungslosen Widerstand der Warschauer Gettokämpfer gegen den Nazi-Terror; die Selbstaufopferung der jüdischen Untergrundkämpfer im Streit für die jüdische Unabhängigkeit unter dem englischen Mandatsregime und die Tapferkeit der ersten Soldaten des unabhängigen Judenstaates im jüdischen Freiheitskrieg. Jüdische Geschichte ist — nach den Worten des englischen Historikers Namier — Martyriologie. Professor Namier vergaß vielleicht hinzuzufügen, daß die Märtyrer auch Kämpfer waren. Es ist dieser unauslöschliche Kampfgeist der Juden, ihre Bereitschaft, Märtyrertod und Selbstaufopferung auf sich zu nehmen, die sich im Sechstagekrieg so unvergeßlich offenbarten.

5. Die individuellen Heldentaten waren — wie die Helden selbst ohne weiteres zugeben werden — das Ergebnis der glorreichen Errungenschaften des wahren Siegers, Israels Verteidigungsheeres, des *Zahal*. Seine charakteristischen Eigenschaften (ich habe sie schon eingehend besprochen) bewährten sich im Sechstagekrieg in hervorragender Weise. *Zahal* verdankt seine Glanzleistung den intelligenten und peinlich genauen Vorbereitungen seines Generalstabes; der Qualität seiner Kommandeure aller Dienstgrade; seinem ausgezeichneten Aufklärungs- und Nachschubwesen; dem reibungslosen Funktionieren aller Hilfs-

---

[5] Die *Jerusalem Post*, Israels englischsprachige Tageszeitung, berichtete am 31. Oktober 1967 über einige von ihnen.

dienste. General Jizchak Rabin, Israels Generalstabschef im Sechstagekrieg, konnte mit Recht Anspruch auf das erheben, was eines jeden Befehlshabers kühnster Traum ist: „Es gab in diesem Krieg keine einzige Einheit, die nicht ihre Aufgabe erfüllt hätte."

6. Seit seiner Gründung ist Israel die stärkste soziale und militärische Macht im Nahen Osten. Es hat das im Sechstagekrieg vor den Augen der ganzen Welt bewiesen.

Seither

Dieses Kapitel wird im August 1969 geschrieben, mehr als zwei Jahre nach dem Sechstagekrieg. Der Krieg verschaffte Israel bessere Grenzen, eine günstigere topographische Lage, größere strategische Tiefe und die Möglichkeit rechtzeitiger Warnung vor feindlichen Einflügen. Israel will nichts als Frieden und Sicherheit, ist aber trotz dieses heißen Wunsches weit davon entfernt. Die arabischen Staaten haben sich im Jahre 1967 in Khartum auf drei sterile Punkte festgelegt: keine Anerkennung Israels, keine Verhandlungen, kein Friede. Und Ägypten fügte dem hinzu: was Gewalt genommen hat, gibt nur Gewalt wieder; politische oder militärische Liquidierung der Ergebnisse der jüdischen „Aggression" und Rückgabe der besetzten Gebiete an das „Volk von Palästina". Alle diese Erklärungen ignorieren Ägyptens Schuld am Kriegsausbruch ebenso wie Israels nationale und internationale Rechte.

Die Kriegsdrohungen der arabischen Regierungen widersprechen den von ihnen angenommenen Waffenstillstandsbedingungen des UN-Sicherheitsrates vom Juni 1967 und werden von einer Aufrüstung begleitet, die weit über den Wiederaufbau der geschlagenen arabischen Armeen hinausgeht. Anfang 1969 hatte Ägypten seine Panzerwaffe mit Hilfe Rußlands auf Vorkriegsstärke gebracht, die Luftwaffe um fünfzig Prozent darüber hinaus, und im Laufe von 1970 soll die Panzerwaffe einhundertfünfzig Prozent, die Luftwaffe das Doppelte des Vorkriegsstandes erreichen, von den anderen Teilen der Streitkräfte und den übrigen Ländern einmal abgesehen. Die arabischen Regierungen unterstützen die zahlreichen Terrorgruppen offen oder geheim mit Geld und Waffen, moralisch und politisch, und stellen ihnen ihr Land zur Ausbildung und zur Errichtung von Stützpunkten zur Verfügung. Die regulären arabischen Armeen liefern den

Terroristen Material und geben ihnen oft Feuerschutz bei ihren Aktionen gegen Israel. Ja diese Armeen selbst, besonders die ägyptische, jordanische, irakische und syrische, tragen keine Bedenken, die Waffenruhe zu verletzen, israelische Truppen oder Siedlungen zu beschießen und die Waffenstillstandslinien zu überschreiten, und scheuen auch vor Luftangriffen nicht zurück. Kurz: der Waffenstillstand steht vor dem Zusammenbruch.
Die Geschichte scheint sich zu wiederholen. Die politischen und militärischen Häupter der arabischen Staaten haben anscheinend aus ihren Niederlagen nichts gelernt, sie sind weiterhin unfähig, die Situation realistisch zu beurteilen, und geben sich Illusionen hin.
Das heißt nicht, daß ein neuer Krieg unvermeidlich wäre, die Möglichkeit wird aber von Monat zu Monat größer. Selbst wenn die arabische Aufrüstung und die Kriegsdrohungen vorläufig nichts anderes bezwecken sollen, als die Stellung der Regierungen, die Moral von Bevölkerung und Militär und die Verhandlungsposition der Araber zu verbessern, so stecken immer noch die alten arabischen Vorurteile dahinter: Fremdenhaß, religiöser Fanatismus, Rivalität um die Hegemonie in der arabischen Welt und Ablenkung des Volkes von seiner miserablen sozialen und wirtschaftlichen Lage auf den fremden „Feind", dazu der Wunsch, die einzige soziale und politische Demokratie im Nahen Osten zu zerstören, aus Furcht, Israel könnte Nachahmer finden. Diese Motive werden von dem Scham- und Rachegefühl infolge der Niederlage von 1967 bestärkt, der dritten in neunzehn Jahren, und in unverantwortlicher Weise von den Großmächten ausgebeutet, die die Araber durch eine Beschwichtigungspolitik und Waffenlieferungen auf ihre Seite ziehen wollen. Es kann kein Zweifel daran bestehen, daß die arabischen Machthaber noch einmal ihr Glück versuchen werden, sobald sie sich stark genug fühlen oder (mit Recht oder Unrecht) glauben, zumindest einen teilweisen Sieg und damit eine Änderung des *status quo* erreichen zu können.
Israels Haltung ist sich gleich geblieben. Es will Friedensverträge und verläßliche Sicherheitsgarantien, von einzelnen arabischen

Staaten oder von allen zusammen. Ständiger Friede mit den Nachbarstaaten ist das Ziel von Israels Außenpolitik. Es wünscht sich keine Siege, hat sie sich nie gewünscht, und will keine militärischen Mittel anwenden, um politische Ziele zu erreichen, und sei es den Frieden. Zu diesen moralischen Überlegungen gesellen sich wie gewöhnlich auch praktische: Ich glaube nicht an die Haltbarkeit eines diktierten Friedens. Israels Sieg in einem ihm aufgezwungenen Krieg hat jedoch neue strategische, politische und territoriale Bedingungen geschaffen, die auf verantwortliche Weise bei der Suche nach einer dauerhaften Lösung berücksichtigt werden müssen.

Ich glaube an das Wort des altchinesischen Kriegsphilosophen Sun Tschu: „Die Kriegstheorie lehrt, nicht damit zu rechnen, daß der Feind vielleicht nicht kommen wird, sondern sich auf sein Kommen vorzubereiten; nicht darauf zu hoffen, daß er nicht angreifen wird, sondern seine eigene Stellung uneinnehmbar zu machen." Israel sah sich daher seit Juni 1967 genötigt, mit dem arabischen Wettrüsten Schritt zu halten, zumindest im Hinblick auf die Qualität der Waffen. Es hat seine Tiefenbefestigung in doppelter Beziehung ausgebaut: zur Vermeidung des Krieges durch Aufrechterhaltung des Kräftegleichgewichtes und zur Besiegung des Feindes, sollte er Israel einen neuen Krieg aufzwingen.

Israels Friedenswunsch, der am Verhandlungstisch auf seine Echtheit geprüft werden kann, sein Lebenswille, der dreimal auf dem Schlachtfeld die Probe bestanden hat, erlegen ihm die Anwendung zweier verschiedener, aber einander ergänzender politischer Methoden auf: offene oder vertrauliche Kontakte mit friedliebenden Elementen unter den Arabern anzuknüpfen und für den Frieden zu arbeiten, als wäre er in Reichweite; daneben aber seine Kampfkraft zu verstärken und sich für den Krieg bereit zu halten, als stünde er unmittelbar bevor. Die Entschlossenheit, die Einigkeit und die Reife der Bevölkerung erlauben es der Regierung, diese beiden Wege gleichzeitig zu verfolgen, ohne sich zu widersprechen. Eine solche elastische Realpolitik wird es Israel ermöglichen, sich mit jenen Arabern, die den Frieden wol-

len, zu verständigen, ohne von einem Krieg überrascht zu werden.
Israel liegt an dem Vertrauen seiner Nachbarn, die heute seine Feinde sind, morgen aber seine Freunde sein können, ebensoviel wie an sicheren Grenzen. Nach zwei Jahrzehnten verbissenen Juden- und Israelhasses, den die arabischen Machthaber ihrer heranwachsenden Jugend eingeimpft haben, können wir jedoch auf kein psychologisches Wunder hoffen. Israel hat daher neben dem eindringlichen und unaufhörlichen Bemühen um Vertrauen und Verständigung auf dem Abschluß von Friedensverträgen mit gesicherten Grenzen zu bestehen. Die provisorischen Abkommen der Vergangenheit haben nur zu neuen Kriegen geführt. Israel will, daß der Sechstagekrieg der letzte seiner Kriege mit den Arabern bleibt, und wird sich daher mit keinem Friedensersatz, keiner provisorischen Lösung zufriedengeben. Für den Übergang vom Waffenstillstand zum Friedensvertrag ist nur ein einziger Schritt erforderlich. Bis dahin, das heißt bis zur Festlegung dauerhafter, sicherer, beiderseits akzeptierter Grenzen, wird Israel den auf Gegenseitigkeit beruhenden Waffenstillstand streng einhalten, und sollte er Jahrzehnte dauern.
Meine Stellung in der Regierung erlaubt es mir nicht, hier auf einer Landkarte die Grenzen zu bezeichnen, die Israel ein Maximum an Sicherheit und ein Minimum an politischen Problemen geben, aber auch das historische Band zwischen dem jüdischen Volk und seinem Heimatland bestätigen würden. Ich werde mich daher auf einige „algebraische" Formeln beschränken.
Der geschichtliche Faktor ist von grundsätzlicher Bedeutung. Auf ihm beruhen die zionistische Bewegung und die Wiedergeburt des jüdischen Volkes in seinem historischen Heimatland nach neunzehn Jahrhunderten Exil und Zerstreuung. Er berechtigt uns, Gebiete unter unsere Oberhoheit zu bringen, die den uralten, unauslöschlichen Gefühlen des jüdischen Volkes entsprechend zu seinem Land gehören, daneben aber auch große politische und strategische Bedeutung haben. Er ist die Voraussetzung für das Recht des Volkes Israel, in Ruhe und Frieden innerhalb seiner Grenzen zu leben, ein Recht, das ihm seine Feinde streitig machen

und das sie tagtäglich militärisch und politisch verletzen. Sollte sich Israel daher zu einem Territorialkompromiß bereit finden, so bedeutet das nicht, daß es seine historische Verbundenheit mit den eventuell abgetretenen Gebieten aufgibt, sondern dessen ungeachtet mit Rücksicht auf die große Bedeutung, die ein Friedensvertrag mit den Arabern hat, dem Kompromiß zustimmt.
Mein Buch behandelt die Entwicklung der israelischen Militärdoktrin und ist keine nationalhistorische Studie. Ich wende mich daher wieder strategischen Betrachtungen zu und möchte zunächst feststellen, daß ich mit keiner der beiden in Israel vertretenen extremen Ansichten übereinstimme. Die einen wollen aus historischen oder strategischen Gründen keinen Fußbreit Boden abtreten; die anderen lehnen jede Annexion (mit Ausnahme von Jerusalem) ab, selbst wenn sie aus Sicherheitsgründen geboten wäre; sie tun das entweder aus moralischem Abscheu vor einer Expansionspolitik oder aus Furcht, eine solche Politik bedeute das Ende der Hoffnung auf Frieden. Ich lehne beide Auffassungen ab, halte aber an einem fest: die Waffenstillstandslinien von 1948 kommen als ständige Grenzen nicht in Betracht. Sie haben strategisch ihrer ganzen Länge nach keinen Wert, und Israel begäbe sich in eine lebensgefährliche Falle, würde es sich auf sie zurückziehen, denn das würde die Araber zu seiner Zerstörung geradezu einladen. Diese Linien kommen nicht einmal als Verhandlungsgrundlage für neue Grenzen in Betracht. Sie waren immer provisorisch, und die Araber selbst haben sich bemüht, die Welt davon zu überzeugen, daß sie nicht als dauerhaft zu betrachten sind, als sie selbst sie im Juni 1967 für null und nichtig erklärten. Diese Linien wurden mit dem Blut Tausender Juden hinweggeschwemmt, die ihr Leben für ihr Volk hingaben. Vom moralischen und völkerrechtlichen Standpunkt, vom politischen ganz zu schweigen, entbehren sie jeder Gültigkeit. Nur in direkten Verhandlungen wird es, glaube ich, möglich sein, einen Kompromiß zu schließen, der Israel eine starke strategische Stellung verschaffen und den berechtigten territorialen, nationalen und religiösen Ansprüchen der Araber gerecht werden kann.

Israels Grenzen müssen zu halten sein, das heißt innerhalb natürlicher Hindernisse liegen, die einer modernen Armee widerstehen können, leicht zu verteidigen und für größere Gegenoffensiven geeignet sind. Sie haben dem Land Tiefendimensionen zu geben, die es feindlichen Armeen, Luftwaffen und Boden-Bodenraketen unmöglich machen, ein militärisches *fait accompli* zu schaffen. Ein gutes Warnsystem gegen feindliche Anflüge gehört natürlich dazu. Aus diesen Gründen dürfen die neuen Grenzen nicht mit den alten Waffenstillstandslinien übereinstimmen, müssen aber nicht in jeder Beziehung mit den gegenwärtigen identisch sein. Hätte ich zwischen den heutigen Waffenstillstandslinien mit ihren strategischen Vorteilen minus Frieden oder anderen gesicherten Grenzen plus Frieden zu wählen, ich würde natürlich das zweite vorziehen.

Man könnte einwenden, daß heutzutage, im Zeitalter interkontinentaler ballistischer Flugkörper, Wasser-Bodenraketen und Langstreckenbomber, topographische Vorteile und strategische Tiefe wertlos seien. Gewiß, Raketen, Artillerie und Bomber (um bei konventionellen Waffen zu bleiben) können erhebliche Schäden anrichten, aber kein Volk, das um sein Leben und seine Unabhängigkeit kämpft, unterkriegen. Die deutsche Luftwaffe konnte England nicht auf die Knie zwingen, ebensowenig wie die amerikanischen Bomber das Volk von Nord-Vietnam. Nur die Besetzung des Landes durch Bodenstreitkräfte, mögen sie zu Lande, zu Wasser oder durch die Luft kommen, kann den Widerstand der Bevölkerung und der Armee brechen; sonst werden Kriege nur durch Abschluß von Friedensverträgen beendet.

Befestigungen verlieren nicht an Wert, auch wenn Panzerwaffen, motorisierte Infanterie und Artillerie an Feuerkraft, Beweglichkeit und Schnelligkeit gewinnen und ihnen bessere Methoden zur Überwindung natürlicher oder künstlicher Hindernisse zur Verfügung stehen. Im Gegenteil: je größer die Beweglichkeit und das Angriffspotential des Feindes, desto notwendiger sind ein zusammenhängendes Verteidigungssystem, der Ausbau von Befestigungen, bis sie für eine motorisierte Armee uneinnehmbar sind, und die Verstärkung der allgemeinen und der begrenzten Fähigkeit zum Gegenangriff durch richtige Verteilung der Truppen. Israels Topographie, wie sie sich aus dem Sechstagekrieg ergeben hat, bildet mit ihren natürlichen Grenzen eine „defensive Mauer", die an sich ein Abschreckungsfaktor ist und die Verteidigungsmöglichkeiten des Landes bedeutend erhöht. Bei den geostrategischen und geopolitischen Bedingungen des Nahen Ostens gibt es keinen Ersatz für strategisch haltbare Grenzen. Will Israel weiterleben, so hat es auf gesicherten Grenzen mindestens für jene Gebiete zu bestehen, die vor Juni 1967 besonders gefährdet waren. Gesicherte Grenzen ohne Frieden sind einem Frieden ohne solche Grenzen vorzuziehen. Die Grenzen, die sich Israel setzen wird, werden mit der Zeit anerkannt werden, sie müssen aber zu halten sein, auch wenn die Anerkennung Jahre auf sich warten läßt. Es erübrigt sich hinzuzufügen, daß wir beides möchten: Grenzen, die nicht nur zu halten, sondern auch anerkannt sind.

Israel kann nicht ewig auf die Festsetzung solcher Grenzen warten, als verwaltete es nur die besetzten Gebiete für die arabischen Eigentümer. Angesichts der wachsenden Bedrohung durch die Araber und der Verschlechterung der Situation an den Grenzen hat es das Recht und die Pflicht, in den für seine Sicherheit wichtigen Grenzgebieten Siedlungen und Stützpunkte anzulegen und im übrigen sich seine politischen Maßnahmen vorzubehalten. Vollendete Tatsachen dieser Art haben nicht nur Sicherheitswert, sondern können auch in den Grenzverhandlungen ausgespielt werden und die Araber davon überzeugen, daß die Zeit hier wie anderswo nicht auf ihrer Seite ist, wir aber bereit sind, alle möglichen Friedensvorschläge, die uns sichere Grenzen geben, zu erwägen.

Israels Verlangen nach sicheren Grenzen, die nicht mit den alten Waffenstillstandslinien zusammenfallen, wird vielleicht auch von Staaten, die ihm wohlwollend gegenüberstehen, mißverstanden oder abgelehnt werden. Was aber für uns auf dem Spiel steht, ist unser Leben, unsere Existenz. Israel muß das der Welt begreiflich machen, darf sich aber unter keinen Umständen einem internationalen Druck fügen und seine Forderung nach Sicherheit aufgeben. Wir haben keine Wahl zwischen einem Rückzug auf die alten Waffenstillstandslinien als Preis für fragliche, zeitweilige politische Vorteile und neuen, sicheren Grenzen, seien sie auch eigenmächtig auf die Gefahr politischer Komplikationen hin festgesetzt. Die politischen Schwierigkeiten werden sich legen, aber Israels Fortbestand hängt allein davon ab, ob es sich verteidigen kann.

Die Entmilitarisierung gewisser Gebiete kann nur in beschränktem Maße zur Lösung des Problems beitragen. Die Erfahrungen mit entmilitarisierten Zonen sind nicht dazu angetan, einem Land Zuversicht zu geben. Die Geschichte des Rheinlandes, Vietnams oder der Zone, die Israel neunzehn Jahre lang von seinen Nachbarn trennte, bietet hinreichenden Grund, Israel zur Ablehnung eines Sicherheitsabkommens zu veranlassen, das einzig und allein in der Entmilitarisierung gewisser Gebiete besteht. Das bedeutet aber nicht, daß wir uns im Rahmen eines allumfassenden, auf strategisch haltbaren Grenzen beruhenden Friedensvertrags gegen die Entmilitarisierung gewisser Zonen sträuben würden, vorausgesetzt, daß sie effektiv kontrolliert werden kann und daß beide Seiten mit Warnsystemen gegen Überfälle ausgestattet werden.

Niemand weiß, wie lange es dauern wird, bis es zum Frieden kommt. Israel hat daher seine Streitkräfte einem Zustand anzupassen, der weder Krieg noch Frieden bedeutet und in dem sich Zeiten der Spannung und solche der Entspannung ablösen. Ein Waffenstillstand wie der gegenwärtige, der unaufhörlich verletzt wird, muß zu andauernden Feindseligkeiten führen (und erfordert daher größte Wachsamkeit gegen Überfälle, Terrorakte, Beschießung und Luftangriffe) und kann schließlich in einem Krieg enden, der mit großangelegten feindlichen Überschreitungen der Waffenstillstandslinien oder aus der Luft unterstützten Landungen von Marineinfanterie und Fallschirmjägern an den Flügeln und im Rücken der Armee beginnen wird. Um die Volkswirtschaft vor einer Flut von Rüstungsausgaben zu bewahren, ist äußerste Sparsamkeit in bezug auf den Einsatz israelischer Streitkräfte geboten: vorgeschobene Einheiten, gute Verteidigungswerke, stärkere Feuerkraft und größere Wachsamkeit, kein überflüssiges Personal, dazu motorisierte Einheiten, in geographischer Tiefe gestaffelt, für Gegenoffensiven und hinhaltende Operationen müssen genügen. Israels schnelles Mobilisierungssystem erlaubt es dem Generalstab, sich mit einer verhältnismäßig kleinen stehenden Armee zu begnügen, ohne die Sicherheit des Landes zu gefährden.

Der Sechstagekrieg hat Israel davor bewahrt, überrannt zu werden, und eine grundlegende Verbesserung seiner strategischen Lage mit sich gebracht, ohne jedoch Terrorakte, Sabotage und Feuerüberfälle von jenseits der Grenzen verhindern zu können. Die arabischen Terrorbanden waren schon lange vor dem Krieg tätig und haben in erheblichem Maße zu seinem Ausbruch beigetragen. Seit Juni 1967 werden sie von den geschlagenen arabischen Armeen ermutigt und unterstützt und bekennen sich offen zur Zerstörung Israels. Es ist fraglich, ob sie sich wirklich der Illusion hingeben, etwas erreichen zu können, was regulären Armeen versagt war, sie haben sich aber eine Reihe weniger hochfliegender Ziele gesetzt, wie:
1. Vergeltung für die erlittenen Niederlagen;
2. wahllose Ermordung von Israelis und Zerstörung israelischen Eigentums;
3. Terrorisierung der Siedler in den Grenzgebieten, um sie zum Verlassen der Siedlungen zu zwingen;
4. Abschreckung von Kapitalinvestitionen, von Touristen und besonders von neuen Einwanderern, um Israel zu isolieren und sein Wirtschaftsleben lahmzulegen;
5. Führung eines Nervenkrieges mit den obengenannten Mitteln, um die Moral der Bevölkerung zu untergraben;
6. Aufrechterhaltung einer permanenten Kriegsatmosphäre, bis die arabischen Länder zu einem neuen Angriff bereit sind;
7. Terrorisierung der arabischen Welt, um keinen Separatfrieden mit Israel zuzulassen;
8. Gewinnung von Einfluß in der arabischen Politik, sowohl in

den einzelnen Ländern als auch in den inter-arabischen Organisationen (Arabische Liga etc.);
9. Heraufbeschwörung eines Mythos von der Existenz eines palästinensischen Volkes und seiner nationalen Befreiungsarmee.
Es ist hier nicht der Ort, sich mit dem Begriff „palästinensisches Volk" ausführlicher auseinanderzusetzen. Soviel sei nur gesagt: Ein solches Volk gibt es nicht. Die arabische Bevölkerung Palästinas betrachtete sich immer — unter türkischer und unter britischer Oberhoheit — als Teil des arabischen Volkes im allgemeinen und der syrischen Araber im besonderen. In der Nomenklatur der arabischen Nationalbewegung hieß Palästina „Südsyrien". Als die Vereinten Nationen im Jahre 1947 Palästina in einen jüdischen und einen arabischen Staat teilten, fand sich auf arabischer Seite keine Körperschaft, die den arabischen Staat repräsentieren konnte, nicht einmal, als es darum ging, dem jüdischen Staat die Anerkennung zu verweigern und ihm — wie die anderen arabischen Länder — den Krieg zu erklären. Es ist nicht ausgeschlossen, daß eine ethnische Gemeinschaft wie die der palästinensischen Araber ein Volk werden kann. Die Geschichte kennt so manche Völkerstämme und größere Einwanderergruppen, die es wurden. Ob aber ein solches palästinensisches Volk besteht oder nicht, das muß man ihm selbst überlassen. Eine solche Gemeinschaft braucht keine Anerkennung; sie existiert — mit oder ohne Anerkennung —, oder sie existiert nicht. Und gibt es ein palästinensisches Volk, so steht seiner Existenz nichts im Wege. Falls die palästinensischen Araber ihr Selbstbestimmungsrecht geltend machen wollen — der Platz dafür ist östlich des Jordans. Das Ostufer gehörte einst zu Palästina und wurde in den zwanziger Jahren von den Engländern von ihm abgetrennt. Es ist zur einen Hälfte von Menschen bewohnt, die ein Teil der Bevölkerung des ungeteilten Palästinas waren, zur anderen Hälfte von Einwanderern und Flüchtlingen aus Westpalästina. Falls es also ein palästinensisches Volk gibt, so ist sein Land Transjordanien, wo es sich seinem Wunsch gemäß als Monarchie oder Republik konstituieren kann. Die Ausrufung eines solchen Staates hat mit Israel nichts zu tun und

erfordert in gar keiner Weise einen Krieg mit ihm; sie ist eine rein arabische Angelegenheit.
Die arabischen Terroristen werden zum Teil gewiß von nationalen Triebkräften und großem Mut geleitet, können aber keinen Anspruch auf den Titel einer nationalen Befreiungsarmee erheben. Dem widerspricht allein schon die Tatsache, daß sie ihre Autorität nicht von dem Volk erhalten, das sie vorgeben, „befreien" zu wollen. Sie wollen herrschen, nicht befreien. Das ist kein Volk mit einer Guerilla-Armee, das sind Terroristen, die sich ein Volk botmäßig machen wollen. Ihre Kampfart ist Mord und Totschlag, die von allen wahren nationalen Freiheitsbewegungen als Kampfmittel abgelehnt werden (und auch von der *Haganah* in ihrem Kampf gegen die britische Mandatsmacht verworfen wurden). Sie wollen ein Volk ins Leben rufen, indem sie ein anderes zerstören. Die Aufgabe der israelischen Verteidigungskräfte ist daher klar: sie haben zusammen mit den anderen Sicherheitsorganen die Waffenstillstandslinien zu verteidigen und die Bevölkerung, ob nun Araber oder Juden, vor Terrorismus, Sabotage und Feuerüberfällen aus einem jenseits der Linien liegenden Hinterhalt zu schützen. Entsprechende Hindernisse entlang gewisser Teile der Grenze und moderne Überwachungsmethoden können die besetzten Gebiete den Terroristen nahezu völlig unzugänglich machen und aktive Verteidigungsmaßnahmen beiderseits der Linien ihnen das Handwerk legen.
Die Terroristen haben keinen Grund, sich ihrer Erfolge zu rühmen. Sie haben Mordtaten verübt, Schäden angerichtet und den Israelis neue Lasten auferlegt. Aber die Grenzsiedlungen sind sicher wie zuvor: kein einziger Punkt wurde aufgegeben, und seit 1967 ist eine Anzahl neuer Siedlungen in den Grenzgebieten errichtet worden. Das Symbol jüdischen Heldentums ist heute die Mutter, die sich weigert, die Siedlung an der Grenze zu verlassen, und ihre Kinder in dem engen Raum zwischen Schule und Unterstand unter dem Feuer von Mördern aufwachsen sieht. Das Wirtschaftsleben des Landes ist nicht lahmgelegt worden, im Gegenteil: ausländische Investitionen, Touristik und

Einwanderung haben neue Höhepunkte erreicht. Nur auf politischem Gebiet können die Terroristen von Erfolg sprechen: sie haben die Aufmerksamkeit der Welt auf sich gelenkt und sind in der arabischen Politik zu einem Faktor geworden, der für manche arabische Länder viel gefährlicher ist als für Israel. Israel hat es verstanden, die Terroristen in Schach zu halten. Es liegt aber in der Natur des Terrorismus, besonders wenn er aus dem Ausland unterstützt wird, von Zeit zu Zeit wiederaufzuflackern, selbst wenn er schwere Schlappen erlitten und nichts erreicht hat. Terror, Sabotage und Feuerüberfälle von jenseits der Grenzen werden daher andauern, solange wie der gegenwärtige Zustand anhält. Da die Terroristen ihren Sitz in den arabischen Nachbarländern haben, kann Israel nicht umhin, diese für den Terror verantwortlich zu machen.

Der springende Punkt ist und bleibt Israels Recht und seine Fähigkeit zur vorgreifenden Gegenoffensive. Für die Landstreitkräfte trifft dies an manchen Teilen der Grenze nicht mehr in dem gleichen Maße zu wie vor 1967. Ja, heute wäre es (aus Gründen, die ich hier nicht anführen kann) angezeigt, den Feind angreifen zu lassen, ihn mit intensivem Artillerie- und Panzerabwehrfeuer zu empfangen und dann erst zum Gegenschlag auszuholen. An anderen Abschnitten der Grenze ist die vorwegnehmende Strategie jedoch weiterhin angebracht und sogar unumgänglich. Der Sechstagekrieg hat überdies große Teile der arabischen Länder sehr verletzbar gemacht, und das gibt Israel die Möglichkeit, bei einem neuen Zusammenstoß eine Strategie anzuwenden, die seiner heutigen Lage entspricht. Dies trifft besonders auf die Luftwaffe zu, deren Fähigkeit, vorgreifende Gegenschläge auszuführen, weiterhin von ausschlaggebender Bedeutung ist. Israel muß auch jetzt auf Land- und Wasserraketen-Angriffe gefaßt sein.

Meiner Ansicht nach ist Israel unter den folgenden Umständen berechtigt, die Waffenstillstandslinien für längere oder kürzere Zeit zu überschreiten:

1. im Falle einer lokalen oder allgemeinen Offensive, einer Zusammenziehung feindlicher Offensivkräfte oder von Vorberei-

tungen für größere Flieger- oder Raketenangriffe auf wichtige israelische Anlagen;
2. zur Niederschlagung terroristischer Aktionen, wenn ihnen auf andere Weise nicht begegnet werden kann;
3. im Falle gegnerischer Behinderungen der israelischen Schiffahrt auf hoher See oder in Meerengen, wie Bab-el-Mandeb an der Südeinfahrt ins Rote Meer;
4. um offenen oder geheimen, aktiven oder potentiellen Verbündeten in den arabischen Ländern zu Hilfe zu kommen;
5. falls sich der *status quo* in einem Nachbarland zuungunsten Israels verändern sollte.

Was das letztere anbelangt, möchte ich betonen, daß ich grundsätzlich gegen eine Einmischung in die inneren Angelegenheiten eines Landes bin, selbst wenn es sich — wie die arabischen Staaten seit 1948 — mit Israel im Kriegszustand befindet. Kein Land hat das Recht, einen Krieg zu beginnen, selbst wenn es damit den Frieden erzwingen will. Militärische Mittel dürfen nur in Notwehr angewandt werden. Bei den verwickelten, unsteten Bedingungen des Nahen Ostens kann sich der *status quo* jedoch über Nacht mit folgenschweren strategischen Konsequenzen ändern. In diesem Falle, das heißt einer zweifelsfreien und nachweisbaren Veränderung des *status quo*, die Israels Sicherheit bedroht, sind militärische Gegenmaßnahmen durchaus berechtigt.

Diese neuen Aufgaben verlangen einen weiteren Ausbau der israelischen Streitkräfte, den ich hier nur andeuten kann. Neben einer Verbesserung der Tiefenverteidigung muß die Panzerwaffe mit den neuesten Fahrzeugen ausgerüstet werden. Die Motorisierung der Infanterie ist zu vervollständigen, die motorisierte Artillerie und das Fallschirmjägerkorps sind an Zahl und Reichweite zu verstärken. Die Pioniertruppen müssen in der Überquerung von Wasserwegen, Minenfeldern und Befestigungsanlagen ausgebildet, der Wartungsdienst und der Nachschub verbessert und überhaupt alle Waffengattungen des Heeres mit den modernsten Kampfmethoden vertraut gemacht werden. Die Luftwaffe soll hauptsächlich eine Kampfformation bleiben, hat aber ihren Aktionsradius zu vergrößern, um Erd-, Wasser- und

Luftziele angreifen und Israels Schiff- und Luftfahrt schützen zu können. Die Piloten müssen neue Methoden für Tages- und Nachtkämpfe entwickeln, denn schließlich kann ja der Feind im Juni 1967 etwas von uns gelernt haben. Besondere Aufmerksamkeit gebührt der Luftabwehr und dem Schutz von Flugzeugen am Boden. Die Leistungsfähigkeit der Luftwaffe in bezug auf die Beförderung größerer Truppeneinheiten und schweren Kampfmaterials ist durch zusätzliche Transportflugzeuge und Hubschrauber zu erhöhen.
Hauptaufgabe der Marine ist es, feindliche Landungen an Israels Küste zu vereiteln. Sie muß aber auch zusammen mit der Luftwaffe imstande sein, die Küste und Ortschaften gegen Beschießung durch Schiffsgeschütze und Raketen zu schützen sowie feindliche Küstenstützpunkte anzugreifen. Sie braucht (nicht nur aus Sparsamkeit) keine schweren Schiffe. Schnelle, leicht manövrierbare, mit Kanonen und Raketen bewaffnete Boote, dazu moderne Unterseeboote und gutgeschulte Marine-Guerillas können fast allen Aufgaben zur See gerecht werden. Ferner sollten einige der besten israelischen Bodentruppen als Marineinfanterie umgeschult werden, um Landungen an feindlichen Küsten durchführen zu können, entweder im Rahmen einer größeren Offensive oder als Ablenkungsmanöver.
Die regionale Landesverteidigung muß darauf vorbereitet werden, terroristische Aktionen (die einen kommenden Krieg vielleicht begleiten werden) zu bekämpfen und lokale Einbrüche von jenseits der Grenzen zu verhindern. Auch der zivile Luftschutz und die Vorbereitung der Zivilbevölkerung auf kriegsähnliche Zustände im Hinterland verdienen größere Beachtung.
Bezüglich eines Atomkrieges kann ich nur wiederholen, was ich schon gesagt habe. Die Einführung strategischer oder taktischer Kernwaffen in den Nahen Osten muß (nach Möglichkeit für immer) vermieden werden; natürlich kann das nur auf Gegenseitigkeit beruhen. Israel hat aber nichtsdestoweniger seine Kernforschung theoretisch und technologisch auf höchstem Stand zu halten, um von dieser schlimmsten aller Gefahren nicht überrascht werden zu können. Auch chemische und biologische

Kampfmittel sollten auf beiden Seiten verboten werden — ohne daß Israel auch in dieser Beziehung unvorbereitet dastünde.
Um zusammenzufassen: ohne grundlegende Veränderungen in ihrer Doktrin vorzunehmen, müssen Israels Streitkräfte sich mit den besten Waffen ausrüsten und Stellungen beziehen, die den neugeschaffenen strategischen Bedingungen und den Schwächen des Feindes Rechnung tragen. Unser offen erklärtes Ziel ist, den Feind von einem Krieg abzuhalten; sollte er ihn aber dennoch wagen, Israels Sieg binnen kürzester Zeit mit möglichst wenig Opfern sicherzustellen.
Militärische Abschreckung ist nicht der einzige oder der wichtigste Weg zum Frieden. Ohne Abschreckungsfähigkeit ist jedoch ein Krieg unvermeidlich, und eine Niederlage Israels würde das Ende der nationalen Existenz des jüdischen Volkes bedeuten. Die Araber haben sich, wenn sie Frieden wollen, ein für allemal die Illusion eines Sieges aus dem Kopf zu schlagen. Darauf müssen die erfindungsreichsten, energischsten und sachdienlichsten Anstrengungen Israels und aller Mitglieder der Völkerfamilie gerichtet sein, die den Frieden im Nahen Osten wollen.
Zugegeben, Frieden mit Israel ist für die Araber psychologisch und emotionell ein harter Brocken, kann aber zu ihrer größten Errungenschaft werden. Denn was ist größer, als falschen Stolz dem Ideal des Friedens zu opfern? Die Araber brauchen den Frieden ebenso wie wir; nur er kann sie sozial und wirtschaftlich vorwärtsbringen und ihre Unabhängigkeit wahren. In einem Krieg gibt es immer Sieger und Besiegte, in einem gerechten Frieden nur Sieger. Ist es nicht an der Zeit, daß sich Israel und die Araber mit dem Siegeslorbeer des Friedens krönen? Frieden und Sicherheit für Israel, Frieden und Ehre für die Araber.

Nachwort*

Der von Präsident Abdul Nasser am 3. Juli 1969 ausgerufene Zermürbungskrieg gegen Israel endete mit einem völligen Mißerfolg für Ägypten. In offener Verletzung des Waffenstillstandes, den der Sicherheitsrat der Vereinten Nationen im Juni 1967 für beide Seiten verfügt hatte, begannen die Ägypter, das befestigte Ostufer des Suezkanals mit schwerem Artilleriefeuer zu belegen. Die Beschießung war von Stoßtruppunternehmen, Minenlege-Aktionen und Ausfällen in die Sinaihalbinsel begleitet.
Israel trug Dutzende schmerzlicher Verluste davon und fand gewiß keinen Trost darin, daß die Verluste der Ägypter um ein Vielfaches höher waren. Doch keine seiner Stellungen wurde zerstört, kein Stückchen Boden aufgegeben, und Israels Position entlang der vom Sicherheitsrat festgelegten Waffenstillstandslinie konnte ausgebaut werden.
Für die Israelis kamen ein Überschreiten des Kanals und das Erzwingen einer militärischen Entscheidung mittels anschließender Vernichtung der ägyptischen Truppen nicht in Frage, und zwar einfach deshalb, weil kein Grund dazu vorlag. Sie konnten sich darauf beschränken, den durch SAM-3-Raketen verstärkten ägyptischen Luftabwehrgürtel durch sorgfältig organisierte Luftangriffe und begrenztes Artilleriefeuer zu zerstören und empfindliche strategische Objekte tief im Innern Ober- und Unterägyptens durch Aktionen israelischer Luft- und Seekommandos unschädlich zu machen. Der Feind wurde dadurch in seinem Sicherheitsgefühl gestört, die Zahl seiner Opfer stieg in die

* Der Verfasser ist der Einladung des Verlags freundlicherweise entgegengekommen und hat für die deutsche Ausgabe ein Nachwort geschrieben, das seine Darstellung bis an den Hochsommer 1971 heranführt. Es ist hier in der Übersetzung aus dem hebräischen Original wiedergegeben. A. M.

Tausende und die der Verletzten in die Abertausende. Die Städte auf der westlichen Kanalseite, die den Ägyptern als militärische Stützpunkte dienten, mußten von ihnen geräumt werden und blieben schwer beschädigt und verödet zurück. Die ägyptische Regierung hatte kaltblütig fast eine Million Ägypter zu Flüchtlingen gemacht. Die Geschichte wiederholt sich: schon einmal, im Jahre 1948/49, hatten die arabischen Machthaber Hunderttausende von Arabern zur Obdachlosigkeit verurteilt, um sie dann als politischen Spielball benutzen zu können.

Für die Ägypter verlor der Zermürbungskrieg jeden Sinn, und was Israel anbelangt, so hatte er ihm nie Anlaß zur Besorgnis gegeben und konnte — wie gesagt — weder seine Stellung noch die Moral der Soldaten oder der Bevölkerung untergraben. Die Überfälle und Sabotage-Aktionen, die von arabischen Terroristen entlang des Jordans mit gelegentlicher Unterstützung der jordanischen Armee ausgeführt wurden, hörten fast ganz auf.

In diesem Licht muß die Antwort verstanden werden, die auf die amerikanische Friedensoffensive vom Juli 1970 hin sowohl von seiten Israels als auch von seiten Ägyptens und Jordaniens erfolgte. Der im August erneuerte Waffenstillstand hält an dem Tage, da diese Zeilen geschrieben werden — Ende Juli 1971 —, unverändert an. Er wurde auf beiden Seiten zur Verstärkung der militärischen Position verwendet, brachte aber keinen Fortschritt zum Frieden.

Ich habe bereits erwähnt, daß ich mich hier mit der Entwicklung der israelischen Militärdoktrin befasse, und werde daher nicht auf politische Analysen und Mutmaßungen eingehen. Soviel sei nur gesagt: Die Friedensbemühungen mißlangen, weil die arabischen Regierungen an der Politik des „Keinen Fußbreit Boden!" festhalten, die dem Beschluß Nr. 242 des UN-Sicherheitsrates vom November 1967 offen zuwiderläuft. Israel hingegen zielt auf ein Territorialabkommen hin und hat wiederholt erklärt, daß es sich mit einer Grenzlinie zufriedengeben wird, die die im Vorhergehenden besprochene Errichtung einer effektiven Abschreckungs- und Verteidigungszone ermöglicht. Die arabischen Machthaber werden von gewissen Seiten — bewußt oder unbewußt — in ihrer kompromißlosen Haltung bestärkt, und zwar durch folgende Umstände: die rückhaltlose Unterstützung ihrer extremen Ansprüche durch die Sowjetunion; die geflissentliche Umwerbung der Araber durch Frankreich, das dabei seine Verpflichtungen Israel gegenüber verleugnete und seine guten Beziehungen zu ihm aufs Spiel setzte (ohne damit seine Position im Nahen Osten zu verbessern); Englands Wunsch, einerseits im Nahen Osten nicht hinter Frankreich zurückzubleiben, andererseits — im Hinblick auf seinen eventuellen Beitritt zur Europäischen Wirtschaftsgemeinschaft — es mit Frankreich nicht zu verderben; die unerklärliche Abkühlung der Beziehungen zwischen der Bundesrepublik Deutschland und Israel (obgleich der Israel-Besuch des deutschen Außenministers das besondere Verhältnis unterstrich, das Deutschland mit Israel verbindet); schließlich der unglückselige Weg, den das amerikanische State Department einschlug, um seinen Einfluß in Kairo wiederzugewinnen, selbst auf Kosten der lebenswichtigen Sicherheitsinteressen Israels, die schließlich nicht nur die Israels sind. Die arabischen Machthaber sehen in alledem Anzeichen einer Beschwichtigungspolitik, wie sie ihnen schon früher zugute gekommen ist. Demgegenüber sei hier auf die erstaunliche Tatsache hingewiesen, daß eine unfreundliche Haltung Israel gegenüber nicht unbedingt dazu angetan ist, die Gunst der Araber zu gewinnen. Im Gegenteil! Die Vereinigten Staaten erfreuen sich trotz ihrer engen Beziehungen zu Israel eines größeren Ansehens in den arabischen Hauptstädten als irgendeine andere westliche Macht, während das Prestige der westeuropäischen Staaten auf einen Tiefpunkt gesunken ist. Die Anspielung, die ein Mann von der Bedeutung des Chefredakteurs der führenden arabischen Zeitung *Al Ahram*, Mohammed Heikal, auf den Besuch des westdeutschen Außenministers in Israel machte, ist äußerst bezeichnend und zeugt davon, daß der Westen eine objektive Möglichkeit besitzt, seine Stimme im Nahen Osten geltend zu machen. In seinem Artikel „Für eine neue arabische Strategie" (*Al Ahram*, 8. Juli 1971) führte Heikal aus:

„Die internationale Diplomatie bedient sich heutzutage nicht schmeichelhafter Erklärungen, sondern kraftvoller politischer Feststellungen und einer dementsprechenden Haltung, die zusammen dazu angetan sind, sich Geltung zu verschaffen. . . Wie können wir verlangen, von Europa ernst genommen zu werden, wenn wir nicht einmal diplomatische Beziehungen zu Westdeutschland unterhalten, dem Land, das neben Frankreich die Hauptrolle auf dem Kontinent spielt und das stärkste Mitglied der Europäischen Wirtschaftsgemeinschaft ist?"
Eines steht fest: keine prinzipienlose Leisetreterei, kein Versuch, die Araber zu beschwichtigen, wird dem Westen seinen Einfluß auf sie wiedergeben. Heikal konnte es nicht deutlicher sagen: nicht die Bundesrepublik — die Araber sind auf die Wiederaufnahme diplomatischer Beziehungen angewiesen, und das ist nur ein Beispiel für viele.
Die Beschwichtigungspolitik entfacht unter den Arabern erneute Hoffnung, daß sie — wie schon 1948 und 1956 — auf diplomatischem Wege erreichen werden, was ihnen militärisch versagt geblieben ist: die Rückgabe aller besetzten Gebiete ohne irgendwelche Gegenleistungen und ohne einen allseitig anerkannten, bindenden Friedensvertrag. Was ihnen auf diese Weise in den Schoß fiele, würde ihnen erneut erlauben, einen Heiligen Krieg auszurufen, diesmal mit offener Zustimmung und verstärkter Unterstützung der Sowjetunion. Unter diesen Umständen bleibt Israel nichts anderes übrig, als die Waffenstillstandslinien weiterhin auszubauen und Gewehr bei Fuß zu stehen, bis es zum Frieden kommt, und sollte das Jahre dauern.
Der russisch-ägyptische Freundschaftspakt, der unmittelbar nach dem erfolglosen Besuch des amerikanischen Außenministers in Kairo im Mai 1971 abgeschlossen wurde und der die beiden Vertragspartner auf ein gemeinsames Vorgehen festlegt, ist ein schwerer Schlag für die Friedenshoffnungen im Nahen Osten. Daher sind jetzt völlig neuartige Mittel geboten, um die Einleitung von Friedensinitiativen zu ermöglichen.
In diesem Zusammenhang steht ein Sonderabkommen über die Wiedereröffnung des Suezkanals im Vordergrund. Um den

Kanal der modernen Schiffahrt mit ihren riesigen Öltankern dienstbar zu machen, genügt es nicht, ihn auszubaggern und in seinen früheren Ausmaßen wiederherzustellen — er muß erweitert und vertieft werden. An diesem Projekt sollte sich auch die internationale Finanzwelt beteiligen, denn seine Verwirklichung liegt nicht nur im Interesse Ägyptens, sondern auch in dem des Welthandels. Eine entsprechende Hilfe müßte jedoch an die klare, unzweideutige Verpflichtung Ägyptens gebunden sein, wenn schon keinen Frieden, wenigstens eine kampflose Ruhepause zu respektieren. Ein solcher Zustand könnte Israel veranlassen, den Arbeiten zur Öffnung des Kanals zuzustimmen, Arbeiten, die etwa zwei bis drei Jahre in Anspruch nehmen würden. Die politische Tragweite einer solchen Teillösung bedarf keines weiteren Kommentars, desgleichen die psychologische Bedeutung der Tatsache, daß Ägypten damit eine segensreiche, produktive Aufgabe übernehmen würde, die die Gefahr eines erneuten Aufflackerns der Feindseligkeiten für Jahre hinausschiebt. Daß ein solcher Zustand — vielleicht mehr als alles andere — die Bedingungen und die Atmosphäre für eine wirkliche Lösung und einen wahren Frieden zwischen Israel und seinen Nachbarn schaffen kann, steht außer Frage.
Diese Hoffnungen scheitern vorläufig an der Hartnäckigkeit der ägyptischen Regierung, die mit russischer Unterstützung eine derartige Teillösung an ultimative Bedingungen knüpft, die Israel nicht einmal im Rahmen einer endgültigen Lösung annehmen kann, geschweige denn in der Zwischenzeit.
Israels Ministerpräsidentin, Frau Golda Meir, hat am 9. Juli 1971 in der *Knesseth* die Haltung ihrer Regierung zur Frage der Öffnung des Kanals deutlich umschrieben:
„Nach Abschluß unserer Gespräche mit dem [amerikanischen] Staatssekretär in Sachen der Öffnung des Kanals habe ich bei einer Zusammenkunft mit Herrn Barbour, dem amerikanischen Botschafter in Israel, sowie durch Vermittlung von Botschafter Rabin in Washington unsere Stellung in ihren grundsätzlichen Punkten der amerikanischen Regierung zur Kenntnis gebracht. Nämlich: daß ein Übereinkommen zwischen Israel und Ägypten

zwecks Öffnung des Suezkanals ein Sonderabkommen wäre, das mit der Jarring-Mission, den Verhandlungen des UN-Sicherheitsrates und der Viermächtekonferenz nichts zu tun hätte. Im Rahmen eines solchen Sonderabkommens wäre Israel bereit, einen Abzug seiner Kräfte unter den folgenden Bedingungen zu erwägen: keine Wiederaufnahme der Feindseligkeiten; Säuberung und Inbetriebsetzung des Kanals durch Ägypten; keine Überschreitung des Kanals in östlicher Richtung durch ägyptische oder sonstige Truppen; freie Schiffahrt durch den Kanal, einschließlich für israelische Schiffe und Schiffsladungen; Festlegung beiderseits anerkannter Kontrollmethoden; Ermöglichung von Maßnahmen zur Verhinderung von Vertragsbrüchen; die Rücknahme der israelischen Truppen wäre, solange kein Friedensvertrag vorliegt, nicht als erster Schritt eines allgemeinen Abzugs zu verstehen; die Verwirklichung des Abkommens würde nicht von der Jarring-Mission abhängen und in keiner Weise deren Existenz, Verlauf und Zweck berühren; die neue Linie, an der die israelischen Kräfte Stellung beziehen würden, hätte nicht als endgültige Grenze zwischen Ägypten und Israel betrachtet zu werden; diese wird in einem von uns und Ägypten geschlossenen Friedensvertrag festgelegt werden, und auf sie wird sich Israel zurückziehen."

Solange es keinen Frieden oder keine vernünftige, anerkannte und gesicherte Teillösung gibt, steht der Suezkanal einer Invasionsarmee als schwerüberbrückbares Hindernis im Weg. Die israelische Front am Kanal und auf der Sinaihalbinsel hat geographische und strategische Tiefendimensionen. Sie ist eine statisch-passive Verteidigungslinie mit stoßkräftigen, mobilen Panzer-, Luft- und Marineeinheiten, die jederzeit zu einer lokalen oder allgemeinen Offensive übergehen können. Israel hat es nicht nötig, in Ägypten einzudringen, obwohl es die Kraft und Fähigkeit wie auch die Mittel dazu besitzt. Die ägyptische Regierung sollte sich dessen bewußt sein, daß ein Versuch, den Kanal zu überschreiten, mit der Vernichtung der Hauptmasse ihres Heeres und mit der Flucht der Überreste enden würde, einer Katastrophe, deren Heraufbeschwörung an

Wahnwitz grenzte. Wenn Präsident Sadat erklärt, daß er bereit sei, eine Million Ägypter der Vernichtung Israels zu opfern, so ist das sinnlos und unverantwortlich. Ist es nicht sein Ernst, warum dann Öl in das Feuer des Hasses gießen, der seit 1947 lodert? Meint er es aber ernst, so nähme er damit — um so schlimmer — die fürchterliche Verantwortung für den Tod Hunderttausender ägyptischer Soldaten auf sich, ohne daß es ihm gelingen würde, die militärische Lage, wie sie heute besteht, zu ändern. Wozu also das Gerede?
Die Russen wünschen vielleicht in absehbarer Zeit keinen Kollektivkrieg der arabischen Staaten gegen Israel, denn sie sehen das Ergebnis voraus. Ein solcher Krieg würde sie überdies vor ein schweres Dilemma stellen. Ihre Nichtbeteiligung würde von den Arabern als Vertragsbruch angesehen werden, eine Beteiligung sie hingegen der Möglichkeit einer globalen Konfrontation aussetzen, die einen lokalisierten Konflikt zu einem auf der Ebene der Weltmächte liegenden strategischen Problem machen würde.
Gesetzt den Fall, es gelänge den Russen, Israel zu bezwingen — es wäre das Ende des *status quo* im Nahen Osten und im Mittelmeer und würde nicht nur die restlichen Völker in Nahost und am Persischen Golf bedrohen, sondern auch eine Reihe anderer arabischer Staaten, dazu Südeuropa, Asien und Afrika. Einer ganz besonderen Gefahr sähe sich Jugoslawien mit seiner Flanke am adriatischen Meerbusen ausgesetzt. Die Ironie der Geschichte will es, daß der jugoslawische Staatspräsident, der die angebliche Neutralität Ägyptens gefördert hat, nun zusehen muß, wie diese unneutrale Neutralität den Russen das Eindringen in das Mittelmeer ermöglicht, ein politischer Schachzug, der unter Umständen für Jugoslawien bedrohlicher werden kann als für irgendein anderes Land in Europa.
Man sollte doch endlich einsehen, daß es nicht der arabisch-israelische Konflikt ist, der der Sowjetunion ihre global-politische Linie im Nahen Osten vorschreibt, obgleich sie diesen Konflikt sehr wohl auszunützen versteht. Die russische Politik resultiert aus dem Wettstreit der Großmächte um die Kontrolle

der Meere und Küsten. Der Nahostkonflikt ist ja schließlich nicht der einzige strittige Punkt zwischen den Großmächten. Es erübrigt sich wohl, darauf hinzuweisen, daß zum Beispiel der russische Griff nach Kuba nichts mit diesem Konflikt zu tun hatte, ebensowenig wie die Versuche Rußlands, seinen Einfluß auf Mauritius und Ceylon auszudehnen — Versuche, die bereits beunruhigend weit gediehen sind. Jetzt richtet es seinen Blick auf Malta, und auch die Lage in Mitteleuropa ist alles andere als zufriedenstellend, man denke nur an Berlin. Es ist verständlich, daß die Bundesrepublik zu einer Verständigung, zu friedlicher Koexistenz und Kooperation mit den Ländern Osteuropas kommen will, Rußland allen voran. Aber wie überall wird auch hier eine wahre Koexistenz nicht aufgrund von Schwäche- und Minderwertigkeitskomplexen hergestellt werden, sondern nur in dem Bewußtsein, ein Gleicher unter Gleichen zu sein.
Die russische Intervention in Ägypten ist — wie gesagt — eine ausdrückliche Funktion der Weltstrategie der Sowjetunion. Das Überhandnehmen der russischen Präsenz in Ägypten wird die Russen jedoch eines Tages vor schwere Probleme stellen. Denn die Ägypter sind ein stolzes Volk, das seine besten Söhne nicht zur Vertreibung des britischen Löwen eingesetzt hat, um unter die Tatze des russischen Bären zu geraten.
Die Fähigkeit Israels, sich zu verteidigen — eine Fähigkeit, die keines weiteren Beweises bedarf — und seine ständige Bereitschaft, einen ehrenvollen Kompromißfrieden zu schließen, zusammen mit dem Streben der arabischen Staaten nach sozialwirtschaftlichem Fortschritt und nationaler Unabhängigkeit, lassen die Hoffnung zu, daß die Araber endlich aus dem Rausch ihres Hasses erwachen und die wahre Gefahr erkennen werden, die ihnen droht. Schließlich und endlich ist der einzige arabische Staat, auf dessen Boden fremde Truppen stehen, Ägypten, sind die einzigen fremden Truppen, die auf dem Boden eines arabischen Staates und damit auch Afrikas stehen, die Truppen Rußlands.
Die Russen sind politisch starrköpfig, militärisch aber äußerst

vorsichtig. Der Westen kann sich keiner Konsequenz auf dem einen oder dem anderen Gebiet rühmen. Wenn sich die Westmächte nicht von der Sowjetunion einschüchtern und zu einer Beschwichtigungspolitik gegenüber Ägypten drängen ließen, sondern Israel bei der Errichtung eines abschreckenden Kräftegleichgewichtes helfen und den russischen Expansionsgelüsten gegenüber eine unzweideutige Haltung einnehmen würden — sie könnten damit nicht nur den Krieg, sondern auch eine Verschärfung der internationalen Gegensätze verhindern, an der ihnen ohnehin nichts liegt. Auch die Russen sollten wissen, daß sie mehr zu verlieren als zu gewinnen haben; und wenn sie dennoch das geostrategische Gleichgewicht erschüttern wollen, so gewiß nicht einzig und allein deshalb, daß Israel es nicht belastet und seinen Teil zur Verstärkung des Friedens und der Stabilität beiträgt.

Der Ausbruch eines neuen Krieges zwischen Ägypten und Israel wäre reiner Wahnsinn, vorläufig ist aber auch der Frieden noch in weiter Ferne. Die Ägypter wollen oder können ihn nicht haben und werden so möglicherweise den Zermürbungskrieg wieder aufnehmen, der fraglos gestoppt werden, aber vielleicht mehr Opfer kosten und länger dauern wird als sein Vorgänger. Sie täuschen sich aber, wenn sie glauben, ihre modernen Luftabwehrraketen würden sie vor dem Schlag der israelischen Luftwaffe schützen. Israel hat Kampfmethoden entwickelt, bei deren Anwendung sie Augen machen werden. Vielleicht verlassen sie sich auf ihre (kurz- und weitreichenden) Boden-Bodenraketen, dann aber vergessen sie, daß es noch nie eine Waffe ohne die entsprechende Gegenwaffe gegeben hat. Es ist nicht ausgeschlossen, daß sie sich aufgrund des Freundschaftspaktes mit Rußland dazu verleiten lassen werden, den Zermürbungskrieg wieder aufzunehmen; aus den oben angeführten Gründen halte ich jedoch eine massive russische Intervention auf der Sinaihalbinsel für unwahrscheinlich, ohne allerdings eine russische Beteiligung an der Verteidigung des ägyptischen Luftraumes bis an den Suezkanal hin auszuklammern. Ein russisches Eingreifen käme auch in Betracht, sollte es auf der Westseite des Kanals zu größeren Kampfhandlungen kommen, die eine direkte Bedrohung des Nildeltas darstellen würden. Israel zieht alle diese Möglichkeiten in Betracht. Sie sind dazu angetan, seine Strategie zu beeinflussen, können es aber nicht von der Anwendung wirksamer, aktiver Verteidigungsmittel abhalten, die es den Russen nicht leicht machen werden.

Ein neuer Zermürbungskrieg würde — wie uns Mohammed Heikal in seinem oben zitierten Artikel versichert — die militärische Lage nicht ändern, auch wenn er jahrelang dauerte. Israel liegt nichts daran, Kairo zu erobern, und würde es aus politischen Gründen auch nicht tun, ebensowenig, wie Ägypten aus militärischen Gründen imstande ist, Israel zu erobern. Wäre es daher nicht an der Zeit, sich an den Tisch zu setzen und ohne zusätzliche, unnötige Opfer auf beiden Seiten eine Verständigung zu suchen?

Es gibt keine militärische Lösung für den arabisch-israelischen Konflikt. Einzig eine politische Lösung ist möglich. Am Tage, da die arabischen Machthaber zu dieser Erkenntnis kommen und sie in eine Sprache umsetzen, die von ihrer Bereitschaft zeugt, sich mit Israels Existenz abzufinden und sich mit ihm zu verständigen, wird der blutige Circulus vitiosus durchbrochen werden, aus dem es bisher für die unglückselige Region, die wir bewohnen, kein Entrinnen gab, und dem Nahen Osten, der Wiege unser aller Kultur, eine neue Zeit des Aufschwungs und der Blüte erstehen.

Zweiter Teil
Stimmen und Dokumente

Die nachfolgende Auswahl soll dem Leser ein besseres Verständnis für den Ursprung und die ideologischen Grundlagen der militärischen Denkweise der israelischen Verteidigungskräfte und für den Geist vermitteln, der sie von ihren ersten Anfängen bis zum Sechstagekrieg und darüber hinaus erfüllte. Dem Leser wird die Einfachheit, ja, Naivität auffallen, die aus diesen Zeugnissen spricht, besonders denen der formbildenden Frühzeit. Diese an Herz und Sinn gerichtete Unmittelbarkeit und Aufrichtigkeit machte auf uns einen unvergeßlichen Eindruck.
Manche der Dokumente sprechen für sich selbst, zum Beispiel der Eid der *Haganah* und des *Palmach* sowie die „Grundsätze der *Haganah*"; sie drücken den Geist und die Wertmaßstäbe aus, die die jüdische Verteidigungsorganisation allezeit beherrschten. Andere sind von historischem Interesse, wie Jizchak Sadehs „Das Überfallkommando", das einen Wendepunkt im militärischen Denken der *Haganah* darstellt: den Übergang von passiver zu aktiver Verteidigung. Wieder andere sprechen von praktischen Erfahrungen, wie die Betrachtungen Jigael Jadins zum Freiheitskrieg und die Mosche Dajans zum Sinai-Feldzug. Ich habe Listen der verschiedenen Teile des Ausbildungs- und Erziehungsprogramms der jüdischen Streitkräfte hinzugefügt, um zu veranschaulichen, auf welche Weise unsere Soldaten mit dem militärischen Können, der körperlichen Ausdauer, dem Geist und dem Zielbewußtsein ausgestattet wurden, denen sie in der Hauptsache ihre Erfolge verdanken. Eine Reihe offizieller und persönlicher Berichte über gewisse Aktionen soll die Fähigkeiten und Leistungen der jüdischen Streitkräfte an verschiedenen Punkten ihrer Entwicklung und auch wiederum den Geist deutlich machen, der diese Aktionen beseelte. Es folgen historisch bedeutungsvolle Ansprachen führender Persönlichkeiten, wie

David Ben Gurions und Jisrael Galilis, die von den politischen Zielen und der nationalen Strategie der zionistischen Bewegung und ihres militärischen Armes, der *Haganah,* handeln, dazu Artikel, Reden und Briefe instruktiven und erzieherischen Inhalts, wie Jizchak Sadehs „Gemeinschaft der Kämpfer", meine Briefe an *Palmach*-Emissäre im Ausland und mein „Profil eines Kommandeurs". Die Auswahl klingt mit Jizchak Rabins „Ansprache am Skopusberg" aus, in der er einige Wochen nach dem Sechstagekrieg der israelischen Armee seine Anerkennung aussprach.

Ich hoffe, diese Urkunden werden bestätigen, was ich immer hervorzuheben versuchte: die erstaunliche Stetigkeit und Folgerichtigkeit in der Entwicklung von Israels Militärdoktrin und -organisation. Ich wollte zeigen, wie sich die israelischen Streitkräfte aus Gruppen von Wachleuten zuerst in Guerilla-Einheiten und schließlich zu modernen, integrierten Land-, Luft- und See-Streitkräften entwickelten, wie aus einer illegalen Kampfformation die reguläre Armee eines unabhängigen Staates wurde; wie sie — und das geht aus den Dokumenten deutlich hervor — ihrer Tradition treu, aber anpassungsfähig und neuen Ideen zugänglich blieben — immer bereit, aus eigener Erfahrung, der des Feindes und jeder anderen Armee zu lernen.

Die Dokumente sind, wenn nicht anders angegeben, dem *Buch des Palmach (Sefer Ha-Palmach)* entnommen, dem zweibändigen Sammelwerk von *Palmach*-Schriftstücken (offizielle und Augenzeugenberichte, Erinnerungen, Abhandlungen, Ansprachen und Briefe), herausgegeben von Z. Gilead und M. Meged im Verlag des *Kibbuz Ha-Meuchad,* 1953. Ich habe jedem Dokument eine kurze Einführung vorausgeschickt.

J. A.

Der Verfasser dieses bedeutsamen Dokuments vom Dezember 1912 ist Jisrael Schochat, einer der Gründer der „Schomer-Organisation" (Histadruth Haschomer), der ersten Selbstwehrgruppe der jüdischen Bevölkerung im türkischen Palästina. Es ist eine Erklärung aus erster Hand über die Ziele, Probleme, Mängel und Forderungen des Schomer, des Vorläufers der Haganah und der israelischen Armee, und war an das Zionistische Aktionskomitee gerichtet, den Vorläufer von Israels Parlament. Schochat studierte damals Jura an der Universität von Konstantinopel.

Ein Vorschlag zur Verteidigung der jüdischen Gemeinschaft im Lande Israel*

Jisrael Schochat

Die „Schomer-Organisation" [Schomer, hebräisch: Wächter] ist schon seit fünf Jahren im Lande Israel tätig und hat es sich zum Ziel gesetzt, dem Jischuw [hebräisch: bewohnte Gegend; Bezeichnung der jüdischen Gemeinschaft in Palästina] bei seiner Verteidigung beizustehen. Wir beschränken uns nicht darauf, Siedlungen durch kleine Gruppen junger Juden zu bewachen, sondern wollen den Siedlern und Arbeitern begreiflich machen, daß sie — und nur sie — sich und ihr Eigentum verteidigen können. In diesem Sinne haben wir mit den Euch bekannten Ergebnissen getan, was in unserer Macht lag.

Unter den gegebenen Bedingungen hat sich die Notwendigkeit der ständigen Verteidigung des Jischuw verdoppelt. Wir befinden uns in einer Übergangszeit, in der die türkische Regierung an Macht verliert und unvorhergesehene Ereignisse zu erwarten sind. Es ist auch zu befürchten, daß unsere Nachbarn uns angreifen werden. Wie dem auch sei, unsere Schwäche liegt offen

* Aus Toldoth Ha-Haganah (Geschichte der Haganah), in Maarachoth („Fronten", eine Zeitschrift der israelischen Armee), 1954, I, S. 235—236.

zutage. Wir glauben daher, daß es in diesem kritischen Moment angezeigt ist, diesem Umstand besondere Aufmerksamkeit zu schenken und die Verteidigung unserer Siedlungen im Lande Israel zu verbessern.

Wir müssen eingestehen, daß wir zahlenmäßig sehr schwach sind. Die einzelnen Organisationen und ihre Führer haben diesem Umstand keine Rechnung getragen, und wir haben daher Verluste erlitten und werden weitere erleiden. Nur der *Schomer* hat sich den Bedingungen angepaßt. Es liegt uns fern, die Leistungen unserer Organisation zu überschätzen und uns mit unseren Erfolgen zu brüsten. Was wir erreicht haben, ist ein Tropfen in dem Meer unserer Mängel und Aufgaben.

Eines ist im Auge zu behalten: das, worauf es ankommt, ist Qualität, nicht Quantität. Die jüdischen Wächter und die des *Schomer* unter ihnen sind noch immer klein an Zahl, aber gut organisiert, diszipliniert und ihrer Aufgabe ergeben und haben das mehr als einmal aktiv bewiesen. Der *Schomer* ist daher der natürliche Brennpunkt für die Zusammenfassung der Verteidigung des *Jischuw* im Lande Israel, um so mehr als er im geheimen arbeitet. Eine neue Organisation würde Aufsehen und unnötige Befürchtungen unter unseren Leuten und den Nachbarn erregen. Die Landwirte sind in dieser Beziehung nicht zuverlässig. Die Behörden und die dort wohnenden Araber haben sich aber schon an den *Schomer* gewöhnt, und der Anblick bewaffneter jüdischer Wächter stört sie nicht mehr.

Wir schlagen die folgenden Richtlinien für die gegenwärtige und eventuell notwendig werdende Verteidigung vor: Die aktive, tagtägliche Verteidigung obliegt den jüdischen Wächtern, die in den Siedlungen arbeiten und dem *Schomer* angehören. Dieser hat an der Spitze der Verteidigung des *Jischuw* zu stehen. Wir brauchen aber auch Reserven zur Verstärkung der aktiven Verteidigung. Es wäre am besten, alle kampffähigen Siedler und Arbeiter in die Verteidigung einzubeziehen. Wir haben daher in jeder Siedlung Verteidigungskomitees zur Ausbildung aller tauglichen und brauchbaren Männer ins Leben zu rufen. Sie müssen hinreichend mit Waffen versorgt sein, der Mannschaft entsprechend, welche die betreffende Siedlung im Notfall stellen kann. Die Waffen sind in gutem Zustand zu halten und dem *Schomer* anzuvertrauen, der auch in Zusammenarbeit mit dem Siedlungskomitee die körperliche und sonstige Ausbildung der Mitglieder übernimmt. Auf diese Weise werden wir überall auf Hunderte junger Leute rechnen können, die bereit sind, ihr Leben und ihr Eigentum zu verteidigen.

Unser Plan geht dahin, in jeder Siedlung auf Initiative des *Schomer* eine Organisation zur tagtäglichen Verteidigung zu schaffen. Sie muß klein sein, denn ihre Mitglieder sollen nicht wahllos zusammengestellt, sondern sorgfältig ausgewählt werden. Diese Gruppen werden sich einer körperlichen Ausbildung unterziehen, sich für die Aufgaben der Verteidigung vorbereiten und auch die der Umgebung organisieren. An der Spitze jeder solchen Gruppe steht ein Komitee, dem auch ein Vertreter der Siedlung angehören muß. Dieser Mann soll eine Vertrauensperson sein; die Mitglieder der Gruppe müssen daher das Recht haben, ihr Veto gegen seine Ernennung einzulegen; die Siedlung muß aber auf jeden Fall im Komitee vertreten sein. Alle Verteidigungskomitees unterstehen einem gemeinsamen Koordinierungszentrum.

Die Verteidigung wird in jenen Orten konzentriert sein, die genügend Arbeiter und Wächter haben. Wo es sie nicht gibt und auch die Zahl der jungen Leute zu klein ist, wird es nicht möglich sein, eine permanente Verteidigungsgruppe zu organisieren. Hilfe wird daher, wenn nötig, aus benachbarten Siedlungen kommen müssen.

Dies ist in großen Umrissen unser Plan für die Verteidigung des *Jischuw* im Lande Israel. Aufgrund unserer Erfahrungen und unserer Kenntnis des Landes betrachten wir ihn als den bestmöglichen. Wir wissen, daß wir vor einer schwierigen Aufgabe stehen, die große Mühe kosten wird. Schwierigkeiten dürfen uns aber nicht abschrecken, sondern müssen uns zur besten Anwendung unserer Kräfte anfeuern.

Unser Ziel ist nicht kurzlebig, keiner Krise entsprungen, sondern von großer historischer, nicht zeitbegrenzter Tragweite. Wir

sind bereit, unsere Zeit, Kraft und Mühe in den Dienst der Verteidigung zu stellen, und wenden uns an Euch mit der Bitte, uns darin materiell und moralisch zu unterstützen.
Wir sind dessen gewiß, daß Ihr unser Projekt mit dem gebührenden Ernst behandeln und die Mittel besprechen werdet, die Ihr ihm zuwenden könnt. Wir nennen keine festen Summen, denn Ihr wißt wie wir, daß große Beträge erforderlich sind; je mehr zur Verfügung steht, um so größer die Möglichkeit, das Werk in Ausmaß und Qualität auszubauen.
Wir messen Eurer Hilfe besondere Bedeutung bei, nicht nur in ihrer direkten, materiellen Form, sondern auch wegen ihres moralischen Wertes.

Die *Haganah* war, wie ich versucht habe zu erklären, eine ungewöhnliche Kombination von militärischer Organisation, sozialer und nationaler Freiheitsbewegung und Siedlungs-Körperschaft. Sie mußte daher Disziplin und Ausbildung auf fest umrissenen, allumfassenden Prinzipien aufbauen. Was folgt, ist der volle Text der vom Oberkommando formulierten „Grundsätze der *Haganah*", nach einem Entwurf von Jisrael Galili, der jahrelang dem Oberkommando angehörte und letzter Befehlshaber der *Haganah* war. Später wurde er Stellvertretender Ministerpräsident und dann Informationsminister, und heute ist er Minister ohne Geschäftsbereich im israelischen Kabinett.

Grundsätze der Haganah (Mai 1941)*

1. Die *Haganah* ist der militärische Arm des jüdischen Volkes, das sich seine Unabhängigkeit im Lande Israel [*Erez Jisrael*] schafft.
2. Die *Haganah* untersteht der Autorität der Zionistischen Weltorganisation und der jüdischen Gemeinschaft im Lande Israel; sie steht ihnen zur Verfügung und untersteht ihren Anweisungen.
3. Die Aufgaben der *Haganah* sind:
a) die jüdische Bevölkerung des Landes Israel vor allen Angriffen auf Leben, Würde und Eigentum zu schützen;
b) alle Unternehmungen zur Verwirklichung des Zionismus zu schützen und die politischen Rechte des jüdischen Volkes im Lande Israel zu sichern;
c) das Land Israel den bestehenden politischen Bedingungen und Möglichkeiten entsprechend gegen feindliche Interventionen zu verteidigen.
4. Nur die *Haganah* ist berechtigt und bevollmächtigt, in jeder

---

* Aus dem *Haganah*-Archiv. Der in diesem Dokument verwendete Name ist nicht *Haganah* (ihr anzugehören war illegal), sondern *Irgun Ha-Haganah* (Verteidigungsorganisation), abgekürzt *Ha-Irgun* (Die Organisation).

Beziehung für die jüdische Verteidigung des Landes Israel zu sorgen.

5. Die *Haganah* ist eine einheitliche nationale Körperschaft unter der Aufsicht eines vereinigten, rangmäßig abgestuften, zentralen Militärkommandos und hat das ausschließliche Recht, über ihre Mitglieder, was deren Pflichten der *Haganah* gegenüber anbelangt, zu verfügen.

6. Die *Haganah* dient dem ganzen Volk, der jüdischen Gemeinschaft im Lande Israel und der zionistischen Bewegung in ihrer Gesamtheit. Sie greift nicht in die inneren Angelegenheiten der jüdischen Gemeinschaft oder der Zionistischen Organisation ein. Die Fahne der *Haganah* ist die nationale Fahne [blau-weiß], ihre Hymne die Nationalhymne *Hatikwah* [hebräisch: die Hoffnung].

7. Die *Haganah* steht allen Juden offen, die bereit und willens sind, die Aufgaben der nationalen Verteidigung auf sich zu nehmen. Die Mitgliedschaft in der *Haganah* ist Recht und Pflicht eines jeden Juden und einer jeden Jüdin, erfolgt aber ohne Zwang aufgrund eines freien Entschlusses der betreffenden Person.

8. Die Mitgliedschaft in der *Haganah* verpflichtet zu strenger militärischer Disziplin und Bereitschaft zur Ausführung aller ordnungsmäßigen Befehle. *Haganah*-Disziplin beruht auf dem Gewissen der Mitglieder und auf den Grundlagen von Kameradschaft, Gedankenfreiheit und Gleichheit.

9. Die *Haganah* unterliegt keiner nichtjüdischen Macht und ihren Gesetzen. Ihre Existenz, ihre Waffen und ihre Tätigkeit haben streng geheimgehalten zu werden. Wer dagegen verstößt, ist dafür mit seinem Leben verantwortlich.

10. Die *Haganah* lehrt ihre Mitglieder Treue zum jüdischen Volk und seinem Lande, Liebe zur Freiheit, Unabhängigkeit, Mut, Widerstandskraft gegen Leid und Unterdrückung, Bereitschaft zur Selbstaufopferung, Respekt für Menschenleben, rechtschaffenen Charakter, einfache Lebensweise sowie die Werte jüdischer und nichtjüdischer Kulturen.

Tel Aviv, den 15. Mai 1941

Die Mitglieder der *Haganah* hatten diesen Eid zu leisten, wenn sie nach einer Probezeit auf Empfehlung anderer Mitglieder vollberechtigt in die *Haganah* aufgenommen wurden. Die Eidesleistung war eine Zeremonie, die oft mit der Übergabe von Waffen verbunden war. Der Ort hing von den besonderen illegalen Existenzbedingungen der Abteilung ab, der das neue Mitglied angehörte; er konnte ein Schulgebäude in der Stadt oder ein Stall in einem *Kibbuz* sein, und die Zeremonie fand oft unter dem Deckmantel eines Sportklubs, einer Jugendgruppe oder einer anderen scheinbar harmlosen Organisation statt.

Eid der Haganah *

Ich erkläre hiermit, daß ich ohne Zwang und aus freiem Willen der jüdischen Verteidigungsorganisation im Lande Israel beitrete.

Ich schwöre, daß ich jederzeit mein Leben lang der Verteidigungsorganisation und ihren vom Oberkommando in den „Grundsätzen" festgelegten Statuten und Richtlinien treu bleiben werde.

Ich schwöre, daß ich jederzeit mein Leben lang der Verteidigungsorganisation zur Verfügung stehe, mich ihrer Disziplin bedingungs- und rückhaltlos unterwerfe, ihrem Ruf zu aktivem Dienst immer und überall folgen und alle ihre Befehle und Anweisungen ausführen werde.

Ich schwöre, daß ich all meine Kraft und, wenn nötig, mein Leben für die Verteidigung meines Volkes und Landes hingeben werde, für Israels Freiheit und Zions Erlösung.

---

* Aus dem *Haganah*-Archiv.

Generalmajor Jizchak Sadeh (1890—1952) war der Gründer und erste Kommandeur des *Palmach*, Generalstabschef der *Haganah* während der antibritischen Kämpfe sowie Gründer und erster Kommandeur der Panzerbrigade im Freiheitskrieg. Hier folgt sein Bericht über die Gründung und die Kampfmethoden der Feldkompanien der *Haganah*, FOSCH genannt, nach den Anfangsbuchstaben ihres hebräischen Namens, *Plugoth Sadeh**; sie traten zum erstenmal während der arabischen Unruhen von 1936 bis 1939 in Aktion. Die Gründung der FOSCH-Einheiten war ein Wendepunkt in der Geschichte der *Haganah* und kennzeichnet den Übergang von der passiven zur aktiven Verteidigungsstrategie. Sadeh befehligte diese kleine Streitkraft, die sich während der Unruhen zu einer größeren Kampfformation, der Feldarmee der *Haganah*, CHISCH *(Chejl Sadeh),* entwickelte.

Das Überfallkommando**

Jizchak Sadeh

Die Unruhen breiteten sich schnell aus. Wir hatten wenig Zeit für Vorbereitung und Ausbildung. Die ersten Aktionen der Überfallkommandos waren spontan und ließen die taktischen Möglichkeiten nicht erkennen, die sie boten. Für unsere Leute war es von großer Bedeutung, wirkliche und nicht fiktive Feinde vor sich zu haben. Jede neue „Lektion" war von zusätzlichem Wert und legte größeren Nachdruck auf die Grundlagen. Das soll an einigen Beispielen aufgezeigt werden.

Erste Phase: Ein isoliertes Kollektivdorf, Chartuw, in der Nähe einer Eisenbahnstation an der Linie Lydda-Jerusalem, mit einem arabischen Nachbardorf. Der ursprüngliche Verteidigungsplan

---

* Für den des Hebräischen unkundigen Leser sei hier gesagt, daß das hebräische Alphabet mehrere Buchstaben mit doppelter Aussprache hat; so kann P auch wie F, Sch auch wie ein scharfes S ausgesprochen werden (Anm. des Übersetzers).

** Aus *Meoraoth Tarzav* (Die Unruhen von 1936), *Dawar*, Tel Aviv 1937, S. 518—519.

sah die Zusammenziehung der Einwohner in einem zweistöckigen Haus im Zentrum des Dorfes vor. Die Zahl der Siedler war klein und reichte für eine aktive Verteidigung nicht aus. Sie wurden durch eine Abteilung von sieben Mann und einem Offizier verstärkt. Die neue Verteidigungsform sah folgendermaßen aus: Der ins Dorf entsandte Offizier hatte den Befehl, die Einwohner in dem großen Haus zu versammeln, dann aber eine kleine Abteilung — zwei Mann unter seinem Kommando — auszusenden und das Haus seinem Stellvertreter zu übergeben. Die ausgesandte Abteilung war mit Revolvern und Handgranaten bewaffnet und sollte im Falle eines Angriffs auf das Haus einen Gegenangriff vornehmen.
Der Kommandeur bildete einen Mann für selbständige Nachtaktionen aus (wie sich später herausstellte, eignete sich dieser Mann dafür besonders gut).
Zweite Phase: In der *Bajit-Wegan*-Vorstadt von Jerusalem. Dem ursprünglichen Plan zufolge war in den Häusern am Rande der Vorstadt Stellung zu beziehen. Die Angriffe erfolgten von dreißig bis sechzig Meter entfernten Hügeln aus. Eine Abteilung patrouillierte im Stadtviertel, später auch in der Umgebung. Eine andere bezog Stellung auf dem Hügel, von dem aus der Feind gewöhnlich seine Angriffe unternahm. Als die Araber wie gewohnt in der Nacht an dem Hügel eintrafen, wurden sie mit Handfeuerwaffen beschossen und zogen sich nach Ejn-Kerem zurück. Ein Angriff auf diesen Ort brachte die Aktion zu einem erfolgreichen Abschluß.
Diese Methode lenkte die Aufmerksamkeit einiger jüngerer Offiziere in Jerusalem auf sich. (Sie hatten alle den Rang eines Kompaniekommandeurs, hatten aber keine Sonderausbildung genossen.) Sie traten der beweglichen Abteilung, die gerade damals formiert wurde, freiwillig als Gemeine bei und erhielten hier ihre erste Ausbildung im Nachtkampf.
Eine der Siedlungen in der Nähe von Jerusalem wurde jede Nacht von einem Steinbruch östlich des Ortes her angegriffen. Die Abteilung der Jerusalemer Offiziere führte das folgende Manöver aus:

Die ganze Abteilung machte sich in einem leichten Lastkraftwagen auf den Weg nach Jerusalem, um den Eindruck zu erwecken, die Stellung sei aufgegeben worden. In einiger Entfernung von der Siedlung verlangsamte der LKW sein Tempo, und die Männer sprangen ab, worauf das Auto seine Fahrt beschleunigte und in Richtung Jerusalem weiterfuhr. Die Abteilung pirschte sich nun hinter der Böschung der alten türkischen Eisenbahn an die Rückseite des Steinbruches heran, von dem die Angriffe auf die Siedlung kamen.

Die eigene Verteidigung der Siedlung diente nun als Amboß, das Überfallkommando als Hammer. Wir begannen Hinterhalte zu legen. Wie erinnerlich, hatten die englischen Truppen in dieser Gegend das gleiche getan (anscheinend eignen sich manche Plätze besonders gut dafür).

Später wurde bei einer benachbarten Siedlung geübt, und zwar sollte ein Hinterhalt am Rande eines arabischen Dorfes gelegt werden, das die Banden, wie wir wußten, verlassen hatten. Eine kleine Einheit erhielt den Befehl, die Umgebung zu durchkämmen, um die Araber auf das Dorf und in den Hinterhalt abzudrängen.

Die Mannschaften für Hammer und Amboß wurden später aus derselben Abteilung rekrutiert.

Auf diese Weise wurde — vielleicht nicht sehr systematisch — ein Kader von Offizieren und Soldaten ausgebildet und in der Hitze der Gefahr gestählt. Die meisten der Jungens standen auch in späteren Aktionen ihren Mann, und noch heute können wir von diesen realistischen Übungen etwas lernen.

Diesen Schwur leistete jedes einzelne *Palmach*-Mitglied nach Abschluß seiner Rekrutenzeit (und damit seiner Probezeit) während einer besonderen Zeremonie, bei der ihm auch seine Waffen ausgehändigt wurden (Revolver, Gewehr, Maschinenpistole oder Maschinengewehr). Die Zeremonie fand gewöhnlich in der Nacht statt, in einem Wald oder Olivenhain, nach Möglichkeit an einer historischen Stätte, wie Majan Charod, wo Gideon seine Truppen auf die Probe stellte, Modiin, woher die Makkabäer stammten, oder Massada, Symbol des jüdischen Widerstandes gegen die Römer.

Eid des Palmach[*]

Mit dieser Waffe, die mir von der *Haganah* im Lande Israel anvertraut wurde, werde ich gegen die Feinde meines Volkes für mein Land kämpfen, ohne mich zu ergeben, ohne zurückzuschrecken und mit voller Hingabe.

[*] Aus dem Archiv der *Haganah*.

Hier folgt ein detaillierter Plan der Feldausbildung der *Palmach*-Rekruten. Das Hauptgewicht liegt auf der Entwicklung von Geistesgegenwart, klarem und logischem Denken, der besten Anwendung der Waffen, der Ausnützung natürlicher Bedingungen (Terrain, Dunkelheit usw.) und der Fähigkeit, allein oder als Teil einer Gruppe vorzugehen. Das alles erforderte natürlich erhebliche körperliche und geistige Tauglichkeit; Hand in Hand damit ging eine besondere Schulung in bezug auf Diszipliniertheit, Verantwortungsgefühl, Kameradschaft und Zielbewußtsein.

Feldübungsprogramm des Palmach*

Marschübungen wurden seit Ende 1946 in diesem Programm nicht mehr separat angeführt; jeder *Palmach*-Mann hatte im Jahr durchschnittlich 15 Tage Marschübungen zu machen.

Individuelle Ausbildung		Tage	Nächte
Allgemeines:	Erklärende Einführung	—	2
Deckung:	Decken vor Beobachtung	2	—
	Decken vor Feuer	1	1½
	Tarnen	7	—
Beobachtung:	Entfernungen messen	4	—
	Vertrautmachen mit dem Terrain	3	1½
	Erkunden und Photographieren	1½	—
Bewegung:	Orientieren	10	8
	Ausnützen des Terrains	5	4
Abschluß:	Einzelinfiltrierung	4	3
		37½	20

---

* Aus *Beschwilej Machschawa Zwaith* (Auf den Pfaden militärischen Denkens), *Maarachoth* 1950, S. 83.

Ausbildung von Soldaten für Einzelaktionen	Tage	Nächte
Hinterhalt	2	2
Infiltrierungsaufgaben	2	2
Fahnden nach Leuten	2	1
Bewachen begrenzter Objekte	2	2
Bewachen eines Gebietes	2	—
Bewachen einer Linie	2	1
	12	8

Einzelausbildung von Soldaten in selbständigen Aktionseinheiten		
Ausbildung als Melder (Kurier)	3	4
Selbständiger Kundschafter	5	4
	8	8

Einzelausbildung innerhalb von Einheiten		
Beobachtung: Bemerken und beobachten	2	—
Bewegung und Feuer: Kampfgliederung und Beziehen von Stellungen	3	3
Feuerleitungsbefehle (während Schießübung)	3	—
Gruppenfeuer-Schulung (während Schießübung)	2	—
Bewegung und Feuer in verschiedenen Phasen	6	3
Angriff	2	—
	18	6

Die selbständige Abteilung		
Bewegung: Beobachten	2	1½
Aufspüren	10	6
Angriff: Angriff auf Feldstellung	2	—
Angriff auf befestigte Stellung (Haus)	3	2
Angriff auf Feldlager	3	3
Hinterhalt	9	6
Fahnden nach dem Feind	3	—
Fahnden nach eigenen Leuten	2	2
Rückzug:	2	—
Verteidigung: eines Hauses	4	2
einer Feldstellung	4	2

	Tage	Nächte
Sichern eines Gebietes	2	2
Sichern einer Linie	2	2
Schützen von Arbeitern und Wegen	3	—
	51	28½

Ausbildung kleiner Einheiten

Einleitende Erklärungen	1	—
Angriff auf ungesichertes Objekt	4	2
Angriff auf gesichertes Objekt	4	2
Angriff auf befestigtes Objekt	4	2
Hinterhalt zum Zerstören von Panzerwaffen	3	1
Hinterhalt zum Aufhalten von Panzerwaffen	3	2
Stören	3	1
Irreführen	3	2
	25	12

Ausbildung von Abteilungen

Erkundungs-Streife	4	3
Wachdienst-Streife	4	2
Kampf-Streife	4	—
Geräuschlose Erkundungs-Streife	4	2
	16	7

Zweiseitige Übungen

Hinterhalt für gesicherte Kolonne	8	4
Wachdienst-Streife gegen geplanten Angriff	8	4
Erkundungsbewegung gegen Kampf-Streife	8	4
Kampf-Streife gegen Kampf-Streife	4	—
	28	12

Zug-Ausbildung

Gesicherte Kolonne	4	1
Angriff auf Feldstellung	2	1
Verteidigung einer Feldstellung	4	2
Aufspüren des Feindes	4	—
Sturmangriff	—	4
	14	8

Der *Palmach* legte besonderen Wert auf die Ausbildung seiner jungen Unteroffiziere. Wir betrachteten den Unteroffiziers-Lehrgang als die Ausbildungsstätte für Kommandeure, denn unter unseren illegalen Bedingungen mußte jeder Unteroffizier fähig sein, nicht nur innerhalb einer von einem Offizier kommandierten Einheit zu handeln, sondern auch unabhängig innerhalb seiner Gruppe. Er mußte selbständig denken, die lokalen Bedingungen beurteilen und eigene Entscheidungen treffen können. Der *Palmach* schickte daher seine Abteilungskommandeure nicht nur zu Unteroffiziers-, sondern auch zu Offiziers-Lehrgängen. In der Tat war jeder Unteroffizier ein potentieller Offizier. Das Resultat war ein beträchtlich höheres Niveau der Offiziers-Lehrgänge, zu denen die besten Unteroffiziere zugelassen wurden, nach einer Dienstzeit von mindestens sechs Monaten als Gruppenführer oder stellvertretender Zugführer. Wir können (etwas abgeändert) mit Wellington sagen, daß die großen Kämpfe des Freiheitskrieges, des Sinai-Feldzuges und des Sechstagekrieges in den Ausbildungs-Lehrgängen für Unteroffiziere der *Haganah* und des *Palmach* gewonnen wurden.

Ausbildung von Unteroffizieren des Palmach in Daliah (Bericht)

Ausbildung des Instrukteurs	Stunden
Grundlagen von Ausbildung und Unterricht (Vortrag)	1
Gewehr	18
Maschinengewehr (Bren-gun, MG-34)	28
Sten-gun[1]	14
Feldübungen	35
Drill	4
zusammen	100

[1] Bren-gun, leichtes Maschinengewehr, so genannt nach den Herstellungsorten: *B*rünn und *En*field. — Sten-gun, Maschinenpistole, so genannt nach den Konstrukteuren: *S*heppard, *T*urpin und ihrer Heimat, *En*gland (Anm. d. Übers.).

Führung	Stunden
Einleitung: Ausnützen der Deckung	2
Bewegung	2
Ausnützen des Terrains für Bewegung	2
Ausnützen des Terrains für Feuer-Stellung	2
Entfernungen messen	2
Zielansprache	2
Gebäude	2
Waffen und Sprengstoffe	4
Topographie	36
Benutzen des Sandkastens	2
Nacht-Feldübung	2
Schießstand	8
Selbständige Aufgaben	6
Der taktische Wert leichter Waffen (Vorträge)	2
Kampfregeln	1
Vorbereitungen des Kommandeurs (Kampfbefehle)	2
Organisation des Aktionsbereiches	2
Feldübungen	2
zusammen	81

Der selbständige Kommandeur	
Sicherheit (Vortrag)	1
Plan und Ausführung (Beispiele)	5
Plan und Ausführung (Probleme)	8
Kampfübung A	4
Kampfübung B	4
Kampfübung C	8
Geplanter Angriff (Vortrag)	2
Feldstellungen	9
Feindliches Nachtlager	4
Feind in Bewegung	4
Befestigte Stellungen	3
Angriff auf ein Haus (in der Nacht)	2
Nacht-Hinterhalt	2
Rückzug (Vortrag)	2

	Stunden
Täuschungsmanöver	4
Übung	4
Verteidigung (Vortrag)	2
Übung	5
Fahnden nach dem Feind	4
Gesicherte Nachtkolonne	2
zusammen	79

Streifen

Aufklärungs- und Erkundungs-Streifen (Vortrag)	2
Übung	6
Geräuschlose Streife	2
Verteidigungs-Streife (Vortrag)	1
Übung	6
Schutz von Feldarbeitern	6
Liniensicherung (in der Nacht)	2
zusammen	25

Der Unteroffizier im Zug

Gedeckter Marsch	4
Angriff auf befestigte Stellung (mit scharfer Munition)	5
Rückzug	4
Verteidigung	6
Fahnden nach dem Feind	6
zusammen	25

Zweiseitige Übungen

Fahnden nach dem Feind	5
Schutz von Feldarbeitern, Angriff	4
Zug auf gedecktem Marsch, Gruppenstörung	4
Hinterhalt für gedeckten Marsch	4
Nachthinterhalt für gedeckten Marsch	2
Liniensichern, Liniensabotage	4
Sichern einer Anlage und Sabotage	4
zusammen	27

Kampf in bebautem Gebiet	Stunden
Einzelausbildung	5
Gruppe	5
Zug	2
zusammen	12

Erziehung und Unterhaltung
Vorträge, Diskussionen, geselliges Beisammensein
(s. was folgt) 145

insgesamt 494

Erziehungsarbeit im Daliah-Lehrgang
1. Die zionistische Bewegung:
   A · Geschichte und Ziele der zionistischen Bewegung 4
   B · Die Zionistische Organisation, ihre Gliederung
   und Instanzen 2
   C · Entwicklung der zionistischen Politik 4
   zusammen 10

2. Jüdische Besiedlung des Landes Israel:
   A · Entwicklung der Siedlung in den letzten
   70 Jahren 3
   B · Organisatorische Gliederung des *Jischuw*
   [Nationalrat, gewählte Vollversammlung,
   Knesseth Jisrael, lokale Verwaltung] 3
   C · Die *Histadruth*[2] und ihre Institutionen 3
   zusammen 9

3. Die zionistische Politik:
   A · Zionistische Politik während des zweiten
   Weltkrieges und später
   B · Zionistische Probleme
   C · Die Zukunft des Zionismus
   (Möglichkeiten und Wahrscheinlichkeiten)
   zusammen 14

2 *Histadruth* — Israels allgemeine Arbeitergewerkschaft, gegr. 1920.

4. Die Haganah: Stunden
   A · Geschichte der *Haganah* 2
   B · Grundlagen ihrer Organisation 3
   C · Organisatorischer Aufbau 2
   D · Die *Haganah* während des Krieges 2
   E · Die *Haganah* außerhalb des Landes Israel 2
   F · Der *Maarachoth*-Verlag und die Zeitschrift
   Maarachoth 3
                          zusammen 14

5. Der Palmach:
   A · Die Brigade, ihre Entwicklung und Probleme 4
   B · Wirtschaftliche Faktoren 2
   C · Statuten und Vorschriften 3
   D · Der ideale Offizier 3
                          zusammen 12

6. Sicherheit:
   A · Verschwiegenheit und Sicherheit in der Brigade 2
   B · Polizei und Kriminalpolizei 2
   C · Gefängnis und Untersuchung 3
   D · Mißerfolge 1
                          zusammen 8

7. Die separatistischen Gruppen:
   A · Ideologische Wurzeln (Revisionismus) des
   Irgun Zwai Leumi und der Stern-Gruppe *(Lehi)* 4
   B · Organisatorische Gliederung, Aktivität und
   Methoden der separatistischen Gruppen 2
   C · Separatistische Tätigkeit in den Vereinigten
   Staaten 2
                          zusammen 8

8. Palästinographie: Stunden
   A · Allgemeine geographische Übersicht und
       Bevölkerungs-Verteilung 2
   B · Entwicklung und Aufnahmefähigkeit 4
   C · Dauermärsche, Wahl der Marschroute,
       Organisation 2
   zusammen 8

9. Die Diaspora:
   A · Die Juden in der Welt 2
   B · Jüdische Institutionen im Ausland (Joint,
       Jüdischer Weltkongreß, Landesgemeinden
       usw.) 2
   C · Die Zukunft der Weltjudenheit 3
   D · Die jüdische Jugend in Amerika, Jugend-
       bewegungen 3
   zusammen 10

10. Illegale Einwanderung:
    A · Organisation 2
    B · Illegale Einwanderung aus Europa 3
    C · Praktische Probleme der illegalen Einwanderung 2
    zusammen 7

11. Widerstandsbewegung:
    A · Bedingungen zur Errichtung einer Wider-
        standsbewegung
    B · Methoden
    zusammen 8

12. Internationale politische Probleme:

    3

Während der Belagerung von 1948: eine Hilfskolonne auf dem Weg nach Jerusalem.

er Jerusalems begrüßen einen Nah-
teltransport bei der Einfahrt in die

Ein vom *Palmach* erbeuteter arabischer Panzerwagen englischer Herkunft.

Die von der *Haganah* eroberte Festung Nebi Juscha in Nordpalästina.

Pioniere bei der Entschärfung von Minen Sprengkörpern bei Nizanim im Negev.

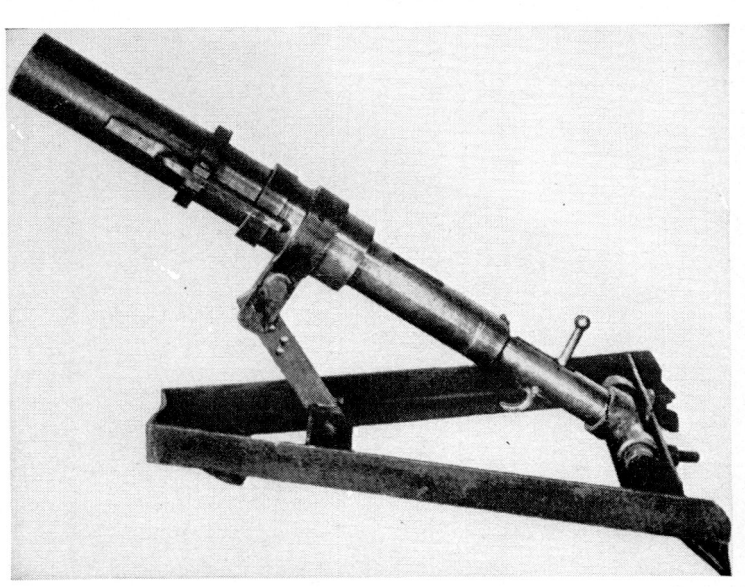

Ein Davidka-Mörser, Israels schwerstes Geschütz im Krieg von 1948.

13. Der Nahe Osten: Stunden
   A · Der Nahe Osten (Übersicht) 2
   B · Unsere Nachbarn (die arabischen Länder) 2
   C · Die Araber im Lande Israel 3
   D · England und der Nahe Osten 3
   zusammen 10

14. Kenn deinen Feind:
   A · Allgemeine und taktische Erfahrungen aus Unruhen 3
   B · Militärpotential der Araber im Lande Israel 3
   C · Arabische Jugendorganisationen und Banden 2
   D · Englische Truppen im Lande Israel zu verschiedenen Zeiten 3
   E · Methoden des englischen Weltreiches 2
   F · Streitkräfte und ihre Abzeichen 2
   G · Panzerkräfte, ihre Methoden, ihre Bekämpfung 3
   zusammen 18

15. Taktische Analyse
   6

Unterhaltung und gesellige Veranstaltungen: Berichte von Kommandanten illegaler Einwanderer-Schiffe (Jossi Hamburger, Ike Jizchak Aharonowitz u. a.); am Lagerfeuer mit Führern der *Gadna*[3].

Musikalische Veranstaltungen: Mendelssohns Werke mit Menasche Ravina; Theater-Aufführungen (Klatzkin, Margalith, Rodenski); Abend mit Lesung der Gedichte von Altermann (Z. Josskowitz). Jeden Freitagabend: *Sabbath*-Beisammensein mit Vorlesung aus dem Wochenabschnitt des Pentateuch; Wochenschau (Vortrag), Vorlesungen.

3 Abkürzung für *Gedudej Noar* (Jugendtruppen), vormilitärische Ausbildung Jugendlicher im Alter von 14 bis 18 Jahren.

Vortragende (in hebräisch-alphabetischer Reihenfolge):
Jigal Allon, Schimon Awidan, Baruch Eisenstadt, Jisrael Be'er, Jisrael Bar-Jehuda, Elieser Bauer, Chaim Bar-Lew, Isser Ben-Zwi, Jehuda Blum, Jehoschua Blum, David Barasch, Jisrael Galili, Jizchak Grünbaum, Elieser Galili, Jehoschua Globerbaum, Jizchak Dubnow, Jakov Dori, Schlomo Drechsler, Schimon Halkin, Harmann, Chaim Singer, Jakov Chasan, Jizchak Tabenkin, Josef Tabenkin, David Karmon, L. Levita, Dan Lerner, Golda Meirsohn (Meir), Mosche Sneh, Arnon Azarjahu (Dinai), Akiwa Azmon, J. Klinow, Josef Karkow, Elieser Schoschani, Jizchak Rabin, Gerschon Riwlin, Dan Ram, Berl Repetur.

gez. Chaim Bar-Lew (Kidoni), 23. Juli—10. September 1947

Jizchak Sadeh hielt diese kurze Ansprache im Jahre 1943 vor einer *Palmach*-Gruppe bei einem zwanglosen Beisammensein am Lagerfeuer in einem Wald in Galiläa. Sie wurde später mehrere Male nachgedruckt und als ein Meisterwerk anfeuernder Rhetorik unter den Soldaten und der Bevölkerung verteilt. Heute klingt sie vielleicht naiv, beinahe sentimental, damals aber machte sie großen Eindruck und trug viel dazu bei, daß der Geist unbedingter Kameradschaft entstand, der Israels Verteidigungskräfte bis auf den heutigen Tag auszeichnet.

Die Gemeinschaft der Kämpfer*

Jizchak Sadeh

Die Gemeinschaft von Männern, die für eine gemeinsame Sache kämpfen, ist das Höchste an Kameradschaft. Ohne sie kann nichts erreicht werden. Die Verwirklichung der Aufgabe verlangt gemeinsame Anstrengung, gemeinsames Verständnis für ihren Zweck und einen hohen Grad persönlicher Hingabe. Im Kampf ist Gemeinschaft die Voraussetzung des Erfolges. Indem wir als unabhängige jüdische Streitmacht kämpfen, haben wir bereits einen Teil der Aufgabe erfüllt. Der Rest ist der Neubau und Wiederaufbau dieses Landes und einer besseren, gerechteren Gesellschaft.

Die Ziegel, mit denen wir bauen, sind die Körper unserer Kameraden, der Mörtel ist das Blut von Brüdern, die unsere Vision teilten. Wer ist dein Kamerad? Der an deiner Seite steht, bereit, dich mit seinem Körper zu decken, bereit, dich unter Lebensgefahr auf seinen Armen zu tragen, bereit, an deiner Seite zu fallen für den Bau, der nur im Kampf errichtet werden kann.

Kameradschaft muß gepflegt werden, muß gelernt werden. Wenn

---

* Aus *Misawiw la-Medura* (Am Lagerfeuer), in der Serie *Dowroth* (Flöße), Verlag des *Kibbuz Ha-Meuchad*, 1953, S. 53.

du lernst, daß jeder Tag des Jahres der Tag der Entscheidung sein kann, so wisse, daß der Freund an deiner Seite im wahrsten Sinne des Wortes dein Bruder ist — dein Kamerad in Treue, Hingabe und Tat.
Du sollst auch wissen, daß dein Blut mit dem deiner Kameraden im Gefäß des großen visionären Werkes zusammenfließen kann.
Die Gemeinschaft der Kämpfer ist der Grundstein unseres Lebens, zutiefst der Kameradschaft Herz und Seele.

Als Kommandeur des *Palmach* schickte ich die beiden folgenden Briefe an
Palmach-Beauftragte, die mit der Organisierung der jüdischen Selbstwehr
im Ausland und der illegalen Einwanderung nach Palästina betraut waren.
Der erste Brief (vom 1. Januar 1947) ist an Dan Ram gerichtet, unseren
Kommandeur für die jüdischen Gettos im Irak, und geht auf die ungewöhnlichen Bedingungen ein, unter denen die jüdische Untergrundbewegung in
einem arabischen Land vor Errichtung des Staates Israel arbeiten mußte.
Der zweite Brief (vom 21. Juni 1947) ist an die Beauftragten in den Flüchtlingslagern gerichtet, die den Exodus der Reste der europäischen Judenheit
organisierten; er behandelt einige der Probleme der Überlebenden, berichtet,
wie die *Haganah* sie rettete und wie sie selbst ihr Teil zu den zionistischen
Unabhängigkeitsbestrebungen beitrugen, indem sie sich bereit erklärten, die
Härten und Gefahren der illegalen Auswanderung auf sich zu nehmen, die
eine grausame See und eine nicht weniger grausame Großmacht ihnen in
den Weg legten. Der Brief ist von besonderer Bedeutung, weil er in einer
Zeit geschrieben wurde, da die Engländer damit begannen, die ihnen in die
Hände gefallenen Immigranten nach Zypern in Internierungslager zu depor-
tieren. Unter den Beauftragten und auch unter den Einwanderern hatten sich
Zweifel an der Möglichkeit einer Fortsetzung der illegalen Immigration
erhoben, da die Engländer die palästinensische Küste immer schärfer bewachten. Der Brief erwägt das Für und Wider und kommt zu dem Schluß, daß
die illegale Einwanderung fortgesetzt werden müsse.

Brief an einen Beauftragten

1. 1. 1947

Ramadan, mein Bruder[1],
aus Deinen Telegrammen und Briefen geht hervor, daß die Juden in dem Gebiet, das Dir untersteht, in großer Gefahr sind.
Wir haben uns darüber, offen gestanden, nie Illusionen gemacht
und sind deshalb auch darangegangen, in den bedrohten Gebieten Verteidigungsgruppen zu organisieren. Ich bin sehr froh, daß
Ihr damit einen Anfang gemacht habt und wir wenigstens einen

1 Ramadan — Deckname für Dan Ram.

Teil der für Euch bestimmten Waffen hinüberschaffen konntest. Es nimmt mir die Ruhe, wenn ich daran denke, es sollten wieder einmal Juden ermordet, unsere Mädchen geschändet und die Ehre unseres Volkes besudelt werden.

Aus dem Plan zur Verteidigung des Gettos, den Du uns geschickt hast, kann man ersehen, daß Du Dich nicht entmutigen läßt, trotz der drohenden Gefahr und trotz des Abgrundes, an dem Deine „Herde" steht.

Aus der Ferne können wir Eure Lage nicht in der richtigen Perspektive sehen, erwarte daher von mir nicht, daß ich Dir genau ausgearbeitete Anweisungen gebe. Alles, was ich tun kann, ist, Dir in allgemeinen Umrissen darzustellen, wie wir die Sache sehen und welche Maßnahmen wir für angebracht halten; die Einzelheiten muß ich Dir überlassen. Ich glaube, damit das Richtige zu tun, denn ich weiß, wie verantwortungsbewußt und tüchtig Du bist, selbst unter Druck. Ich habe Deinen Plan studiert und finde ihn zweckentsprechend. Hier einige Bemerkungen:

a) Es scheint mir, daß die von Dir vorgesehenen Reserven zu gering sind und es angezeigt wäre, sie zu vergrößern, selbst auf Kosten der Verteidigungseinheiten. Man weiß nie, wo es losgehen wird, und wahrscheinlich wird es der Ansturm eines wütenden Mobs sein. Angemessene, elastische Reserven können Breschen schließen. Mach Dir keine Sorgen über die Schwächung der Verteidigung; unter den gegebenen Umständen ist ein Mann mit einem Maschinengewehr oder auch nur einem Revolver einen ganzen Zug wert, besonders wenn er ein paar Handgranaten bei sich hat.

b) Gib Deinen Leuten Anweisung, mit dem Feuer zu warten, damit die andere Seite keine starken Kräfte einsetzt.

c) Sollte es tatsächlich zu Unruhen kommen, wirst Du den Kreis der Verteidiger leicht erweitern und Männer gewinnen können, die der Untergrundorganisation bisher nicht angehört haben. Aber sei damit nicht voreilig, denn es könnte die Sicherheit Eurer Gruppen gefährden, und vergiß nicht: sie sind die einzige Verteidigung, die Ihr gegen einen Pogrom habt.

d) Meiner Ansicht nach müßt Ihr aushalten, bis wir eine internationale diplomatische Intervention eingeleitet haben. Halte uns daher ständig auf dem laufenden, damit wir sofort handeln können.

e) Zum Schluß eine Warnung: Nimm nicht für bare Münze, was der erste beste Polizeimensch sagt, der Euch nach Ausbruch der Unruhen scheinbar zu Hilfe kommt. Ihr habt an Ort und Stelle zu entscheiden, ob und wieviel Vertrauen Ihr der Regierung schenken könnt. Schließlich und endlich kann auch ein Halunkenregime auf die Dauer kein Chaos dulden, besonders wenn es uns gelingen sollte, eine diplomatische Aktion einzuleiten.

Ich werde alles tun, um Dir mehr Eisen[2] zu schicken, fürchte aber, daß es einige Zeit in Anspruch nehmen wird. Viel Glück zur neuen Bäckerei[3]; bei einem primitiven Feind wie dem Euren ist auch das sehr wichtig.

Wie Du siehst, Ramadan, man kann dem „Seifenkisten"-Zionismus nicht entkommen. Lach nicht! Du tust recht daran, Eure erzieherisch-organisatorische Arbeit mit den dortigen Pionierjugend-Gruppen zu verbinden. Alle Formen der Einwanderung müssen unterstützt werden, und Eure Erfolge darin sind sehr zufriedenstellend. Je schneller wir die Juden hierherbringen und ihnen damit das Leben retten und unsere Kräfte hier verstärken, desto besser. (Vielleicht wäre hier die Regel von der „Verkürzung der Linien" anzuwenden, was mich aber anbelangt, akzeptiere ich diese Regel für die Probleme unserer Verteidigung nicht.)

Für diesmal muß ich schließen. Ich werde Dir bald mehr Nachrichten von zu Hause und von der Organisation[4] zugehen lassen. Nur soviel noch, daß wir angestrengt arbeiten und die Früchte unserer Arbeit sehen.

Alles Beste Euch von uns allen hier, auch vom „Alten"[5], der an Euch und Eurer Arbeit sehr interessiert ist.

Sei stark und guten Mutes!

Jiftach[6]

2 Waffen.
3 Primitive Herstellung von Sprengkörpern.
4 Die jüdische Brigade.
5 Jizchak Sadeh.
6 Yigal Allon, Kommandeur der Brigade.

Rundschreiben an die Beauftragten

21. 6. 1947

Allen unseren Sendboten — Schalom![7]

Ihr könnt Euch nicht vorstellen, wie sehr wir uns über die Briefe von Erez, Arik, Zifzah und Eli gefreut haben[8]. Wir haben sie einigen Leuten im Hauptquartier zu lesen gegeben und auch an Amon[9] weitergeleitet. Ich kenne kein besseres Mittel, den Mut von uns allen, Euch, unsere Beauftragten, und uns hier, zu beleben. Regelmäßige Nachrichten verstärken das Zusammengehörigkeits- und Kameradschaftsgefühl.

Meine Reise nach Europa kam spät, aber nicht zu spät. Ich habe mich meinen Kameraden in der illegalen Einwanderungsorganisation immer nahe gefühlt, sowohl in der Vorbereitungszeit als auch jetzt, und habe es nie verabsäumt, mich mit ihnen hierzulande zu treffen. Diese Begegnungen kommen aber nicht an die im Ausland heran, sozusagen „im Felde". Von allen Zusammenkünften waren die in Europa die wohltuendsten und wichtigsten, trotz der oft bedrückenden Stimmung, die dort herrscht. Der direkte Kontakt verstärkte meine brüderlichen Gefühle für jeden einzelnen von Euch und alle zusammen.

Nach meiner Rückkehr habe ich, so gut ich konnte, meinen Mitarbeitern und Vorgesetzten zu schildern versucht, was ich gesehen hatte. Ich habe von den großen Möglichkeiten der illegalen Einwanderung, von den Bedingungen in den Lagern, von der Bereitschaft der Juden, trotz aller Schwierigkeiten auszuwandern, von der Lage der Sicherheitskräfte und der wachsenden

---

7 Hebräischer Gruß: Friede! (Anm. des Übers.)
8 Decknamen der Beauftragten des 4. *Palmach*-Bataillons, Abraham Sakai, Elieser Klein, Zipporah und Eli Sohar, die als Matrosen und Funker in der illegalen Einwanderungsorganisation in Europa dienten.
9 Josef Tabenkin, Kommandeur des 4. Bataillons.

Stärke der Revisionisten berichtet. Ich habe einige praktische Vorschläge in bezug auf unsere Rolle in der Aktion gemacht, kann mich aber leider keiner besonderen Erfolge rühmen. Dagegen ist mir eines gelungen: unsere Beziehungen zu einigen Organisationen, mit denen wir in Verbindung stehen, zu verderben, und zwar gründlich. Man hat mich deswegen auch sehr „gelobt"! Wir haben aber keine andere Wahl, als den langen Weg, den wir begonnen haben, weiterzugehen. Und das bedeutet:
a) die Zahl der Beauftragten in der illegalen Einwanderungsorganisation zu erhöhen;
b) verantwortliche Schlüsselstellungen für möglichst viele unserer Kameraden zu bekommen;
c) den Nachdruck auf die Arbeitsgebiete zu legen, die von unseren Leuten geleitet werden;
d) aus unseren Erfahrungen zu lernen und die Lehren an unsere Kameraden weiterzugeben.
Einer unserer besten Leute wird höchstwahrscheinlich einen Posten im Zentrum[10] erhalten und offiziell an die Spitze unserer Beauftragten treten — hoffentlich mit Aktionsvollmacht. Das Zentrum hat sein OK noch nicht gegeben, wir haben aber diesmal Grund, optimistisch zu sein. Ich persönlich baue sehr darauf, denn es wird den Unsrigen einen Vertrauensmann geben, an den sie sich wenden können und der ihre persönlichen und praktischen Probleme versteht. Wir denken an einen Mann, der Euch auf Grund seiner Erfahrungen und seiner Verbindung zum Hauptquartier und zur Brigade an die Hand gehen kann. Er wird auch darauf sehen, daß Brigade und Beauftragte in engstem Kontakt miteinander stehen. Entsendung ins Ausland wird in Zukunft nicht mehr ein zerrissenes Kameradschaftsband bedeuten.
Amon und Benny[11] haben mir mitgeteilt, daß sie mit Euch in Kontakt stehen und Euch auf dem laufenden halten. So kann ich

---

10 Hauptquartier der illegalen Einwanderungsorganisation in Europa.
11 Benny Marschak, Nachrichtenoffizier des 4. Bataillons.

mich heute auf den Widerstand[12] beschränken, eine äußerst wichtige politische und moralische Frage, die wir bei unseren Begegnungen öfters besprochen haben. Ich habe dabei meine Meinung durchaus klargemacht und unmißverständliche Anweisungen hinterlassen. Die Eskorten[13] verhalten sich aber in letzter Zeit dem Prinzip des passiven Widerstandes gegenüber sehr ablehnend. Das geht so weit, daß bei den letzten Transporten fast nichts mehr davon zu spüren war. Das hat uns sehr geschadet und das ganze Unternehmen in den Augen unseres Volkes und der Welt in einem falschen Licht erscheinen lassen. Ich kann daher nicht umhin, nochmals die Überlegungen anzuführen, die mich davon überzeugten, daß ein starker und möglichst anhaltender (unbewaffneter) Widerstand unbedingt nötig ist, und Euch zu erklären, warum Ihr in Übereinstimmung mit den laufenden Anweisungen zu handeln habt.

Die Eskorten waren aus den folgenden sechs Gründen gegen den passiven Widerstand:

1. Passiver Widerstand der Immigranten ist sinnlos, wenn der *Jischuw* [die palästinensische Judenheit] nichts tut, als dem zuzusehen.

2. Das Ende des passiven Widerstandes wird den *Jischuw* beunruhigen und ihn zwingen, im Kampf für die Einwanderung andere Wege zu suchen.

3. Der passive Widerstand fordert Opfer. Ist der Preis nicht zu hoch?

4. Passiver Widerstand ohne einen realistischen Landungsplan für das Schiff und für die Ausbootung der Passagiere ist zwecklos.

5. Was bei der Umladung geschieht, ist beschämend und erniedrigend. Die Immigranten sträuben sich dagegen und werden von den englischen Soldaten auf die Deportationsschiffe geschleppt und beschimpft.

---

12 Der Widerstand der Immigranten gegen ihre Deportation nach der Ankunft im Lande Israel.
13 Die Kommandanten der illegalen Schiffe und ihre palästinensisch-jüdische Besatzung.

6. Die Immigranten sind mißgestimmt und haben den Mut verloren.
Diese Einwände — und ihre Zahl ist gewiß noch größer — dürfen nicht einfach abgetan werden. Ich will Punkt für Punkt auf sie eingehen:
1. Der passive Widerstand hat Sinn, auch wenn der *Jischuw* nicht hilft. Solange er abseitssteht, liegt es an uns, die Flamme anzufachen und sie nicht verlöschen zu lassen. Der Widerstand ist einer der letzten Funken in unserem Kampf gegen die Fremdherrschaft, im Kampf des jüdischen Volkes für seine Existenz. Ihn aufzugeben hieße, den Kampf zu Grabe zu tragen. Der Widerstand der Immigranten gegen ihre Deportation ist eine der besten Formen dieses Kampfes, eines Kampfes, den wir nicht aufgeben dürfen, selbst wenn der *Jischuw* sich noch nicht dazu verstanden hat, sich mit ihm zu identifizieren. Es wird dazu kommen, und die Fortsetzung des Widerstandes ist die beste Garantie dafür.
2. Das Ende des Widerstandes wird jene Teile des *Jischuw*, die unseren Kampf (selbst den für die Einwanderung) ablehnen, in keiner Weise beunruhigen. Im Gegenteil: sie werden froh sein, daß an diesem Teil der Front Ruhe herrscht. Wir wissen aber, daß der Widerstand der Immigranten gegen ihre Deportation das Gewissen der Öffentlichkeit und ihrer Führer angerührt hat, und das läßt uns hoffen, daß er zum Bindeglied zwischen den Kämpfen werden wird, die hinter uns liegen, und denjenigen, die uns noch bevorstehen, und zwar um so eher, als man einsehen wird, daß es unter den gegebenen Bedingungen unmöglich ist, etwas auf bloßem Verhandlungsweg zu erreichen. Wenn wir uns nicht unterkriegen lassen wollen, und das kommt nicht in Frage, haben wir den Kampf gegen die Macht, die uns erdrücken will, mit allen Mitteln fortzusetzen. Niemand von uns wird es bedauern, wenn wir uns geirrt haben sollten und nicht zu den Waffen werden greifen müssen; es sieht aber nicht danach aus.
3. Was Opfer anbelangt — meine Freunde, Ihr habt recht: Niemand darf ein Menschenleben, besonders das eines Immi-

granten, geringschätzen. Nichts bedrückt mich mehr als der Tod eines Einwanderers, der die Hölle überstanden hat, um am Tor der Hoffnung zu fallen. Wir müssen bei unserem Widerstand auch das Leben des Feindes schonen, um niemandem einen Vorwand für die Ermordung von Immigranten zu geben. Aber täuschen wir uns nicht: Immigranten und Eskorten können nach wie vor unter feindlichen Kugeln fallen, ob nun der Befehl von oben kommt (um sie in Schrecken zu versetzen) oder ob sie von der Hand eines Soldaten getötet werden, der ohne Befehl feuert. Ich bin davon überzeugt, daß diese Opfer nicht umsonst sind; ihr Blut ist das von Kämpfern, die sich für die Unabhängigkeit ihres Volkes aufgeopfert haben. Unser Schmerz über ihren Tod ist groß, wir retten aber damit andere Menschen, besonders solche, die vor dem Tode stehen. In vollem Bewußtsein der Verantwortung, die ich damit auf mich nehme, sage ich: Kameraden, der passive Widerstand muß fortgesetzt werden, trotz der Opfer, die er fordert. Gott behüte uns davor, nicht unseren Mann zu stehen, aber auch davor, den Feind unnötigerweise zu provozieren und Menschen der Gefahr auszusetzen, getötet oder verwundet zu werden.

4. Natürlich muß der Widerstand mit einem Plan verbunden sein, der es den Immigranten ermöglichen soll, zu landen und ins Landesinnere zu entkommen, und diese Form des Widerstandes ist fraglos die beste. Hätten wir das schon früher getan, wir hätten mehr Erfolg gehabt. Aber auch der bloße Widerstand gegen das Aufbringen eines Schiffes durch die Engländer, auch wenn es keine Möglichkeit zur Flucht hat, ist sinnvoll — siehe den Fall der *Arlosoroff*.

5. Es liegt mir fern, mich über die Erniedrigung von Menschen, die von einem Schiff gezerrt und deportiert werden, einfach hinwegzusetzen. Könnten wir eine andere Form für den Widerstand von Juden finden, die sich weigern, aus ihrem Lande verschleppt zu werden — wir würden die gegenwärtige vielleicht aufgeben. Ich sehe aber keine. Ein widerstandsloses Nachgeben der Immigranten, nur um den Anschein von Ehre zu retten, könnte aber als stillschweigendes Einverständnis mit ihrer De-

portation aufgefaßt werden, und darauf dürfen wir es nicht ankommen lassen.
6. Daß die Immigranten den Mut und den Willen zum Kampf verloren haben, ist gewiß beunruhigend. Ich kann aber hier nur wiederholen, was einer der Kameraden in der Diskussion darüber sagte: „Die Moral der Immigranten hängt von der Moral unserer Beauftragten ab, und ihre Kampfbereitschaft direkt von der des Schiffskapitäns." Darum, meine Freunde, seid mutig und laßt den Kopf nicht hängen.
Ich habe versucht, die mir gestellten Fragen zu beantworten. Nun möchte ich mich zu einigen äußern, die noch nicht gestellt worden sind, Euch aber gewiß schon beruhigt haben. Hier zwei davon:
1. Wozu der Widerstand, wenn das Ende gewiß ist — die Deportierung nach Zypern?
2. Die Öffentlichkeit im Lande Israel und in der Welt hat sich an die Deportationen gewöhnt und regt sich über sie nicht mehr auf; der Widerstand hat scheinbar seinen politischen Wert verloren.
Meine Antwort:
1. Wenn wir den Widerstand nur an technischen Maßstäben messen, behalten seine Gegner recht. Eine solche Denkweise ist defaitistisch. Wenn dann nämlich ein Schiff von einem Patrouillenboot angehalten und ihm befohlen wird, Kurs auf Zypern zu nehmen, müßte es, dieser Logik entsprechend, gehorsam folgen, denn anderenfalls würden andere Schiffe dem Patrouillenboot zu Hilfe kommen und das Immigrantenschiff aufbringen. Wie würden wir dastehen, nähmen die Deportationen solche Formen an? Es droht uns aber noch eine andere, viel größere Gefahr. Wer weiß, ob die Regierung nicht eines Tages die Schiffe dazu zwingen wird, an ihren Ausgangspunkt in Europa zurückzukehren. Die Mittel dazu hat sie. Sollen wir dann so reagieren, wie es sich die Gegner des Widerstandes wünschen? Das praktische Ergebnis dieser kalten Logik wäre das Ende der illegalen Immigration. Ich habe keinen Zweifel, daß die illegale Einwanderung an sich und die überfüllten Flüchtlingslager in Atlith die

Regierung gezwungen haben, uns trotz des Weißbuches 1500 Einwanderungszertifikate monatlich zu bewilligen. Ich zweifle auch nicht daran, daß es unser bewaffneter Widerstand war, der den Beginn der Deportationen nach Zypern verzögerte, ebenso wie der Widerstand der Immigranten heute ihren eventuellen Rücktransport an den Ausgangspunkt ihrer Fahrt hinausschiebt. Daraus folgt, daß der Widerstand vor allem dazu dienen muß, alle zusätzlichen Beschränkungen unserer „illegalen" Bemühungen zu vereiteln oder zu verzögern. Darüber hinaus hat er aber auch historische, erzieherische, politische und moralische Bedeutung, denn es geht nicht an, daß Juden vor den Toren ihrer Heimat verschleppt werden, ohne daß wir etwas dagegen tun — und sei es auch nur, um nicht uns selbst, kommenden Geschlechtern und der ganzen Welt als unterwürfig und verächtlich zu erscheinen.

2. Der Widerstand hat die Deportation für die Regierung möglichst schwierig und unangenehm zu machen. Er muß immer wieder an jene Juden, die uns helfen können, und an die Völker der Welt appellieren, die noch ein Gewissen haben. Sie können dem Unrecht wenigstens teilweise Einhalt gebieten. Die Bemühungen der Engländer, Fälle von Widerstandslosigkeit breitzutreten und jedes Zeichen von Widerstand zu vertuschen oder zu verfälschen, beweisen die Bedeutung, die der Feind unserem Kampf beimißt.

Der Kampf muß daher unter allen Umständen fortgesetzt werden. Dieser Brief, Kameraden, enthält Informationen, ist aber auch ein Befehl. Bemüht Euch um neue, bessere Wege zur Verteidigung, und paßt Euch der Taktik der englischen Flotte an. Wir haben aus den Erfahrungen jedes einzelnen Schiffes zu lernen und unsere Immigranten im Kampf und Widerstand auszubilden und anzuführen.

Inzwischen sind neue Nachrichten über den Anteil unserer Kameraden an der Organisierung der illegalen Einwanderung eingetroffen. Niemand ist frei von Fehl und Tadel, aber Ihr habt Eure Pflicht getan. Nur weiter so! Tut alles, um Euren Aufgaben, großen wie kleinen, gerecht zu werden. Behandelt die Immigranten wie Eure Brüder, und vor allem: Betrachtet Euch auch weiterhin als eine eng verbundene militärische und kulturelle Einheit.

Die Brigade wird alles tun, um die Zahl der Matrosen und Begleitmannschaften, ohne die die illegale Immigration unmöglich ist, zu erhöhen. Für diejenigen von uns, die über die nötige Erfahrung und entsprechende Fähigkeiten verfügen, werden wir uns um verantwortliche Stellungen bemühen. Wir werden auf der Ernennung eines Oberkommandierenden für den ganzen Kontinent bestehen und das Unternehmen dahingehend beeinflussen, daß die Lieferungen[14] pünktlich eintreffen.

Es war ein schwerer Schlag, daß während der Anwesenheit der UN-Untersuchungskommission kein Immigrantenschiff hier ankam. Die Gerüchte, daß das absichtlich geschehen sei, sind falsch. Ich gebe zu, daß wir an Mangel an Voraussicht leiden; die Einwanderung war im vergangenen Sommer schlecht organisiert. Wer weiß besser als Ihr, daß das nicht denjenigen zur Last gelegt werden kann, die für die illegale Einwanderung verantwortlich sind, und daß die Hindernisse nicht politischer Art waren. Das ändert aber nichts daran, daß der politische Sachverhalt von unseren eigenen Leuten und der ganzen Welt entstellt und mißverstanden wurde. Schade, denn es ist immer noch möglich, den Makel dieses Mißerfolges zu tilgen und die Schiffe schneller abzufertigen, damit sie hier häufiger eintreffen.

Jiftach

---

14 Landung illegaler Immigranten an der Küste.

Der Angriff auf die Brücken — Sabotage-Aktion Nr. 9 —
Die Allenby-Brücke — Die Radar-Nacht — Die Radar-Aktion

Die folgenden fünf Dokumente handeln von typischen *Palmach*-Aktionen zur Zeit des Kampfes gegen die Engländer (1945 bis 1948). *Der Angriff auf die Brücken* berichtet davon, wie eines Nachts zur Stunde Null alle Brücken zwischen Palästina und den arabischen Nachbarländern — ungeachtet der Entfernung von jüdisch-bewohnten Gebieten — in die Luft gesprengt wurden und das ganze Land mit einem Schlage von der Umwelt abgeschnitten war. Die Aktionen gegen die beiden englischen Radarstationen am Karmel *(Die Radar-Nacht, Die Radar-Aktion)* bezweckten die Zerstörung der Anlagen, mit deren Hilfe die Engländer im Mittelmeer die Schiffe aufzubringen suchten, die nach dem zweiten Weltkrieg illegale Einwanderer aus den jüdischen Flüchtlingslagern in Europa nach Palästina brachten. Die Aktionen sollten das hohe militärische Können des *Palmach* beweisen und den Engländern klarmachen, daß Westpalästina keine sichere Basis für die englische Nahost-Strategie darstellte und es von den Juden abhing, ob das Land ruhig blieb oder so in Aufruhr versetzt wurde, daß die Engländer die Kontrolle verloren. Die Aktionen sollten auch als Abschreckungsmittel dienen und die Araber durch die militärische Stärke der Juden beeindrucken.
Die Berichte sind im *Sefer Ha-Palmach* (Buch des *Palmach*) abgedruckt und dem *Alon Ha-Palmach* (Flugblatt des *Palmach*) entnommen, das — unter redaktioneller Leitung von Z. Gilead — in regelmäßigen Abständen vom Hauptquartier veröffentlicht und allen *Palmach*-Einheiten zugestellt wurde.

Haganah-Soldaten oberhalb des arabischen Viertels von Safed kurz nach der Eroberung der Stadt.

Israelische MG-Stellung in Ramoth Naftali im galiläischen Hügelland.

Bei der Verteidigung von Kastell, einem befestigten Dorf am Weg nach Jerusalem, das nach einem der schwersten Kämpfe eingenommen wurde.

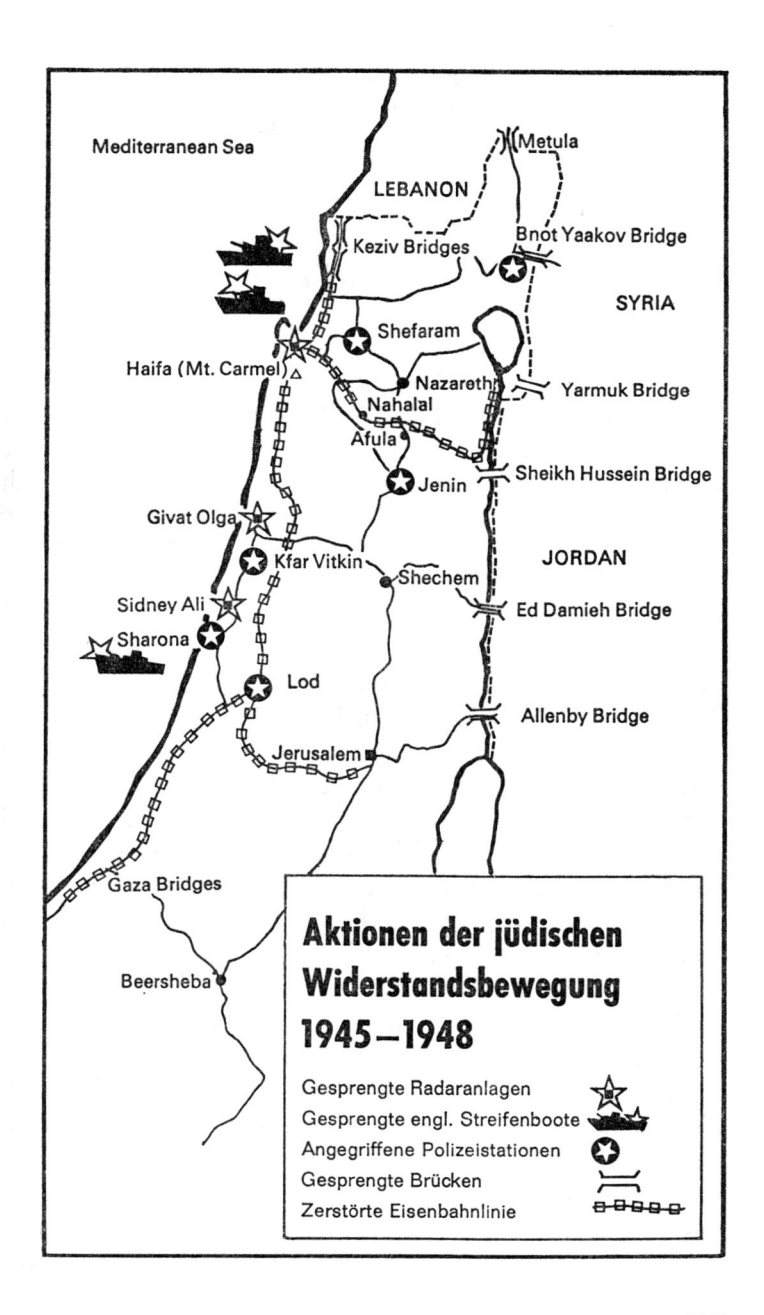

Aktionen der jüdischen Widerstandsbewegung 1945–1948

Gesprengte Radaranlagen
Gesprengte engl. Streifenboote
Angegriffene Polizeistationen
Gesprengte Brücken
Zerstörte Eisenbahnlinie

Das offizielle Bulletin des *Palmach*-Hauptquartiers vom 19. Juni 1946 über die Aktion in der Nacht vom 17. zum 18. Juni.

Der Angriff auf die Brücken

In der Nacht vom 17. auf den 18. Juni 1946 unternahmen unsere Einheiten entlang der Grenze des westlichen Teiles des Landes Israel eine Aktion zur Zerstörung der Straßen- und Eisenbahnbrücken zu den Nachbarländern. Elf Brücken wurden angegriffen, zehn zerstört oder schwer beschädigt, eine blieb intakt.

Die Keziv-Brücken. Zwei mittelgroße Brücken über den Keziv-Fluß im Araberdorf A-Ziv, 4,5 km südlich von Ras-en-Nakurah; die eine im Zuge der Landstraße Haifa-Beirut, die andere Teil der Eisenbahnlinie Haifa-Beirut-Tripoli.
Unsere Abteilung war nach einem langen, anstrengenden Weg durch Dickicht und Plantagen, die von bewaffneten Arabern und Hunden bewacht waren, über Steinzäune und Gräben auf einige Dutzend Meter an das Ziel herangekommen, als sie bemerkt und von einer befestigten Stellung her unter Feuer genommen wurde; auch Leuchtkugeln gingen hoch, um Verstärkungen heranzurufen. Auf Befehl des Kommandeurs, Nehemia Schein, ging die Einheit zum Sturm über und besetzte unter Deckungsfeuer einen vorher bestimmten Punkt. Jechiam Weitz stürzte zu Boden, von einer Kugel in die Brust getroffen. Man gab ihm Erste Hilfe. Seine letzten Worte waren: „Weiter! Um mich braucht ihr euch nicht zu kümmern." Er bat noch, seine Verwandten und Freunde zu grüßen.
Inzwischen war der Weg im Norden und Süden durch Minen und von bewaffneten Posten blockiert und damit begonnen worden, die arabischen Familien, die in der Nähe der Brücken wohn-

ten, zu evakuieren, um sie vor der Explosion zu schützen. Die größte der Sprengstoffladungen wurde gerade unter der Eisenbahnbrücke angebracht, als eine Leuchtkugel sie traf. Sie explodierte mit einer ohrenbetäubenden Detonation und tötete dreizehn unserer Kameraden. An die Zerstörung der anderen Brücke war jetzt nicht mehr zu denken. Die Eisenbahnbrücke war vollständig zerstört. Unter den Toten war auch der Kommandeur. Die Abteilung trat mit den Verwundeten und ihrer Ausrüstung den Rückzug an.
Die Wachtposten an der Brücke waren anscheinend von den arabischen Wächtern gewarnt worden, und das brachte uns um das Überraschungsmoment. Der Angriff wurde jedoch mit großem Wagemut ausgeführt. Hätten wir kein solches Pech gehabt, wäre die Aktion von größerem Erfolg begleitet gewesen.
Die Verwundeten nahmen ihre Waffen mit und hielten sich sehr tapfer. Außer Jechiams Leichnam lagen an der Brücke verschiedene, bis zur Unkenntlichkeit entstellte Leichenteile. Die Explosion hatte die meisten der Opfer in Stücke gerissen.

Metulla. Zwei Brücken, eine an der Grenze im Zuge der Straße Metulla-Tyrus, zwei km nordwestlich der Polizeistation von Metulla. Unsere Einheit pirschte sich an die Brücke heran, sprengte sie in die Luft und zog sich unter Mitnahme ihrer Waffen zurück. Die andere Brücke, mittelgroß, im Zuge der Straße Metulla-Libanon, ein km nordöstlich von Metulla, nicht weit von der bewachten Einfahrt zum Lager einer Panzereinheit entfernt. Unsere Leute schlichen sich an die Brücke heran und begannen, die Sprengkörper anzubringen, als die englischen Wachtposten sie bemerkten und das Feuer eröffneten. Die Brücke wurde in die Luft gesprengt und vollkommen zerstört. Die Abteilung zog sich unversehrt unter Mitnahme der Waffen zurück. Das Feuer wurde nicht erwidert, um den Rückzugsweg nicht zu verraten.

Die Bnoth Ja'akow [Töchter Jakobs]-Brücke. Eine große Brücke über den Jordan im Zuge der Landstraße Rosch Pinna-Damaskus.

Unsere Einheit erreichte unbemerkt den Jordan. Die Wachtposten wurden überwältigt, entwaffnet, gefesselt und aus der Operationszone entfernt. Gleichzeitig wurde der Weg zum Armeelager von Rosch Pinna vermint und die Telephonleitung durchschnitten. Der Posten an der Polizeistation jenseits des Jordans bemerkte nichts. Die Brücke wurde in die Luft gesprengt und völlig zerstört.
Die Abteilung kehrte ohne Verluste mit ihren Waffen zurück.

Ablenkungsmanöver am Karmel. Zu einer vorher festgesetzten und mit den Aktionen im westlichen Obergaliläa abgestimmten Stunde fand ein Ablenkungsmanöver in dem Gebiet zwischen der Polizeistation am Berge Kanaan und dem Lager der Grenzpolizei statt. Die Regierungstruppen gerieten in Panik und beschossen sich gegenseitig — noch lange nach unserem Abzug. Die Engländer hatten den Berg Kanaan immer als ihre schwächste Position betrachtet und schickten deshalb umgehend Verstärkungen dorthin. Das war der Zweck des Ablenkungsmanövers.
Von den Schüssen, die vom Berge Kanaan kamen, wurde eine Anzahl Grenzpolizisten verletzt.

Die El Chawah-Brücke. Eisenbahnbrücke über den Jarmuk-Fluß; Teil der Strecke Zemach-Damaskus. Mit 130 Metern längste Brücke des Landes; an der Drei-Länder-Ecke Israel-Ostjordanien-Syrien. An der Brücke eine betonierte Unterkunft für die Wache.
Unsere Abteilung erreichte die Brücke, ohne bemerkt zu werden. Die Vorhut fand die Wachtunterkunft leer, die Brücke unbewacht. Sie wurde in die Luft gesprengt und vollständig zerstört.
Auf dem Rückweg stieß die Abteilung an der Grenze mit einer berittenen Streife des Transjordanischen Grenzkorps zusammen. Beide Seiten gaben Feuer, zwei jordanische Soldaten wurden verwundet, die anderen ergriffen die Flucht.
Die Abteilung setzte ihren Marsch fort und erreichte unversehrt und mit allen Waffen ihren Ausgangspunkt.

Zur gleichen Zeit wurde ein Täuschungsmanöver ausgeführt, und zwar mittels Telephonanrufen an die Polizeistationen von Zemach und Tiberias. Das Manöver rief unter den Polizisten und Soldaten Verwirrung hervor; sie gaben anhaltend Feuer und deckten auf diese Weise den Rückzug der Unsrigen.

Die Scheich-Hussein-Brücke. Eine große Brücke über den Jordan im Zuge der Straße Beth Schean (Beisan)-Irbid, beiderseits von palästinensischen und ostjordanischen Truppen bewacht.
Die Abteilung erreichte unbemerkt ihr Ziel. Durch das Rauschen des Flusses geschützt, schlichen sich die Pioniere an die Brücke heran und brachten die Sprengkörper an. Dann wurden die arabischen Wachtposten angewiesen, das Gebiet zu verlassen. Die Brücke ging in die Luft und wurde völlig zerstört.
Unsere Leute kamen ohne Verluste mit ihren Waffen zurück.

Die Ed Damieh-Brücke. Brücke über den Jordan im Zuge der Landstraße Nablus-Ostjordanien, 45 km südlich von Beth Schean, in der Nähe der Straße Beth Schean-Jericho.
Die Einheit durchquerte arabische Wohngebiete und kam unbemerkt am Ziel an. Die Sprengkörper wurden mit Zeitzündern versehen, um den Unsrigen Zeit für den langen, schwierigen Rückzug zu geben.
Ein zweiter Zeitzünder wurde angebracht für den Fall, daß der erste versagen oder der Gegner ihn unschädlich machen sollte. Tatsächlich funktionierte der erste Zünder aus unbekannten Gründen nicht.
Als eine Abteilung der *Royal Engineers* am nächsten Morgen die Ladungen entfernen wollte, ging der zweite Zeitzünder los. Die Brücke wurde zerstört, ein englischer Offizier kam dabei ums Leben.
Unsere Abteilung erreichte nach einem langen Marsch ihren Ausgangspunkt mit ihren Waffen.

Die Allenby-Brücke. Eine große Brücke über den Jordan im Zuge der Hauptstraße Jericho-Amman. Wachtposten an beiden Enden.

Unsere Abteilung kam ganz nahe an die Brücke heran. Als die Pioniere ans Werk gingen, gerieten sie in den Bereich leichten und schweren Maschinengewehrfeuers. Sie führten ihre Aufgabe aus, gedeckt von dem Feuer einer eigens dazu bestimmten Einheit, deren Vorgehen hervorragend mit dem der übrigen koordiniert war und unter ausgezeichneter Führung erfolgte. Die Brücke wurde in die Luft gesprengt und völlig zerstört.
Der Rückweg war lang, schwierig und gefährlich, wurde aber ohne Verluste bewältigt. Die gesamte Abteilung kam mit ihren Waffen zurück.
Zwei Polizisten wurden verwundet.

Die Gaza-Brücken. Zwei große Brücken im Zuge der Landstraße und der Eisenbahnlinie Palästina-Ägypten, sieben km südlich von Gaza; befestigte Wachtposten, in der Umgebung zahlreiche Armeelager und gutbewachte Rollbahnen. Das Land ist flach und erschwert das Vorgehen.
Bevor der Stoßtrupp zur Aktion überging, nahmen Deckungseinheiten die Wachtposten unter Feuer. Die Landstraße, mit lebhaftem militärischem Verkehr, wurde nördlich und südlich der Brücke vermint und durch bewaffnete Posten gesperrt.
Die Pioniere eilten herbei, brachten die Sprengkörper unter der Brücke an und schalteten die Zeitzünder ein. Die Eisenbahnbrücke wurde stark zerstört, die andere relativ erheblich beschädigt.
An der Bahnstrecke bei Dir-Sened wurde ein Täuschungsmanöver ausgeführt.
Trotz seiner Länge wurde der Rückweg ungestört zurückgelegt. Alle Männer kamen mit ihren Waffen zurück.

a) Wie immer hielten wir uns streng an die ethischen Grundsätze aller unserer Aktionen: größtmögliche Schonung von Menschenleben. Dorfbewohner und Polizisten wurden aus der Gefahrenzone entfernt oder rechtzeitig gewarnt.
b) Es waren in der Mehrzahl schwierige Aufgaben; unsere Leute zeichneten sich durch vorbildliche Geschicklichkeit aus.

c) Der Vollmond erschwerte die Aufgabe und zwang zu außergewöhnlichen Vorsichtsmaßregeln, die in dunklen Nächten nicht nötig sind, wie geräuschlose Fortbewegung und große Achtsamkeit.

d) Diese ausgedehnten Operationen an allen Grenzen des Landes mußten genauestens geplant und koordiniert werden, damit sie sich nicht gegenseitig behinderten und den Rückzug anderer Einheiten erschwerten.

e) Wir sind informiert, daß die Aktionen große Aufregung und Bestürzung unter den Arabern und auf seiten des Armeekommandos hervorriefen.

f) Der *Jischuw* kann auf die Leistung und die Hingabe seiner Einheiten stolz sein.

Palmach-Hauptquartier
Juni 1946

Dieser Bericht über die Zerstörung der Allenby-Brücke zwischen Palästina und Ostjordanien wurde unmittelbar nach der Aktion von dem Kommandeur abgefaßt.

Sabotage-Aktion Nr. 9 (Bericht)

Datum: 19. Juni 1946

Die Einheiten: Palmach-Truppen.
Aufgabe: Sprengung der Allenby-Brücke, um sie für möglichst lange Zeit unbenutzbar zu machen.
Vorbereitende Aufklärung: a) Einleitende und vorbereitende Aufklärung im März 1946. Zwei Nachtfahrten; eine Fahrt an den Weg und in die Umgebung; Tageserkundung des Objekts; b) Erkundung des Objekts und Überprüfung des Weges in der Nacht auf den 7. Juni 1946; Festlegung des Aktionsplanes und letzte Prüfung des Weges durch Einheitskommandeure in der Nacht des 8. Juni; c) Nachtaufklärung zwecks Feststellung etwaiger Änderungen, Nacht des 14. August [sic!] 1946.
Allgemeine Beschreibung des Objekts und der Umgebung: Die Brücke ist eine Stahlkonstruktion und liegt auf vier steinernen und Eisenbetonträgern; die Fahrbahn ist asphaltiert. Maße: Länge 35 m, Breite 6 m, Stärke der beiden Mauern 1,2 m, Breite des Flußbettes 25 m.
Umgebung: Auf palästinensischer Seite: ein Zollgebäude, eine Polizeistation, einige Unterkünfte, eine Hütte, die als Kantine und zum Ausruhen der Wachtposten dient.
Feindliche Kräfte: Genaue Zahl unbekannt, schätzungsweise 15 bis 25 Polizisten mit mindestens einer automatischen Waffe. Zwei Wachhunde. Auf transjordanischer Seite: ein zweistöckiges Gebäude.

Bewachung: Zwei Posten auf der Brücke, tagsüber und nachts; zwei ständige Posten in der Polizeistation. Andere Feindkräfte in der Gegend: in Palästina — Militärlager in Jericho; in Ostjordanien — unbekannt.
Unsere Kräfte: 35 Mann (darunter 14 Reservisten), ein Kraftfahrer.
Bewaffnung: 8 TMT's[1], 3 Magazine je 60 Schuß; 19 Revolver je 2 Magazine, zusammen 225 Schuß; 1 Maschinengewehr, 8 Magazine — 350 Schuß; 40 Handgranaten; 6 Eierhandgranaten [Mills bombs]; 2 Gewehre mit je 50 Schuß.
Gliederung der Truppen: Trupp 1: 3 Mann, 3 TMT's, 6 Handgranaten; Trupp 2: 4 Mann, 3 TMT's, 5 Handgranaten, 1 Gewehr, 3 Eierhandgranaten; Trupp 3: 3 Mann, 1 Maschinengewehr, 1 Gewehr, 1 Revolver, 3 Handgranaten; Trupp 4: 3 Mann, 2 TMT's, 1 Revolver, 6 Handgranaten, 1 Mine; Trupp 5: 7 Mann, 7 Handgranaten, 5 Revolver, 6 Rucksäcke mit je 25 kg Sprengstoff; Trupp 6: 7 Mann, 7 Handgranaten, 6 Revolver, 6 Rucksäcke mit je 25 kg Sprengstoff; Trupp 7: 2 Mann, 2 Revolver, 2 Handgranaten, 4 Eierhandgranaten; Trupp 8: 3 Mann, 1 Fahrer, 2 Revolver, 1 Handgranate; 1 kommandierender Offizier (bei Trupp 4): 1 Revolver, 1 Handgranate; 1 Pionieroffizier (bei Trupp 6): 1 Revolver, Zünder.
Aktionsmethode: Nachtaktion; geräuschloses Vordringen in das Aktionsgebiet mit Aufstellung von Deckungseinheiten. Anbringen der Sprengkörper (300 kg) zu beiden Seiten der inneren Mauer (auf palästinensischer Seite); Einschalten der Zeitzünder und Abzug; im Falle eines Gefechtes geben die Deckungseinheiten Feuer, während das Objekt gestürmt wird und die Zeitzünder gezündet werden; Rückzug unter Deckungsfeuer.
Detaillierter Plan: Die Truppen begeben sich in einem LKW von ihrer Basis[2] zum Ausgangspunkt der Aktion. Trupp 8 bleibt zurück zur Bewachung des Fahrzeugs und zu eventueller Warnung. Die anderen rücken zum Aufteilungspunkt vor und werden folgendermaßen aufgeteilt: Trupp 1 besetzt Punkt A mit

1 Von der *Haganah* hergestellte Maschinenpistole.
2 Beth Ha'arawa.

der Aufgabe, Trupp 5 und 6 gegen feindliches Feuer von beiden Seiten des Flusses[3] her zu decken; Trupp 2 besetzt Punkt B[4], um die feindlichen Kräfte in der Polizeistation auf der palästinensischen Seite am Eingreifen zu hindern; Trupp 3 bezieht Punkt C, um die Bewegungsfreiheit von Trupp 5 und 6 zu sichern und die ostjordanische Polizei abzuschneiden; Trupp 4 bezieht Punkt D als Kommando- und Reservestellung; Trupp 5 begibt sich mit den Sprengstoffen auf Punkt E, um sie an der Brückenmauer anzubringen; Trupp 6 begibt sich auf Punkt F mit derselben Aufgabe wie Trupp 5.

Aktionsmethoden von Trupp 5 und 6: Nachdem die Deckungseinheiten ihre Stellungen bezogen haben, nähern sich beide Gruppen dem Objekt, im Falle einer lautlosen Aktion kriechend, im Falle eines Sturmangriffs laufend, unter Führung des Sabotagekommandeurs und ihrer Vorgesetzten; sie bringen die Sprengkörper an und ziehen sich (im Falle einer lautlosen Aktion kriechend, im Falle eines Sturmangriffs laufend und springend) zurück. Die Führer der beiden Trupps installieren und verbinden auf Befehl des Sabotagekommandeurs die Zeitzünder, schalten das Uhrwerk [Rotstift] ein und ziehen sich kriechend zurück. Sie melden dem Sabotagekommandeur mit leiser Stimme die vollzogene Einschaltung und schicken Melder zu den Zugführern mit dem Befehl zum allgemeinen Rückzug auf den Treffpunkt (im Falle einer lautlosen Aktion).

Im Falle eines Sturmangriffs wird ein 90-cm-Zünder mit dem Rufe „Sprengung!" in Brand gesetzt. Der Leiter der Operationen gibt gleichzeitig das verabredete Pfeif-Signal und ruft ebenfalls „Sprengung!" Diese beiden Signale sind das Zeichen zum allgemeinen Rückzug auf 100 bis 150 Meter. Die ganze Abteilung, jeder Trupp mit seinem Führer an der Spitze, geht in Deckung und wartet die Explosion ab. Sobald sie diese hört, zieht sich die ganze Abteilung den Bedingungen entsprechend truppweise oder einzeln weiter zurück. Die Nachhut bestreut den Weg zum Treffpunkt mit Pfeffer. Falls der Rückzug nicht

---

3 Der Jordan.
4 Ramat Rachel.

gemeinsam erfolgt, trifft sich alles eine Stunde nach der Explosion. Vom Treffpunkt kehrt die Abteilung zum LKW zurück, der an Punkt A halten wird; dort wird die ganze Ausrüstung aufgeladen und dann in ein Versteck gebracht, bis auf zwei Pistolen und drei Handgranaten, die zur Notwehr mitgenommen werden. Die Abteilung rückt auf Punkt B vor und von dort mit dem Fahrzeug auf Punkt C. Dort wird ein Motorboot sie erwarten mit Ausrüstung für einen Dreitagemarsch: Decken, Lebensmitteln, Wäsche zum Wechseln, Büchern, zoologischem und botanischem Material zur Tarnung, dazu Wasser und zwei Brieftauben zur Übermittlung von Botschaften nach Punkt E. Die Abteilung wird an Punkt D ausgebootet und begibt sich während der Nacht in ihr Tagesversteck. Dort wird die erste Brieftaube mit einer kurzen Botschaft über den Verlauf der Aktion und den Zustand der Mannschaft losgelassen. Binnen höchstens zweier Nächte hat die Abteilung Punkt E zu erreichen, ohne gesehen zu werden. Sollte es dennoch unterwegs oder während der Rast zu einem Zusammenstoß mit feindlichen Kräften kommen, wird die zweite Taube losgelassen, um den Zwischenfall zu melden. Falls Punkt D von feindlichen Truppen umgeben ist, wird sich die Abteilung auf Punkt F begeben. Die Abteilung löst sich an Punkt E auf.

a) Zusätzliches zum Plan: 1. Eine kleine Gruppe bleibt am Ausgangspunkt zurück. Im Falle eines Zusammenstoßes mit einer kleinen feindlichen Truppe auf der Fahrt dorthin, hat diese durch Drohungen abgeschreckt oder mit Gewalt aufgehalten zu werden. — 2. Im Falle einer stärkeren feindlichen Truppe springt die Abteilung von dem fahrenden LKW ab, zerstreut sich, gibt Feuer und hat sich schnellstens beim ersten Treffpunkt auf dem Wege zum Ziel zu sammeln.

b) Sanitätsdienst: 1. Alle Teilnehmer erhalten genaue Instruktionen vor der Abfahrt. — 2. Jeder Trupp ist mit Material für Erste Hilfe versehen. — 3. Je ein Krankenträger wird Trupp 5 und 6 zugeteilt. — 4. Ein Sanitäter im Kommandotrupp. — 5. Eine Krankenschwester mit Tragbahre im LKW. — 6. Sammelpunkt für Verwundete ist der Entfaltungspunkt. — 7. Ein

Arzt in der Basis. — 8. Behandlung von Verletzten: Leichtverletzte werden mit Fahrzeug in ein vorher bestimmtes Versteck in der Nähe der Basis gebracht; Schwerverletzte werden durch den Arzt versorgt, der darüber entscheidet, ob sie ins Versteck gebracht werden oder in der Basis bleiben sollen.
c) Instruktionen im Fall eines Zusammenstoßes auf der Rückfahrt: Sollte der Weg durch feindliche Truppen versperrt sein, hat sich die Abteilung auf das Ostufer des Flusses zu begeben und im Dickicht liegen zu bleiben, bis die Luft rein ist.
Ausführung des Planes (s. beiliegende Zeittabelle): Wir fuhren am 16. Juni ab. Die Fahrt zum Entfaltungspunkt verlief planmäßig und ohne Störung.
Am Entfaltungspunkt wurden letzte Befehle ausgegeben. Die Deckungseinheiten und Pioniertrupps bezogen ihre Stellungen. Zehn Meter von der Kantine entfernt wurde Trupp 2 von einem Posten entdeckt, der *"Who's there?"* [Wer da?] rief. Als Antwort feuerte der Truppführer seinen Revolver auf ihn ab und befahl, in Deckung zu gehen. Der Posten sprang in einen mit Sandsäcken befestigten Unterstand und gab Feuer, gleichzeitig kam Feuer aus drei Gewehren von der palästinensischen Polizeistation. Trupp 4 brachte den befestigten Unterstand mit drei Handgranaten zum Schweigen. Das feindliche Feuer war gut gezielt, aber schwach. Vier Verey-Leuchtkugeln wurden abgeschossen.
Als der erste Schuß fiel, eröffneten Trupp 2 und 3 das Feuer gegen den Feind. Trupp 1 erreichte vollständig seine Stellung und eröffnete gleichfalls das Feuer. Der Truppführer bezog an der Ostseite Stellung. Trupp 5 und 6 schlugen sich mit dem Sabotagekommandeur zum Objekt durch und brachten die Sprengkörper an. Die Träger zogen sich zum Ausgangspunkt zurück, und die Pioniertrupps mit ihren Führern machten Sprengkapsel und Zeitzünder bereit. Die Zeitzünder wurden eingeschaltet und das Signal zum Rückzug — der Ruf „Sprengung!" — gegeben. Der Leiter der Aktion gab Befehl zum allgemeinen Rückzug. Die Trupps zogen in festgesetzter Reihenfolge ab, vom Gewehrfeuer der palästinensischen, dem Maschi-

nengewehrfeuer der transjordanischen Polizei und von Leuchtkugeln begleitet. Trupp 3, der den Rückzug zu decken hatte, trat ihn als letzter an und deckte die anderen mit Maschinengewehrfeuer.

Zum Zeitpunkt der Explosion waren alle Trupps 150 Meter, Trupp 2 und sein Führer 50 Meter weit entfernt.

a) Bemerkungen zur Aktion: Der Aktionskommandeur bewies gute Orientierungsfähigkeit, seine Befehle an die Truppführer waren leicht verständlich, und er sorgte für einen geordneten Abzug. Die Truppführer befehligten ihre Leute zufriedenstellend und waren mit Munition sehr sparsam. Verhalten der Mannschaft: Sehr gut (in Anbetracht dessen, daß viele ihre Feuertaufe erhielten).

b) Verzögerungen: 1. Kurze Stockung des Maschinengewehrs mit 2 bis 3 Sekunden Feuerverzögerung. — 2. Stockung eines Magazins; die Springfeder wurde sofort repariert. — 3. Die TMT's versagten; alle anderen Waffen funktionierten gut.

c) Der Feind verwendete Leuchtspurgeschosse. Das war für uns von Vorteil.

Fortsetzung des Rückzugs: Der Rückzug wurde nach der Explosion ordnungsgemäß (s. Zeittabelle) ohne Zwischenfall fortgesetzt.

Brieftaube Nr. 1 wurde am 17. Juni um 06.00 Uhr losgelassen; ist nicht angekommen.

Da wir in der Wüste besser vorwärtskamen als erwartet, beschloß der Kommandeur, Basis E noch in derselben Nacht zu erreichen.

Während der letzten drei Stunden war die Abteilung von häufigem Hundegebell begleitet, viermal hörte man „Wer da?"-Rufe aus der Nähe. Bis auf 4 km vom Ziel ging alles glatt, nur auf dem letzten Stück wurde aus Müdigkeit ein Fehler begangen, der die Ankunft um eine Stunde verzögerte.

Brieftaube Nr. 2 wurde am 18. Juni um 05.00 Uhr losgelassen und traf pünktlich am Bestimmungsort ein.

Sonstige Bemerkungen: a) Besonders hervorzuheben ist die Mitarbeit der Leiter der „*Achduth*"[5] am Ausgangspunkt. Alle Trans-

---

5 *Haganah.*

portmaßnahmen zu Lande und Wasser wurden gut, pünktlich und gewissenhaft ausgeführt.
b) Die Reservisten waren mangelhaft ausgebildet, was sich besonders auf dem Rückweg bemerkbar machte.
c) Ohne vorhergehende Aufklärung wäre es fast unmöglich gewesen, in der Wüste ausreichende Deckung für die ganze Abteilung zu finden.
d) Schlußbesprechung der Kommandeure und Truppführer mit Anregungen für bessere Ausrüstung, Kampfbekleidung u. a. Zusammenfassend kann gesagt werden, daß alles planmäßig verlief. Moral der Mannschaft — ausgezeichnet.

ZEITTABELLE

Datum	Zeit	Position
16. Juni 1946	20.15	Abmarsch-Appell
	20.30	Abfahrt mit LKW
	21.10	Aussteigen
	22.50	Ankunft am Aufteilungspunkt
	23.05	Abmarsch
	23.08	Der erste Schuß
	23.15	Zeitpunkt der Explosion
17. Juni 1946	00.30	Besteigen des LKW
	01.00	Aussteigen
	01.30	Einsteigen ins Boot
	01.45	Abfahrt
	03.45	Ankunft am Royair-Strand
	05.00	Ankunft in 'En-Traibe
	10.00	Rast im Gebüsch
	18.20	Abmarsch
18. Juni 1946	05.30	Ankunft in Ramat Rachel
	08.30	Auflösung.

gez. *Der Kommandeur*

Die folgende Schilderung der Zerstörung der Allenby-Brücke stammt von einem Teilnehmer an der Aktion vom 17. bis 18. Juni 1946 und wurde unmittelbar darauf abgefaßt.

Die „berühmte" Allenby-Brücke

Ja, am Anfang war das Lied. Wir standen in Reih und Glied beim Abmarsch-Appell in dem Wäldchen, als plötzlich alle zu singen begannen, daß es meilenweit zu hören war. So hatten wir schon lange nicht gesungen... Später, als wir uns durch schwieriges Gelände schlugen, jeder Schritt ein Sprung mit Nachziehen der Beine, klangen die Worte in unseren Herzen nach, und manchmal wurden sie Wirklichkeit:

Gegen den Feind führt unser Weg,
Inmitten von Klüften und Felsen...

Tatsächlich inmitten, nicht dazwischen. Und dann das Ende! Als wir hinkamen, war der Mond schon aufgegangen und beleuchtete einen engen Pfad in dem Dickicht von Binsen und Büschen, im Dschungel des Jordantals, wo einst Löwen umherstreiften und heute junge Männer darangingen, etwas zu vollbringen, mit einem Lied im Herzen — wie einfach die Worte:

Kennst du die Brücke?
Natürlich, 's ist der alte Königsweg.

Sie liegt zwischen uns und dem neuen Staat, dem Königreich der Haschemiten. Schmuggler von Radioapparaten, Plastikbomben, Kühen und Kühlschränken benützen sie; manchmal waten sie auch durch den Fluß, bis über die Hüften im Wasser, oder überqueren ihn im Schutz ihrer erlauchten Armee. Die Panzerwagen und Kolonnen des neuen Königs — die fahren natürlich

über die Brücke. Der König bewunderte das Gerüst aus Stahl und Zement; „die berühmte Allenby-Brücke", sagte er, laut BBC — wenn er geahnt hätte...
Und weil sie so wichtig war, die Brücke, weil sie Königen und Armeen diente, war sie gut bewacht. Ob die Wachtposten etwas gehört hatten oder einfach der Meinung waren, daß die Brücke zwischen „Palästina" und dem Königreich der Haschemiten gut bewacht werden müsse, werden wir nie erfahren. Jedenfalls, die sechzig Soldaten und Polizisten saßen, Königen gleich, in den Häusern, Wachtposten an beiden Enden, und wir, sag's niemandem, wir zählten...
Wir waren etwa hundert Meter von der Brücke entfernt, kämpften uns stumm und verärgert durch die Binsen und konnten schon die Stimmen der Polizisten hören. Das Spiegelbild des Mondes tanzte auf dem Wasser und lugte durch die Büsche und drohte uns: „Heda, ich verrate euch, alle!" Du hast gut lachen, aber jedesmal, wenn der Mond hervorkam, verfluchte ich ihn in sieben Sprachen.
War es der Mond, der uns verriet, oder ein aufgescheuchter Frosch, dessen Quaken den braven Schildwachen Schrecken einjagte? Ich weiß es nicht. Aber eines weiß ich: Als wir das rituelle „Halt! Wer da?" hörten, gaben wir Feuer, um die Pioniere zu decken, die in zwei Trupps unten im Wasser standen und die Sprengladungen anbrachten. Von allen Seiten kam es nun auf uns los, das Feuer, und wir hatten keine Deckung, dafür aber Angst, und sprangen ins Dickicht, um dem bösen Blick zu entgehen.
Was machst du, wenn man schießt? Einige Leute sagen: Versteck dich. Andere: Zieh dich zurück, such Deckung und stell deine Truppen um. Noch andere (und sie verdienen eine Kugel dafür, aber es ist ihre Meinung): Lauf! — Und natürlich, Obergescheite haben immer einen Haufen guter Ratschläge, was zu tun ist, besonders wenn dir für jeden Mann zwei gegenüberstehen. Chaim war anderer Meinung. „Ich bin ein Kurde", sagte er, „jawohl, und ich kenne keine Tricks, und wenn man mir sagt, spreng die Brücke in die Luft, sprenge ich sie in die Luft, und

zum Teufel mit ihnen und ihrer Schießerei." So versteckten wir uns im Schilf. Das war was, Mensch! Ab und zu hörten wir Chaims Befehle, klipp und klar und mit einem Witz dazu, in den Pausen zwischen der Schießerei.
Was gibt's da zu sagen, was kann ich dir sagen? Ich habe viele Filme gesehen, gute und schlechte, viele Bücher gelesen, spannende und langweilige, aber noch nie etwas Derartiges. Das war ein wahrer Chorus von Gewehren, und die Pioniere krochen durch das von Feuersalven aufspritzende Wasser, und taten, was sie zu tun hatten. Die Brücke mußte zerstört werden, und zerstört wird sie werden. Die kennen keine Tricks, nein, die Brücke wurde einfach zerstört, und wie!
Viele von uns hatten das Kriegshandwerk erlernt. Bücher und Vorträge können vielleicht etwas darüber sagen, wie man sich verhalten und die Truppen strategisch verteilen soll. Wir aber machten es anders. Warum? Hör mal zu: wir hatten Befehl, es zu tun, stimmt's? Der Zeitpunkt der Explosion war ein Teil des Befehls, stimmt's? Alles war auf die Minute festgelegt — kann es einen Plan ohne Stundenplan geben? Und bald wird der Morgen grauen. Hätten wir vielleicht mit geschulterten Gewehren und Maschinenpistolen herumspazieren sollen? Nein, mein Junge, wir haben noch keinen Judenstaat, und dann... Heute sind wir Nachtgestalten, und die Nacht ist unser Freund. Genau so war's. Du glaubst mir nicht? So frag doch die Jungens, sie werden dir sagen, wie wir dort im Feuer hockten, wie sie diese Dinge pflanzten, mit etwas darin, ohne das sie nicht losgehen, und wie sie dann Beine machten im Feuerhagel der Truppen zweier Staaten. Mensch, war das heiß in diesem Dschungel, uff! Aber wir mußten durch, und zwar schleunigst, mit den Leuchtkugeln auf den Fersen, buchstäblich vor die Füße fielen sie uns. Wieso keiner umkam? Vielleicht einfach Schwein, sagten einige. Vielleicht was anderes? Wir mußten in einem Stück zurück sein, verstanden? Wir *mußten*. Wir haben nicht viel Leute. Wir haben Köpfchen, Gewehre, Training, aber keine Leute. Und wenn du wenig Leute hast, müssen alle zurückkommen. Und wenn sie müssen, dann müssen sie eben.

Ich weiß nicht, was mit denen auf der anderen Seite geschah. Als wir aber an die Ruine kamen und verschnauften und einen Schluck Wasser tranken, zählten wir ab, und es fehlte keiner, auch verwundet war keiner. Kein einziger. Unser Leben ist teuer. Man wird uns hier nicht in Gettos oder Konzentrationslager stecken. Wir wollen nicht entwaffnet und der Gnade raubsüchtiger Wüstensöhne ausgeliefert werden, auch nicht den „zivilisierten" Leuten von der Insel Albion.
Du hast doch nicht geglaubt, daß man uns den Staat auf einer goldenen Schüssel servieren wird?
Schau, ich hab' schon immer Zionismus „gepredigt". Aber da gibt's nichts anderes. Giddie sagt das auch, und er hat recht.
Nein, mein Lieber, ohne Zionismus geht's nicht. Ohne Zionismus hat es keinen Sinn, alles stehen und liegen zu lassen und herzukommen, in diesen Feuerhagel, vollkommener Quatsch.
Was nachher geschah, wohin wir gingen und wie wir die Spuren verwischten — kann ich dir nicht sagen. Warum? Wir werden das noch oft machen müssen ...
Ob wir's gern tun? Natürlich nicht — was, denkst du, sind wir? Berufssoldaten? Nein, wir tun das ganz und gar nicht gern. Es gibt tausend Dinge, die auf uns warten und die wir tun möchten. Aber wir haben keinen Ausweg. Wir haben einen, sagst du? Streiten wir nicht, sagst du? Wie du willst. Nur eines möchte ich dich fragen: Gibt es wirklich einen andern Weg? Siehst du, du schweigst.
Wir hatten zwei Nächte für den Heimweg, ein langer, langer Weg, und versuch nicht zu raten, wo „Heim" ist. Erstens wirst du's nicht erraten, und zweitens, du kannst jeden x-beliebigen Ort nennen. Unser Zuhause ist überall, hörst du, überall! In jeder Siedlung wartet ein warmes Bett auf uns, Speise und Trank und gute Worte, in jeder Siedlung werden sie uns begrüßen, denn sie wissen, wissen sehr gut, wer und was wir sind.
Wie gesagt, zwei Nächte hatten wir, aber wir schafften es in einer. Frag nicht danach, wie wir marschierten und wie wir Wasser aus einer stinkenden Pfütze tranken, in der wir uns sonst nicht die Füße hätten waschen mögen ... Wir schafften's in einer

Nacht, kamen im Morgengrauen an. Warum? Vielleicht, weil wir ein gutes Bett und gutes Essen wollten? Vielleicht. Aber da war noch was anderes, was Besseres: Wir wollten, daß die Leute des *Jischuw* uns als Freunde und Brüder begrüßten, wir wollten sie sagen hören: Das beruht auf Gegenseitigkeit, Bruder, und wenn es wieder nötig ist... Also. Hast du gehört, was sie in Beth Ha'arawa taten? Sag mal, was ist eigentlich der Unterschied zwischen uns und den Jungens, die ihre Siedlung verteidigen?
Was ist der Unterschied?

Ein Beteiligter

Es folgt das Bulletin des *Palmach*-Hauptquartiers über die Aktion vom 20. auf den 21. Juli 1947. Kommandeur der Abteilung, die diese Aktion ausführte, war Chaim Bar-Lew, heute Oberbefehlshaber von Israels Armee.

Die Radar-Nacht

Am Morgen des 21. Juli wurde gemeldet: Die Widerstandsorganisation hat die beiden Radar-Anlagen am Karmel angegriffen; die eine wurde in die Luft gesprengt und zerstört; bei der anderen fand ein schwerer Kampf statt. Die Unsrigen drangen in die Anlage ein und verwickelten die Wachtposten und die in den Häusern und betonierten Stellungen verschanzten Soldaten in ein schweres Gefecht. Elieser Arkin ist gefallen. Unsere Leute kehrten mit den Verwundeten zur Basis zurück.
Wieder einmal hat die Brigade erfüllt, was von ihr erwartet wurde. Die Leute hatten eine äußerst schwierige Aufgabe vor sich; sie kämpften sich bis zu ihrem Ziel durch und beschädigten es schwer. Eine militärische Anlage der britischen Flotte, die ihr half, Immigrantenschiffe aufzuspüren, wurde zerstört.
Auf die Vertreibung illegaler Einwanderer aus unserem Land steht ein hoher Preis.
Wir hatten zur Ausführung des Angriffs wenig Zeit, keine zwei Tage. Wir wußten, daß es eine schwere und gefährliche Aufgabe war.
Binnen zweier Tage waren die Männer ausgewählt und die Hilfsdienste organisiert, einschließlich der Waffenmeister und Sanitäter. Sie erreichten trotz des über Haifa verhängten Ausgehverbots innerhalb weniger Stunden den Ausgangspunkt.
Die beiden Radar-Anlagen liegen am Karmel, die eine westlich, beim Stella-Maris-Kloster, die andere östlich, bei Harriva.
Die Männer der im Westen eingesetzten Einheit rückten plan-

mäßig vor. Nach einem langen Infiltrationsmanöver erreichten sie die äußere Umzäunung, durchbrachen sie um 10.30 Uhr abends, schlichen sich zwischen den Häusern an die Anlage heran und kamen unbemerkt an einem Wachtposten vorbei. Um nicht entdeckt zu werden, zogen sie sich zurück und wiederholten das Manöver an einer anderen Stelle. Sie überquerten den Weg und brachen durch die zweite Umzäunung, Typ „doppelte Ziehharmonika". Jetzt standen sie vor dem Innenzaun, 20 Meter vor der Anlage. Hier wurden sie von einem Posten entdeckt, der Feuer gab. Ein Armee-LKW kam aus der Stadt herauf und stoppte im Rücken unserer Einheit; die Besatzung gab Feuer. Wir erwiderten das Feuer nach allen Seiten und machten uns an das Durchbrechen des Innenzauns. Eine Streife, die in diesem Moment erschien, griff in das Gefecht ein. Aus den umliegenden Häusern wurde geschossen — mit verschiedenen Waffen. Wir setzten den Kampf fort und machten es dem Feind unmöglich, sein Feuer zu koordinieren. Ein Panzerwagen kam angerollt und nahm uns von der Seite her unter Maschinengewehrfeuer. Jetzt wurde Befehl zum Anbringen der Sprengkörper und zum Rückzug gegeben. Der Kampf im Hof hatte 20 Minuten gedauert. Der Platz war von elektrischen Lampen und Leuchtkugeln erhellt.
Elieser Arkin wurde tödlich verwundet. Seine Kameraden trugen ihn bis an den Weg. Das Feuer wurde intensiver; zwei Versuche, ihn fortzuschaffen, schlugen fehl. Eliezer bat seine Kameraden, ihm die Pistole abzunehmen und ihn zurückzulassen. Er fühlte den Tod kommen und bat, seine Eltern und Freunde zu grüßen. Mehrere Männer erhielten leichte Verwundungen. Während des Rückzugs waren unsere Leute ständig dem Feuer zweier Maschinengewehre und dem Licht von Scheinwerfern und Leuchtkugeln ausgesetzt, bis sie eine geschützte Stelle erreichten. Hier wurden die Verwundeten verbunden und an den Sammelpunkt für Verwundete gebracht.
Hervorzuheben sind die ungewöhnliche Selbstdisziplin und der Wagemut der Mannschaft und ihres Kommandeurs. Die Hilfsdienste klappten tadellos.

Die Anlage am östlichen Karmel wurde gleichfalls im Schutz der Dunkelheit erreicht. Die Mannschaft bezog Stellung zum Angriff auf den Außenzaun. Der Durchbruch erfolgte erst um 1.15 Uhr früh, da die Explosion am westlichen Karmel sich verzögert hatte. Die Pioniere durchschnitten zwei Umzäunungen, eine einfache und eine „doppelte Ziehharmonika", und erreichten die Anlage. Der Rest der Mannschaft war in drei Deckungseinheiten aufgeteilt, für je einen Sektor.

Eine Streife, die sich dem Lager näherte, wurde von unserer Deckungseinheit unter Feuer genommen und ergriff die Flucht, unter Hinterlassung von Verwundeten. Die Schüsse und die Explosion im Westen rissen das Lager aus dem Schlaf. Unser Pioniertrupp wurde von einem Soldaten bemerkt und geriet unter schweren Beschuß. Die Deckungseinheit brachte den Feind mit gut gezieltem und koordiniertem Feuer zum Schweigen, und die Pioniere konnten ihre Aufgabe zu Ende bringen.

Der Rückzug wurde erst angetreten, als feststand, daß der Auftrag durchgeführt war: eine riesige Explosion — und die Radar-Station von Harriva hatte aufgehört zu existieren! Sie ging mit den benachbarten Häusern in die Luft.

Wir hatten einen Leichtverwundeten, der mit Hilfe der Sanitäter gleichzeitig mit allen anderen die Basis erreichte.

Bei den beiden Aktionen verloren wir einen Teil unserer Ausrüstung.

Hinzugefügt sei noch, daß beide Stationen unter scharfer Bewachung durch Luftlandetruppen und arabische Posten standen und daß die westliche Station sich in befestigtem Militärgebiet befand und von mehreren Armeelagern umgeben war.

Palmach-Hauptquartier

Diese Darstellung der in dem vorhergehenden Bericht geschilderten Aktion wurde viel später von einem der daran Beteiligten verfaßt, Chaim Guri, heute ein bekannter Schriftsteller und Journalist.

Die Radar-Aktion

Chaim Guri

Viel Zeit ist seither vergangen. Als ich neulich hinkam, mußte ich lächeln: ja, es hat sich verändert. Spielende Kinder, die ersten Winterblumen; die Bucht war blau, der Himmel auch. Verrosteter Stacheldraht, verfallene Baracken — das war alles, was an jene Zeit zurückdenken ließ. In meiner Erinnerung sah ich die Tage und Nächte, die stürmische Nacht, als wir in das „Objekt" eindrangen, die Gesichter, das Gefecht. Viel Zeit ist seither vergangen. Manche von denen, die dabei waren, sind nicht mehr unter uns. Wenn du durchs Land gehst, findest du auf einfachen Grabsteinen auf einem der vielen Friedhöfe ihren Namen. Ich sehe sie vor mir, eine Schar von Toten, als wären sie noch am Leben. Raphael (Ginsburg). Ich greife zur Feder und versuche zu schreiben. Die euch liebten, die euch kannten — was kann ich ihnen sagen, das sie nicht schon wüßten? Vielen seid ihr unbekannte Soldaten. Kindheit in Deutschland, gefallen auf den Hügeln von Beth-Chanun, begraben in Beth-Kescheth. Ich sagte mir: wir dürfen nicht die kleinste Einzelheit aus dem Leben dieser Männer vergessen, die im Sturm vieler Gefechte fielen ... Ich nehme einen Stein vom Wegrand und lege ihn zu den anderen auf das Denkmal.

Das Land befand sich im Belagerungszustand. Die Engländer hatten den Druck verstärkt. Das strahlende Licht, das nach Kriegsende aufstieg, war erloschen, Glaube und Hoffnung mit ihm. Die Besatzungssoldaten spieen uns die bittere Wahrheit ins Gesicht: Versklavung. Blockade-Schatten senkten sich auf unsere Küste, finstere, drohende Schatten. Die versteckten Waffen, unsere letzte Verteidigungsmöglichkeit, wurden mit brutaler Gewalt aufgestöbert. Die Nacht von Atlith, die Eisenbahn, die Station der Küstenpolizei hinter uns. Niemand sah eine baldige Lösung voraus. Der *Palmach* traf Vorbereitungen für die Zukunft.

Die Stützpunkte unserer Kompanie waren in der Ebene Sebulon, manche in der Nähe von Nahalal. Raphael war Zugführer in Jagur[1]. Wir waren gering an Zahl und kannten einander gut. Wir brannten vor Ungeduld und waren davon überzeugt, daß eine Aktion notwendig war. Einer blickte den anderen an und fragte sich, wer zuerst einberufen werden, wer je heiraten würde. Das Kommandozelt lag jenseits des Tals, Werkstatt für militärische Pläne.

Es war eine Winternacht. Nachum S. und Nehemia Schein (nicht mehr am Leben) waren über den Stadtplan von Haifa gebeugt. Ein sechster Sinn ließ uns etwas ahnen. Raphael wurde ins Zelt gerufen und kam nach einer Weile zurück. Ich versuchte in seinem Gesicht zu lesen, sah aber nichts. Eine seiner guten Eigenschaften war die Gabe, die stärksten Gefühle hinter einer kühlen Miene zu verbergen, Geheimnisse bei sich zu behalten, ohne erkennbar werden zu lassen, daß es ein Geheimnis gab. Das war damals nicht hoch genug zu schätzen.

Die Aufklärung begann. Raphael beobachtete das „Objekt" Nacht für Nacht. Die Radar-Station lag am Französischen Karmel, nahe bei dem Kloster Stella Maris. Das Gebiet war voll von englischen Militärlagern, Kontrollpunkten, motorisierten Streifen und Scheinwerfern; der Zugang war nicht leicht. Raphael schlich sich in der Nacht hinauf und legte sich auf den Boden, ganz nahe an die Umzäunung, und machte stundenlang Beobachtungen, sammelte Informationen. Jede Einzelheit war wichtig. Jede Einzelheit konnte das Schicksal der Operation entscheiden, jede Kleinigkeit das Los unserer Kommandos besiegeln.

1 *Kibbuz* bei Haifa.

Es war unentbehrlich, die genaue Anzahl der Posten zu wissen, wie sie funktionierten, wann sie abgelöst wurden.
Das Bild nahm Gestalt an. Tagsüber ging er mit M., seiner „Frau", dort oben spazieren, pflückte Blumen, genoß die schöne Welt. Und schön war die Anhöhe, selbst im Schmerz. Die Engländer hatten sich in den blühenden Hügel eingegraben und das herrliche Stück Land am Französischen Karmel in eine teuflische Maschine verwandelt, im Dienst der abscheulichsten Aufgabe, die es gab: der Meute das Opfer zu zeigen, unsere illegalen Immigrantenschiffe. Auf diesen Spaziergängen ergänzte er, was er in der Nacht gesehen hatte, auf dem nackten Felsen in bitterer Kälte. Am Tage trug er einen guten Anzug, in der Nacht eine graue Arbeitskluft. Er tat es allein. Hartnäckig kroch er ans Ziel heran, ganz nahe. Gleichzeitig sammelte unser Aufklärungsdienst Informationen. Das Dossier „Radar-Station" wurde dicker und dicker, die Frucht reifte, die Frucht des Zornes.
Wir versammelten uns im Kommandozelt. Dan L., Operationsoffizier des 1. Bataillons, gab genaue Anweisungen. Den Befehl zum Beginn der Aktion bekämen wir in drei Tagen. Er sprach von den riesigen Schwierigkeiten: die Anlage befand sich in einem Lager der *Royal Air Force,* in einer von einer Schutzwand umgebenen Hütte. Das Lager umfaßte eine rotierende Antenne, Quartiere für die Wachtposten, eine Messe etc. Jedermann dort war bewaffnet. Die Anlage war durch drei Stacheldrahtverhaue abgesperrt, eine Kette elektrischer Lampen beleuchtete die Innenmauer. Ein Lager der britischen Militärpolizei befand sich nur 200 Meter davon entfernt. Die Bewohner der näheren Umgebung waren zumeist Verwaltungsbeamte und dergleichen, Engländer und Araber, regierungsfreundlich. Vier englische Doppelposten mit Maschinenpistolen bewachten die Anlage und die Innenmauer.
Unser Stoßtrupp zählte sechs Mann. Wir hatten geräuschlos vorzugehen, ohne Kampf. Raphael war der Kommandeur. Es gab noch einen Haufen Probleme, das verzwickteste: keinen Feind zu töten. Und das hieß: anzugreifen, wenn die Anlage nicht in Betrieb war, aber niemand wußte, wann das sein würde, oder

die Mannschaft zu überwältigen, und das war fast unmöglich. Vorläufig wurde nichts entschieden. Raphael nahm uns inzwischen mit nach Haifa, zeigte uns den Rückweg und das Versteck, wo wir uns nach Erledigung des Auftrags zu sammeln hatten. Wir bekamen Privatadressen in Hadar Hakarmel, wohin wir uns begeben sollten, wenn alles vorbei war. Wir bereiteten uns vor und machten uns mit dem Weg in die Sicherheit vertraut. „Ruthie von der Apotheke" schickt uns: das würde uns die Türen öffnen, freundlich und verstehend.
Wir kehrten nach Jagur zurück. Raphael unterwies seine Leute, wie man Rucksäcke trägt, Stacheldraht durchschneidet, Posten überwältigt. Es waren die besten Männer der Kompanie. Die Waffen wurden aus dem Versteck geholt: gutgeölte Maschinenpistolen, in Lappen gewickelte Pistolen, Handgranaten, Knüppel. Nachum, der Kompaniekommandeur, trieb Zünder mit dem richtigen Uhrwerk auf. Der Plan nahm deutlichere Umrisse an. Alles war fertig. Da kam Befehl, abzuwarten.
Dreimal war Raphael mit seinen Leuten fertig, und dreimal wurde abgeblasen. Die Leute gerieten in gereizte Stimmung. Raphael setzte die Vorbereitungen unbekümmert fort. Die Bedingungen hatten sich geändert. Die *Hanna Szenes* wurde erwartet. Der Stoßtrupp hielt sich bereit, für den Fall, daß das Schiff gekapert werden sollte. Es erreichte die Küste, und die Aktion wurde verschoben. Alles war schwieriger geworden, der Feind wachsamer ...
Aber der Tag kam. Ausgangspunkt war ein Haus in Haifa. Die Gruppe hatte jetzt — mit dem Mädchen M. — sieben Mitglieder, alle aktionsbereit. Im Nebenzimmer wurde das Gelatinedynamit vorbereitet. Raphael inspizierte die Ladung. Von der Berührung des Materials bekam er starke Kopfschmerzen. Die Zeit drängte. Die sieben stiegen in ein kleines Auto, das den Hügel hinauffuhr, an Militär- und Polizeifahrzeugen vorbei. Dort, wo die Straße nach links abbiegt — es war schon dunkel —, sprangen alle ab und folgten Raphael zwischen Felsen und Gestrüpp hindurch den steilen Abhang zur Radar-Station hinauf.

Es hatte begonnen. Der Außenzaun war erreicht. Ein Mann blieb als Deckung zurück, die anderen drangen geräuschlos vor. Wenige Dutzend Meter von den Wachtposten entfernt, wurde das zweite Drahtverhau durchschnitten. Es war Abend, und die Messe voll. Der Mond würde bald aufgehen. Der dritte Zaun wird durchschnitten — unbemerkt. Die Sekunden vergehen in unerträglicher Spannung. Ein Militär-Lastauto kommt den Hügel hinauf, die Lichter blenden uns... nieder, auf den Boden... das Auto biegt ab. Der Wachtposten kommt näher... hält an... macht kehrt. Hat jemand etwas bemerkt? Schnell, der Mond geht bald auf.
Die Saboteure behalten ihren Führer im Auge — Raphael gibt das Zeichen. Sie schleichen sich vorwärts, an die Mauer gepreßt. Ein Mann mit Maschinenpistole deckt sie. Raphael hält die Zünder in der Hand, steigt auf die Mauer, fängt den nachgeworfenen Rucksack auf und verstaut ihn zwischen der Mauer und der Schutzwand. Vierzig Kilogramm Gelatinedynamit. Zeitzünder — 45 Minuten. Eine Minenfalle wird angeschlossen, die losgehen wird, wenn sich jemand daran zu schaffen macht. Doppelter Schutz: der Zünder, wenn nichts dazwischenkommt, sonst — die Falle...
Raphael und seine Leute schlüpfen heraus und eilen zum Auto zurück. Die Gefahr rückt näher, die Explosion kann bald erfolgen. Die Politik der Widerstandsbewegung sah die Schonung von Menschenleben vor. Raphael hat demgemäß zu melden, daß die Zünder eingeschaltet sind, damit die sofortige Räumung angeordnet werden kann. Das Auto rast zur Stadt hinunter. Die Posten schöpfen Verdacht und geben Feuer. Der Fahrer beschleunigt das Tempo wie wild. Raphael beruhigt ihn. An einer Stelle zerstreuen sich alle, in die Wohnungen oder ins Versteck. Einige Minuten später läutet das Telephon in der Radar-Station, und eine unbekannte Stimme sagt: „Hier spricht der Widerstand. Wir warnen euch: Die Radar-Station ist unterminiert und wird jeden Augenblick in die Luft gehen. Räumt sie sofort."
Raphael blickte im Haus eines Freundes auf die Uhr. Die Hausfrau beruhigte ihn: „Keine Angst! Hier bist du sicher." Wie

konnte sie wissen, was in ihm vorging? Er saß da und wartete ... wartete. Die Minuten verstrichen. Jetzt war es so weit. Der Sekundenzeiger umkreiste zweimal das Zifferblatt. Warum war nichts zu hören? Er ging hinunter in den Hof und überdachte noch einmal, was er getan hatte: alles war planmäßig ausgeführt worden, drei Zünder, einer zumindest hätte funktionieren müssen. Aber die erlösende Detonation war nicht zu hören.
Am Morgen erfolgte eine lakonische Mitteilung: „Gestern abend um 8.15 Uhr legten unbekannte Eindringlinge eine Bombe in der Versuchsstation der RAF am Karmel. Die Bombe wurde entfernt. Sie verursachte keinen Schaden."
Später kamen die folgenden Einzelheiten zutage: Sofort nach dem Telephonanruf wurde die Messe geräumt. Ein englischer Offizier setzte sein Leben aufs Spiel, zog die Zünder an den Enden, die aus dem Sprengkörper hervorragten, heraus und brachte sie fort. Der erste Zünder ging nach einer Minute los. Später entdeckten Pioniere die Minenfalle und machten sie unschädlich. Die Mine wurde entschärft.
Die Leute vom Stoßtrupp gingen umher wie Gespenster. Raphael schwieg. Er wollte die Aktion wiederholen, bevor neue Vorsichtsmaßregeln sie unmöglich machen würden, bekam aber nicht die Erlaubnis dazu.
Raphael schwieg, und es war schwer zu erraten, was er dachte und fühlte. Es war ein schwerer Schlag: in die Höhle des Löwen einzudringen, die Ladungen anzubringen, die Gefahren auf sich zu nehmen — das verdammte Telephon! Wer weiß, was er dachte! Er sagte nichts. Aber er war aus besonderem Stoff gemacht. Ein anderer hätte aufgegeben, er aber ... der Radar gehörte ihm! Er hatte gearbeitet, um ihn in die Luft zu sprengen.
Der Kommandeur der Widerstandsorganisation schrieb damals an den Kommandanten der englischen Garnison in Haifa: „Bitte sprechen Sie dem mutigen Offizier, der den Sprengkörper von der Radar-Anlage entfernte, meine Anerkennung aus. Ich muß Sie aber warnen: Sollte die Station ihr schmutziges Werk fortsetzen und weiterhin Jagd auf Flüchtlingsschiffe machen, wird sie in die Luft gesprengt, ohne Warnung."

Der Tag kam. Nach weiteren Erkundungen Raphaels wurde beschlossen, noch einen Angriff auf die Station zu unternehmen. Diesmal mit zweiundzwanzig Mann, von den besten. Der Plan war: Annäherung von der anderen Seite, Durchbruch des Stoßtrupps, Deckung durch den Rest der Mannschaft, sofortige Explosion, Rückzug. Sollte ein geräuschloser Angriff nicht möglich sein, hatte es im Gefecht zu geschehen, blitzschnell. Der Befehl schloß: „Die Aufgabe ist auf jeden Fall auszuführen."
Kommandeur der Aktion war J. R., den Stoßtrupp befehligte Raphael. Wir kamen gruppenweise an den Ausgangspunkt und versammelten uns in einem kleinen Raum: zweiundzwanzig Mann mit Maschinenpistolen und Revolvern. Es regnete. Wir machten uns auf den Weg, ortskundige Führer an der Spitze. Der Weg war lang und ermüdend. Der Regen setzte zeitweise aus, und der Mond kam hervor. Wir hatten keine Gefechtskleidung und trugen die Granaten in der Tasche oder am Gürtel. Wir erreichten den Fuß des Hügels um 02.05 Uhr, der Vollmond stand hoch. Eine kurze Beratung — Rückzug! So spät zu beginnen, hätte uns dem Tageslicht ausgesetzt, und zur Basis waren es zwanzig Kilometer.
Wir begannen den Rückweg, nachdem wir die Ladungen in einem Gebüsch versteckt hatten. Der Weg war kein Weg, wir stolperten über die Steine. Einige waren so müde, daß andere ihre Waffen trugen. Im Morgengrauen erreichten wir Achusah[2], bei dem alten Artillerielager (später stellte sich heraus, daß sich auch dort eine Radar-Anlage befand); 600 Meter weiter war ein Waffenversteck. Völlig erschöpft kamen wir dort an. Wieder einmal nichts. Raphaels Stoßtrupp war erledigt, nach den langen Monaten mit den vielen Rückschlägen. Wir gingen schlafen und warteten auf Befehle.
Um 16.15 Uhr kam eine Meldung vom *Palmach*-Hauptquartier: „Das Unternehmen muß unter allen Umständen ausgeführt werden. Es steht zu viel auf dem Spiel."
Wieder einmal Ankunft in Haifa, wieder einmal der kleine Raum... Ich blickte zu Raphael hinüber: sein Ausdruck war

2 Ein Stadtteil von Haifa, damals eine dünn besiedelte Vorstadt.

gefaßt und entschlossen. J. R. übertrug die eigene Ruhe auf seine Leute. Wir machten die Granaten zündfertig, empfingen die Instruktionen, J. R. sagte: „Das Kennwort ist: Ich kam, sah und siegte." Wir grinsten und traten in den Sturm hinaus, Raphael und die Seinen zuerst. Nach einem langen Marsch erreichten wir den Punkt, wo wir die Ladungen versteckt hatten. Sie wurden mit einer 30 Zentimeter langen Zündschnur versehen, das bedeutete eine Zündzeit von 30 Sekunden! Wir begannen mit der Annäherung. Nach einigen Minuten waren wir an den Häusern vorbei und auf der anderen Wegseite, am Zaun. Der Regen ließ nicht nach, und wir waren ihm dankbar dafür. Alles betete um Sturm und Finsternis. Die Truppführer verteilten die Aufgaben. Der Trupp, der das dritte Drahtverhau durchschnitten hatte, überquerte den beleuchteten Weg und erreichte die erste Umzäunung; sie lag im Dunkel. In wenigen Sekunden war sie durchbrochen, und eine Reihe von Schatten schlüpfte hindurch ... Der Regen wurde stärker, wir waren völlig durchnäßt. Zwei Trupps blieben draußen, um den Rückzug zu decken und den Weg zum Lager der Militärpolizei abzusperren. Ein Trupp bezog innerhalb der Umzäunung Stellung, gegenüber dem ATS-Lager[3], der Rest durchbrach den zweiten Zaun. Der erste Zaun war jetzt halb beleuchtet, man konnte die Wachtposten sehen. Wir wußten, daß der Feind in Alarmbereitschaft war; einige Tage vorher waren bei einem Probealarm alle Truppen auf der Anhöhe binnen zehn Minuten auf den Beinen gewesen. Der zweite Zaun war durchbrochen. Wie die Pioniere unter Raphaels Führung herankrochen; wie der erste Zaun durchschnitten wurde — das ist fast legendär: die fünf Mann brauchten eineinhalb Stunden für die kurze Strecke; Maschinenpistolen-Schützen deckten sie an beiden Seiten, schußbereit. Die Posten hörten ein Rascheln und drehten die großen Scheinwerfer an, sahen aber nichts. Sie hielten es wohl für unwahrscheinlich, daß jemand das wahnwitzige Abenteuer zweimal wagen werde. Um 03.00 Uhr war die letzte Umzäunung durchbrochen. Raphaels Männer — dieselben, die

---

3 *Auxiliary Territorial Service*, weibliches Hilfskorps der britischen Armee (Anm. d. Übers.).

den ersten Angriff unternommen hatten — schlüpften durch die Öffnung und begannen atemlos mit den Wachtposten Versteck zu spielen. Plötzlich hörten wir die dumpfe Detonation der Zündkapseln. Die Sprengladung wurde hineingeworfen. Raphaels Leute schlüpften gerade durch den Zaun, als es losging: eine rote Feuersäule, eine riesige Explosion — und die Radar-Station war nicht mehr! Binnen einer Minute war das Knattern von Maschinengewehren zu hören, Leuchtkugeln gingen hoch. Wir liefen den Abhang hinunter. Abzählen — alle hier. Nach einem Ablenkungsmarsch durch das Tal kamen wir an eine verdunkelte Synagoge, wo wir die Waffen abgaben und uns auf den Weg nach Newe-Schaanan machten. Noch bevor der Morgen graute, waren wir in Hariba und dann — den Karmel entlang — in Jagur.
Die Aufgabe war erfüllt. Raphael hatte sich gerächt.
Viel Zeit ist seither vergangen, und die Geschichte klingt wie ein schwaches, fernes Echo. Der Mann, der die Hauptrolle spielte, nahm noch an vielen Kämpfen teil und war oft in großer Gefahr, bis er bei einem schweren Feuerüberfall der Ägypter auf die Gazafront sein Leben ließ. Der Kompaniekommandeur fiel bei dem Vorstoß der *Jiftach*-Kräfte[4] auf den Flaschenhals von Beth-Chanun, der den Feind zwang, sich nördlich von Aschdod bis auf Jad-Mordechai zurückzuziehen. Sein brechendes Auge sah noch den Sieg unserer Armee.

---

4 Die *Jiftach*-Brigade des *Palmach*.

Auszug aus einer Ansprache von Jisrael Galili, dem letzten Befehlshaber der *Haganah*, vor dem Zentralkomitee der *Histadruth* (Allgemeine Arbeiterföderation) in Tel Aviv, am 30. September 1947. Die Ansprache faßt die Aufgaben der *Haganah* in dieser kritischen Zeit zusammen und zeigt, daß ihre Führung die Möglichkeit einer unmittelbar bevorstehenden Invasion des Landes durch die Armeen der arabischen Nachbarstaaten voraussah und entsprechende Vorbereitungen verlangte.

Vor einer kritischen Entscheidung

Jisrael Galili

Die Kameraden, die die *Histadruth* in der *Haganah* vertreten oder sich mit der politischen Arbeit der Zionistischen Organisation befassen, sind der Meinung, daß möglicherweise eine aufs Ganze gehende arabische Aggression, die uns nicht nur von unseren Bemühungen um das zionistische Unternehmen abhalten, sondern es endgültig zerstören soll, immer näher rückt. Es bedarf keines Orakels und keiner Spionage, um das ausfindig zu machen. Die Mächte, die die Weltpolitik bestimmen, beschäftigen sich jetzt mit der politischen Zukunft des Landes. Zu diesem Zeitpunkt werden es sich die Araber zweimal überlegen, ehe sie Gewalt und Terror anwenden; sie taten dies oft genug in der Vergangenheit, wenn die Aussichten auf Erfolg mit Hilfe von Terror noch geringer waren als heute. Vom Standpunkt politischer Überlegungen haben die arabischen Führer keinen Anlaß, über die Ergebnisse des Terrors zu frohlocken, sie können aber mit den Zugeständnissen der englischen Regierung recht zufrieden sein. Die Gewaltausbrüche der Araber haben dagegen das zionistische Werk nicht zum Stillstand gebracht. Insofern es an den Juden lag, sind die Einwanderung und die Ansiedlung fort-

gesetzt worden, normale Verbindungen wurden aufrechterhalten, keine einzige Siedlung wurde aufgegeben, und der *Jischuw* setzt sein Leben im allgemeinen mit der normalen Intensität fort. In diesem Sinne erreichten die Urheber des Terrors nichts, aber mit englischer Hilfe gelang es ihnen, ihrem Ziel mit jeder Unruhewelle etwas näherzukommen, wie nach den Unruhen von 1920, 1929 und 1939. Ihre Erfolge lagen in den verschiedenen Beschränkungen, die uns die englische Regierung auferlegte und die im Weißbuch von 1939 ihren Höhepunkt fanden, einem tödlichen Schlag gegen das zionistische Aufbauwerk.
So verhielt es sich in der Vergangenheit, um so mehr heute, da das Palästinaproblem einen kritischen Punkt erreicht hat, der eine Entscheidung fordert. Ob wir mit dieser Entwicklung zufrieden sind oder nicht; ob wir zwecks Förderung der zionistischen Bestrebungen das Problem in den Brennpunkt rücken und den Kampf für eine entscheidende Lösung heraufbeschwören wollen oder eine solche Aktion mißbilligen — wir haben uns alle über die sich verschärfende Spannung Rechenschaft zu geben, die das Palästinaproblem unter allen Beteiligten hervorgerufen hat, den Engländern und Arabern einerseits, den Juden andererseits. Es ist die Ruhe vor dem Sturm.
Das Verlangen der Araber nach der Herrschaft über Palästina, ihr Bemühen, den *Jischuw* lahmzulegen und ihm jede Hoffnung auf Weiterentwicklung zu nehmen, erhöhen die Spannung des Kampfes und machen ihn zum Endkampf.
Im Auf und Ab der politischen Situation sind die Pläne zur Verteidigung des *Jischuw* weitgehend geändert worden. Der *Jischuw* hat sich nie auf die Behörden verlassen, und die Selbstwehr ist zum unantastbaren Grundsatz seines Lebens geworden, ein vitaler Bestandteil von Unabhängigkeit und nationaler Freiheit. Nichtsdestoweniger soll darauf hingewiesen werden, daß die Grundlage unserer Verteidigung in der Vergangenheit darin bestand, den Kampf in den Siedlungen oder Siedlungsgruppen aufzunehmen, bis die Polizei oder die Armee uns zu Hilfe kam. Diese Hilfe ließ zwangsläufig auf sich warten, kam aber immerhin rechtzeitig genug, um lokale Angriffe abzuweisen

und uns davor zu bewahren, einem arabischen Angriff allzu lange allein ausgesetzt zu sein. Jeder Distriktkommandant und Kompaniekommandeur war sich deswegen bewußt, daß er auszuhalten hatte, bis Hilfe kam, gleichgültig, wie lange sie auf sich warten ließ. Das war der Maßstab für die Dauer des Kampfes, die erforderliche Menge an Munition und an Verstärkungen.

In den vergangenen Unruhen kämpften die Männer der *Haganah* an verschiedenen Frontabschnitten oft Schulter an Schulter mit englischen Soldaten. Das spricht die Engländer nicht von der Schuld frei, die arabischen Terroristen unterstützt und ihnen Vorschub geleistet zu haben, und die zionistischen Körperschaften hielten mit der Verurteilung einer derartigen Handlungsweise nicht zurück. Die Engländer ließen gewöhnlich den Terror bis zu einem gewissen, ihnen entsprechenden Grad anwachsen, um ihn dann, ging er darüber hinaus, zu unterdrücken. In diesem Zusammenhang ist es bezeichnend, daß sie den *Jischuw* erst nach der Ermordung Andrews[1] zu unterstützen begannen; damals wurden die *Special Night Squads* unter Befehl unseres Freundes Orde Wingate geschaffen[2].

Jetzt aber hat sich die Lage geändert, und die Engländer wollen unseren Einheiten nicht mehr gestatten, sich frei im Lande zu bewegen, Waffen zu tragen oder motorisierte Trupps entlang der „Südlinie" aufzustellen, unserer Verteidigungslinie zwischen Kfar Saba und Atlith, auch keine Hinterhalteinheiten im Emek und in Galiläa. Wir können uns nicht mehr darauf verlassen, von den Engländern wie während der Unruhen von 1936 bis 1939 toleriert zu werden. Mehr noch: sie werden jetzt unseren Feinden Hilfe zukommen lassen, und zwar in höherem Maße, als sie das je für uns getan haben, ob nun durch bewußtes Vorschubleisten oder durch Ignorieren der Angriffe. Das bedeutet: unsere Pläne in bezug auf Personal, Waffen und Munition dürfen sich nicht länger auf Bewachen und Beobachten oder aktives

---

1 Lewis Andrews, Distriktkommissar von Galiläa, wurde im Oktober 1937 in Nazareth von Arabern ermordet.
2 s. S. 21.

Verteidigen und das Warten auf die Polizei beschränken. Wir können nicht mehr damit rechnen, daß die Regierung ihre Pflicht erfüllen und alle Maßnahmen ergreifen wird, um die Unruhen im Keim zu ersticken oder zu verhindern, daß sie sich ausbreiten.

Der kommende Angriff wird nicht nur von den palästinensischen Arabern durchgeführt werden. Täglich werden wir von den Drohungen arabischer Diplomaten überschwemmt, die uns einen „Heiligen Krieg" aller arabischen Staaten in Aussicht stellen. Das sollte uns nicht ins Bockshorn jagen oder die Ausmaße einer solchen Intervention überschätzen lassen. Gesagt ist leichter als getan. Aber selbst wenn wir keine regulären arabischen Armeen gegen uns haben sollten, sie werden die palästinensischen Araber, vielleicht im geheimen, reichlich unterstützen. Die Drohungen sind ernst zu nehmen, und wir haben auf einen Angriff der Nachbarländer gefaßt zu sein.

Es ist auch nicht von der Hand zu weisen, daß die englische Regierung daran denkt, ihre Truppen abzuziehen und den Arabern freie Hand zu lassen. Das steht noch nicht fest, ist aber möglich, und wir müssen uns darauf vorbereiten. Diese Überlegungen haben das Tempo, das Ausmaß und die Erfordernisse unserer Verteidigung zu bestimmen.

Das alte Argument der *Hawlagah* (Zurückhaltung) erhebt wieder sein Haupt. Für meine Freunde und mich birgt dieser Begriff weitgehende politische und moralische Folgen. Wir haben nicht die Absicht, die Araber auszurotten oder zu enteignen, wir wollen sie nicht beherrschen oder mit der Macht des Schwertes unterdrücken. Wir wünschen nicht, daß es zu einem blutigen Zusammenstoß zwischen dem jüdischen und dem arabischen Volk kommt, und wir sehen in keinem Araber den Feind, nur weil er ein Araber ist. Wir wollen unser Werk und unsere Ehre verteidigen, nicht mit Gewalt und Totschlag oder durch die Bombardierung arabischer Märkte. Wir ziehen eine scharfe Linie zwischen Verteidigung und Rache, und wir wollen das zionistische Ideal zusammen mit der Verbrüderung der Völker verwirklichen.

Dies sind die Ideale der *Haganah* in ihrem tiefsten politischen, zionistischen, sozialen und menschlichen Sinne, und sie müssen es bleiben. Das aber ändert nichts an der Frage des Ausbruchs von Unruhen und ihrer Ausbreitung, beziehungsweise Verhinderung. Unruhen beginnen nicht damit, daß jemand in ein Widderhorn stößt und die Welt wissen läßt: „Die Unruhen haben begonnen." Gewöhnlich beginnt es recht harmlos: einige Schüsse, ein isolierter Überfall — Funken, die angefacht werden und sich nach und nach räumlich und zeitlich ausbreiten. Worauf es dann ankommt, ist, von Anfang an eine starke Hand zu zeigen, aber innerhalb der Grenzen einer Verteidigungsaktion zu bleiben, vorbeugend, nicht herausfordernd.

In den Kreisen des Muftis herrscht die Ansicht, daß die Araber nicht mehr in das Elend und die Not zurückkehren werden, die ihnen von 1936 bis 1939 beschieden waren, und wir haben tatsächlich keine Gewißheit, ob sie nicht militärische Vorbereitungen treffen, ihre Leute ausbilden, Aktionen planen und Stützpunkte errichten. Wir wissen aber, daß die Leute des Muftis es für das beste halten, die „Affäre" mit Terror einzuleiten — am Samstagabend beim Verlassen der Kinos eine Bombe in die Menge zu werfen (was bereits geschehen ist) und so den Stein ins Rollen zu bringen. Sie nehmen an, daß die Juden zurückschlagen werden und sich, als Reaktion gegen die Reaktion, an einem anderen Ort ein neuer Zwischenfall ereignen und so das Feuer um sich greifen wird, bis das ganze Land in Flammen steht und die arabischen Nachbarländer sich gezwungen sehen, den palästinensischen Arabern in einem „Heiligen Krieg" zu Hilfe zu kommen.

Wir dürfen natürlich kein Öl ins Feuer gießen und dem Feind keinen Vorwand geben, uns anzugreifen. Wir müssen aber auch begreifen, daß Passivität zu neuen Überfällen reizt, und dürfen daher unsere Verteidigung nicht auf den Ort und die Zeit der Überfälle begrenzen, sondern müssen die Nervenzentren des Feindes und andere empfindliche Stellen treffen. Unsere Aufklärungsarbeit in den letzten zehn Jahren hat uns Informationen geliefert, an die wir uns halten können, ohne fehlzugehen.

Um ein typisches Problem zu nennen: seit 1936 hat sich unser Siedlungswerk erheblich erweitert, und als Folge davon sind unsere Verteidigungslinien zu lang geworden und von arabischen Bevölkerungszentren unterbrochen, die wie Keile im Leib des *Jischuw* stecken. Da ist zum Beispiel die Verteidigung des Negevs und der Verkehrs- und Verbindungslinien. Jedes Kind kennt die Schlüsselpunkte und weiß, welche Auswirkungen die Beschädigung der Wasser-, Elektrizitäts- und Zementwerke auf das Leben des *Jischuw* haben würde.
Die Lage der *Haganah* ist nicht zufriedenstellend. Sie ist heute dank dem Ankauf von Waffen und dank eigener Produktion besser bewaffnet. Im Hinblick auf die gegenwärtige Lage und künftige Ereignisse gehen wir jetzt daran, unseren Waffenbestand qualitativ und quantitativ schnellstens zu verbessern. Hüten wir uns vor Panik! Noch haben wir Zeit, wenn auch nicht viel. Wir müssen daher um so größere Anstrengungen unternehmen, die Vorbereitungen beschleunigen und kein Gefühl von Hilflosigkeit oder Gleichgültigkeit aufkommen lassen. Kein Tag darf nutzlos verstreichen; keine Gelegenheit vorübergehen, ohne alles nur Mögliche für unsere Bewaffnung anzuschaffen. Diese Fragen können natürlich nicht öffentlich behandelt werden. Meine größte Sorge ist, daß uns die Mittel für die Erreichung unserer Ziele fehlen und daß wir keine Arbeitsplätze und nicht das qualifizierte Personal haben, das wir so dringend für den Ausbau und die gesteigerte Schwungkraft unseres Werkes brauchen.
Was die Menschen anbelangt, das heißt die Besetzung der Frontlinien in Stadt und Land, so ist unsere Lage alles andere als zufriedenstellend. Unsere Zahl reicht für langandauernde Unruhen nicht aus. Natürlich ist es uns nicht möglich, unsere Verteidigung wehrpflichtigen, in Kasernen und Lagern einquartierten Rekruten zu überlassen; unsere Kämpfer stehen im Berufsleben; sie melden sich nach der Arbeit zum Dienst und kehren anschließend zu ihrer Arbeit zurück. Das erfordert eine große Zahl ausgebildeten Personals für Vorposten- und Felddienstaufgaben in den Siedlungen. Die Lage ist um so schwie-

riger, als gerade das dieselben Menschen sind, die wir zur Verteidigung des Landes brauchen. Wir könnten aber die Zahl der ausgebildeten *Haganah*-Kämpfer binnen kurzer Zeit auf das Doppelte und Dreifache bringen, denn wir haben in den letzten Jahren die Grundlagen für die Bildung eines Stabes von Kommandeuren und Instrukteuren gelegt.

Wir wenden uns daher an das Zentralkomitee der *Histadruth* mit folgender Forderung: Das Kommando der *Haganah* muß bevollmächtigt werden, jedes Mitglied der *Histadruth* zum Wach-, Kommando- und Ausbildungsdienst einzuberufen. Ich möchte darauf hinweisen, daß die Einberufung eines aus der englischen Armee entlassenen Mitglieds eine schmerzliche Angelegenheit ist. Da ist ein Mann, der seine vier bis fünf Dienstjahre hinter sich hat und in sein Land zurückkehrt, wo er sich dann sehr oft arbeitslos und ohne Unterhalt sieht. Er hat Krieg, Lagerleben, Militärdisziplin übersatt und will nichts als einen Arbeitsplatz, einen Platz im Leben. Diese Kriegsmüdigkeit ist der einzige Grund dafür, daß die *Haganah* aus der militärischen Erfahrung, dem Reichtum an Ausbildung und Führungsqualitäten, der die jüdischen Einheiten in der englischen Armee auszeichnete, bisher keinen vollen Nutzen ziehen konnte. Aber wir brauchen diese Menschen, um die Mängel, unter denen die *Haganah* leidet, beheben zu können. Wegen der Illegalität, unter der die *Haganah* arbeitete, war es ihr unmöglich, bestimmte Hilfsdienste und Spezialtruppen auszubilden; nicht alle Waffengattungen des Heeres können illegal entwickelt werden.

Wir wollen jetzt zahlreiche Mitglieder einberufen, die Befehls- und Ausbildungserfahrung haben und in der *Haganah* oder in der englischen Armee ausgebildet worden sind, haben aber nicht die entsprechenden Vollmachten. Wir befassen uns gegenwärtig mit diesem Problem. Wir brauchen die Ermächtigung, diese Männer zur Ausbildung von Rekruten und zur Behebung unserer Schwächen einzuberufen. Wir können unsere Leute nicht länger in Kellerräumen mit hölzernen Gewehren exerzieren lassen. Intensive, erfolgreiche Ausbildung ist keine Frage des

Drills, sondern eine Kunst und erfordert bessere Bedingungen und erfahrenes Personal.
Wir verlangen die Wiedereinführung der Lebensweise, die in den Arbeitersiedlungen herrschte: jeder Mann im Alter von achtzehn bis dreißig Jahren hat (außer den Sonnabenden) zwei Tage im Monat und zehn aufeinanderfolgende Tage im Jahr seiner militärischen Ausbildung zu widmen. Das wurde erst in den Jahren von 1936 bis 1939 versucht, und daher blieb die Ausbildung unvollständig und lückenhaft. Die alte Lebensform ist so schnell wie möglich wiedereinzuführen. Die Ausbildung hat außerhalb der Städte in Feld und Lager zu geschehen, und Arbeitgeber wie Arbeitnehmer haben dazu beizutragen. Für die Ausbildung eines Mannes sind zweihundert Tage nötig. Wir planen die Massenausbildung von Rekruten in Stadt und Land während einer Zeit von fünfzig Tagen. Dieses Minimum gilt nicht für die wehrpflichtige Brigade und die Jugend-Bataillone. Wir schlagen folgendes vor: jeder Arbeitnehmer hat sich zwei Tage im Monat auf eigene Kosten und sieben bis zehn Tage auf Kosten des Arbeitgebers der Ausbildung zu unterziehen. Das ist das absolute Minimum. Es ist nicht unsere Art, übertriebene Ansprüche zu stellen, die über die Möglichkeiten der Mitglieder oder der Siedlungen hinausgehen. Der *Palmach* hat ein Ausbildungsmaximum von einhundert Tagen im Jahr, die Spezialtruppen und Offiziere natürlich mehr.
Da die Kommandeure nur kurze Zeit im Dienst bleiben können, brauchen wir ein Handbuch für junge Offiziere. Es wird immer schwerer, *Palmach*-Kommandeure vom Dienst freizustellen, so daß junge Offiziere oft eine Last allein tragen müssen, die eigentlich für mehrere gedacht ist. Kurz, was wir benötigen, ist die Vollmacht zur Einberufung, zur Sicherung der Stellung des Wehrpflichtigen während seiner Dienstzeit und zur Einbeziehung eines größeren Teils der Bevölkerung der Städte, Dörfer und Siedlungen in das Ausbildungsprogramm, einschließlich der Jugend. Auch die Rechte der Offiziere nach Abschluß ihrer Dienstzeit müssen garantiert werden.
Die Annahme dieser Anträge wird es uns ermöglichen, eine

starke, alle umfassende, gut bewaffnete Streitkraft aufzustellen, die genügt, uns für längere Zeit zu verteidigen. Wir könnten dann nicht nur dem Angreifer Widerstand leisten und ihn in Zaum halten, sondern auch bedrohte Gebiete rechtzeitig erreichen; nicht nur einzelne Siedlungen verteidigen, sondern auch den Feind daran hindern, sich jüdischen Zentren zu nähern.
Denkt daran, daß die Zustände in der *Haganah* nur die in der ganzen zionistischen Bewegung widerspiegeln und daß wir unserer Aufgabe nur gewachsen sein werden, wenn wir die richtige Atmosphäre schaffen. Die Gleichgültigkeit, die mancherorts herrscht, ist unglaublich. Es gibt Fälle, wo der Wachtdienst einem Mann übertragen wird, der zu nichts anderem taugt — und das zu einer Zeit, da die Diebstähle in den Siedlungen überhand nehmen und nicht mehr ein kriminelles, sondern ein allgemeines Sicherheitsproblem darstellen. Die Grenze zwischen Diebstahl und Mord ist so verschwommen wie zwischen kriminellen und politischen Verbrechen.
Auf keinen Fall darf das Sicherheitsproblem von der Aktion gegen die [jüdischen] Terrorgruppen getrennt werden. Diese Gruppen sind an Unruhen, Panik und Chaos schuld und bedrohen unsere Sicherheit. Sie stellen nicht nur eine Gefahr für die innere Freiheit des *Jischuw* und seine politische Organisation sowie für die Erziehung der Jugend und der Arbeiterschaft dar, sondern sind Träger von politischer Demoralisierung und Pöbelaktionen. Der Mann, der sieht, wie jemand auf der Straße erschlagen wird, kann nicht wissen, ob es sich um eine kriminelle oder um eine politische Tat handelt. So war es möglich, daß ein Araber aus einem Café im Zentrum von Tel Aviv auf die Straße gezerrt und ermordet wurde, ohne daß jemand dagegen protestiert hätte. Solche Ereignisse sollten uns davor warnen, was in einer Zeit der Unruhen und verschärften Spannungen geschehen kann. Während der Bestattung der Opfer der *Exodus 1947* und des Angriffs auf das Café Hawaii bestand das Hauptproblem der Verteidigung von Tel Aviv darin, die Juden im Zaum zu halten. Es genügt nicht, Wachtposten in der Umgebung von Warenhäusern aufzustellen, wir brauchen Posten in den

Grenzgebieten zwischen den jüdischen und arabischen Wohngebieten, denn man weiß nie, wann eine dieser Organisationen einen Aufruhr inszeniert, der in Feuergefechten endet.
Die Aktionen gegen die Terrororganisationen müssen ohne Unterstützung der britischen Behörden unternommen werden und ohne sie um Hilfe anzugehen. Wir wollen es zu keinem blutigen Zusammenstoß innerhalb der Bevölkerung kommen lassen und dürfen uns daher — trotz der drohenden Gefahr, daß die Terrorgruppen einen Bürgerkrieg entfesseln — nicht davon abbringen lassen, ihre Provokationen zu unterdrücken und ihre Aktionen zu vereiteln. Wir müssen sie zwingen, ihre Drohungen einzustellen, damit kein Jude sich mehr davor zu fürchten braucht, ihnen die Vermietung eines Zimmers oder Kellers zu verweigern, die Zahlung eines erpreßten Betrages abzulehnen oder einem Araber zu Hilfe zu kommen, dessen Leben auf der Straße bedroht wird. Unsere Haltung wird die Legende von der Stärke der Terroristen zerstören und beweisen, daß wir sie zum Schweigen bringen können, wenn wir wollen. Der Vorfall in Haifa darf nicht vergessen werden, denn er (und seinesgleichen) ist nicht nur eine Provokation, sondern kann unseren Feinden unter den Arabern als Vorwand gegen uns dienen.
Kameraden, ich habe diese Probleme angesprochen, ohne auf politische Fragen einzugehen. Jedes Komiteemitglied kann sich sein eigenes Urteil über die Geschehnisse in der Welt und über die Zukunft machen. Die Engländer haben keine Eile, uns von ihrer Anwesenheit zu befreien. Der Weckruf ist ausgegangen: „Ein Judenstaat!", und bald wird es so weit sein. Er hat aber auch seine gefährlichen Seiten: arabische Angriffe und das Argument des Zusammenbruchs von Ruhe und Ordnung. Je länger die Übergangszeit dauert, desto mehr Beschränkungen werden der *Haganah* auferlegt, desto mehr werden ihre Mitglieder verfolgt werden. Die Provokationen der Separatisten werden der Regierung als Deckmantel und Vorwand dienen. Wir stehen vor einem tragischen Dilemma, aber unsere Vorbereitungen müssen intensiver und umfassender sein, solange man uns nicht erlaubt,

uns als freie Menschen in unserem Land zu bewegen, und bevor die Regierung zu einer großangelegten Aktion gegen die *Haganah* übergeht.

Im Laufe der Zeit hat sich in der *Haganah* ein riesiges Potential entwickelt, es liegt aber noch zum großen Teil brach. Es kann und wird aktiv werden, wenn wir starken Mutes sind; wenn wir ständig bereit sind, unser Leben zu verteidigen, besorgt, aber nicht angsterfüllt; wenn wir uns dem Ruf der Stunde gewachsen zeigen, ohne zu wanken. In ihrer Rolle als Hauptstütze der *Haganah*, kraft ihres Ansehens im *Jischuw* und vor allem kraft ihrer Aufgabe ist die *Histadruth* zum Vorkämpfer des *Jischuw* berufen.

Am Vorabend des Kampfes

(Ansprache an eine Kommandeur-Gruppe am 20. Oktober 1947)

Jisrael Galili

Wir müssen lernen, „brutal" zu sehen, und unsere Augen nicht vor der Zukunft verschließen, wie grausam sie auch aussieht. Am Horizont droht eine Gefahr für unsere Existenz. Der *Jischuw* gleicht dem illegalen Immigranten, der alle Gefahren überstanden und die Küste des Landes Israel erreicht hat, um sich zwischen der Hoffnung auf den sicheren Hafen und der drohenden Deportation in ein verhaßtes „Lager" hin- und hergeschleudert zu sehen.

Ein guter Beobachter unserer Lage wird den Lichtstrahl in der Ferne nicht übersehen: das Weltgewissen ist noch nicht gänzlich abgestumpft. Dieser Strahl läßt auch unsere Lage in einem deutlicheren Licht erscheinen: ein Entscheidungskampf wird uns aufgedrängt. Die Zukunft des Landes steht auf dem Spiel und mit ihr die des Volkes. Wir haben im Bewußtsein dieser Tatsache zu leben, und Gott schütze uns, wenn wir sie auch nur einen Augenblick aus den Augen lassen.

Die an dem Kampf beteiligten Parteien wollen sich das Land Israel zu eigen machen. Die Zeit klopft unerbittlich an die Tür. Die Kontrolle über das Land ist für uns keine symbolische Angelegenheit wie das Kommen des Messias. Sie ist die Frage der Zukunft unseres Volkes, das keine Beschützer hat und das Land zum Weiterleben braucht.

Die Zeit treibt auch unsere Feinde unter den Arabern zur Eile. Ihre Machthaber spüren, wie das Land ihnen in dem gleichen Maße entgleitet, wie es jüdisch wird. Sie sehen das zionistische Aufbauwerk tiefe Wurzeln schlagen, die Wüste urbar machen und ständig an Kraft gewinnen, bis sie ihm nichts mehr anhaben

können; und in dem Bewußtsein, daß die Zeit verrinnt, suchen sie verzweifelt die Waage auf ihre Seite zu neigen.
Daneben sind die Engländer nach wie vor ein Hauptfaktor, nicht nur im Lande selbst, sondern auch in den Nachbarländern. Auch sie wollen ihre Machtstellung im Interesse ihres Weltreiches und seiner Ausbeutungspolitik bewahren. Ihre Methoden — die allmähliche Liquidierung unserer Errungenschaften auf „legalem" Wege — sind fehlgeschlagen, und demzufolge bereiten sie sich auf eine neue Kraftprobe vor. Das sind die Faktoren, mit denen wir im Kampf um das Land rechnen müssen, und wenn wir uns ihnen nicht gewachsen zeigen, ist unser Los besiegelt.
Unsere eigene Kraft ist daher von entscheidender Bedeutung. Wir haben uns nie auf Waffen allein gestützt. Unsere Kraft im Lande Israel — das sind unsere Menschen, unsere Siedlungen, unsere Wirtschaft, unsere Kultur und unser Geist, die nationale Organisation, die zionistische Bewegung, Selbstwehr und Zuversicht. Das ist unsere Kraft, der wichtigste politische Faktor. Wir haben Zeit vergeudet, alle wissen wir das, und unser Menschenreservoir und unsere Hilfsquellen nicht voll ausgenützt. Aber ohne die Kraft, die wir dennoch zu entwickeln vermochten, hätten wir keinen Zutritt zu den Konferenzräumen der Vereinten Nationen gefunden. Und selbst wenn — all unser politischer Scharfsinn hätte uns nichts genützt, stünde keine Kraft hinter ihm. Unsere Hoffnungen wären zu nichts zerronnen. Die Frage ist daher: Worin besteht unsere Kraft? Ist es die Bereitschaft für den kommenden Kampf? Können wir sie verstärken? Sind wir auf der Hut?
Unsere Generation lebt am Ende einer grausamen Zeit. Es wird viele Jahre brauchen, bis sich die Menschheit von der Bestialität erholt, mit der sie der Nazismus vergiftet hat, bis ein Menschenleben wieder etwas bedeuten, ein Kinderleben wieder Wert haben wird. Die Welt ist weiterhin unbarmherzig und kriegslüstern, und die Gier nach Macht und Einfluß lauert nur darauf, Menschen und Völker zu vernichten. Wir müssen von dem Geist beseelt sein, der die illegalen Einwanderer der *Exodus*

1947 auf Deck gegen die englische Flotte kämpfen ließ. Solche Taten können das Weltgewissen und das wecken, was an Menschlichkeit in Menschenherzen noch übrig ist.
Die zionistischen Bemühungen sind an sich ein Kampf gegen die Diaspora, gegen die Natur und gegen politische Hindernisse. Der Kampf nimmt zu verschiedenen Zeiten verschiedene Formen an, hat aber immer dasselbe Ziel: die Rettung und Befreiung des jüdischen Volkes. Bisher hatten wir uns gegen das englische Weißbuch und die palästinensischen Araber zu verteidigen. Heute, da das Los des Landes in der Waagschale liegt, haben sich diese beiden Kräfte gegen uns verbündet und unterstützen einander. Die Engländer werden überdies im eigenen Interesse die arabischen Länder zu einem Krieg gegen uns aufhetzen.
Die Mitglieder der UN-Untersuchungskommission fragten uns nach der militärischen Stärke der arabischen Länder und danach, ob der *Jischuw* einem Angriff widerstehen könne. Die Antwort unserer Vertreter war ehrlich und wahrheitsgetreu: eine realistische Einschätzung der Kräfte, die die Araber für einen „Heiligen Krieg" in Palästina einsetzen können. Es wurde auf die Schwächen der arabischen Armeen hingewiesen, auf ihr niedriges militärisches Niveau, auf den Mangel an ideologischer Motivierung bei den Soldaten, auf innerarabische Rivalitäten und Streitigkeiten. Aber selbst wenn all das stimmt, sollte es uns nicht in Sicherheit wiegen.
Wir nähern uns einer Zeit, da die Engländer versuchen werden, eine Entscheidung herbeizuführen und die Araber die Kastanien für sie aus dem Feuer holen zu lassen. Wir müssen uns daher gegen die Armeen der arabischen Länder wehren können. Unsere Verteidigung darf sich nicht mehr danach richten, wie groß die arabische Bevölkerung im Lande ist und wie viele Soldaten sie auf die Beine bringen kann. Wir müssen damit rechnen, von den Armeen aller arabischen Nachbarländer offen oder versteckt angegriffen zu werden.
Auch wenn das nicht mit absoluter Gewißheit vorausgesagt werden kann, so ist es doch möglich. Wir haben die Feindseligkeit der englischen Politik erlebt und die Brutalität, mit der sie

praktiziert wurde. Wir gehören der Generation an, die gesehen hat, wie Spanien im Stich gelassen wurde, und wir sind Zeugen von dem, was heute in Griechenland und Indonesien geschieht. Und wie lange ist es her, daß sechs Millionen ihrem Schicksal überlassen und hingemetzelt wurden? Wer kann uns noch damit trösten, daß ein Überfall zwar möglich, aber nicht wahrscheinlich sei?

Als die Arabische Liga gegründet wurde, sahen manche von uns voraus, daß die englische Politik verschleiert, aber systematisch darauf gerichtet ist, Palästina zum Zentrum einer Feuersbrunst im Nahen Osten zu machen, die uns nicht nur zusammen mit den hiesigen Arabern, sondern auch mit den arabischen Nachbarländern bedrohen soll.

Akademiker mögen die sozialen und die politischen Faktoren studieren, zwischen Ursache und Wirkung, Aktion und Reaktion unterscheiden. Wir brauchen keine solchen Theorien, um die Faktoren zu erkennen, die uns vereint bedrohen: die Interessen des englischen Imperialismus und der reaktionären arabischen Potentaten, die Bestrebungen mancher Länder, in der Mittelmeerzone Einfluß zu gewinnen, Antisemitismus, inter-arabische Streitigkeiten und Intrigen, der soziale und geistige Zustand der arabischen Welt usw. Was immer Ursache und Wirkung, es kann keine Meinungsverschiedenheit darüber bestehen, es ist so sicher wie der Tod: die Engländer bereiten einen Brand vor, in den sie die Juden des Landes Israel und alle arabischen Länder hineinziehen wollen.

Wir haben die Proklamation des britischen Abzugs gehört. In den letzten Wochen hat sich die Maske etwas gelüftet, und einige Vorfälle haben uns den teuflischen Plan enthüllt, der während des Abzugs inszeniert werden soll. Ein Abzug, der vor sich geht, ohne daß Vorbereitungen für die weitere Verwaltung des Landes getroffen werden, und der dieses Land in einem chaotischen Zustand zurückläßt, ist eine offene Provokation, eine Aufforderung an die Araber, das Land zu übernehmen. Sie reizt Phantasie und Instinkt und soll den *Jischuw* in solche Angst versetzen, daß er seine politischen Forderungen aufgibt und sich unterwirft.

Als der Hochkommissar[1] bei einer Pressekonferenz von ausländischen Korrespondenten gefragt wurde, ob es zutreffe, daß die Engländer die Absicht hätten, sich aus den arabischen in die jüdischen Gebiete zurückzuziehen, antwortete er, falls ein solcher Plan existiere, sei er persönlich dagegen. Aber [Richard] Crossman, Mitglied des Unterhauses und der Anglo-Amerikanischen Untersuchungskommission, erklärte öffentlich, daß ein solcher Plan tatsächlich bestehe. Diese Enthüllung deutet das Durcheinander an, das angestiftet werden soll und in das wir hineingeraten werden. Einzelheiten sickern von Zeit zu Zeit aus den Regierungsbüros durch: dort wird jetzt beraten, wie es in Theorie und Praxis zu erreichen ist, daß Ruhe und Ordnung zusammenbrechen; „wissenschaftliche" Pläne werden entworfen, wie das Land in ein Chaos gestürzt werden kann. Die Pläne sehen einen überstürzten Abzug vor, nach Vernichtung aller Dokumente, die der neuen Administration nützlich sein könnten. Ein Plan für die Anarchie wird ausgeheckt, sorgfältig bis ins kleinste ausgearbeitet. Ein Beispiel: der Gefängnisverwalter wandte sich an das Generalsekretariat mit der Anfrage, was mit den Tausenden von Geisteskranken zu geschehen habe, die in den Gefängnissen festgehalten werden; die Antwort, menschenfreundlich und liberal, war: Freilassen!
Die Juden, die Mitglieder der Bewegung, die Leute der *Haganah* erwarten Hilfe von zwei Seiten: die eine ist weit weg — die Welt, wenn sie uns als Ergebnis der Debatte in den Vereinten Nationen überhaupt zu Hilfe kommt; die andere ist ganz nahe: die *Haganah*. Aber die *Haganah* muß einer Reihe gründlicher Veränderungen unterzogen werden:
a) Wir haben genaue Pläne in Bezug auf das Ausmaß, die Bewaffnung, den Aufbau und die Ausbildung unserer Kräfte zu entwerfen, und zwar im Hinblick darauf, daß wir es nicht mit einzelnen Banden zu tun haben werden, sondern mit einem allgemeinen, von den Armeen der Nachbarländer unterstützten Aufstand der palästinensischen Araber.
b) Wir haben — und das schleunigst — die ursprüngliche

[1] Sir Alan Cunningham.

Grundlage unserer Verteidigungspläne, wie sie von 1936 bis 1939 entwickelt wurden, über Bord zu werfen und nicht mehr auf die Hilfe der Armee oder der Polizei zu rechnen.
c) Wir müssen darauf gefaßt sein, daß die Regierung, während wir mit der Verteidigung beschäftigt sind, die Entwaffnung der *Haganah* beschließt. Denken wir an die zynische Antwort, die die *Jewish Agency*[2] vom Hochkommissar erhielt, als sie sich wegen einer Verstärkung der Polizeikräfte in den Siedlungen an ihn wandte: „Die Regierung kann nicht einem Teil der Bevölkerung geben, was sie dem anderen versagt." Nicht genug damit, sprach er dann von der Notwendigkeit, die illegale Einwanderung zu beenden. Wir gehen jetzt daran, unsere Kräfte in verschiedenen Landesteilen zu konzentrieren (gestern in Obergaliläa, heute im Negev), und es wäre katastrophal, zu vergessen oder außer acht zu lassen, daß die Regierung nach Waffen suchen und unsere Pläne vereiteln kann.
d) Wir müssen uns darüber im klaren sein, daß wir in Zukunft nicht die gleiche Freizügigkeit haben werden wie während der Unruhen von 1936. Die Regierung wird uns scharf auf die Finger sehen, den Arabern aber freie Hand lassen.
Die Stärke der arabischen Armeen ist nicht zu unterschätzen. Transjordanien hat 20 000 bis 25 000 Mann, mit zwei Panzerbrigaden, die Armee ist größtenteils motorisiert. Die syrischen und libanesischen Kräfte zählen etwa 20 000 Mann, Ägypten verfügt über 40 000 und besitzt eine Luftwaffe, und die irakische Armee umfaßt 25 000 bis 30 000 Mann. England braucht nur zu winken, und diese Armeen setzen sich gegen uns in Bewegung, offen oder versteckt. Ich bin sicher, daß manche nur auf den Marschbefehl warten und schon Pläne machen. Und sollte es auch nur ein Manöver sein, um uns einzuschüchtern und unter Druck zu setzen, so seien wir uns dessen bewußt: was heute politisch-taktisch eine kleine Welle ist, kann morgen

---

2 Die im Palästinamandat vorgesehene öffentliche Vertretung der Weltjudenheit für alle die Interessen der jüdischen Bevölkerung Palästinas betreffenden Fragen.

als reißender Strom über die Ufer treten und die Dämme wegreißen, die die wohlwollenden Engländer gebaut haben.
Es wäre sinnlos und lächerlich, sich Spekulationen hinzugeben über das „Ob und wie", das „Ist es möglich?", „Werden sie es wagen, die Araber gegen uns loszulassen?" oder über die Frage, ob Amerika etwas Derartiges zulassen würde oder nicht. Wir müssen unaufhörlich daran denken, daß wir uns zu wehren haben, und uns an das Greifbare halten. Und das Greifbare ist: das jüdische Land, die jüdische Volkswirtschaft, die jüdischen Waffen, die jüdischen Kämpfer im Lande Israel.
Die *Haganah* hat zwei Seiten, eine menschliche und eine sachliche. Die sachliche ist ihr Material: Waffen, Ausrüstung, Geld; die menschliche: ausgebildete Mannschaften und Kommandeure, richtige Planung. An Material haben wir erworben, was in unserer Macht stand, und unsere Ankäufe nehmen täglich zu. Es ist nicht leicht, auf diesem Gebiet schnelle Fortschritte zu machen, wir tun aber alles, was möglich ist, um Waffen und Ausrüstungsgegenstände aus in- und ausländischen Quellen zu beziehen. Hier ist aber das Sprichwort am Platz: Schweigen ist Gold.
Demgegenüber gibt es, was die menschliche Seite, das heißt Mannschaften, Ausbildung, Kommandeure, Mobilisierung, anbelangt, noch viele ungenützte Möglichkeiten. Wir müssen bevollmächtigt werden, jeden Mann und jede Zahl von Männern einzuberufen, sie zu Einheiten zusammenzuschließen und auszubilden, Kommandeure unter ihnen auszusuchen und sie auf ihre verantwortungsvollen Aufgaben vorzubereiten. Wir brauchen die Vollmacht, und zwar sofort, Materialien, technische Hilfsdienste und alle Produktivkräfte zu mobilisieren, die unsere Verteidigungsbedürfnisse decken können, mit einem Wort: die Autorität und das Geld zur Verteidigung des *Jischuw*.
Wir vertrödeln die Zeit, und ich habe keine Ahnung, wie lange der *Jischuw* brauchen wird, um sich auf das vorzubereiten, was ihm bevorsteht. Noch ist niemand eingezogen worden, und wir haben noch nicht einmal begonnen, die nötigen Geldmittel aufzubringen. Die jungen Leute des *Palmach* und des CHISCH

(Feldarmee)³ in Obergaliläa haben noch immer keine Zelte und Mäntel. Was in der Öffentlichkeit vorgeht, ist unglaublich. Was ist wichtiger: sich auf die drohende Gefahr vorzubereiten oder um Positionen in der künftigen Regierung zu feilschen? Ein Blick in die Zeitungen genügt. Der Judenstaat ist in Reichweite, alles riecht nach Regierung, und die „politische Aktivität" des *Jischuw* zeigt ungewöhnliche Anzeichen von Lebhaftigkeit. Gewisse bürgerliche Kreise, die die gewählte Versammlung boykottiert oder in den autonomen Körperschaften des *Jischuw* schläfrig dagesessen haben, legen plötzlich reges Interesse und „Verantwortungsgefühl" an den Tag. Viel Donner und kein Regen! Darum sagte ich, daß wir „brutal" sehen müssen, denn es herrscht noch immer zu viel leichtsinnige Selbstzufriedenheit unter uns. Und dann gibt es Menschen, die vor Unruhe nicht schlafen können: „Wir werden sowieso nichts ausrichten" oder „Schließlich und endlich ist die Welt noch nicht so schlecht, daß uns niemand zu Hilfe kommen wird". Diese Denkart ist schädlich. Gewiß, wir dürfen nicht nachlassen, an die öffentliche Meinung der Welt zu appellieren, aber die Prüfung werden wir nur dann bestehen, wenn wir aufhören, uns auf sie zu verlassen.

Es wäre einfältig anzunehmen, wir könnten mit der kleinen Anzahl der Kameraden des *Palmach* durchhalten; wir könnten uns den Zeitpunkt der Mobilisierung aussuchen oder wüßten gar, wann und wo es losgeht, und würden es dann schon irgendwie „deichseln". Geldmangel schnürt der *Haganah* den Hals zu, sonst hätten wir schon längst Tausende mobilisiert (die allerdings erst beim Ausbruch der Kämpfe Uniformen bekommen würden). Die Kräfte, die wir brauchen, können nicht über Nacht aus dem Boden gestampft werden. Wenn wir glauben, es schon irgendwie zu „deichseln", wird nichts „gedeichselt" werden.

Der *Jischuw* kann natürlich für die Aufstellung einer Armee keine Summen aufbringen, die an ein Staatsbudget heranreichen. Deswegen muß unser Heer auf der Grundlage von Arbeit und Militärdienst aufgebaut werden. Die Rekruten werden abwechselnd arbeiten und exerzieren, das heißt ihren Lebensunterhalt

3 s. S. 148.

mit Arbeit verdienen und diese zwecks Ausbildung unterbrechen. Der Gedanke, eine gute Armee sei auf diese Weise nicht aufzustellen, ist absurd. Seine logische Konsequenz wäre, die bestehenden Einheiten aufzulösen und sich dort nach Hilfe umzusehen, wo es sie nicht gibt.
Unsere Streitkräfte dürfen nicht kaserniert werden, sondern sind in die bedrohten Grenzsiedlungen einzugliedern, in Obergaliläa, dem Etzion-Siedlungsblock, dem Negev. Jede Siedlung ist zum Standort einer mobilisierten Militäreinheit zu machen. Wir müssen das von jedem Dorf verlangen, vor allem von den Arbeitersiedlungen, den *Kibbuzim* und *Moschawim*, und haben uns zwecks Koordinierung eine allgemeine Übersicht zu verschaffen. Wir müssen das Bild des jüdischen Soldaten in Krieg und Notstand hochhalten, seine menschlichen und sozialen Qualitäten, seine Erziehung als nationaler Pionier berücksichtigen. Das wird das militärische Niveau unserer Kämpfer heben, die Siedlungen werden zum Heim der bewaffneten Streitkräfte werden und diese der Siedlung Mut geben.
Vor einiger Zeit haben wir Feldeinheiten nach Obergaliläa geschickt; wir nahmen sie aus den Arbeitersiedlungen, sie hätten aber aus den Städten kommen sollen. Das geht nicht so weiter; wir müssen in der Lage sein, binnen kürzester Zeit Fußtruppen nach Galiläa zu schicken, nicht aus dem Kibbuz Alonim oder aus Nahalal, sondern aus Tel Aviv und Haifa. Dicht bevölkerte Gebiete haben dünn besiedelten auszuhelfen.
Ist es möglich, eine Freiwilligen-Bewegung für die *Haganah* zu schaffen? Keine Frage. Wir können es. Während des Krieges gegen Hitler gab es einen Strom von Freiwilligen. Vielleicht kamen sie wegen des Soldes, wegen der Uniform, um die Welt zu sehen, oder wegen anderer Verlockungen und Annehmlichkeiten, die sie von König George, nicht aber von uns hätten erwarten können. Was immer der äußere Anlaß gewesen sein mag, es war eine ungewöhnliche Manifestation nationaler Solidarität, die allen Gefahren die Stirn bot. Wir können sie wieder haben: eine große Freiwilligenarmee zur Verteidigung des *Jischuw* und des Zionismus, für Freiheit und Unabhängigkeit.

Das ist der Weg, unsere Kräfte und unsere Waffen zu vermehren.
Die Arbeiterschaft ist die treibende Kraft unseres Volkes, der *Haganah* und unserer Politik. Sie hat daher auf der soliden Grundlage gegenseitiger Verantwortung zu stehen. Der Arbeiter, der nicht ausgebildet wird und keinen Militärdienst tut, trägt die Verantwortung für seine einberufenen Kollegen. Von der Arbeiterschaft muß der Appell ausgehen, der die öffentliche Gleichgültigkeit herausfordert, ihre Mitglieder haben den anderen freiwillig voranzugehen — ja, ihre Mitglieder, aus den *Kibbuzim*, aus unseren eigenen Reihen. So werden wir jeden Mann im *Jischuw* überzeugen oder bewegen können, seine Pflicht zu tun. Die Beteiligung des Arbeiters an der Mobilisierung des *Jischuw* sichert ihm seinen Platz in der politischen Arena. So ist es heute, wenn die Not es verlangt, so wird es immer sein.
Ich komme auf meine Warnung zurück: wir leisten uns selbst keinen Dienst, wenn wir behaupten, wir hätten die Gelegenheit verpaßt und hinkten hinter den Ereignissen her. Hören wir auf mit diesem fatalistischen Gerede, und machen wir uns unter Aufbietung aller Kräfte an die Verteidigung, solange noch Zeit ist! Rufen wir den *Jischuw* auf, alle seine Kraft einzusetzen, wenden wir uns an jeden Partisanen, an jeden Juden, der in der englischen oder einer anderen Armee gedient hat; militärische Erfahrung jeder Art kommt uns zugute. Die Methoden, die Sammelpunkte und Kanäle der allgemeinen Mobilisierung müssen vorbereitet sein. Offiziere müssen ausgebildet werden, die aus den Einberufenen eine wagemutige, gut geschulte Streitkraft schmieden können.
Und sollte noch jemand halsstarrig fragen: Können wir einem allgemeinen arabischen Angriff Widerstand entgegensetzen? — dann ist unsere Antwort: Das ist eine dumme Frage! Können wir es nicht? Gibt es eine andere Hoffnung, als einem solchen Angriff mit aller Macht entgegenzutreten? Wir haben die Mittel, den Kern und die Grundlagen zum Aufbau einer großen Armee. Unser Menschenmaterial ist ausgezeichnet, von Mut be-

seelt und mit den besten Tugenden des Kämpfers ausgestattet. Man sagt, unsere Leute seien undiszipliniert. Dafür aber haben sie Mut und Verantwortungsgefühl, und ihr Mangel an militärischer Diszipln im herkömmlichen Sinne des Wortes wird durch Selbstvertrauen, Initiative und Kampfgeist mehr als aufgewogen. Es fehlt uns an militärischer Ausrüstung, wir können aber dem Feind vernichtende Schläge beibringen und ihn hinhalten, bis wir unsere ganze Streitmacht mobilisiert haben. Unsere Kraft liegt nach wie vor in unserem Potential, und dieses muß genutzt werden. Der jüdische Kämpfer darf und wird nicht versagen.

Es folgt die kurze Darstellung und Analyse einer typischen Nachtaktion des *Palmach* im Unabhängigkeitskrieg 1948/1949. Berichterstatter ist Oberstleutnant a. D. Josef Tabenkin, Kommandeur von „Harel", einer der drei *Palmach*-Brigaden, die in Jerusalem, dem Jerusalemer Korridor, im Negev und auf der Sinaihalbinsel kämpfte. Die israelischen Aktionen mußten aus Mangel an Artillerie und einer Luftwaffe meistens in der Nacht durchgeführt werden, um die Dunkelheit als Deckung für die angreifenden Truppen, die Zermürbung und Eroberung des Angriffszieles oder die Sicherung des Rückzugs ausnutzen zu können. Diese Methode wurde bei Stoßtruppaktionen oder zur Eroberung befestigter Stellungen angewendet.

Aus „Doktrin des Stoßtrupps"

Josef Tabenkin

... Unsere Taktik bestand in der Zusammenfassung der ganzen Truppe für einen Nachtangriff; die Hälfte der Truppe wurde dem Aktionshauptquartier als Reserve überlassen. Der Rückzug der Einheiten war vorgesehen, falls sich die Überlegenheit des Feindes erweisen sollte. Im allgemeinen sah der Plan folgendermaßen aus: Der Stoßtrupp erreicht die feindliche Stellung von rückwärts; die Vorhut greift an und besetzt die Gebäude; zwei Abteilungen greifen am Flügel oder an den Flügeln an, und die Vorhut wird nun zur Reserve; der Stoßtrupp verfügt über eine Batterie leichter Mörser oder über ein Maschinengewehr. Die Reserven unterstützen den Angriffstrupp und übernehmen die Deckung gegen feindliche Verstärkungen, nötigenfalls für den Rückzug. Die Hilfskräfte, Panzerfahrzeuge, Mörser, Maschinengewehre, eine „Davidka"[1] gehen von einer eigenen Basis aus vor oder gehören zur Reserve. Der Kommandostab befindet sich bei den unterstützenden Truppen oder bei der Reserve. Eine Pionierabteilung begleitet den Stoßtrupp und macht sich nach

1 Ein Granatwerfer eigener Herstellung (s. Abbildung gegenüber S. 161).

Eroberung des Dorfes unverzüglich an die Zerstörung der Stellungen und Gebäude. Eine besondere, vom Kommandeur dazu bevollmächtigte Einheit sammelt die Beute ein. Nach Beendigung der Aktion zieht sich alles zurück, mit der Reserve als Nachhut. Die Verbindung zwischen dem Aktionshauptquartier, den Abteilungskommandeuren und — wenn nötig — Zugführern wird mittels tragbarer Sprechfunkgeräte *(walkie-talkies)* und durch Melder aufrechterhalten. Erste Hilfe leisten Kompanie- und Abteilungs-Sanitäter, die den Trupp begleiten; ärztliche Versorgung erfolgt an den Sammelstellen beim Entfaltungspunkt, wo sich ein Brigade-Arzt und ein Verbandsplatz befinden, später im Basis-Lazarett.

Als Beispiel führe ich die Eroberung der Dörfer Bet Surik und Biddu an[2].

Der Mörser wurde auf einem Hügel bei der Radar-Station Chirbet el-Morn aufgestellt. Die erste Kompanie verließ das Kastell und rückte am Hügel vor, um das Dorf von hinten anzugreifen; die zweite begab sich von Beth Pfeffermann auf den Weg nach Biddu, um es vom Westen zu umgehen; die dritte verminte die Wege Ramallah-Biddu und Nebi Samwil-Biddu und legte sich dort in den Hinterhalt; die vierte tat dasselbe an den Wegen Biddu-Bet Surik und Biddu-Kubeiba. Die Panzerwagen, die Davidka, die Reserven und der Bataillonsstab folgten der Kompanie, die von der Radar-Station auf Biddu vorrückte. Die östliche Kompanie bemerkte eine feindliche Abteilung von dreißig oder mehr bewaffneten Leuten auf dem Wege von Bet Surik nach Osten. Sie ließ sie durch und setzte ihren Marsch zum Angriffsziel fort. Die westliche Kompanie hatte die Richtung verloren und verspätete sich. Bei dem Weg Biddu-Maale Hachamischah wurde die Kompanie, die am Weg Biddu-Bet Surik im Hinterhalt lag, vom Schulgebäude in Bet Surik aus beschossen. Der Angriffsplan wurde daraufhin sofort geändert. Die im Hinterhalt liegende Kompanie ging zum Angriff über und nahm das Schulgebäude im Sturm. Dort stießen die Reserven zu ihr, und gemeinsam griffen sie das Dorf von

[2] In der Nähe von Abu Gosch an der Landstraße Jerusalem-Lod (Lydda).

Westen her an, gegen sporadisches Gewehrfeuer. Die Kompanie, die sich verirrt hatte, besetzte Hügel 870, der die Gegend bis an die Straßen Biddu-Maale Hachamischah und Biddu-Kubeiba beherrscht, und wurde nun zur Reservekompanie des Aktionshauptquartiers. Die östliche Kompanie bekam Befehl, das Dorf nach kurzem Mörserbeschuß zu stürmen. Sie griff von Osten her an. Einer ihrer Züge besetzte die Häuser, die beiden anderen griffen an den Flügeln an und säuberten die feindlichen Stellungen.

Das Dorf wurde genommen, die Bewohner flohen. Die Reservekompanie hatte vom Hauptquartier die Erlaubnis zur Eroberung von Biddu verlangt und bekommen. Sie bezog mit der Davidka Angriffsstellung und wartete das Ende der Aktion gegen Bet Surik ab. Dort wurde, sobald das ganze Dorf in unserer Hand war, mit der Zerstörung der Häuser begonnen. Unsere dort eingesetzten Kräfte wurden nun zur Reserve, und die bisherige Reservekompanie ging zum Angriff auf Biddu über. Nach kurzer Beschießung durch die Davidka wurde der Ort erobert; die Häuser wurden zerstört.

Das Bataillon kehrte am Morgen zu seiner Basis zurück.

Das Folgende ist eine (gekürzte) Darstellung der Befreiung der alten Stadt Safed in Obergaliläa während des Unabhängigkeitskrieges 1948—1949. Gabriel Cohn war Hauptmann in der *Jiftach*-Brigade des *Palmach*, die an dem Kampf teilnahm; er schrieb diese Darstellung ungefähr ein Jahr später aufgrund eigener Erfahrung und ergänzender Studien. Nach dem Kriege wurde Gabriel Cohn Leiter der Historischen Abteilung der Armee und Lektor für Geschichte an der Universität Tel Aviv; von 1965 bis 1969 war er Mitglied der *Knesseth* (Parlament).

Der Kampf um Safed

Gabriel Cohn

Der Kampf um Safed, der im November 1947 begann, kann nur im Zusammenhang mit dem Kampf um Ostgaliläa verstanden und beurteilt werden.
Obwohl sich für das Gebiet von Safed besondere Probleme ergaben, wurde der Kampf natürlich auch von den für ganz Ostgaliläa geltenden Problemen beeinflußt. Zu Beginn des Kampfes war es die Hauptsache, die Verbindung der abgelegenen Gegenden mit dem Zentrum aufrechtzuerhalten. In Ostgaliläa hing das von der einsamen Landstraße ab, die sich von Tiberias über Jub Jussef ins Vorgebirge nach Metulla hinaufwindet. Die vielen Windungen der Straße am Fuß der vom Feind beherrschten Anhöhen, die wenigen jüdischen Siedlungen, das arabische Tiberias mit Lubija und anderen Araberdörfern auf den Bergen und entlang der Straße, dazu die feindselige Haltung der Engländer, ihre absolute Ablehnung jüdischer Gegenmaßnahmen oder auch nur bewaffneter Eskorten für jüdische Transporte — alles das machte die Aufrechterhaltung der Verbindungen in diesem Gebiet zu einem Problem ersten Ranges.
Neben den allgemeinen Verkehrs- und Verteidigungsproblemen der jüdischen Ortschaften und ihrer Verbindungslinien, beson-

ders an der Grenze, krankte die Verteidigung dieser Stützpunkte in den Bergen auch daran, daß sie fast ganz isoliert waren und der Zugang zu ihnen vom guten Willen der Engländer abhing. Das galt für Ramoth Naftali, Manara, Misgaw Am, Safed und Ejn Sejtim, ausnahmslos schwach bevölkert, wirtschaftlich nicht unabhängig, schlecht versorgt und mit wenig Wasser. Je geringer die Verteidigungsmöglichkeit, desto größer war aber die strategische Bedeutung der Orte, denn ihre Lage machte sie zu Bastionen des überwiegend jüdisch-bevölkerten Tales, das sie überblickten.

Im Gebiet von Safed selbst — Safed, Berg Kanaan, Ejn Sejtim und Birja — waren uns die Araber zahlenmäßig weit überlegen. In Safed und dem arabischen Ajn Sejtun lebten 15 000 Araber, und die Gegend grenzte an Mittelgaliläa, ein großes Kräftereservoir des Feindes.

Für die Verteidigung des jüdischen Stadtteils von Safed hatten die jüdischen Stützpunkte (Berg Kanaan, Birja, Ejn Sejtim) besonderen Wert, denn sie verhinderten eine totale Einschließung der Stadt und eigneten sich überdies als Sprungbretter für Angriffe auf den arabischen Verkehr und die benachbarten Araberdörfer. Andererseits stellten sie eine zusätzliche Belastung für Safed dar. Die begrenzten Vorräte, die am Anfang der Kampagne nur unter erheblichen Gefahren dorthin geschafft werden konnten, mußten mit diesen Ortschaften geteilt werden, was wiederum mit großer Gefahr verbunden war.

Störaktionen und Gefechte auf den Wegen. Die Feindseligkeiten begannen am 29. Dezember 1947 mit einem Angriff auf ein Fahrzeug aus Ejn Sejtim. Bereits am nächsten Morgen traf ein *Palmach*-Zug ein; ein zweiter hatte sich einige Tage vorher zu Fuß über Ejn Sejtim nach Safed begeben, um englische Störmanöver abzulenken. Ein paar Tage später bezogen zwei Züge jüdischer Infanterie Stellung am Berg Kanaan.

Vom 29. Dezember 1947 bis Anfang April 1948 bestand die Tätigkeit des Feindes hauptsächlich darin, Minen zu legen und jüdische Fahrzeuge auf der Straße Rosch Pinna—Safed und der inneren Strecke des Weges Berg Kanaan—Ejn Sejtim unter

Feuer zu nehmen, sowie Safed und Ejn Sejtim zu beschießen. Es kam auch zu einem besonders ernsten Überfall auf ein jüdisches Anwesen in Ejn Sejtim durch einheimische und syrische Freiwillige unter syrischem Kommando, der mit englischer Hilfe zurückgeschlagen wurde, worauf der Feind alle offenen Angriffe auf jüdische Siedlungen bis zum Abzug der Engländer einstellte, ohne jedoch seine Störmanöver aufzugeben.

In dieser Zeit beschränkten sich die jüdischen Aktionen auf Angriffe auf arabische Fahrzeuge und Repressalien gegen arabische Dörfer in den rein arabischen Wohngebieten und an ihren Zufahrtsstraßen. Das in Obergaliläa stehende *Palmach*-Bataillon war in kleinen Gruppen über eine Anzahl jüdischer Siedlungen verstreut. Die Eingriffe der „dritten Seite" — der Engländer — sowie die Notwendigkeit, bestimmte Kräfte zu Verteidigungszwecken zurückzubehalten, begrenzten die Häufigkeit und Weite unserer Unternehmungen. Dennoch konnten wir die Angriffspläne des Feindes durchkreuzen, denn er mußte ansehnliche Kräfte zum Schutz seiner Dörfer und Straßen aufbieten. Unsere eindrucksvollste Aktion in dieser Gegend (und vielleicht im ganzen Lande) erfolgte in der Nacht des 14. Februar, als zwei der besten *Palmach*-Abteilungen, die während des Krieges in der Gegend von Safed stationiert waren, einen Angriff auf Saasa unternahmen, mit dem Ergebnis, daß der Feind zur Verteidigung seiner Dörfer in Mittelgaliläa, die er bis dahin für „sicher" gehalten hatte, starke Kräfte abziehen mußte.

Mit dem Näherrücken des englischen Abzugs nahm die feindliche Tätigkeit zu. Wie überall im Lande wurde die Verbindung mit den Ortschaften auch im Gebiet von Safed mehr und mehr abgeschnitten. (Solange die Engländer noch da waren, konnten ab und zu einzelne Fahrzeuge, besonders solche mit Lebensmitteln oder Passagieren, unter englischem Schutz Safed erreichen und verlassen.) Mehrere Fälle von Minenlegung sowie Angriffe auf jüdische Fahrzeuge machten die Straße Safed—Rosch Pinna fast gänzlich unbenutzbar; bewaffnete Streifen mußten den Fahrzeugen vorausgehen, nach Minen suchen und Feuerschutz geben. Die britischen Truppen in der Polizeistation am Berg Kanaan legten den Arabern in Chareth-el-Krad, an der Zufahrtsstraße ins jüdische Viertel von Safed, keine Hindernisse in den Weg; das arabische Feuer machte es unmöglich, die Stadt zu verlassen oder sich ihr zu nähern, und von da an konnten jüdische Fahrzeuge Safed nicht mehr erreichen. Nur Ejn Sejtim war noch über die Landstraße Rosch Pinna—Berg Kanaan und von dort über einen Feldweg erreichbar, und zwar durch Aufstellung von Feuerschutzposten auf den Anhöhen entlang des Weges und durch Erwiderung des feindlichen Störfeuers.

Am 3. April besetzte eine *Palmach*-Abteilung einen solchen Punkt an der Straße Safed—Ejn Sejtim — wir nannten ihn Position Nr. 1 — zwecks Sicherung des Verkehrs nach Ejn Sejtim. Sie fand dort unvollendete Gräben vor, die wahrscheinlich in der Nacht ausgehoben worden waren und demnächst bezogen werden sollten; das aber hätte das Ende von Ejn Sejtim bedeutet, denn damit wäre die letzte Lücke in dem Ring um diese Siedlung, die schon von drei Seiten abgeschnitten war, geschlossen und der einzige Weg zu ihr verlegt worden.

Die Zahl unserer Streitkräfte war minimal: eine *Palmach*-Kompanie von sechzig Mann, dazu zehn Mann in Hilfseinheiten und fünfzig Mädchen. Die Bewaffnung reichte nicht aus, um Position Nr. 1 ständig von einer starken Einheit besetzt zu halten. Alles, was getan werden konnte, war, die unvollendete Stellung zu verminen, die Position tagsüber mit *Palmach*-Leuten zu besetzen, in der Nacht ab und zu eine Streife dorthin zu schicken und das Dorf Taitaba samt Umgebung unter Feuer zu nehmen, um auf diese Weise den Eindruck zu erwecken, daß dieser Stützpunkt eine ständige Besatzung habe.

Am 5. April drang eine mit Maschinengewehren bewaffnete Abteilung syrischer Freiwilliger der Truppen Adib Schischaklis in Position Nr. 1 ein und setzte sich dort fest. Am Morgen begann sie, Ejn Sejtim, das nun völlig eingeschlossen war, unter Beschuß zu nehmen. Außer in den Dörfern Keditha, Taitaba und Ajn Sejtun gab es jetzt arabische Streitkräfte im Westen zwischen Keditha und Ejn Sejtim, im Süden im Felsgebiet

Der Kampf um Safed

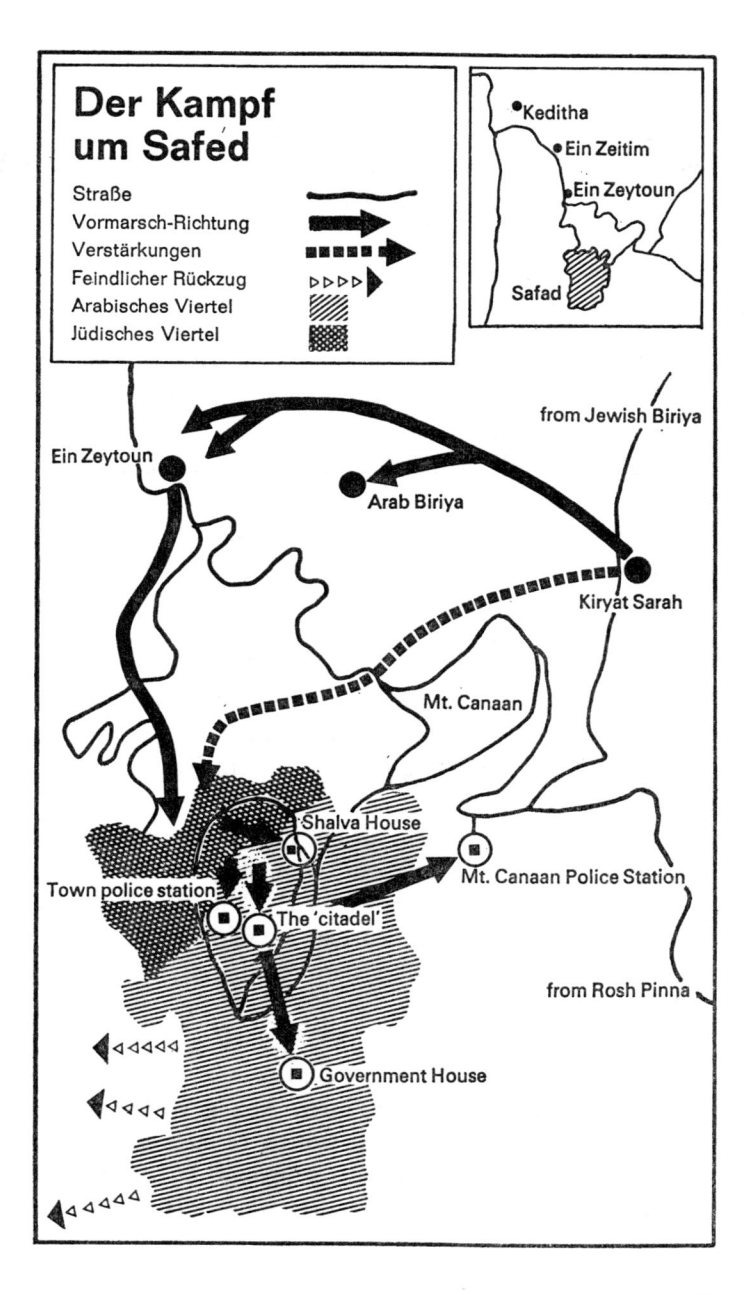

- Straße
- Vormarsch-Richtung
- Verstärkungen
- Feindlicher Rückzug
- Arabisches Viertel
- Jüdisches Viertel

Keditha
Ein Zeitim
Ein Zeytoun
Safad

Ein Zeytoun
from Jewish Biriya
Arab Biriya
Kiryat Sarah
Mt. Canaan
Shalva House
Town police station
Mt. Canaan Police Station
The 'citadel'
from Rosh Pinna
Government House

oberhalb der Straße Akko—Safed, im Osten nördlich des alten Ejn Sejtims, im Nordosten in Position Nr. 1 und im Norden auf dem Berggrat Ejn Sejtim—Taitaba.

Ejn Sejtim hatte keine Signal-Anlage, und da der Himmel bewölkt war, konnte auch der Spiegel-Telegraph nicht verwendet werden. Die einzige Möglichkeit, dem Distrikt-Hauptquartier am Berg Kanaan Nachrichten zu übermitteln, boten Melder — eine gefährliche Prozedur, die die kleine Zahl unserer Kämpfer noch mehr reduzierte, denn die Melder wurden nicht zurückgeschickt, um sie nicht doppelter Gefahr auszusetzen. Es blieb nichts anderes übrig, als Position Nr. 1 zurückzuerobern und sie dann zu halten.

Zu diesem Zweck wurden Dreizoll-Mörser und Browning-Maschinengewehre vom Bataillons-Hauptquartier im Hule-Tal angefordert. Zwei Feldeinheiten aus Safed verstärkten die *Palmach*-Abteilung am Berg Kanaan, und am 7. April um 4.15 Uhr begann der Angriff. Zwei Maschinengewehre und zwei Mörser wurden bei Position Nr. 2 in Stellung gebracht, um Position Nr. 1 zu binden und zu zermürben. Die beiden Feldeinheiten besetzten Position Nr. 3, um arabischen Verstärkungen aus Ajn Sejtun und Birja den Weg zu verlegen. Eine verstärkte *Palmach*-Abteilung unternahm ein Täuschungsmanöver bei Ejn Sejtim.

Während diese dreifache Aktion im Gange war, rückte ein *Palmach*-Zug durch das Wadi vom Berg Kanaan nach Ejn Sejtim hinunter und erreichte um 4.30 Uhr den Fuß von Position Nr. 1, ohne bemerkt worden zu sein. Ein überraschender Angriff führte zum Erfolg: der Feind zog sich in Richtung Taitaba zurück.

Dieser Wendepunkt in der Kriegführung machte den gewünschten Eindruck auf den Feind wie auch auf die „dritte Seite", die gerade dabei war, ihren Abzug vorzubereiten, und den Weg nach Haifa frei haben wollte. In mehreren Gesprächen mit dem Verbindungsoffizier der *Haganah* in Safed verlangten Vertreter der englischen Armee von uns, Position Nr. 1 aufzugeben.

Nach der Eroberung von Position Nr. 1 waren die jüdischen Streitkräfte folgendermaßen über das Gebiet verteilt: Ejn Sejtim — eine Feldeinheit zur Verstärkung der dortigen Kräfte; Position Nr. 1 — eine Feldabteilung und ein *Palmach*-Zug; Position Nr. 3 — ein *Palmach*-Zug. In den nächsten zehn Tagen beschränkte sich der Feind darauf, Ejn Sejtim und Position Nr. 1 unter Feuer zu nehmen und den Weg Ejn Sejtim—Berg Kanaan zu verminen.

Mit dem Nachlassen der britischen Aktivität nahm der jüdisch-arabische Schußwechsel in Safed zu. Beide Seiten versuchten sich in Sabotage-Akten und bereiteten sich auf den Abzug der Engländer vor, wobei die Araber freie Hand hatten. So wurde beobachtet, wie bewaffnete Araber sich bei der Polizeistation am Berge Kanaan versammelten und sich vor den Augen der Engländer verschanzten, offensichtlich, um den Weg nach Rosch Pinna zu sperren.

Der Abzug der Engländer begann am 16. April nachmittags. Die Juden von Safed wußten es zwanzig Minuten vorher, als eine englische Armee-Einheit mit Feldartillerie von Rosch Pinna heranrückte und etwa 350 Meter östlich der Gebäude am Berg Kanaan Stellung bezog, um die Räumung der Polizeistation zu decken und ihre Besetzung durch jüdische Kräfte unmöglich zu machen.

Die *Palmach*-Leute am Berg Kanaan beobachteten diese Vorgänge, kannten aber den genauen Zeitpunkt des britischen Abzugs nicht und begannen, ihre Ausrüstung zu verstecken, da sie eine englische Waffensuchaktion befürchteten. Als die englische Kolonne aus der Polizeistation abzurücken begann, näherte sich vom arabischen Hotel her eine bewaffnete Abteilung von Arabern südlich bis auf zwanzig Meter der Umzäunung der Station. Das letzte englische Fahrzeug war noch nicht abgefahren, als die Araber schon mitten in der Anlage waren. In Safed selbst gab es jetzt keine englischen Truppen mehr, und ihre drei Schlüsselstellungen — die Zitadelle, die städtische Polizeistation und das Schalwa-Haus — befanden sich in arabischer Hand.

Angesichts dieser Vorgänge wurden eiligst Verstärkungen in das jüdische Stadtviertel beordert und die Versuche des Feindes, dort einzudringen — mit denen sie zwanzig bis dreißig Minuten nach Abzug der Engländer begonnen hatten —, vereitelt. Ein Melder wurde vom Distriktskommandeur zum Hauptquartier am Berg Kanaan und zu der *Palmach*-Einheit in Position Nr. 1 geschickt, um Verstärkungen anzufordern. Eine verstärkte Abteilung unter Befehl eines Zugführers — das Gros unserer Streitkräfte und leichten Waffen befand sich am Berg Kanaan — wurde von dort abkommandiert, um den Hain südöstlich des Stützpunktes zu besetzen, der die Landstraße Rosch Pinna—Safed und die Wege von Ja'uneh nach Safed überblickte; die Abteilung sollte die Einnahme des Stützpunktes durch den Feind verhindern und arabische Verstärkungen aus Ja'uneh aufhalten. Der Hain wurde gegen Scharfschützen- und Maschinengewehrfeuer aus der Polizeistation am Berg Kanaan genommen. Eine arabische Abteilung, die eine halbe Stunde später von Ja'uneh gegen Safed vordrang, wurde zurückgeschlagen. In der Nacht trafen sechzig Mann Verstärkung aus Rosch Pinna ein, jeder mit einem Gewehr, Munition und einem Laib Brot; mit ihnen kamen zum erstenmal Hotchkiss- und Lewis-Maschinengewehre nach Galiläa.

Um 22.00 Uhr wurde die *Palmach*-Einheit, die sich inzwischen auf die Verteidigung des Hains eingerichtet hatte, abberufen. Am Berge Kanaan stieß eine Abteilung von neunzehn Mann zu ihr, und zusammen rückten sie am nächsten Morgen um 03.00 Uhr unter Führung eines stellvertretenden Bataillonskommandeurs aus und erreichten Safed am Sonnabend, dem 17. April, am frühen Morgen.

Um 05.30 Uhr erhielt der Stadtkommandant vom Befehlshaber für Obergaliläa Vollmacht zur Einsetzung einer Militärverwaltung und zur Verteidigung der Stadt.

Zur Zeit des englischen Abzuges lebten in Safed etwa 1500 Juden und 12 000 Araber. Es gab unzählige Probleme, verursacht durch die zu geringe Anzahl junger Leute unter den Juden, die schlechte Ausbildung der örtlichen *Haganah* und die

Israelische Truppen auf dem Vormarsch nach El Arisch, November 1956.

Panzer bei Rafah, Juni 1967.

Sturmangriff mit Hubschraubern auf der Sinaihalbinsel.

Israelische Torpedoboote in der Meeresenge von Tiran, 10. Juni 1967.

Gleichgültigkeit der männlichen Bevölkerung, die meist ultraorthodox war und sich an der Verteidigung nicht beteiligte. Demgegenüber zeichneten sich die Araber durch Kühnheit, Fanatismus und Kampfgeist aus. Im jüdischen Safed gab es eine reguläre und zwei Feldabteilungen des *Palmach,* im arabischen etwa 700 syrische Freiwillige unter Führung von Adib Schischakli, dazu viele Männer aus den zahlreichen Araberdörfern in der Umgebung. Die Überlegenheit des Feindes war erdrückend. Auch die Topographie von Safed — der jüdische Teil lag unterhalb des arabischen — begünstigte den Feind. Nach dem Abzug der Engländer kam der Verkehr mit der Stadt zum Stillstand. Die beiden Landstraßen, die Safed mit dem Rest des Landes verbinden — Akko—Safed und Rosch Pinna—Safed — waren von jüdischen Einheiten bei Ejn Sejtim und Rosch Pinna gesperrt worden; sie waren aber unbenutzbar, denn die Araber hatten die eine beim arabischen Ajn Sejtun, die andere bei der Polizeistation am Berg Kanaan, die in ihrer Hand war, abgeschnitten. Die Einfahrt in das jüdische Viertel war ohnehin durch das vorgelagerte arabische Stadtviertel Chareth-el-Krad versperrt. Der Feind verfügte über ein ausgedehntes Hinterland, das ihm über Ajn Tinna und Samueh im Westen und von dort über die Landstraßen zwischen Zentralgaliläa und dem Libanon unbehindert zugänglich war. Mit Nazareth und dessen Umgebung hatte er über Marath Verbindung, mit Syrien über Achbara im Süden. Er versäumte denn auch nicht, auf diesen Wegen fast bis zum Abschluß der Kämpfe Verstärkungen heranzubringen. In trübem Gegensatz dazu war das jüdische Safed vollkommen von der Außenwelt abgeschnitten.
Die Engländer befürchteten wahrscheinlich, daß die Araber trotz all dieser Vorteile keinen schnellen und entscheidenden Sieg erringen würden, denn sie übergaben ihnen alle strategisch wichtigen Punkte der Stadt: die Zitadelle, die die ganze Stadt beherrscht, und das Schalwa-Haus, das Chareth-el-Krad und die Gabelung des Weges in das jüdische und arabische Viertel überblickt, am Vorabend der Evakuierung; die Polizeistation, die einen großen Teil des jüdischen Viertels beherrscht, und

Chareth-el-Rumana — einige Minuten vor dem Abzug; dazu die Polizeistation am Berg Kanaan, die stärkste Festung der Gegend.
Wie man sieht, hing die Verteidigung der Stadt von unserer Fähigkeit ab, zwei miteinander verbundene Probleme zu lösen:
1. den jüdischen Stadtteil gegen einen überlegenen Feind zu verteidigen und
2. die Isolierung zu durchbrechen.
Unmittelbar nach dem Abzug der Engländer besetzte der Feind eine Reihe von Gebäuden, und der Ring um das jüdische Viertel verengte sich. Einige jüdische Stellungen wurden aufgegeben und sofort vom Feind besetzt, so die Gewerbeschule, der am weitesten vorgeschobene Stützpunkt unseres Verteidigungssystems im Nordwesten, ferner einige Häuser am Südende der Stadt, gegenüber von Chareth-el-Rumana und der Stadtpolizei, ein Häuserblock, den wir später „Stalingrad" nannten. Diese „Erfolge" fielen dem Feind mühelos in den Schoß, er tat aber nichts, um sie auszunützen. In den Wochen der Belagerung beschränkte er sich auf unaufhörliches Störfeuer mit Gewehren sowie Sechzig- und Achtzig-Millimeter-Mörsern und versuchte auch, die Häuser am Rande des jüdischen Viertels zu zerstören — ohne Erfolg.
Abgesehen von der Ausnützung des britischen Abzuges und dem Versuch, in der Nacht des 17. April an verschiedenen Stellen in das jüdische Viertel einzubrechen, der von den entschlossenen jüdischen Verteidigern vereitelt wurde, unternahm der Feind einen einzigen ernsthaften Versuch, das jüdische Viertel zu stürmen, und zwar am 28. April, von Süden her. Unter dem Deckungsfeuer von Mörsern und gleichzeitigem Beschuß von allen Seiten wurden zwei Vorstöße gegen unsere Südfront gemacht. Der erste, vielleicht ein Täuschungsmanöver, wurde sofort zum Stehen gebracht, als die Angreifer, die von der Polizeistation auf das Zentralhotel vorrückten, in ein Minenfeld gerieten. Der zweite, zwanzig Minuten später, wurde von einem Trupp von etwa dreißig Arabern ausgeführt, die, durch die Wände verlassener arabischer Läden am Südende des jüdischen

Viertels vordringend, das Geschäftszentrum erreichten. Unser Posten bemerkte den Trupp erst, als dieser bis auf fünf oder zehn Meter an ihn herangekommen war. Die Araber erwiderten unser Feuer von einer Stellung an der Nordecke von Charet-el-Rumana aus und versuchten, in das jüdische Viertel einzudringen. Ihr erster Mann stand bereits an der Barriere am Rande des Viertels mitten zwischen unseren Stellungen, als der ganze Trupp mit Handgranaten, die aus dem Geschäftsviertel geworfen wurden, in die Flucht geschlagen wurde.

Die feindlichen Stellungen waren keine fünfzehn Meter weit von uns entfernt. Der Feind war gut bewaffnet und konnte sein Feuer ungehindert auf unsere Stellungen und Vorposten richten. Ein besonders gefährdeter Punkt in unserer langen, in Windungen verlaufenden Verteidigungslinie war der „Stalingrad"-Block, der sich unterhalb der Hauptstraße, gegenüber der Polizeistation, dem Postamt und anderen höher gelegenen Häusern befand, die in Feindeshand waren. Dieser entmilitarisierte Komplex — die Engländer hatten dort wegen der Nähe der Polizeistation die Errichtung von Stellungen verboten — lag mit zwei Seiten dicht an einem befestigten arabischen Viertel, keine zwanzig Meter entfernt; die jüdischen Bewohner hatten die Häuser in der Nacht des englischen Abzuges verlassen. Dies war einer der schwächsten Teile der jüdischen Linie, und der Feind hatte mit der systematischen Zerstörung der Häuser begonnen. Ob er sich damit tiefer in das jüdische Viertel vorschieben oder freie Sicht bekommen wollte, um an der Polizeistation vorbeischießen zu können, oder ob es sich einfach um einen Akt von Zerstörungswut gegen jüdisches Eigentum handelte, blieb uns unbekannt.

Diese allem Anschein nach unüberwindlichen Probleme zu lösen — sich der Kampftechnik des Feindes gewachsen zu zeigen, das Leben in der Stadt aufrechtzuerhalten und aus der Einschließung auszubrechen — war die Aufgabe des Kommandeurs der *Palmach*-Abteilung, die am Tage des Abzuges der Engländer den Schutz von Safed übernommen hatte. Die jüdischen Kräfte wandten folgende Taktik an:

a) das jüdische Stadtviertel wurde mit einem Wall von Schießständen und Barrieren umgeben;
b) da es unmöglich war, eine befestigte Stellung in „Stalingrad" zu errichten und zu halten, besetzte ein *Palmach*-Zug jede Nacht den Trümmerhaufen und hielt ihn bis zum Morgen, fünfzehn bis zwanzig Meter vom Feind entfernt;
c) die jüdischen Stellungen nahmen von Zeit zu Zeit die Araber unter Feuer, und zwei *Palmach*-Scharfschützen hatten ununterbrochen den Finger am Gewehrabzug;
d) mehrere Sabotage-Akte wurden unternommen, nicht nur, um vorgeschobene feindliche Stellungen unschädlich zu machen, sondern auch, um unsere aggressive Stimmung deutlich zu zeigen. So wurden das Hotel Safed und das Ramsi-Haus, die an „Stalingrad" angrenzten und unsere Südflanke von rechts her bedrohten, in der Nacht des 22. April in die Luft gesprengt; desgleichen am Abend des 28. April die arabischen Läden in der Nähe des jüdischen Geschäftszentrums, die den Arabern als Deckung dienten;
e) elektrische und Schuhminen wurden ausgelegt;
f) unsere Truppen am Fuße des Berges Kanaan hielten Teile des arabischen Safeds, Chareth-el-Krad und die Karawanserei durch automatisches und Dreizoll-Mörserfeuer in ständiger Unruhe.

Die knappen Wasser- und Lebensmittelvorräte mußten rationiert werden, reichten aber bis zum Ende der Belagerung aus. Safeds Wasserversorgung, die Quelle Ajn Tinna, zwei Kilometer westlich der Stadt, war in Feindeshand. Es gab nicht genug Munition, Granaten oder Sprengstoffe in der Stadt, und alles mußte auf dem Rücken unserer Leute vom Berg Kanaan herangeschafft werden. Ohne die eingeschmuggelten Sprengstoffe hätten wir auch nicht den kleinsten Gegensabotage-Akt ausführen können.

Der Kampf um die Befreiung von Safed. Der Abzug der Engländer aus Galiläa wurde am 28. April mit der Räumung der Polizeistation und der verschiedenen Armeelager bei Rosch Pinna abgeschlossen. Zu Beginn der militärischen Aktionen in der Umgebung von Safed (Operation *Jiftach*) Anfang Mai kämpften unsere Leute die Straße Tiberias—Rosch Pinna frei. Jetzt wurde die Eroberung des arabischen Safeds zur Hauptaufgabe. Safed war nicht nur das größte und das einzige politisch und wirtschaftlich bedeutende Zentrum in Ostgaliläa, sondern auch topographischer Knotenpunkt einer Reihe wichtiger Verbindungslinien; seine Eroberung war daher für den Ablauf der gesamten Kampagne in Galiläa von entscheidender Bedeutung.

Es stand fest, daß das jüdische Safed mit Ejn Sejtim und dem Berg Kanaan dem doppelten Druck der Invasionskräfte von außen und der einheimischen Araber von innen auf die Dauer nicht standhalten konnte, solange das arabische Safed in Feindeshand war. Der Fall des jüdischen Safeds hätte es den libanesischen Kräften erlaubt, ihre Zangenbewegung nach einer Seite hin auszudehnen, und sie über Malakia—Saasa—Meron nach Safed und weiter nach Rosch Pinna gebracht.

Die Bedeutung Safeds für die Angriffspläne des Feindes bestätigte sich, als Kaukji seine Artillerie nach Meron verlegte, um „das jüdische Viertel auszumerzen"; als ferner der Druse Abdul Wahab nach dem Gefecht von Ramath Jochanan mit den Resten seiner Leute in Safed eintraf, um Schischaklis 700 Mann zu verstärken; und als mehr Araber aus der Umgebung zu ihnen stießen.

Es galt, die Juden von Safed aus einer immer enger werdenden Schlinge zu befreien, und so wurde der Beschluß gefaßt, als ersten Schritt der Operation *Jiftach*, das arabische Viertel von Safed zu erobern.

Zu diesem Zweck wurde das Gros des in Galiläa stehenden *Palmach*-Bataillons am Fuße des Berges Kanaan zusammengezogen. Hier standen unsere Truppen zum erstenmal dem Problem des Operierens in Bataillonsstärke gegenüber, zunächst in bezug auf die Versorgung. Lebensmittel mußten Nacht für Nacht, wieder auf dem Rücken der Soldaten, von Rosch Pinna herangebracht werden, und das verzögerte die Beschaffung ausreichender Waffenvorräte für die bevorstehende Aktion, denn auch sie mußten auf dem gleichen mühseligen Weg im Schutz der Dunkelheit transportiert werden. Obwohl der Nachschub ziemlich regelmäßig funktionierte, begannen sich die Lebensmittelvorräte zu verringern, und die Truppen zeigten erste Anzeichen von Erschöpfung. Von der bevorstehenden Offensive benachrichtigt, beschloß man, einen Durchbruch mit einem Transportzug zu wagen. Am 25. April wurde eine Kolonne an der Militärstraße nahe einer Biegung der Landstraße Rosch Pinna-Safed aufgestellt. Alle die Gegend beherrschenden Punkte waren vorher besetzt worden und im Mines-Haus am Berg Kanaan hatte man ein Maschinengewehr in Stellung gebracht, um die Kräfte in der Polizeistation zu binden. Die Kolonne rückte vor und erreichte die Anhöhe und die Stadt, ohne auf ernsthaften Widerstand zu stoßen.

Die Eroberung Safeds hing von der Einnahme des einzigen Schlüsselpunktes außerhalb der Stadt ab, der Polizeistation am Berg Kanaan, die fast das ganze arabische Stadtviertel überschaute und etwas höher lag als der zweite, aber wichtigere Schlüsselpunkt in der Stadt selbst: die Zitadelle. Obwohl die Polizeistation in der Nähe der jüdischen Stellungen am Berg Kanaan und etwas tiefer als diese lag, konnte sie nicht erfolgreich angegriffen werden, und zwar wegen ihrer starken Mauern und der sie umgebenden Befestigungen, zu deren Zerstörung unsere Waffen nicht ausreichten — ein Umstand, der uns bei den beiden erfolglosen Angriffen auf die Polizeistation Nebi Juscha teuer zu stehen kam. Die Stadt von einer anderen Richtung her anzugreifen, hätte erhebliche Verstärkungen erfordert, die durch dichtbesiedeltes arabisches Gebiet über schwer passierbare Berghänge und auf sich selbst angewiesen hätten vorrücken müssen.

So blieb nichts anderes übrig, als die jüdischen Kräfte nach Safed zu verlegen und das jüdische Viertel als Sprungbrett für den Angriff zu verwenden. Dazu aber mußte zunächst die Umzingelung durchbrochen werden. Das schwächste Glied in der arabischen Belagerungskette war der nördliche Flügel mit den Dörfern Ajn Sejtun und Birja am Fuße eines Ausläufers des

Berges Birja, und das gab den Ausschlag für unsere Wahl des ersten Schrittes zur Befreiung Safeds.
Die Eroberung von Ajn Sejtun. Sie begann am 1. Mai. Zwei *Palmach-Züge* setzten sich um 22.00 Uhr von ihrer Basis am Berg Kanaan aus in Marsch und rückten entlang des Ausläufers des Berges Birja (Position Nr. 3) in südwestlicher Richtung auf Ajn Sejtun vor. Ein Irrtum in bezug auf die Marschrichtung verlangsamte die Aktion, und die Stunde Null wurde um zwei Stunden aufgeschoben. Vom Ausgangspunkt des Angriffs, am Bergabhang, etwa 400 Meter nördlich des Dorfes, konnte der Stoßtrupp das Kampfgelände überblicken, das vor dem Bataillons-Befehlsstand und den Hilfseinheiten offen dalag.
Der Angriff begann am 2. Mai um 03.00 Uhr. Die Fesselungskräfte — eine Davidka, zwei Dreizoll-Mörser und eine Batterie von acht Zweizoll-Mörsern — begannen, das Dorf unter schweren Beschuß zu nehmen. Eine andere Abteilung unter Befehl eines Zugführers bezog auf demselben Abhang gegenüber Birja Stellung, um etwaigen Verstärkungen den Weg zu verlegen. Unsere Stützpunkte in Safed eröffneten starkes Feuer, um den Feind in der Stadt zu binden und ihn über das wahre Ziel des Angriffs zu täuschen.
Nach intensivem Beschuß griffen zwei Züge das Dorf in Nord-süd-Richtung an, der eine am östlichen, der andere am westlichen Flügel. Ihre Aufgabe war, sich von Haus zu Haus bis zur Landstraße Akko—Safed durchzukämpfen. Der Zug im Westen stieß auf starken Widerstand in dem Hain nordwestlich des Dorfes, ging etwas zurück und forderte Feuerschutz an; dadurch wurde der Feind zum Schweigen gebracht, und der Zug konnte ungehindert in das Dorf eindringen. Der Zug im Osten überwand sporadischen Widerstand mit Handgranaten; beide Züge vereinigten sich auf der Landstraße und besetzten planmäßig die dort liegenden Häuser. Dann machten sie sich an die Säuberung des Ortes, dessen Bewohner durch die Beschießung und die schnelle Besetzung des Dorfes völlig verwirrt waren. Waffen wurden beschlagnahmt und Gefangene gemacht. Am Morgen war das ganze Dorf in unserer Hand.

Im Morgengrauen wurde die Abteilung, die das Operationsgebiet aus Richtung Birja deckte, von einem feindlichen Vorposten am Berg Kanaan bemerkt und unter genaues Maschinengewehr- und Gewehrfeuer genommen. Die Gruppe suchte in der ersten Häuserreihe Deckung. Nach einem kurzen Feuerwechsel eroberte sie, acht Mann stark, das Dorf.
Während des Kampfes kam die Nachricht von einem Vorstoß libanesischer Truppen auf Ramoth Naftali, wahrscheinlich eine Sondierungsaktion für eine bevorstehende Invasion. Am Morgen des 1. Mai verschärfte sich die Lage, und Telegramme, die von 08.00 bis 10.30 Uhr eintrafen, ließen durchblicken, daß die Tage Ramoth Naftalis gezählt waren. Trotzdem beschloß das Hauptquartier von Operation *Jiftach*, den Plan zur Befreiung Safeds nicht aufzugeben. Ramoth Naftali erhielt Verstärkung durch Reserve-Einheiten, aber das Galiläa-Bataillon blieb in der Nähe von Safed.
Am 2. Mai rückte das Bataillon in voller Stärke entlang des Serpentinenweges Ajn Sejtun—Safed vor und marschierte in die Stadt ein, Waffen und Ausrüstung auf dem Rücken der Mannschaften, schweres Material auf dem Rücken von Eseln. In Ajn Sejtun blieben keine Posten zurück, aber zwei Tage lang wurden Streifen in das Dorf geschickt, um die Häuser zu zerstören oder niederzubrennen und dadurch einen feindlichen Stützpunkt zu vernichten und die Moral der Araber in Safed zu erschüttern. Einige der Bewohner versuchten, in ihr Dorf zurückzukehren, wahrscheinlich um Teile ihres Eigentums zu retten, wurden aber von einer jüdischen Streife verscheucht, nicht ohne Verluste.
Der erste Teil unseres Planes war erfüllt. Der Ring um Safed war im Norden durchbrochen und ein ganzes Bataillon in das jüdische Stadtviertel einmarschiert. Die Einnahme von Ajn Sejtun und Birja und das Eintreffen der ersehnten Verstärkungen ließen die Juden von Safed aufatmen.
Der erste Angriff. Der Angriff auf den arabischen Teil der Stadt begann am 6. Mai um 01.00 Uhr. Sein Ziel war die Eroberung der Zitadelle und ihres „Nippel"-Aufsatzes, da man

annahm, daß dies den Feind zwingen werde, die tiefer gelegene Polizeistation und das Schalwa-Haus aufzugeben, die dann zum Sprungbrett für die zweite Phase, die Eroberung der ganzen Stadt, werden sollten. Der Angriff mußte mit schwerem Feuer auf die Zitadelle beginnen; ein Zug vom Berge Kanaan sollte einen Täuschungsangriff auf die dortige Polizeistation unternehmen, ein zweiter die Gewerbeschule (die der Feind in der Nacht vor dem Abzug der Engländer besetzt hatte) und ein Nachbarhaus besetzen, das zwischen der Zitadelle und dem arabischen Viertel Chareth-el-Krad lag. Sobald dies geschehen war, hatte ein beim Hotel Zitadelle stationierter Stoßtrupp erfahrener Soldaten mit einem ortskundigen Führer zur Zitadelle hinaufzusteigen und den „Nippel" im Sturm zu nehmen. Die Gewerbeschule wurde planmäßig erobert. Der Stoßtrupp kletterte den Abhang zur Zitadelle hinauf, als er von einer stark befestigten arabischen Stellung aus unter Feuer genommen wurde (wie sich später herausstellte, vom „Nippel" selbst aus). Der Führer, Seev Cohen, wurde getötet, und der Kommandeur kannte sich ohne ihn in dem Gelände nicht aus. Nicht genug damit, geriet der Zug an seinen Flügeln unter Maschinengewehr-, Gewehr- und Handgranatenfeuer von den beiden Polizeistationen am Berg Kanaan und in der Stadt aus.
Der Trupp hielt fast drei Stunden dem ununterbrochenen Feuer von drei Seiten stand, konnte aber die feindliche Stellung nicht stürmen. Verstärkungen sowie Mannschaften zur Bergung der Verwundeten wurden losgeschickt, aber am Morgen war der „Nippel" noch immer in Feindeshand, und schließlich wurde der Rückzug angeordnet.
Eine Analyse des mißglückten Unternehmens ergab folgende Tatsachen, die in den Plan für die nächsten Aktionen berücksichtigt wurden:
a) die angreifenden Kräfte, fast ein Infanteriebataillon stark, waren nicht zweckmäßig genutzt worden; der Angriff fand in der Nacht statt, und so hätte mit weniger Kräften mehr erreicht werden können, besonders da er gegen ein Einzelobjekt gerichtet war;

b) es wurden keine Ablenkungs- und Fesselungsmanöver gegen die Stützpunkte an den Flanken, die Polizeistation und das Schalwa-Haus, unternommen — ein Umstand, der für die vielen Verluste verantwortlich war, die uns von diesen Stellungen aus zugefügt wurden;

c) nach der Einnahme des Zitadellen-Sektors gab es dort zu viel Gedränge und Herumstehen der beteiligten Männer;

d) wir hatten keine starken Geschütze zur Zerstörung der Befestigungen; unsere Leute lagen drei Stunden lang ohne Deckung unter Feuer, keine fünfzig Meter von den feindlichen Linien entfernt;

e) die Beschießung, von der alles abhing — die Einnahme von Ajn Sejtun hätte uns als Beispiel dienen können — war wegen fehlerhafter Geschosse und unzureichender Zielgenauigkeit zu schwach;

f) wir waren mit dem Gelände nicht vertraut;

g) der Aufschub der Stunde Null hatte den Abschluß der Aktion vor Tagesanbruch verhindert.

Nach dem Rückzug von der Zitadelle hielten wir noch die Gewerbeschule; als sie aber unaufhörlich unter Feuer genommen wurde und sich herausstellte, daß sie keine ausreichende Deckung gegen den Beschuß bot — zwei unserer Männer waren dort getötet und mehrere verletzt worden — wurde auch sie am 7. Mai aufgegeben. Dies geschah in aller Heimlichkeit unter Hinterlassung einer starken elektrischen Mine, die mit einer nahegelegenen Stellung verbunden war. Der Feind hatte nichts von dem Rückzug bemerkt und setzte die Beschießung fort, schickte aber schließlich einen Trupp von zehn Mann los: die Mine wurde zur Explosion gebracht, und das ganze Gebäude mit allem, was sich darin befand, ging in die Luft.

Der Feind hatte sich gut gehalten und verstärkte seine Stellung in den folgenden Tagen in Erwartung des nächsten Angriffs. Am 7. Mai brachte Kaukji einen Teil seiner Artillerie, darunter zwei 24-Pfünder, vom Berge Meron an Safed heran und begann, das jüdische Viertel zu beschießen. Am 8. Mai überschritt eine syrische Kompanie bei Baticha den Jordan und stieß zu

den arabischen Kräften in der Stadt, die die ganze Zeit über Schauplatz zeitweiliger Gefechte und Beschießungen war.
Der Plan für unseren zweiten Angriff wurde unter Berücksichtigung der Erfahrungen des ersten aufgestellt. Zunächst wurden mehr Waffen herangeschafft, darunter zwei „Flöhe" (kleine Davidkas), größere Mengen an Munition für unsere Davidkas und drei Piat-Geschütze. (Die Ausbildung in der Bedienung der letzteren begann sofort.) Eine Abteilung, die bei Rosch Pinna in verlassenen englischen Baracken untergebracht war und die Straße sicherte, wurde für die bevorstehende Offensive nach Safed verlegt. Zwei Tage vorher waren die Dreizoll-Mörser auf ihre Ziele ausgerichtet worden, und zwar aufgrund von Funkmeldungen, die ein Beobachter vom Berg Kanaan durchgab (in Safed selbst war kein Punkt zu finden, von dem aus genaue Entfernungsmessungen vorgenommen werden konnten).
Der zweite Angriff begann am 10. Mai um 21.30 Uhr mit starkem Artilleriefeuer. Ein Zug am Berg Kanaan unternahm ein Täuschungsmanöver gegen die dortige Polizeistation. Ein schweres Maschinengewehr wurde beim Zentralhotel in Stellung gebracht, um die Verbindung zwischen Zitadelle und Polizeistation zu unterbrechen, ein zweites beim Bussel-Haus, von wo aus es Chareth-el-Krad in Schußweite hatte. Gleichzeitig sollte eine Abteilung des *Emek*-Bataillons, das zwei Tage vorher zur Teilnahme an der *Jiftach*-Operation eingetroffen war, das Dorf Achbara südlich von Safed angreifen, über das der Feind die Verbindung mit Syrien aufrechterhielt; der Zweck war, arabische Verstärkungen aufzuhalten und dem Feind die Verteidigung zu erschweren. Drei Züge sollten gleichzeitig das Schalwa-Haus, die Zitadelle und die städtische Polizeistation angreifen und erobern. Um die Artillerieunterstützung elastischer und wirksamer zu gestalten, blieb der für das städtische Bauwesen zuständige Ingenieur im Aktionshauptquartier; den Stadtplan vor sich, saß er am Fernsprecher und konnte das Feuer der Mörser jederzeit den Veränderungen der Lage anpassen oder nach den Anweisungen des Hauptquartiers umdirigieren. Eine Anzahl von Jungen stand als Melder und Reserveträger bereit, um in

der stürmischen Regennacht Lebensmittel, Ausrüstungsgegenstände und trockene Bekleidung unverzüglich an die Punkte zu bringen, wo sie benötigt wurden. Schließlich befand sich im Hauptquartier auch ein Reservetrupp von Pionieren.

Die Zitadelle. Nach unseren Informationen war der „Nippel" bei dem ersten Angriff von vierzig gutverschanzten Arabern verteidigt und durch Laufgräben eine Verbindung zu den Verstärkungen hergestellt worden. Dieses Mal wurde der Angriff aus der Richtung des jüdischen Viertels unternommen. Drei Züge hielten sich im Zentralhotel bereit. Damit der Angriff nicht an Wucht verlor oder aufgehalten wurde, hatten sie die Zitadelle in drei aufeinanderfolgenden Wellen zu stürmen. Falls der erste Zug beschossen wurde, sollten die Piats und Maschinengewehre Feuerschutz geben und die beiden anderen Züge nacheinander vorrücken. Mißlang auch diese Aktion, war es an der Reserve-Einheit, einzuspringen und Zug um Zug, Welle um Welle vorzugehen. Schlug auch das fehl, hatten die Hilfseinheiten die Bergung der Toten und Verwundeten einzustellen und zum Angriff überzugehen. Der Stoßtrupp bestand aus drei Zügen mit je einem Piatgeschütz, sowie einem leichten und einem schweren Maschinengewehr und den Bedienungsmannschaften.

Die Beschießung wurde eingestellt, und der Stoßtrupp überquerte den Weg, der sich um den Zitadellenhügel schlingt, und begann den Aufstieg. Er geriet sofort in das Feuer von drei leichten Maschinengewehren im „Nippel" und in der Polizeistation am Berg Kanaan. Der Trupp war der Sicht des Feindes und seinem Feuer ausgesetzt. Der Vorstoß kam zum Stillstand, der Zugführer wurde verwundet, machte aber weiter mit. Sein Stellvertreter schickte die Piat-Mannschaft vor, die mit zwei Geschossen die feindliche Stellung zum Schweigen brachte. Jetzt rückte der Trupp wieder vor, stieß nicht mehr auf Widerstand und besetzte die Zitadelle mit ihrem Netzwerk an Schießständen und Laufgräben und mit ihrer guten Telephonanlage. Der Reservezug wurde nach oben beordert, die Besetzung abgesichert und eine Rundumverteidigung organisiert.

Um Mitternacht wurden Bauarbeiter und Baumaterial zur Zitadelle hinaufgebracht und die Befestigungen repariert und ausgebaut.

Das Schalwa-Haus. Hier lagen nach unseren Informationen sechzig gut bewaffnete Iraki-Freiwillige mit mindestens drei leichten Maschinengewehren.

Unsere Kräfte hatten im Segal-Haus Stellung bezogen, westlich vom Schalwa-Haus, etwa fünfzig Meter von ihm entfernt. Die Piats und leichten Maschinengewehre wurden im ersten Stock, die Schützen im zweiten und das Sprengkommando im Erdgeschoß untergebracht. Das Schalwa-Haus war in den Hügel hineingebaut, und sein Erdgeschoß lag mit dem zweiten Stockwerk des Segal-Hauses auf gleicher Höhe. Unter dem Feuerschutz der Piats, der Maschinengewehre und Schützen rückte das Sprengkommando vor und brachte die Sprengladung an der Mauer des Erdgeschosses an. Das Dynamit war vom Regen feucht geworden, flammte auf, ohne zu explodieren, und das führte zu einem Irrtum unserer Leute: in dem Glauben, daß der Sprengkörper funktioniert habe, griffen sie das Gebäude an. Es gelang ihnen, in das Erdgeschoß einzudringen; sie konnten sich aber im Stockdunkeln nicht orientieren und mußten Licht machen, um den Weg ins Obergeschoß zu finden. Auf dem zweiten Treppenabsatz wurde der Zugführer, Abraham Licht, von Arabern, die aus dem Gebäude ausbrechen wollten, getötet. Dann wurde es still; der letzte Araber war geflohen. Eine intakte Telephonanlage, reiche Lebensmittelvorräte, Gewehre und leichte Maschinengewehre mit Munition wurden aufgefunden, außerdem zwölf Leichen, stark verbrannt, wahrscheinlich von den Piatgeschossen. Ohne Zeit zu verlieren, wurden Maurer mit der Reparatur des Hauses beauftragt und eine Telephonleitung zum Bataillonsstab installiert.

Mit der Besetzung des Schalwa-Hauses war die zweite Schlüsselstellung der Stadt, die das arabische Viertel Chareth-el-Krad beherrschte, in unserer Hand. Tagsüber wurde jede Bewegung in diesem Stadtteil unter Feuer genommen, und um die Mittagszeit zog der Feind ab.

Die städtische Polizeistation. Das längste und härteste Gefecht ging um den Besitz der Polizeistation. Das Gebäude war mit seinem Bunker die stärkste Befestigung in der Stadt und wurde unseren Informationen zufolge von hundert libanesischen Freiwilligen verteidigt, die über reichliche Waffen- und Lebensmittelvorräte verfügten.

Nach vorhergehender Aufklärung durch den Kompanieführer und andere Offiziere wurde folgender Plan gefaßt: ein Zug mit zwei leichten Maschinengewehren hatte unter dem Kommando eines Zugführers in „Stalingrad" in Stellung zu gehen, um das Feuer von der Polizeistation auf sich zu lenken und einen Täuschungsdurchbruch vorzunehmen. Vom dritten Stockwerk des Zentralhotels aus sollte ein leichtes Maschinengewehr die Kräfte auf dem mit Sandsäcken befestigten Dach der Polizeistation binden. Der Stoßtrupp bestand aus zwei Abteilungen: einer Schützenabteilung, die als Reserve im Zentralhotel zurückblieb, und einer Piat-Mannschaft mit Sprengkommando, die vom Hotel aus über die Ruinen der protestantischen Kirche zu der steinernen Umfassung der Birja-Bäckerei vordringen sollte, etwa dreißig Meter von der Polizeistation entfernt. Unter dem Feuerschutz der Piatmannschaft und der Schützen sollte das Sprengkommando den Stacheldrahtverhau mit Bangalore-Torpedos[1] zerstören, dann die Steinmauer mit Sprengladungen, die fünf Meter weit von ihr entfernt gelegt werden sollten, in die Luft sprengen und schließlich mit stärkeren Sprengladungen eine Bresche in die Mauer des Gebäudes schlagen, die es dem Stoßtrupp ermöglichen sollte, in das Haus einzudringen.

Der Stoßtrupp hatte zwölf Sprengstoffladungen, zwei Bangalore-Torpedos, zwölf Piatgeschosse und ein leichtes Maschinengewehr. Mit der Beschießung des „Nippels" trat der Ablenkungstrupp in „Stalingrad" und im Zentralhotel in Aktion. Der Stoßtrupp rückte unbemerkt durch das zerstörte Hotel bis

---

[1] Mit Sprengstoff gefüllte und mit einer Zündkapsel versehene Metalltuben, die sich besonders zur Zerstörung von Drahtverhauen eignen (Anm. des Übersetzers).

zu der steinernen Mauer vor, bis auf dreißig Meter an die Polizeistation heran.
Die Piat-Mannschaft feuerte vier Geschosse auf den Bunker ab und setzte ihn außer Aktion. Jetzt sollte der Drahtverhau mit den Bangalore-Torpedos zerstört werden. Der erste versagte, und die beiden Männer, die damit beauftragt worden waren, kehrten niedergeschlagen zurück; auch der zweite war ein Versager, und diesmal wurden die beiden Männer verwundet.
Es wurde daher beschlossen, nicht mehr zu warten, sondern den Drahtverhau zu durchbrechen, ohne ihn vorher zu zerstören, und dann die Mauer, die die Polizeistation umgab, in die Luft zu sprengen. Ein Teil der Mannschaft kroch durch den Verhau, aber die Sprengkörper gingen in dem strömenden Regen nicht los. Zehn Mann wurden bei diesen Aktionen verwundet. Die Piat-Mannschaften erlitten Schulterwunden, denn sie wußten nicht, wie sie mit diesen Waffen über einen Zaun schießen sollten. Zu guter Letzt war auch das Ablenkungsmanöver von „Stalingrad" aus sehr schwach; später erfuhren wir, daß alle Männer dort verwundet worden waren, wahrscheinlich von einem Davidkageschoß, das vorzeitig explodierte, und daß nur der Zugführer und der Sanitäter übriggeblieben waren, um das Maschinengewehr zu bedienen.
Um 03.30 Uhr wurde beschlossen, mit Hilfe eines zweiten Sprengkommandos noch einmal zu versuchen, die Mauer um die Polizeistation zu durchbrechen. Eine andere Art Sprengstoff wurde verwendet, diesmal mit Erfolg. Da alle Männer des Sprengtrupps verwundet waren, wurde den Schützen gezeigt, wie die Sprengkörper gezündet werden mußten. Sechs Ladungen von je fünfzehn Kilogramm wurden an der Mauer der Polizeistation angebracht, die Explosion öffnete zwei große Breschen, und der Angriff konnte endlich seinen Fortgang nehmen. Der Stoßtrupp war auf fünfzehn Mann zusammengeschmolzen und wurde in zwei Gruppen geteilt: eine besetzte den Bunker, brachte dort ein Maschinengewehr in Stellung und nahm das zweite Stockwerk des Polizeigebäudes, aus dem verheerendes Feuer kam, unter Beschuß; die andere drang in den ersten Stock

ein und feuerte dort auf die Verteidiger. Es war ein hartes Gefecht, das den Kompanieführer, Itzig Hochmann, das Leben kostete. Sein Stellvertreter kam sofort aus dem Bunker herübergelaufen, und nach einem kurzen Nahkampf, in dem mehrere Araber getötet und vier gefangengenommen wurden, war das erste Stockwerk in unserer Hand.
Die Sten-Pistolen hatten jetzt ihre Munition verbraucht, und das Gefecht im ersten Stock war das Werk der drei mit Thompson-Maschinenpistolen ausgerüsteten Abteilungskommandeure, die im Kampf von Haus zu Haus ausgebildet waren. Nach der Eroberung des ersten Stockwerkes wurde ein Posten im Treppenhaus aufgestellt und ein Melder zum Bataillonshauptquartier geschickt, mit der Nachricht, daß der Kompanieführer gefallen und es unmöglich sei, den Rest des Hauses mit den übriggebliebenen, völlig erschöpften Männern zu nehmen. Der stellvertretende Bataillonskommandeur erschien auch sofort an Ort und Stelle, mit ihm die im Zentralhotel stationierten *Haganah*-Leute, die die oberen Stockwerke der Polizeistation „auszukämmen" begannen. Es war schon heller Tag, als der dritte Stock gesäubert war; jetzt blieben noch dreizehn Araber auf dem Dach. Handgranaten, Zweizoll-Mörser, schwere Maschinengewehre und Flammenwerfer wurden gegen sie eingesetzt — vergeblich. Später ergaben sich zehn von ihnen, die letzten drei setzten ihr Feuer fort und entkamen in der Nacht mit Hilfe eines aus Decken und Gürteln angefertigten Seiles.

Die Eroberung der drei Schlüsselpositionen in der Nacht des 10. Mai durchbrach nicht nur die Einkreisung, die das Leben im jüdischen Safed fast erstickt hatte, sondern lieferte den jüdischen Kräften auch ein Sprungbrett zum Angriff auf den arabischen Stadtteil. Es war aber noch lange nicht so weit. Die Polizeistation am Berg Kanaan war noch immer in arabischer Hand und die Lage des arabischen Viertels nicht schlechter als die des jüdischen während der Belagerung.
Dementsprechend wurde ein Plan zur Eroberung der Stadt entworfen; da aber geschah etwas, was für alle Araber im Lande

An der Klagemauer, nach der Eroberung von Alt-Jerusalem im Juni 1967.

Panzeralarm, November 1969.

Training für die Zukunft.

und auch für die arabischen Freiwilligen charakteristisch ist: es kam zu gar keinem Kampf! Die starken arabischen Kräfte in Safed machten sich aus dem Staube und räumten die Polizeistation am Berg Kanaan, ohne auch nur den Versuch zu machen, sie zu halten oder Widerstand zu leisten. Die Wege von Safed nach Ajn Tinna und Samueh waren voll von Flüchtlingen, und es sah nach einem allgemeinen Auszug der Araber aus.

Am 11. Mai mittags war Safed leer und verlassen. Wir begannen, es Teil um Teil zu besetzen. Eine Deckungsabteilung mit Davidkas und schweren Maschinengewehren bezog in der Zitadelle Stellung. Unsere Truppen rückten in zwei Kolonnen in die Stadt ein: die eine marschierte unter dem Befehl eines Kompanieführers von der Zitadelle hinunter und auf die Karawanserei und das Regierungs-Hospital zu; die andere unter einem Abteilungskommandeur durch Chareth-el-Krad zum arabischen Hotel am Berg Kanaan.

Im Falle, daß eine der beiden Kolonnen in Schwierigkeiten geriet, sollte der Feind abgelenkt und angegriffen werden. Aber der Einmarsch in die Stadt ging glatt und ohne Widerstand vor sich, und am Abend war ganz Safed in unserem Besitz. Der Vormarsch auf die Polizeistation am Berg Kanaan dauerte wegen der vielen Minen am Weg etwas länger; aber auch hier verlief alles ohne Zwischenfall. Als unsere Truppen das arabische Hotel gegenüber der Polizeistation erreichten und sich dort nichts rührte, wurden die drei Drahtverhaue mit Bangalore-Torpedos zerstört. Eine Mauer der Station wurde durchbrochen, für den Fall, daß Türen und Tore mit Minenfallen versehen waren. Unsere Truppen strömten durch die Maueröffnung in die Polizeifestung.

Auf dem Dach des Gebäudes ging unsere Fahne hoch. Die Befreiung von Safed war vollendete Tatsache.

Dies ist der historische Tagesbefehl, den der erste Ministerpräsident und Verteidigungsminister Israels, David Ben Gurion, im Namen der Regierung am 31. Mai 1948 an die israelischen Verteidigungskräfte richtete. Der Befehl spricht von der Verwandlung der *Haganah* in die legale, reguläre Verteidigungsarmee des neugeschaffenen Staates Israel, von der historischen Bedeutung dieser Tatsache und der großen Dankesschuld des neuen Staates und der neuen Armee gegenüber der *Haganah*.

Tagesbefehl

Mit der Errichtung des Staates Israel ist die *Haganah* aus der Illegalität hervorgetreten und zu einer regulären Armee geworden.
Die Dankesschuld, die der *Jischuw* und das jüdische Volk der *Haganah* gegenüber auf allen Stufen ihrer Existenz und Entwicklung haben, ist sehr groß. Die *Haganah* wuchs aus kleinen Anfängen in der Frühzeit, in Petach Tikwah, Rischon Lezion, Gedera, Rosch Pinna, Sichron Jaakov, Metulla über die *Schomer*-Organisation und die Pioniere der zweiten *Alijah*[1], über die Jüdische Legion im Ersten Weltkrieg und die Verteidiger von Tel Chaj, weiterhin in der Zeit zwischen den beiden Weltkriegen über die Gründung der Jüdischen Siedlungspolizei während der Unruhen von 1936 bis 1938, des *Palmach* und der Feldeinheiten, über den Freiwilligenstrom im Zweiten Weltkrieg und die Errichtung der ersten jüdischen Brigade, zu der *Haganah* heran, die in dem gegenwärtigen Krieg vom 30. November 1947 bis zum 31. Mai 1948 für uns gekämpft hat.
Ohne die Erfahrung, die Pläne, die Aktions- und Befehlsfähigkeit, die Treue und das Heldentum der *Haganah* hätte der

1 Hebr. Hinaufziehen, Bezeichnung der jüdischen Einwanderung nach Palästina; erste *Alijah* 1882—1904, zweite *Alijah* 1904—1914, dritte 1919—1923, vierte 1924—1928, fünfte 1929—1934, sechste 1936—1940; später nicht mehr numeriert (Anm. d. Übers.).

Jischuw die fürchterliche Blutprobe der letzten sechs Monate nicht überstanden, und wir hätten keinen Staat Israel. In der Geschichte des Volkes Israel wird die *Haganah* von einem Ruhmesglanz umstrahlt sein, der nie erlöschen wird.
Ein neues Kapitel hat begonnen: Die reguläre Armee des Staates Israel, die Armee von Israels Freiheit und Unabhängigkeit im eigenen Lande, ist aufgrund eines von der Provisorischen Regierung veröffentlichten Dekretes über die israelischen Verteidigungskräfte geschaffen worden.
Dieser Armee ist die Sicherheit von Volk und Heimat anvertraut. Die Worte der Unabhängigkeitserklärung Israels werden auf dem Schild von Israels Armee eingeprägt sein:
„Der Staat Israel steht der jüdischen Einwanderung und der Aufnahme der Verbannten offen; er wird die Entwicklung des Landes im Interesse aller Einwohner fördern; er wird auf Freiheit, Gerechtigkeit und Frieden gegründet sein, wie sie die Propheten Israels voraussahen; er wird die völlige soziale und politische Gleichberechtigung aller seiner Bürger ohne Unterschied von Religion, Rasse und Geschlecht sichern; er wird die Freiheit von Glauben, Gewissen, Sprache, Erziehung und Kultur garantieren; er wird die Heiligen Stätten aller Religionen schützen und den Grundsätzen der Vereinten Nationen treu bleiben."
Wenn sie in den Kampf zieht, um die Kräfte des Bösen zu zerschmettern, die unsere Existenz, unser Wachstum und unsere Freiheit zerstören wollen, wird Israels Armee der uralten Vision unserer Propheten eingedenk sein: „Volk wird nicht Schwert gegen Volk erheben, noch werden sie das Kriegshandwerk lernen[2]."
Die reguläre Armee Israels wird aus Land-, See- und Luftstreitkräften sowie den entsprechenden militärischen Hilfskräften bestehen.
Die israelischen Verteidigungskräfte umfassen alle Personen, die bis zum 1. Juni in den Brigaden und anderen Heeresformationen gedient und an der Verteidigung des *Jischuw* und dem Freiheits-

[2] Jesajas, 2, 4.

krieg Israels teilgenommen haben, sowie alle diejenigen, die jetzt auf Anordnung der Regierung Israels wieder einberufen werden.

Jeder Soldat, Mann oder Frau, wird den folgenden Eid leisten: „Ich schwöre und gebe mein Ehrenwort, daß ich dem Staate Israel, seinen Gesetzen und legal geschaffenen Behörden treu bleiben, mich rückhaltlos der Disziplin der israelischen Verteidigungskräfte unterwerfen, allen von seinen bevollmächtigten Kommandeuren gegebenen Befehlen und Anweisungen gehorchen sowie all meine Kraft und selbst mein Leben in den Dienst der Verteidigung von Heimat und Freiheit Israels stellen werde."

Die moralische und körperliche Kraft eines jeden Soldaten und Kommandeurs und die Hingabe an ihre Aufgabe wird die israelischen Verteidigungskräfte zu einem Bollwerk von Volk und Heimat machen.

31. Mai 1948, Jahr 1 der Unabhängigkeit Israels

David Ben Gurion
Ministerpräsident und Verteidigungsminister

Die folgende kurze Zusammenfassung der wichtigsten Lehren des Unabhängigkeitskrieges (1947—1949) stammt von Generalleutnant Jigael Jadin, Professor für Archäologie an der Hebräischen Universität Jerusalem, der während des Krieges Operationschef im Generalstab und zweiter Generalstabschef der israelischen Verteidigungskräfte war. Er schrieb sie als Einleitung zu einer Sammlung von Abhandlungen unter dem Titel *Beschwilej Machschawah Zwaith* (Auf den Pfaden militärischen Denkens), *Maarachoth*-Verlag 1950.

Erfahrungsbericht

Jigael Jadin

Die militärische Geschichte eines Krieges, die kurz nach seinem Ende geschrieben wird, ist gewöhnlich nicht zufriedenstellend, denn das aus Sicherheitsgründen gebotene Schweigen ist wichtiger als der Nutzen der Veröffentlichung, selbst wenn sie sich auf vereinzelte Themen beschränkt. Wenn Kriegsgeschichte einen erzieherischen Wert haben soll, hat sie allseitig, erschöpfend, komplett und objektiv zu sein. Ist sie durch Vorurteile oder Subjektivität entstellt, oder kann sie aus Sicherheitsgründen nicht alle Tatsachen anführen, so wird sie vielleicht vorübergehendes Interesse erwecken, aber weder dauernden Wert haben noch einen wichtigen Beitrag zur Militärwissenschaft liefern.

Das Verlagshaus *Maarachoth* zeigt daher besonderen Mut, daß es, wenn auch nur in bescheidenem Maße, an die Veröffentlichung der Lehren des vergangenen Krieges geht, um so mehr, als die folgenden Umstände eine solche Aufgabe besonders erschweren:

a) Unsere politische und militärische Lage läßt die Veröffentlichung vertraulichen Materials aus Sicherheitsgründen nicht zu;
b) Befehle und Pläne können daher nicht in der Originalfas-

sung wiedergegeben und mit den Resultaten verglichen werden; man muß sich mit der Veröffentlichung von „Plänen" begnügen, die eigentlich Berichte sind, das heißt Erläuterungen wirklicher Geschehnisse, und das macht einen Vergleich zwischen Plan, Ausführung und Ergebnis unmöglich;
c) wir stehen den Ereignissen noch zu nahe, als daß wir endgültige Schlüsse aus der großen Menge des Materials ziehen könnten;
d) es ist sehr schwierig, zahlreichen kommandierenden Offizieren, die noch immer eine große Last im Armeedienst tragen, genügend Freizeit zum Niederschreiben ihrer Ansichten zu geben.
Dennoch glaube ich nach Lektüre dieser Sammlung, daß die Herausgeber in der Wahl der Kriterien und der Methodologie nicht fehlgegangen sind, trotz aller Schwierigkeiten und trotz der Notwendigkeit, manche Artikel ganz oder teilweise auszuschließen. Das ist zum Teil dem Umstand zu verdanken, daß es ihnen gelang, eine Anzahl von Offizieren zu „rekrutieren", deren Kenntnis der behandelten Themen unanfechtbar ist, da sie ihren persönlichen Erfahrungen entstammt.
Ich muß mich auch zu den oben genannten Offizieren rechnen, denn ich kann leider nicht die Zeit aufbringen, um über den Krieg in einer Weise zu sprechen, die meinen Erfahrungen in der Operationsabteilung des Generalstabs entspricht. Ich glaube jedoch nach Durchsicht der vorliegenden Sammlung die folgenden entscheidenden Punkte hervorheben zu können:
1. die hervorragende Moral des *Jischuw* in einem Krieg gegen einen an Zahl und Ausrüstung überlegenen Feind;
2. den vollständigen Einsatz der Kräfte des *Jischuw* während des Krieges;
3. die große Bedeutung eines vereinten Kommandos über alle Waffengattungen des Heeres (einschließlich Stäbe, Korps und Hilfsdienste);
4. den wichtigen Beitrag der landwirtschaftlichen Siedlungen an den Grenzen und in den vorgeschobenen Gebieten, der es dem *Jischuw* ermöglichte, die Invasion aufzuhalten und die Mobili-

sierung und Zusammenziehung seiner eigenen Kräfte geheimzuhalten;

5. die Überlegenheit der israelischen Kommandeure, besonders der mittleren und niederen Dienstgrade, gegenüber dem Feind, in bezug auf Verantwortlichkeit, Fähigkeit zu selbständigem taktischem Denken, Reife und Führungsqualität;

6. die erfolgreiche Überwindung der technischen und psychologischen Schwierigkeiten, die sich im Gefecht durch den Übergang von Zug-Bataillon-Brigade-Stärke auf Bataillon-Brigade-Division-Formation und mit Einführung dieser Formationen als permanente Kampfeinheiten ergaben;

7. die Ausbildung unserer Mannschaften im Nachtkampf, die mehr als alle anderen Faktoren taktische Überraschungen des Feindes ermöglichte;

8. die Bedeutung einer korrekten, man möchte fast sagen: wissenschaftlichen, Kenntnis in der Bedienung der verschiedenen Waffen, andererseits die gelegentlichen Mißerfolge aus Mangel solcher Kenntnis;

9. die Tatsache, daß unsere Kommandeure das Kampfgelände persönlich kannten (ein Beispiel: unser Erfolg bei Mischmar Haemek ist großenteils dem Umstand zuzuschreiben, daß die Offizierskurse der *Haganah* bei Ejn Haschofeth stattfanden und alle Offiziere, die am Kampf von Mischmar Haemek teilnahmen, Besucher dieser Kurse und an den Manövern zur Eroberung von Chirbet-er-Ras beteiligt waren, dessen tatsächliche Besetzung von entscheidender Bedeutung für den Kampf war);

10. die volle Anwendung der „Strategie des indirekten Angriffs" beim Aufstellen der Operationspläne.

Schließlich soll noch hervorgehoben werden, daß das wichtigste Element der Kriegskunst die Überraschung ist. Verglichen mit ihr sind alle anderen Faktoren, einschließlich Kampfgeist, Konzentrierung und Schnelligkeit, entweder zweitrangig oder nur Mittel zum Zweck.

Mit Hilfe der genannten drei Faktoren kann Überraschung erzielt werden, und Überraschung gewinnt den Kampf.

Zwei Ströme militärischen Denkens und militärischer Erfahrung hatten gestaltenden Einfluß auf Israels Verteidigungskräfte. Der eine kam aus der Untergrundarmee der *Haganah* und ihres Vorkämpfers, des *Palmach*, der andere aus den jüdischen Einheiten, die in der englischen Armee dienten, hauptsächlich der Jüdischen Brigade. Der Einfluß dieser beiden Denkweisen machte sich bereits in den Jahren vor der Staatsgründung bemerkbar, und beide begegneten einander im Generalstab der *Haganah*, die neben der Kontrolle über ihre eigenen Kräfte auch — durch ihre Beauftragten — eine indirekte Kontrolle über die jüdisch-palästinensischen Truppen in der englischen Armee ausübte. Nach dem Kriege und der englischen Abrüstung wurden die letzteren in der Mehrzahl von den verschiedenen Zweigen der *Haganah* absorbiert; sie brachten wertvolle militärische Kenntnisse und Erfahrungen mit. Die Vereinigung der beiden Ströme in den neugeschaffenen israelischen Verteidigungskräften erwies sich als äußerst fruchtbar.
Der nachfolgende (gekürzte) Artikel über das Vermächtnis der Jüdischen Brigade, die während des Zweiten Weltkrieges in der englischen Armee diente, ist von zwei Mitgliedern der Brigade verfaßt: Brigadegeneral Abraham Tamir und (dem verstorbenen) Brigadegeneral David Karmon, die den besonderen Beitrag analysieren, den die jüdischen Soldaten einer alten, erfahrenen Armee wie der englischen zum Aufbau der jungen, unerfahrenen des neuen Staates Israel leisteten.

Das Vermächtnis der Jüdischen Brigade*

Abraham Tamir und David Karmon

Heute, da Israels Unabhängigkeitskrieg beendet ist, müssen wir zurückblicken und den Versuch unternehmen, die Ursachen unseres Sieges zu erkennen. Eine solche Untersuchung wird uns beim Ausbau unserer Armee sehr zugute kommen. Es ist natürlich unmöglich, in einem kurzen Artikel alle Ursachen herauszustellen. Jede Phase unserer Verteidigung in den letzten zwanzig Jahren müßte behandelt werden, und nur eine ganze Reihe solcher Untersuchungen wird die Basis schaffen, auf

* Aus *Beschwilej Machschawah Zwaith*, S. 67—74.

der die Ergebnisse zusammenzufassen und Schlüsse zu ziehen sind.
Wir beschränken uns hier darauf, die Erfahrungen der in der britischen Armee dienenden palästinensischen Infanterietruppen, ihren Beitrag zur Errichtung unserer eigenen Armee und ihre Rolle im Unabhängigkeitskrieg zu analysieren.
Die Geschichte der palästinensischen Einheiten gliedert sich in drei Entwicklungsphasen, aus denen sie als verstärkte Brigade mit einem Artilleriebataillon, einer Pionierkompanie, einer Sanitätstruppe, eigenem Transport- und Meldewesen sowie einer Militärpolizei hervorgingen.
Phase I war die Zusammenfassung palästinensischer Freiwilliger zu Kompanien, die den „Buffs" (dem Ost-Kent-Regiment) zu Wachdiensten zugeteilt wurden; sie erhielten die Ausrüstung und Ausbildung englischer Kolonialtruppen. Die meisten Offiziere waren Engländer, was den Charakter der Einheiten entscheidend beeinflußte. Ihrer besonderen Zusammensetzung wegen zeichneten sie sich durch ein starkes Zusammengehörigkeitsgefühl aus, das sie auch aufrechtzuerhalten verstanden, als ihnen auf dem Höhepunkt der entscheidenden Kampfhandlungen zu ihrer Enttäuschung nur Aufgaben hinter der Front zugewiesen wurden.
Phase II war die Einbeziehung der „Buffs" in die Bataillone des neuen Palästina-Regiments. Diese Maßnahme verlangsamte (besonders während der Kampagne von El Alamein) den Zustrom der jüdischen Soldaten von den Kompanien zu den jüdischen Einheiten, die an der Front standen. Als die Bedrohung durch Rommel aufhörte, wurden die palästinensischen Einheiten aus Palästina abgezogen, ihre Aufgabe blieb sich aber gleich. Der Korpsgeist verstärkte sich (besonders wegen der Entfernung von der Heimat) und die Kampftüchtigkeit nahm zu. Offiziere und Unteroffiziere aller Dienstgrade erhielten eine bessere Ausbildung in den Einheiten, Schulen und Kursen der englischen Armee. Fast alle englischen Offiziere vom Kompanieführer abwärts wurden durch jüdische ersetzt, und eine Selbstdisziplin zog ein, die von tiefem Verständnis für die kommende Sendung

und dem deutlichen Bemühen aller Männer geprägt war, ihr Wissen und ihre Ausbildung der Tatsache anzupassen, daß sie *Haganah*-Mitglieder in der zeitweiligen Rolle regulärer englischer Soldaten waren.

Phase III war die Zusammenfassung der jüdischen Mannschaften des Palästina-Regiments zu den Infanterie-Einheiten der Jüdischen Brigade und die Organisierung der Brigade selbst. Sie begann mit der Einrichtung der diversen Stabsfunktionen sowie der unterstützenden Waffengattungen und Hilfsdienste. Das Ganze funktionierte schließlich als verstärkte Brigade, die in den Bergen von Italien Manöver abhielt, ehe sie an die italienische Front abkommandiert wurde.

In dieser Phase verstärkten sich Zusammengehörigkeitsgefühl und Disziplin beträchtlich. Vor dem Abmarsch an die Front erhielten die Offiziere Gefechtsausbildung, Unteroffiziere und Mannschaften wurden in verschiedenen technischen Aufgaben unterwiesen, persönliche und Gruppen-Initiative in harten Übungen gefördert und ein hohes Niveau an Kampftüchtigkeit und technischem Wissen erreicht. Die Einheiten exerzierten einzeln und zusammen mit den andern Teilen der Brigade.

Wir beabsichtigen nicht, die innere Entwicklung der einzelnen Phasen oder die gegenseitigen Beziehungen darzustellen, unter deren Einfluß es zu gewissen Veränderungen in bezug auf den Charakter der jüdischen Einheiten kam. Unsere Übersicht wird neben der Tatsache der begrenzten Kampferfahrung, die durch Terrain und militärische Faktoren bedingt war, die Elemente hervorheben, die eine bessere Kenntnis der Brigade und ihrer Rolle im Unabhängigkeitskrieg ermöglichen.

Mit dem Übergang der Angehörigen der Brigade in die israelischen Verteidigungskräfte, besser gesagt: mit der Auflösung der Brigade durch die britischen Militärbehörden, ging die Gelegenheit verloren, die bestausgebildete Formation, die wir hatten, als Ganzes für unsere Zwecke einzusetzen. Die organisatorische und taktische Zusammengehörigkeit, ein Ergebnis jahrelanger gemeinsamer Tätigkeit, konnte nicht ausgenützt werden, und die Eingliederung der einzelnen Brigade-Angehörigen in die

israelischen Verteidigungskräfte hing von ihrer persönlichen Fähigkeit ab, sich den Kampfbedingungen im Lande und den aus der *Haganah* hervorgegangenen Militärformationen anzupassen. Man kann natürlich nicht wissen, was geschehen wäre, wenn die Brigade als Ganzes erhalten geblieben wäre und an unserem Krieg teilgenommen hätte. Das kam aber offensichtlich nicht in Frage, denn die neue Armee wollte die Kommando- und Ausbildungskenntnisse der Brigade möglichst weitgehend ausnützen, und so wurden ihre Erfahrungen individuell vermittelt, kamen aber der *Haganah* auch auf diesem Wege zugute. Man kann sich jedoch nur schwer von dem Gedanken des „Was — wenn" lösen und möchte Überlegungen darüber anstellen, was die Brigade hätte leisten können, wäre sie dem Kampf im Lande Israel auf der Höhe ihrer Ausbildung, Organisation und Zusammengehörigkeit geschlossen beigetreten.
In diesem Zusammenhang sei darauf hingewiesen, daß es auch in manchen europäischen Ländern (Frankreich, Italien u. a.) zu ähnlichen Konflikten militärischer Denkweisen kam. Die eine stammte aus der Zeit der deutschen Okkupation und zielte auf die geheime Zusammenziehung von Partisanen-Kräften, besonders für Überfälle auf feindliche Anlagen und Verbindungslinien, ab. Die Soldaten wurden im Einzelkampf ausgebildet, ohne militärischen Rückhalt und mit feindlichen Störungen ausgesetzten Verbindungslinien. Dem gegenüber stand die „puristische" Denkweise einer regulären Armee, die allein oder mit verbündeten Armeen kämpft. Die Anhänger dieser Theorie dachten an die Ausbildung offiziell anerkannter, schneller und kampfgewohnter Truppen. In einer Armee dieser Art gibt es einen Standard in den Methoden der Ausbildung und der Vermittlung von Kampferfahrung, welche den Aufmarsch und die Entwicklung der Streitkräfte zur größtmöglichen Kampfkraft erleichtert, selbst dann, wenn sie in Bewegung sind.
Der Zusammenstoß dieser beiden Denkweisen hatte in mehreren Ländern ernste Folgen und führte zu Konflikten und Umbesetzungen in den obersten Rängen. In Israel erleichterte der Unabhängigkeitskrieg die Integrierung der früheren englischen

Soldaten in die *Haganah,* so daß es nicht zu den scharfen Gegensätzen kam, die anderswo noch während des Krieges und dann später im Frieden bei der Reorganisierung der Armee entstanden.
Die unmittelbare Kampferfahrung der Brigade, der einzigen jüdischen Einheit in der englischen Armee, war begrenzt, und zwar weil sie erst organisiert wurde, als sich der Krieg seinem Ende zuneigte, und sie nur teilweise zum Einsatz gelangte. (Nur ein einziges Mal trat die Brigade als geschlossene Einheit in Aktion: beim Übergang über den Senio, aber das war kein motorisierter, lange andauernder Bewegungskrieg.) Dennoch gab es bei den Aktionen, an denen die Einheiten teilnahmen, hinreichend Gelegenheit, die Elemente zu studieren und zu entwickeln, die ohne Zweifel ihr Teil zur Organisierung der israelischen Verteidigungskräfte beitrugen.
Direkte Kampferfahrung besaßen die unteren Dienstgrade mehr als die höheren, vom Kompanieführer aufwärts; diese erwarben eine gewisse Erfahrung in der Organisierung von „Fronten", im Aufstellen und Ausführen von Plänen; die ihnen unterstellten Einheiten nahmen aber nur selten geschlossen an Kampfhandlungen teil. Dagegen konnten die jüngeren Offiziere in den kleineren Einheiten ihre Fähigkeit beweisen, mit ihren Leuten im Kampf umzugehen, und das führte unter anderem dazu, daß sie zu häufig für den Streifendienst der Brigade eingesetzt wurden.
Es wäre irrig anzunehmen, daß die Brigade ihre Erfahrungen auf dem Schlachtfeld erwarb. Ihre Fähigkeiten und ihr hauptsächlicher Beitrag zu unserem eigenen Krieg bestanden in dem, was sie im Rahmen der englischen Kriegsmaschinerie gelernt hatte. Die Aufgabe der Brigade in Italien bestand hauptsächlich in Fesselungs- und Ablenkungsmanövern. Trotz ihrer Ausbildung für große Kampfhandlungen wurde sie an einem statischen Frontsektor eingesetzt, während die großen Vorstöße an einem anderen Teil der Front stattfanden. Das war im Grunde nur recht und billig für eine Einheit, die in aller Eile aufgestellt worden war und die — vom rein jüdischen Standpunkt ge-

sehen — aus den besten Söhnen eines kleinen Volkes bestand, die sich freiwillig zum Kriegsdienst gemeldet hatten. Tatsächlich aber versperrte ihr das die Gelegenheit, sich wirkliche Kampferfahrung anzueignen, das heißt, nicht bloß eine Feuerprobe zu bestehen, sondern auch an einer großen, langandauernden Schlacht teilzunehmen. Überdies stand die Brigade in einer mehr oder weniger zusammenhängenden Frontlinie, wie es sie bei uns nicht gab. Ihre Erfahrungen auf diesem Gebiet waren in unserem Krieg nicht anwendbar. Der wahre Beitrag der Jüdischen Brigade zu Israels Unabhängigkeitskrieg bestand daher nicht in ihrer Kampferfahrung — obwohl die Erfahrungen aus dem Streifendienst nicht unterschätzt werden sollen —, sondern lag auf den folgenden Gebieten:
Die Ausbildung der Brigade dauerte länger als ihr eigentlicher Einsatz. Bevor sie an die Front ging, brachte sie ein endloses, erschöpfendes militärisches Übungsprogramm hinter sich, und in eben dieser Zeit erhielten ihre Bataillone, Untereinheiten und Mannschaften die Hauptausbildung — allerdings erst in der letzten Phase ihres jahrelangen Dienstes. Die Fronterfahrung bestand ausschließlich in der Verteidigung einer Frontlinie mit allen dazugehörigen Aufgaben, die Gefechtsausbildung aber war allseitig. Die Brigade eignete sich eine Menge militärischen Wissens an, so in bezug auf die Methoden der Gefechtskontrolle, die Art der Führung von Kompanien und Bataillonen, die Anwendung von Spezialwaffen, die Bedienung und Instandhaltung der Bewaffnung, die Zusammenarbeit mit anderen Waffengattungen, wie Panzer- und Luftwaffe — kurz, alles, was eine Einheit und ihre Kommandeure im Kampf wissen müssen. Gleichzeitig entwickelten die Bataillone und ihre Stäbe — die ganze Brigade — organisatorischen und taktischen Zusammenhalt. Hauptsächlich lernten sie aber, besonders die Offiziere, aus welchen Teilen eine militärische Einheit sich aufbaut, wie die einzelnen Teile planmäßig ineinandergreifen etc. Die jüdischen Einheiten in den „Buffs", die ursprünglich nur Wachdienst leisteten, wurden auf diese Weise zu Kampfeinheiten. Neben dem praktischen Wissen entwickelte sich bei den Ange-

hörigen der Brigade Stolz auf ihre nationale Aufgabe, und sie waren sich des Wertes voll bewußt, den ihr Wissen für die Aufstellung einer eigenen Armee hatte.

Das erworbene Wissen war vielseitig und von großer Bedeutung für unser Heer. Die Struktur der israelischen Verteidigungskräfte und ihrer Einheiten war jedoch grundverschieden von der der englischen Armee. Jeder Versuch, unsere Formationen nach englischem Vorbild zu organisieren, war daher im voraus zum Scheitern verurteilt. Die Brigade wurde zu einer Zeit aufgebaut, als die Verbündeten in der Offensive waren und trotzdem noch Zeit zur Aufstellung neuer Formationen fanden; und zwar deswegen, weil es in einem Weltkrieg geschah, der sich über riesige Gebiete erstreckte. Als man daran ging, unsere Kräfte in eine verstärkte Brigade umzuwandeln, hatten sie schon längere Zeit Dienst getan. Die Ausrüstung wurde ihnen pünktlich und vollständig geliefert, so daß sie keinen Mangel zu befürchten hatten. Stab und Gerüst der Brigade standen bereit, und etwaiges Fehlende konnte aus englischen Vorräten oder Einheiten ergänzt werden.

Demgegenüber wurde die israelische Armee improvisiert, und das in der schwersten Zeit, als der Feind uns die Kehle zuschnürte. Wir hatten keine Zeit. Einheiten mußten oft auf „administrativem" Wege aufgestellt und fast ohne jede Ausbildung ins Gefecht geworfen werden, mit ungenügender oder ungeeigneter Bewaffnung und sogar mit unzureichend ausgebildeten Offizieren.

Diese Umstände verlangten von den früheren englischen Soldaten unter uns schnelle Anpassung an die Bedingungen, unter denen die israelischen Verteidigungskräfte aufgebaut wurden. Daher war es nicht immer möglich, ihr Wissen in bezug auf die Aufstellung und Ausbildung von Kampfeinheiten auszunützen; besonders galt das für ihre Kenntnisse auf solchen Gebieten wie dem der Hilfsdienste, der Unterstützungswaffen, der Artillerie u. a. sowie für ihre Erfahrungen in der Errichtung von Führungsstäben und im Versorgungsdienst. Die große Aufgabe, regulär organisierte Einheiten aufzustellen und sie für den

Kampf vorzubereiten — was viel Zeit erfordert —, wurde daher zum großen Teil der Friedenszeit überlassen.
Glücklicherweise hatten unsere Soldaten aus der englischen Armee — und nicht nur die der Jüdischen Brigade — meistens die richtige Auffassung von ihrer Aufgabe in dieser Zeit. So konnten sie ihre Erfahrungen den besonderen Bedingungen, unter denen die israelischen Verteidigungskräfte praktisch über Nacht auf die Beine gestellt wurden, anpassen und einen unschätzbaren Beitrag zu ihrem Aufbau leisten.

Unmittelbar vor dem Sinai-Feldzug von 1956 nahmen an fast allen Waffenstillstandslinien terroristische Angriffe überhand, vorwiegend gegen Zivilpersonen in isolierten Siedlungen. Da rein defensive Gegenmaßnahmen keinen Erfolg hatten, wurde auf die Taktik der aktiven Verteidigung zurückgegriffen und das kleine Fallschirmjägerkorps zu diesem Zweck quantitativ und qualitativ ausgebaut. Die Fallschirmjäger nahmen an Kampftüchtigkeit und Angriffsgeist beträchtlich zu. Sie führten fast alle Aktionen gegen die Terroristen durch und wurden zum Vorbild für die ganze Armee. Der folgende Bericht über eine Fallschirmjäger-Aktion aus dieser Zeit wurde, kurz nachdem sie stattgefunden hatte, von einem Teilnehmer, dem Schriftsteller Uri Milstein, einem gebürtigen Galiläer, verfaßt.

Eine Fallschirmjäger-Aktion*

Uri Milstein

Dem Beschluß der Vereinten Nationen vom 29. November 1947 zufolge sollten Nizana und die Gegend nördlich und westlich davon zum „arabischen Staat" gehören. Im Jahre 1948 drangen Einheiten der ägyptischen Invasionsarmee auf Nizana und Beersheba vor und setzten sich auf den Anhöhen entlang der Straße Nizana—Beer Maschabim (Bir Aslug) fest. Im Dezember, während der Operation *Choref*, rückten Einheiten des Südkommandos der israelischen Verteidigungskräfte, die 8. und die *Harel*-Brigade, nach Süden vor und besetzten Nizana am 27. Dezember. Die beiden Brigaden marschierten dann getrennt auf Rafah (Rafiah) und El Arisch, und Nizana wurde zur Angriffsbasis gegen Kusseima, Bir Hassne und Bir Hama. Der Waffenstillstandsvertrag von Rhodos vom 29. November 1949 bestimmte, daß Audscha — das heißt Nizana und Umgebung — zu entmilitarisieren und weder von israelischen noch von ägyp-

---

* Aus *Milchamoth Hazanchanim* (Die Kämpfe der Fallschirmjäger), 1968, S. 55—60.

tischen Truppen zu betreten sei; in Richtung Nizana dürfe keine ägyptische Stellung über Kusseima hinaus liegen. Aufgrund der Interpretation des Vertrages und der Entwicklung der Beziehungen zwischen den beiden Ländern stimmte die Gemischte Waffenstillstands-Kommission der Anwesenheit ägyptischer Truppen und der Errichtung ägyptischer, nicht aber israelischer Befestigungen in der entmilitarisierten Zone zu. Die einzigen Siedlungen in diesem Gebiet waren Kezioth und der Beerotaim-Kontrollpunkt. Die nächsten Kibbuzim waren Massabe Sadeh, Rewiwim und Sdej Boker.

Das erste israelisch-ägyptische Abkommen nach dem Abschluß der Waffenstillstandsverhandlungen wurde am Freitag, dem 24. Februar 1950, in Audscha El-Hafir unterzeichnet und teilte die entmilitarisierte Zone entlang der Linie Beth Chanun—Dir Sunir zwischen Israel und Ägypten auf. Gemischte israelisch-ägyptische Abteilungen patrouillierten eine Zeitlang in diesem Gebiet.

Am Morgen des 26. Oktober 1955 überschritten ägyptische Truppen diese Linie und überrannten einen Kilometer südlich von Beerotaim einen israelischen Grenzposten, der von einer kleinen Einheit gehalten wurde. Verstärkungen aus Kezioth versuchten mit Hilfe der UN-Beobachter vergeblich, die Ägypter zum Verlassen des Stützpunktes zu bewegen, worauf die Verstärkungen angriffen und die Ägypter vertrieben.

Die Stützpunkte der ägyptischen Truppen waren Sabcha und Ras Siram, fünf Kilometer südlich von Beerotaim, auf dem Weg nach Kusseima auf der Sinaihalbinsel. Es wurde beschlossen, den Ägyptern eine Lektion zu erteilen, und Vorbereitungen zur Eroberung und Zerstörung ihrer Stellungen wurden getroffen. In der Nacht auf den 29. Oktober 1955 wurde als Ablenkungsmanöver ein Angriff auf Kunteilla unternommen.

Aufklärung. Die Gegend von Sabcha wird vom Wadi Siram und dem Sabcha-Tal in drei Teile geteilt:

1. die Asus-Bergkette, deren Ausläufer sich nördlich zu dem Stützpunkt Riwka hin ausdehnen;
2. Dschebel Sabcha, ein Block kliffartiger Felsen, von der Asus-

kette durch eine tiefe Schlucht getrennt; er beherrscht den Bergsattel mit dem Weg Nizana—Kusseima;
3. Dschebel-el-Amar, eine niedrige, von trockenen Flußbetten durchkreuzte Hügelkette, die mit den nördlichen Ausläufern der Asuskette das Wadi Siram abschließt und beherrscht.
Das Gelände ist felsig, mit großen Flintbrocken besät. Es eignet sich nicht zum Eingraben, und die feindlichen Schanzen waren denn auch nicht tief, sondern meistens Erdwälle, die keinen Schutz gegen Beschuß gewährten. Das Gelände liegt offen da und bietet keine Versteckmöglichkeit, abgesehen von den Sträuchern entlang des Wadi Asus am Weg Nizana—Kusseima.
In der Gegend zwischen Beersheba—Nizana und der Asuskette gibt es Beduinen, die wahrscheinlich den Feind über unsere Bewegungen verständigten. Daneben die UN-Beobachter.
Die Feindkräfte waren folgendermaßen verteilt: Stützpunkt Riwka lag beiderseits des Wadis Siram, jeder Teil für sich und beide zusammen noch einmal mit Stacheldrahtverhauen umgeben. Das Gebiet war vermint und wurde von einer Abteilung Fedajin verteidigt. Ein Zug befand sich auf Vorposten im Wadi Siram, zwei Züge waren in Tamar, 372 Meter über dem Meeresspiegel. Klein-Sabcha war unbesetzt, Groß-Sabcha mit Towa, Lili und Posten im israelischen Teil der entmilitarisierten Zone wurde von einem Bataillon gehalten. Verstärkungen konnten aus Kusseima und Abu Ageila angefordert werden. Der Angriff war auf den 2. November 1955 festgesetzt, Stunde Null: möglichst früh.

Truppen und Aufgaben:
1. Kompanie E unter Raful hatte Stützpunkt Lili zu erobern.
2. Eine Kompanie NACHAL-Truppen[1], frisch von einem Zugführerkurs und unter Zwikas Kommando, wurde den Fallschirmjägern zugeteilt und hatte Stützpunkt Towa zu nehmen.
3. Meir Har-Zions Aufklärungstrupp hatte Stützpunkt Bir Sabcha zu erobern und sich am Sabcha-Hang einzugraben.
4. Kompanie D unter Tibi hatte die Straße Sabcha-Kusseima

1 s. S. 54.

acht Kilometer südlich vom Kampfgelände zu sperren und Verstärkungen abzuschlagen.
5. Eine Abteilung Jeeps mit halbschweren Maschinengewehren unter Levi war den angreifenden Truppen zugeteilt.
6. Zwei „*Miluim*" (Reserve-Einheiten) der Fallschirmjäger unter Elischa und Jehuda hielten sich für den Notfall bereit.
7. Wadi Siram mit Stützpunkten Riwka und Tamar war der Golani-Brigade unter Kalman zur Besetzung zugewiesen.
Feldwebel Schimschon Kochaw von Meirs Aufklärungstrupp beschreibt den Beginn der Aktion so: „Wir saßen nach dem Mittagessen in der *Schekem-Kantine*[2] und verbrachten die Zeit mit den Fallschirmfalterinnen, als Befehl kam, Gefechtsausrüstung anzulegen; eine halbe Stunde später waren wir unterwegs. Wir wußten, daß es sich um einen Überfall handelte, nicht aber, auf wen. Wir sprachen über die verschiedenen Möglichkeiten, bis wir in Awedath ankamen und nach Westen abbogen. Jetzt war klar, daß es gegen die Ägypter ging. Am Nachmittag erreichten wir die Kedem-Wasserstellen und stiegen aus."
Für Rafuls Kompanie war das die zweite richtige Aktion; anderthalb Monate vorher hatte sie einen Stützpunkt bei Chan Junis erobert.
Mussa Efrons Mannschaft bestand aus Neulingen, die keine Rekruten-, geschweige denn eine Fallschirmjäger-Ausbildung hatten und gerade genug wußten, um mit leichten Feuerwaffen umgehen zu können. Mussa wollte ihnen eine „Schocktherapie" verpassen und sie im Gefecht abhärten. Ihre jüngeren Offiziere (Dan Siw, Dubik, Joab Schaham, Uri Simchoni u. a.) waren gute Kämpfer. Das wichtigste zu Beginn der Aktion war, die Rekruten zu beruhigen. Tibis Kompanie D bestand aus guten Kerlen, die die Hauptlast des Angriffs auf Chan Junis getragen hatten.
Nachmittags, um 17.45 Uhr, wurde das Gebiet von Asus erreicht und eine Aufklärungsstreife vorgeschickt. Die Offiziere be-

---

[2] Armeeläden nach Art der englischen NAAFI und amerikanischen PX.

stiegen die Asus-Bergkette, von wo sie einen guten Überblick über einen großen Teil der feindlichen Stellungen hatten. Ein Piper-Flugzeug warf die neuesten Luftaufnahmen über dem Bataillonsstab ab. Hin und wieder war zu beobachten, wie feindliche Fahrzeuge die Stellungen verließen, anhielten und einige Soldaten absetzten, die Horchposten bezogen. Die Posten wurden genau eingezeichnet, aber beim Angriff in der Nacht stießen wir auf keinen einzigen von ihnen.

Um 19 Uhr verließen wir den Sammelpunkt im Wadi Asus in langer Marschkolonne. Der Sperrtrupp ging voran, gefolgt von Meirs Aufklärungstrupp, dann kamen Rafuls Kompanie, der Kommandostab, die NACHAL-Kompanie und Mussas Abteilung. Die Leute gingen geschickt und leise vor, nur die Rekruten, die nicht an Nachtmärsche gewöhnt waren, stolperten oft und machten Lärm.

Auch die Radiofunker waren laut und verursachten Stockungen. Sie waren keine Fallschirmjäger, und ein Nachtkampf war etwas Neues für sie. Während des Marsches versuchten sie vergeblich, Verbindung herzustellen, und benahmen sich dabei sehr laut. Arik befahl ihnen, damit aufzuhören, was sie aber nervös machte, denn sie befürchteten, keine Verbindung mehr bekommen zu können.

Das Dröhnen von Wüstenartillerie war zu hören. Wer beschoß wen? Das Pfeifen der Schrapnells ging den Leuten auf die Nerven. Ein Offizier beruhigte sie: Das ist unser Zermürbungsmanöver. Es war Vollmond, wie immer bei unseren Aktionen...

Als der Stoßtrupp sich dem Ziel näherte, eröffneten die Ägypter wildes Maschinengewehr- und Panzerabwehrfeuer und schossen Leuchtspurgeschosse ab. Mussas Jungen kamen angsterfüllt zu Biro, Mussas Stellvertreter, gelaufen: „Schau, die Ägypter schießen mit großen roten Kugeln!" Biro beschwichtigte sie: Wir waren nicht entdeckt worden, und die Schießerei war nur ein Zeichen von Nervosität (half aber den Fallschirmjägern, die genaue Stellung der Ägypter auszumachen).

Die Kolonne rückte vor und erreichte um 21.45 Uhr den Sammelpunkt, etwa 800 Meter vom Stützpunkt Lili entfernt. Arik

wollte Artillerie-Unterstützung anfordern, konnte aber erst nach einer Weile Verbindung bekommen; fünf Minuten später ging der Trupp zum Angriff über. Ohne seine Leute anzuhalten, verlangte Arik um 21.55 Uhr, das Artilleriefeuer auf die feindlichen Stellungen zu konzentrieren, und Punkt 22 Uhr setzte das Feuer ein. Gleichzeitig erhielten die Kommandeure den Befehl zum Angriff. Wegen fehlerhafter Verbindung zwischen dem Beobachter und der Batterie hielt der Beschuß zehn Minuten länger an als nötig, was Rafuls Leute 150 Meter und Zwikas 300 Meter vor ihrem Ziel aufhielt.
Abraham Ben-Jehudah von Rafuls Trupp nimmt den Faden der Erzählung auf: „Wir formierten uns zum Angriff und begannen vorzurücken. Über uns flogen 120-Millimeter-Geschosse und 25-Pfünder hinweg und krepierten nicht weit von uns mit lautem Krachen. Wir wußten nicht aus noch ein. Da erschien Davidi, Ariks Mann Nr. 2, bei uns und bewegte sich hochaufgerichtet zwischen den Geschossen. Ohne die Stimme zu heben, befahl er den Vordersten der Angriffslinie, in Deckung zu gehen und abzuwarten. Davidis Ruhe, die Art, wie er die Situation in einem kritischen Moment zu beherrschen verstand, machten einen tiefen, unvergeßlichen Eindruck."
Rafuls Trupp rückte in auseinandergezogener Linie gegen den Befehlsstand und die Mörserstellung vor. Etwa 150 Meter vor dem Ziel wurde der Befehl zum Sturmangriff gegeben. Als die letzten Geschosse explodierten und die Leute 50 Meter vom Drahtverhau entfernt waren, tauchte plötzlich in dem von den Geschossen aufgewirbelten Staub eine ägyptische Einheit vor ihnen auf. Sie machte aber beim Anblick der Unsrigen kehrt und ergriff die Flucht. Das war der Punkt, wo der Feind die meisten Verluste erlitt.
Der Stoßtrupp stieß schnell, aber ungeordnet vor und mußte zurückgehalten werden, denn er hatte Gebiete hinter sich gelassen, die noch nicht gesäubert waren.
Plötzlich kam Maschinengewehrfeuer vom Eingang einer Höhle, die als Munitionsdepot diente. Der Angriff kam zum Stehen. Ein Mann mit einer Bazooka brachte das Maschinengewehr zum

Schweigen und setzte dabei die Netze, die den Eingang zu der Höhle verdeckten, in Brand. Das Feuer breitete sich schnell aus und brachte die Munition zur Explosion. Noch zwei Stunden lang waren die Detonationen zu hören.

Das Gebiet wurde jetzt gesäubert, und dabei wurden einige Männer verwundet. Dann kam die Meldung, daß feindliche Panzerwagen in den Stützpunkt eingedrungen seien. Davidi kommandierte einen Teil seiner Leute zur Verteidigung von Kusseima ab.

Mussas Trupp griff den nördlichen Teil des Stützpunktes Lili an. Zunächst rückten die Rekruten ungehindert vor, stießen aber bald auf den Feind, und es kam zum Nahkampf. Biro befahl, eine Panzerfaust auf einen Bunker abzuschießen. Das Visier war aber beschädigt, und der Schütze fragte, ob er aus der Hüfte Feuer geben solle, obwohl er wußte, daß das Mündungsfeuer ihm so gut wie sicher ins Gesicht schlagen würde. Biro zögerte einen Augenblick, dann sagte er ruhig: „Worauf wartest du?" Der Mann gab Feuer und erlitt schwere Brandwunden im Gesicht. Ein neuer Immigrant aus Argentinien beschoß aus nächster Nähe einen Bunker und zerstörte ihn, näherte sich einem anderen und wurde getötet.

Die Rekruten schlugen sich gut, aber ihr Feuer war in der Nacht nicht sehr genau.

Das zweite Objekt war vernichtet, und jetzt kam die dritte Stellung dran, die auch binnen kurzem zerstört wurde. Die Abteilung ging in Verteidigungsstellung und machte sich an die Bergung der Verwundeten. Katza hatte eine gefährliche Bauchwunde. Biro ließ die Verwundeten hinunterschaffen an den Fuß des Hügels, auf dem die Befestigung lag; von dort sollten sie ins Lazarett nach Israel gebracht werden. Katza wurde auf eine Tragbahre gelegt, und die Träger machten sich auf den Weg, als sie aus dem Hinterhalt beschossen wurden. Sie stellten die Bahren ab, wendeten sich den Ägyptern zu und machten sie unschädlich. Dann kehrten sie zu den Bahren zurück und setzten ihren Weg fort.

Die NACHAL-Kompanie hielt sich nicht schlecht, hatte aber (im

Gegensatz zu den Fallschirmjägern) keine Gefechtserfahrung. Daher bekam sie den Auftrag, den Stützpunkt Towa zu erobern, was als nicht allzu schwer betrachtet wurde. Zwikas Trupp teilte sich in drei Gruppen: Gruppe A hatte das Südende der Stellung anzugreifen, Gruppe B das Nordende und Gruppe C die Vorposten.

Während des Anmarsches zum Kampfgelände hatte die Abteilung die Nachhut der Kolonne gebildet und nach zweistündigem Marsch einen Punkt erreicht, der anderthalb Kilometer von ihrem Ziel entfernt war. Sie rückte jetzt in zwei Reihen vor, mit fünf Mann als Vorhut in auseinandergezogener Linie an der Spitze. Etwa 700 Meter vor dem Ziel nahmen die Männer Angriffsstellung ein und warteten auf das Artilleriefeuer, das auch um 22 Uhr begann. Jetzt rückten sie weiter vor, und Zwika forderte stärkeres Feuer an: „Sicher ist sicher." Als Trupp A sich auf 60 Meter der Einschlagstelle der Geschosse genähert hatte, ging er zum Angriff über und nahm die Südstellung, ohne auf Widerstand zu stoßen. Die ägyptischen Soldaten eröffneten aus Zelten und Unterständen das Feuer, wurden aber bald zum Schweigen gebracht.

Trupp B rückte auf das Zentrum des Stützpunktes vor und stieß auf mehrere halbschwere Maschinengewehre, die eines nach dem anderen genommen wurden, meistens mittels Handgranaten und Maschinenpistolen. Es gab eine Anzahl Verwundeter, aber der Kampf ging schnell zu Ende.

Trupp C verirrte sich und landete am Nordende des Stützpunktes, wo eine Gruppe halbschwerer MGs stand. Der Trupp griff an. Von links her wurde er unter Feuer genommen, erwiderte es und setzte seinen Angriff fort. Plötzlich kam er an einen flachen Graben, keine fünf Schritte vor ihm. Der Führer des Trupps sprang auf den ägyptischen Soldaten los, der im Graben stand, schlug ihm den Gewehrkolben ins Gesicht und fiel mit ihm zu Boden, war aber sofort wieder auf den Beinen und lief weiter. Von hinten rief einer der Männer den anderen zu, die Linie müsse begradigt werden, ein anderer schrie: „Granate!" und warf eine in den Graben. Der Trupp ging in

Deckung, in Erwartung des Befehls zum Vorrücken, der aber kam nicht. Jemand rief: „Ist kein Offizier da?" — Keine Antwort. Der Mann rief: „Auf, Jungens, los!" Die Männer sprangen auf, wobei einer getroffen wurde. Dieser Teil der Befestigung war nicht gesäubert worden. Der Trupp setzte den Kampf ohne Offizier fort, und in dem Nahkampf, der sich dabei entwickelte, wurden die drei letzten Widerstandsnester ausgehoben. Nach zehn Minuten war alles vorbei. Es gab mehrere Verluste. Befehlsgemäß bereitete sich der Trupp auf einen Panzerangriff vor, wurde aber nach Groß-Sabcha abberufen und reorganisierte sich dort.

Der Aufklärungstrupp hatte sich kurz nach Abmarsch vom Sammelpunkt von der Kolonne gelöst. Schimschon Kochaw schreibt: „Wir liefen in gebückter Haltung durch das Sabcha-Tal. Am Fuße des Abhanges begannen wir hinaufzukriechen, was immer abscheulich ist. Das Artilleriefeuer hatte aufgehört. Wir erreichten Dschebel Sabcha von Süden her und machten uns an die Säuberung. Wir sahen einige Ägypter davonlaufen und nahmen die Stellung gegen schwachen Widerstand. Dann kam Befehl, ins Tal hinunterzusteigen. Der Anblick war schrecklich: unsere Geschütze hatten ganze Arbeit geleistet: Leichen, wohin man sah. Die Ägypter waren völlig verwirrt und wie betäubt. In einem Zelt lag ein verwundeter Offizier und bat um sein Leben. Wir gaben ihm etwas Süßmilch zu trinken, außerdem eine Tablette für seine Kopfschmerzen und holten einen Arzt. Dann rückten wir vor und stießen auf eine Batterie von Besa-Maschinengewehren, die uns unter Feuer nahmen. Alles ging zu Boden, ich auch. Aber noch bevor ich am Boden lag, glaubte ich zu fliegen, und mein Bein brannte wie Feuer. Links von mir lag Jankele Golan, er war übel zugerichtet. Ich glaube, ich liebe die Menschen, aber in diesem Moment haßte ich die ganze Welt, die Menschen, den Krieg und vor allem den frechen Araber, der es gewagt hatte, mich zu verwunden. Was fiel ihm ein? Ich wollte aufstehen, konnte aber nicht. Ich verschoß zwei Magazine auf den Araber, ohne Erfolg. Dann hörte das Schießen auf, und der Araber rief uns zu, daß ihm die Munition ausgegangen sei.

Aus der Dunkelheit kam Meirs Stimme: ‚Was ist los?' Jemand antwortete: ‚Er hat zwei von uns verwundet.' Meir rief: ‚Erledigt ihn!' Ein Schuß. Ich atmete auf.
Nach dem Gefecht wurde ich zu einem Verbandsplatz gebracht. Die Nacht war von Lärm erfüllt. Unsere Jungens kamen zurück. Die Leichtverletzten mußten bis zum Morgen warten. Um 5 Uhr früh wurden wir auf Lastwagen verladen und ins Lazarett jenseits der Grenze gebracht. Die Bevölkerung hatte von unserem Kampf gehört, und viele standen am Weg und winkten uns zu. Wir wurden wie Helden begrüßt, und die Schmerzen ließen nach. Wir kamen ins Lazarett und fanden endlich Ruhe. Jankele Golan lag im Bett neben mir, bewußtlos. Als er erwachte, waren seine ersten Worte: ‚Schimschon, es tut mir leid, daß sie mich vor dir behandelt haben.'"
Meir war mit seiner Aufgabe verhältnismäßig leicht fertiggeworden, aber die Golani-Truppen hatten es schwer. Meir rief sofort den Rest seiner Leute zusammen, um erneut vorzurücken, und auch Arik wollte ihnen Verstärkungen schicken. Beide bekamen aber keine Erlaubnis dazu: „Ihr habt noch etwas zu tun." Schließlich gelang es den Golanis, ihren Auftrag auszuführen, wenn auch etwas spät.
Als die Kolonne durch den Asus-Sattel zog, trennte sich Tibis Sperrabteilung von ihr und begab sich zu der ihr angewiesenen Stelle, sechs Kilometer von Sabcha, drei Kilometer von Kusseima entfernt.
Einer der Männer dieser Abteilung erzählt: „Es war 22 Uhr. Wir hörten Explosionen im Norden, vereinzeltes Gewehrfeuer, der Nachthimmel war von Leuchtkugeln erhellt. Die beiden Züge der Abteilung bezogen zu beiden Seiten der Straße Stellung und blockierten sie an mehreren Punkten, um ägyptische Verstärkungen abzufangen. Wir legten uns hin und warteten. Die Ägypter mußten etwas ahnen.
Eine Stunde vor Mitternacht sah die Besatzung der ersten Straßensperre eine Panzerkolonne langsam herankommen. Sechs schwere, schwarze Robots, ohne Lichter, mit knirschenden Raupenketten, hintereinander wie eine Herde Elefanten, die ihren

Weg im Dunkel suchen. Wir ließen vier von ihnen durch und verhielten uns still, bange und neugierig, als die schwarzen Massen an uns vorbeirollten. Der vierte Panzer fuhr über die Minen, als Tibi sie zur Explosion brachte. Der Panzer hielt. Auch die anderen Minen der ersten Sperre wurden gezündet, und der erste Panzer stoppte gleichfalls. Die Panzer saßen fest, wie in den Zangen eines Schraubstocks. Bazookas zerstörten den ersten und vierten. Die beiden anderen am Ende der Kolonne drehten ab. Der zweite Panzer versuchte, sich dem ersten zu nähern, anscheinend um ihm zu Hilfe zu kommen. Er feuerte auf unsere ersten beiden Straßensperren, eine Panzerabwehr-Granate gab ihm den Rest. Jetzt blieb noch Panzer Nr. 3. Wir nannten ihn den ‚Meschuggenen'.

Er machte kehrt und rollte zwischen unseren beiden Zügen durch, seine Maschinengewehre feuerten wie wild nach allen Seiten. Der Bazooka-Trupp rannte ihm nach. Er entkam und begann die Männer des zweiten Zuges zu beschießen. Sie flohen. Der MG-Schütze erschien im Gefechtsturm mit einer Maschinenpistole. Ich konnte ihn sehen. Es war wie im Kino, wenn ein Marsmensch die fliehende Menge mit allen möglichen Apparaten beschießt. Der Panzerkommandant tauchte neben ihm im Turm auf, schrie etwas, aber unser MG-Feuer brachte ihn zum Schweigen. Der Panzer rollte ohne Kommandant weiter. Unsere Nerven waren dem Zerreißen nahe. Wir hatten Angst. Es war ein sonderbarer Anblick: einmal flohen wir vor der riesigen Maschine, die uns beschoß; dann floh sie vor uns, wir hinterher. Dabei wurde Lerman (heute Zwi Schmilowitz, Taxifahrer) verwundet, und wir trugen ihn weg.

Unsere Panzerabwehr-Grenadiere und Panzerfaust-Schützen verfehlten mehrere Male ihr Ziel. Die Munition ging zur Neige. Wir zogen uns zurück und gruben uns ein, der Panzer rollte uns nach. Plötzlich war er verschwunden, diesmal endgültig. Aus der Wüste in der Ferne war noch eine Weile das Knarren der Raupenketten zu hören.

Wir erhielten Befehl zum Abzug. Die Aktion war zu Ende. Die Jeeps transportierten die Verwundeten ab. Um 3 Uhr morgens traten wir nach fünf Stunden Kampf und Durcheinander den Rückzug an."

Levis Jeep- und Maschinengewehrabteilung löste Tibis Trupp ab und hielt die Straßensperren, bis sie abberufen wurde.
Statistische Zusammenfassung. Wir hatten 6 Tote und 37 Verwundete, die Ägypter 70 Tote und viele Verwundete. Wir machten 48 Gefangene. Erbeutet wurden: 2 Flakgeschütze (30 mm), 1 Panzerabwehrgeschütz (57 mm), 4 Mörser (120 mm), 6 Mörser (52 mm), 3 Mörser (52 mm), 4 Mörser (60 mm), 12 Browning-MGs, 83 Browning-Selbstladegewehre, 15 Maschinenpistolen, 2 Bazookas (87 mm) 220 Schrapnells (120 mm), 170 Schrapnells (60 mm), 40 Schrapnells (30 mm), 3 LKWs, 2 Jeeps, 15 leichte LKWs, 2 Halbkettenfahrzeuge, 4 Brengun-Fahrgestelle und eine Menge leichter Munition.

Bei der Einweihung der Assaf-Simchoni-Bibliothek sagte der rangälteste Erziehungsoffizier, Aluf-Mischne (Oberst) Mordechai Ben-On: „Der Kampf von Sabcha war kurz, der Sieg klar. Aber siehe da! Am nächsten Morgen wurde aus dem israelischen Sieg ein ägyptischer Propaganda-Erfolg! Die Ägypter inszenierten einen massiven ‚Angriff' zur Rückeroberung der leeren Stellungen, als dessen Ergebnis die Welt von 200 israelischen ‚Toten' erfuhr. Ausländische Journalisten und Militärattachés wurden über das Schlachtfeld geflogen und die umherliegenden ägyptischen Leichen als Israelis bezeichnet."

Es folgen zwei Auszüge aus dem „Tagebuch des Sinai-Feldzuges 1956" von Mosche Dajan, damals Generalstabschef der israelischen Verteidigungskräfte, heute Verteidigungsminister Israels. Der siegreiche Feldzug (Operation *Kadesch*) stand unter dem Befehl des damaligen Oberkommandierenden der Südfront, Generalmajor Assaf Simchoni, der wenig später bei einem Flugzeugunfall ums Leben kam. Der erste Tagebuch-Auszug, vom 8. Oktober 1956, schildert die Vorbesprechung über Ziel und Zweck des Feldzuges, der zweite, vom 26. Oktober 1956, die Änderungen, die im Verlauf der seit der ersten Besprechung vergangenen achtzehn Tage in dem Plan vorgenommen wurden. Die beiden bedeutsamen Dokumente aus der Feder des Oberbefehlshabers der Armee machen die strategischen Überlegungen und politischen Faktoren deutlich, die die israelische Haltung in einer lebenswichtigen Frage bestimmten.

Aus dem „Tagebuch des Sinai-Feldzuges 1956"*

Mosche Dajan

8. Oktober 1956
Heute früh hielt ich mit den Kommandeuren eine Vorbesprechung über den Sinai-Feldzug ab. Das Kennwort ist *Kadesch*, und der erste Planungsbefehl trägt die Ziffer *Kadesch-1*. (Kadesch war, der Bibel zufolge, der Ort, an dem die Hebräer auf ihrem Zug durch die Wüste in das Gelobte Land längere Zeit verweilten, wahrscheinlich, um sich auf die bevorstehenden Kämpfe vorzubereiten.) Ich verlas den Plan, beantwortete Fragen, gab Erläuterungen. Zum Schluß hob ich folgende Richtlinien hervor:
Unsere Aufgabe ist, den Zusammenbruch der feindlichen Kräfte schnellstens herbeizuführen und die Sinaihalbinsel in unsere

---

* Moshe Dayan, *Diary of the Sinai Campaign 1956*, Weidenfeld & Nicholson (1966), Sphere Books 1967, S. 42—43, 62—65.

Hand zu bringen. Ein Maximum an Waffen und Ausrüstung soll erbeutet, aber möglichst wenig Blut vergossen werden. Ägypten kann alle Verluste an Soldaten ohne weiteres ersetzen. Nasser und die anderen arabischen Herrscher haben keinen Mangel an Menschen, und jede Überlegenheit, die wir über sie haben können, besteht nicht in zahlenmäßiger Stärke.
Unsere Einheiten haben ihr Ziel im Auge zu behalten und vorzurücken, bis sie es erreicht haben. Sie müssen daher völlig selbständig sein und alles, was sie brauchen, mit sich führen, ohne auf Hilfe angewiesen zu sein. Sobald der Weg frei ist, haben sie vorzustoßen und sich nicht mit der Vernichtung isolierter feindlicher Stellungen abzugeben. Es besteht keine Gefahr, daß abgeschnittene ägyptische Einheiten Gegenangriffe unternehmen oder unsere Nachschublinien unterbrechen. Analogien, denen zufolge die Ägypter so vorgehen wie europäische Armeen in ähnlichen Situationen, sind nicht am Platze.
Um mein Vorhaben klarzumachen, setzte ich die nachstehende Dringlichkeitsfolge fest:
1. Absprung von Fallschirmjägern oder Landungen;
2. Vormarsch unter Umgehung feindlicher Stellungen;
3. Durchbruch.
Wichtig dabei ist, daß zuerst mit Hilfe von Landungen oder Fallschirmjägerabsprüngen tief im Feindesland gelegene Objekte erobert werden, statt daß man sich ihnen einzeln in Frontalangriffen nähert und sich auf diese Weise allmählich von der Grenze her zum Suezkanal durchschlägt. Auch Infanterie und Panzerwaffe haben nach Möglichkeit unter Umgehung feindlicher Stützpunkte vorzudringen, sie hinter sich zu lassen und vorzustoßen. Feindliche Stellungen sollen nur angegriffen und durchbrochen werden, wenn sie nicht umgangen werden können oder wenn sie zu einem späteren Zeitpunkt des Feldzuges von ihren Basen in Ägypten abgeschnitten sind.
Diesem Plan entsprechend, ist es unsere erste Aufgabe, die Anhöhen am Suezkanal zu erreichen, unser am weitesten nach Westen vorgeschobenes Ziel. Das kann natürlich nur durch den Absprung von Fallschirmjägern geschehen. Dann kommt El

Arisch an die Reihe, danach Abu Ageila und Scharm-el-Scheik, und erst zuletzt Gaza, das unserer Grenze am nächsten liegt. Unsere Fallschirmjäger werden daher in kürzester Frist zwei Aufgaben zu erfüllen haben: den Absprung am Kanal und die Eroberung der aufgezählten Objekte; dann, sobald die Infanterie zu ihnen stößt, Umgruppierung und zweiter Absprung hinter den feindlichen Linien auf dem Weg nach Scharm-el-Scheik, dem entlegensten und wichtigsten unserer Zielpunkte, dessen Eroberung uns die praktische Kontrolle der Sinaihalbinsel in die Hand gibt.

Ich hob die Notwendigkeit hervor, die Vorbereitungen so zu treffen, daß keine Einheit von einer anderen abhängig ist und den allgemeinen Vormarsch verzögert, falls sie aufgehalten wird.

25. Oktober 1956
Nach zwei Monate langen Konferenzen und Kontakten mit Übersee sieht es heute folgendermaßen aus:
1. Der Ministerpräsident und Verteidigungsminister, David Ben Gurion, ist grundsätzlich mit der Aktion und ihren Zielen einverstanden.
2. Wir schlagen am Morgen des 29. Oktober los und müssen die Sinaihalbinsel in acht bis zehn Tagen erobern.
3. Der Entschluß zur Durchführung des Feldzuges und seine Planung beruhen auf der Annahme, daß die Engländer und Franzosen gegen Ägypten vorgehen werden.
4. Nach unseren Informationen wollen die anglo-französischen Kräfte ihre Aktion am 31. Oktober beginnen, mit dem Ziel, den Suezkanal zu erobern; zu diesem Zweck werden sie Landungen von der See und Landungen aus der Luft unternehmen, natürlich mit der nötigen Luftabschirmung.

Um 13.45 Uhr kam ich mit den höheren Offizieren des Operationsstabs zusammen. Ich hatte eine neue Dringlichkeitsliste aufgestellt, die an die Stelle der vom 5. Oktober *(Kadesch-1)* trat. Abgesehen von der Zeittabelle mit Tag und Stunde des Aktionsbeginns weicht der neue Plan von dem alten in mehrfacher Hinsicht ab, zunächst in bezug auf das Ziel. Der Nachdruck liegt jetzt darauf, eine Bedrohung des Suezkanals herbeizuführen, dann erst kommt der wahre Zweck der Aktion: die Eroberung der Tiran-Meerenge (Scharm-el-Scheik mit den beiden Inseln Tiran und Sanapir) und die Vernichtung der feindlichen Kräfte.

Ich hatte diesbezüglich mehrere Gespräche mit Ben Gurion, als deren Ergebnis ich die in Armeebefehlen übliche Wendung „Vernichtung der feindlichen Kräfte" durch die Formel ersetzte: „die Organisation der feindlichen Kräfte durcheinanderzubringen und ihren Zusammenbruch herbeizuführen". Wir sind nicht daran interessiert, die ägyptischen Kräfte „zu vernichten", im Gegenteil: es soll so wenig Blut vergossen werden wie möglich. Mit anderen Worten: wir haben die Straßenkreuzungen und die Schlüsselpositionen zu besetzen, die das Gebiet in unsere Hand geben und den Feind zur Kapitulation zwingen sollen.

Eine weitere Änderung des Plans betrifft die Aktionsphasen, eine dritte die Luftwaffe. Ich hoffe, es bleibt jetzt dabei. Wir haben noch vier Tage zur Verfügung.

Zu Beginn der Sitzung besprach ich die politischen Bedingungen, unter denen wir unseren Feldzug durchführen werden. Wir haben zwischen der Zeit vor und der Zeit nach der englisch-französischen Intervention zu unterscheiden. Es darf angenommen werden, daß die ägyptische Luftwaffe bei Beginn dieser Intervention ihre Angriffe gegen uns einstellen wird. Einige ägyptische Einheiten werden sicherlich von der Sinaihalbinsel nach Ägypten abgezogen werden, was die restlichen entmutigen wird. Wir brauchen uns daher vor der anglo-französischen Aktion nicht damit zu belasten, was wir danach tun können.

Ich erwähnte die Befürchtungen des Verteidigungsministers bezüglich der möglicherweise schweren Opfer, die wir vor der englisch-französischen Aktion erleiden könnten — wenn sie, wie wir hoffen, tatsächlich kommt. Der Minister befürchtet, daß die Ägypter ihre Iljuschin-Bomber nach Tel Aviv und Haifa schicken werden, sobald wir unsere Aktion beginnen. Ich bin nicht dieser Ansicht. Gewiß, wir werden nicht „zwischen den

Regentropfen" hindurchschlüpfen können und trocken davonkommen, aber wir werden auch nicht „patschnaß" werden. Unsere Aktion wird anfangs den Anschein einer Repressalie haben, und selbst wenn wir starke Kräfte in der Nähe des Suezkanals haben sollten, werden die Ägypter darin schwerlich den Beginn eines allgemeinen Angriffs sehen und ihre Bomber auf die israelische Zivilbevölkerung loslassen.

Ich erklärte, daß ich dementsprechend gewisse Änderungen in dem ursprünglichen Plan vorgenommen hätte. Unsere erste Operation wird jetzt nicht die Eroberung der Nordachse sein, sondern die Landung eines Fallschirmjäger-Bataillons am Mitla-Paß (Dschebel Hejtan). Der alte Plan sah zu Beginn der Kampagne die Besetzung von Punkten an der Straße Israel—Ägypten vor, die entlang der Mittelmeerküste durch den Nordsinai läuft, aus einer Eisenbahnlinie und einer asphaltierten Landstraße besteht und einen Flugplatz und Süßwasserquellen hat. Die Hauptkräfte der gegen Israel gerichteten Truppen sind hier konzentriert.

Der Mitla-Paß dagegen liegt nicht weit vom Südende des Suezkanals entfernt und ist mit Israel durch eine Landstraße verbunden, die die Sinaiwüste in zwei Teile zerschneidet. Dieser Weg wird von schwachen ägyptischen Kräften gehalten; der Paß ist fast völlig unbewohnt. Ich hoffe, daß die ägyptischen Generäle in unserer Fallschirmjäger-Landung am Mitla-Paß einen Überfall sehen werden, und halte es für unwahrscheinlich, daß sie sich die Eroberung des Sinai anders vorstellen können als entlang der Achse El Arisch—Bir Gafgafa im Norden. Selbst wenn unsere motorisierte Brigade am Tage darauf die strategisch wichtigen Punkte des Passes, Nachel und Bir Themade, besetzt, wird es den Anschein haben, als hätten wir das zur Verstärkung unserer Kräfte getan, um ihnen den Rückzug von Mitla nach Israel zu ermöglichen.

Die andere Änderung betrifft die Luftwaffe. Sie wird den Feldzug nicht mit einer Bombardierung der ägyptischen Rollbahnen beginnen, sondern in den ersten zwei Tagen unsere Landstreitkräfte unterstützen und Israels Luftraum sichern. Auch diese

Änderung soll den Eindruck verstärken, daß es uns um eine begrenzte Repressalien-Maßnahme geht und nicht um einen richtigen Krieg.

Es ist natürlich gewagt, meine Annahmen für bare Münze zu nehmen. Sollten sie sich als falsch erweisen, und sollte die ägyptische Luftwaffe entgegen aller Erwartungen unsere Besetzung des Mitla-Passes mit der Bombardierung unserer Städte beantworten, so würde uns das teuer zu stehen kommen, da wir dann die Gelegenheit verpaßt hätten, die ägyptischen Flugzeuge am Boden zu überraschen und zu zerstören.

Ich glaube aber, daß das nur geschehen kann, wenn die Ägypter über unsere Pläne informiert sind. Ich bezweifle, daß sich der ägyptische Generalstab in der ersten Nacht unserer Aktion darüber im klaren sein wird, was wir vorhaben. Gewiß, ihre Grenzposten werden israelische Angriffe melden, aber diese Posten sehen immer Bataillone und Brigaden, wenn es sich um Abteilungen und Züge handelt, und das ägyptische Hauptquartier ist an ihre Übertreibungen gewöhnt. Erst am nächsten Morgen, wenn sich die Berichte bestätigen, wird das ägyptische Oberkommando mit sich zu Rate gehen, wie es zu reagieren hat. Es wird gewiß nicht zögern, alle Kräfte gegen unsere Truppen aufzubieten, aber kaum seine Flugzeuge zur Bombardierung Tel Avivs einsetzen.

Es ist fast mit Gewißheit anzunehmen, daß sich die Kampfhandlungen am ersten Tage auf die Achse Mitla—Nachel beschränken werden, wo unsere Einheiten in die Sinaihalbinsel eindringen sollen. Am folgenden Morgen muß die englisch-französische Kampagne beginnen. In diesem Fall können wir unsere Operationen nach zwei Richtungen ausdehnen: Vormarsch im Süden nach Scharm-el-Scheik und Angriff im Norden auf Rafah und El Arisch. Sollte unser Feldzug aber aus irgendwelchen Gründen fehlschlagen, könnten wir unsere Truppen vom Mitla-Paß immer noch entlang der Linie Nachel—Et Tamad, die in unserer Hand sein wird, abziehen und behaupten, es habe sich um eine Repressalie gehandelt, nach deren Abschluß unsere Kräfte nach Israel zurückkehrten.

Die folgende Abhandlung ist meinem Buch *Massach schel Chol* (Der Sandvorhang) entnommen. Davon ausgehend, daß die Kommandeure das Rückgrat einer jeden Armee sind, habe ich versucht, die Art von Kommandeur darzustellen, die Israel braucht. Die Erfahrungen aus der Zeit vor und nach der Abfassung der folgenden Zeilen beweisen, daß Israels Armee als Vermächtnis der *Haganah* über ein großes Reservoir erstklassiger jüngerer und älterer Kommandeure verfügt, die (so hoffe ich) dem Bild, das ich entwarf, ähnlich sind.

Profil eines Kommandeurs*

Jigal Allon

Der Kommandeur ist das Rückgrat seiner Einheit, der Kommandostab das Gerüst, das die einzelnen Teile der Armee trägt und in einer einheitlichen, geschlossenen Militärorganisation zusammenhält. Fähigkeiten, Hingabe und Kühnheit der Kämpfer, das heißt praktisch genommen: die Stärke der Armee, hängen direkt von den Eigenschaften der Kommandeure ab: jedes einzelnen im Rahmen seiner besonderen Aufgaben, aller zusammen in der gemeinsamen Verantwortung für die gesamte Armee in allen ihren Unternehmungen.

Was immer sein Rang sein mag, und ob er von anderen unterstützt wird oder nicht — der Kommandeur ist für die ihm anvertraute Einheit oder Aktion persönlich verantwortlich. Er soll, ja er muß seinen Untergebenen gewisse Vollmachten geben, um es ihnen zu ermöglichen, ihre Aufgaben besser und gewissenhafter durchzuführen; er allein aber trägt letztlich die volle Verantwortung für alles, was sich im Rahmen der ihm zustehenden, rechtmäßigen Autorität abspielt.

Seinen Untergebenen gegenüber repräsentiert der Kommandeur eine demokratische, legal errichtete politische Autorität; er ver-

* *Massach schel Chol*, 1. Auflage, S. 300—319.

tritt aber auch seine Leute und spricht für sie in allen praktischen Fragen. Soldaten einen Auftrag zu geben, heißt nicht, ihnen einfach Befehle zu erteilen; es muß ihnen auch unter strikter Einhaltung der Disziplin möglich sein, ihrer Stimme, ihren Ansichten und Sorgen Ausdruck zu verleihen.
Von den Überlegungen und Entscheidungen des Kommandeurs hängen Menschenleben, hängt weitgehend auch das Ergebnis von Gefechten oder Feldzügen ab. Im bürgerlichen Leben können gewöhnlich selbst die gröbsten Fehler und der durch sie verursachte Schaden wiedergutgemacht werden. Nicht so im Falle einer größeren militärischen Niederlage. In seiner einzigartigen Lage darf Israel daher keinen Krieg, keinen Kampf, keine einzige Aktion verlieren. Israels Kommandeure haben die Aufgabe, Niederlagen zu vermeiden und Siege herbeizuführen, und das legt ihnen eine Verantwortung auf, wie kein ziviles Verwaltungsorgan des Landes sie trägt.
Sun Tschu, der altchinesische Kriegstheoretiker, sagt in seiner *Kriegskunst:* „Der Kommandeur verkörpert Weisheit, Ehrlichkeit, Wohlwollen, Kühnheit und Gewissenhaftigkeit[1]." Wenn das die Gaben eines Kommandeurs sind, muß er aus dem bestmöglichen Menschenmaterial ausgewählt werden. Das Kriterium der Wahl eines Offiziersanwärters ist daher seine Persönlichkeit. Wer einen ausgeglichenen Charakter und außerdem die nötige Begabung hat, ist dazu geeignet und wird einen guten Führer im Kampf abgeben.
Der Kommandeur hat bestimmte Eigenschaften zu besitzen: gesunden Menschenverstand, gutes Auffassungs-, Unterscheidungs- und Urteilsvermögen, weitreichende geistige Interessen, Organisations- und Orientierungssinn, Angriffsgeist und Anpassungsfähigkeit sowie eine natürliche Gabe, Leute anzuführen, Situationen zu erfassen, das Für und Wider abzuwägen und schnelle Entscheidungen zu treffen. Die Aufgaben des Kommandeurs sind vielseitig und komplex. Er darf sich nicht damit begnügen, Befehle von seinen Vorgesetzten entgegenzunehmen

---

[1] *The Art of War*, übersetzt von Lionel Giles, in *Roots of Strategy*, herausgegeben von Major Thomas R. Philipp, The Bodley Head, London 1943.

und weiterzuleiten, sondern muß in taktischen, administrativen, sozialen, psychologischen und pädagogischen Fragen selbständig denken können. Der rechte Mann am rechten Platz wird seine Einheit gut anführen und seine Aufgabe vernünftig und geschickt erfüllen.

Der Mut des Kommandeurs ist die Vorbedingung für den Mut seiner Männer und die prompte Ausführung seiner Befehle. Es gehört Mut dazu, sich und anderen die Todesangst auszureden. Ein Kommandeur muß auch den Mut zu eigener Überzeugung haben und nötigenfalls seine Ansichten Vorgesetzten und Kollegen gegenüber vertreten, auch wenn diese mit ihm nicht übereinstimmen. Er hat Risiken auf sich zu nehmen, die Initiative zu ergreifen und eine gewagte Taktik einzuschlagen, wenn er das für nötig hält. Er hat zu wissen, wann er sich zurückziehen oder dem Feind aus dem Wege zu gehen hat, und muß es dann ohne Zögern tun. Siege kommen selten ohne großes Risiko, und selbst beim Rückzug sind es die Ruhe und die Entschlossenheit des Kommandeurs, die seine Truppen davor bewahren, den Kopf zu verlieren.

„Hier sind meine Kräfte knapp, dort ziemlich schwach", sagte Pampilow und zeigte auf die Geländekarte. „Mein Stab steht hier. Eigentlich sollte er etwas zurückgehen, aber dann würden ihm die Brigadestäbe auf dem Fuße folgen und die Bataillonskommandeure ihnen nach. Alles wäre so, wie es sich gehört, und doch — in den Gräben würde das Flüstern losgehen: Der Stab zieht sich zurück — und die Männer würden nervös werden[2]." Jeder Kommandeur mit Kampferfahrung wird in diesen Worten eine Situation erkennen, in der er sich selbst einmal befunden hat.

Die ehrlichste und mitreißendste Form der Kühnheit stellt sich im allgemeinen nicht zur Schau, sondern ergibt sich von selbst, unauffällig. Unter gewissen Umständen wird aber auch der bescheidenste Kommandeur nicht umhinkönnen, seinen Mut offen zu demonstrieren, indem er zum Beispiel während des

[2] A. Bek, *Pampilov's Men*, 2. Auflage, S. 294, *Kibbuz Meuchad*, Tel Aviv 1954.

Feuers unerwartet bei seinen Leuten in der vordersten Linie erscheint oder an ihrer Spitze gegen den Feind vorgeht. Er hat sich aber immer dessen bewußt zu sein: Kühnheit verlangt einen kühlen Kopf und gute Kenntnisse, niemals aber Hitzköpfigkeit oder Unwissenheit. Der Mut des Kommandeurs ist ernst und zielgerichtet, nicht leichtsinnig und abenteuerlich.
Fundierte Bildung, ein weiter Horizont, verschiedenartige Interessen sind für jeden Menschen wertvolle Gaben. Ist der Kommandeur in ihrem Besitz, wird er seine Aufgabe um so besser und gewissenhafter erfüllen. Moderne Kriegskunst besteht aus unzähligen Faktoren wissenschaftlicher und technischer, sozialer und politischer, strategischer und taktischer, erzieherischer und psychologischer, administrativer und organisatorischer, kultureller und selbst künstlerischer Art. Formelle Erziehung darf aber auf keinen Fall zur Bedingung für die Ernennung eines Kommandeurs gemacht werden. Persönlichkeit hat ihr gegenüber den Vorrang. Akademische Bildung allein macht keinen Kommandeur aus, aber ein begabter Mensch mit starkem Willen und gesundem Menschenverstand hat höchstwahrscheinlich das Zeug dazu, ein erstklassiger Kommandeur zu werden, mit höherer Schulbildung oder ohne sie. Schulzeugnisse als Vorbedingung würden Israels Jugend größtenteils aus den Reihen der Offiziere ausschließen, denn sie kommt gewöhnlich aus der ärmeren Bevölkerung, ohne abgeschlossene Mittelschulbildung. Der Offiziersstand würde zu einer schwer zugänglichen Elite-Kaste werden, und dies würde nicht nur die Auswahl begrenzen und der Armee schaden, sondern auch neue soziale Probleme hervorrufen. Natürlich soll das nicht heißen, daß Mangel an Schulbildung von Vorteil wäre, aber die Offiziere sollen vor allem aufgrund ihrer Persönlichkeit ausgewählt werden und dann nötigenfalls die Möglichkeit erhalten, ihre allgemeine und technische Bildung während der Dienstzeit zu vervollständigen.
Militärisches Wissen und Fachkenntnis sind nicht eng begrenzt; sie umschließen ein weites Feld wissenschaftlicher und technischer Gebiete. Rein militärische Studien reichen daher für die Ansprüche einer modernen Armee nicht aus. Militärdienst ist eine

soziale Aufgabe, in Krieg und Frieden. Neben den militärischen Gegenständen haben die Kommandeure deshalb eine möglichst umfassende Einführung in die Sozialwissenschaften, in Literatur und Kunst, allgemeine und jüdische Geschichte und Geographie (besonders des Nahen Ostens und Palästinas) zu erhalten, mit obligatorischem Studium mindestens einer europäischen oder der arabischen Sprache. Welche Bedeutung gründliche Kenntnisse in Psychologie und Pädagogik für den Kommandeur haben, ist bereits erwähnt worden.

Direkter Klassenunterricht ist unumgänglich, aber die beste Methode zur Erweiterung des allgemeinen und des akademischen Wissens eines Kommandeurs, unter Berücksichtigung von Alter und Dienstbedingungen, ist die Anregung von Wissensdurst und die Ermutigung zur Lektüre, zum Abfassen von Essays und zur Beteiligung an Studienkreisen. Alle Offiziere, besonders die in führenden Positionen, müssen ständig dazu angehalten werden, ihr Wissen zu bereichern. Nichts schadet der Qualität einer Armee mehr als ein verknöchertes, geistig beschränktes, zurückgebliebenes Offizierskorps. Gebildete, aufgeklärte Offiziere werden Soldaten ausbilden, die ebenso aufgeklärt und wissensdurstig sind wie sie und die verstehen, warum sie eingezogen wurden und wofür sie kämpfen.

Ein Kommandeur, der diese Bezeichnung verdient, hat sich an bestimmte moralische Grundsätze zu halten, mehr noch als im Zivilleben, selbst auf die Gefahr hin, „puritanisch" zu erscheinen. Titel, Rang und Abzeichen sind keine hübschen Verzierungen und keine Mittel zum Erreichen besonderer Vorrechte, sondern Werkzeuge im Dienst der Pflichterfüllung. Das, worauf es ankommt, ist der praktische Zweck, nicht das Prestige der Autorität. „Kommandeur zu sein, ist keine Ehre; es ist harte Arbeit, Verantwortung und Pflichterfüllung[3]." Dieses Wort aus der Zeit vor unserer Staatsgründung gilt auch heute noch, unter den neuen Lebensbedingungen Israels.

Ein guter Kommandeur ist seinen Männern und Kollegen gegen-

---

3 Jisrael Galili, Befehlshaber der *Haganah*, in einer Rede vor *Palmach*-Kommandeuren, *Sefer Hapalmach*, I, S. 297.

über ehrlich und aufrichtig. Das klingt banal, kann aber nicht oft genug wiederholt werden, denn es wird allzu häufig vergessen. Gegenseitiges Vertrauen — die Grundlage von Kameradschaft in jeder Armee — verlangt Aufrichtigkeit. Ein Kommandeur, der nicht aufrichtig ist, kann keine Aufrichtigkeit erwarten. Seine Soldaten werden ihm statt der Wahrheit, besonders wenn sie nicht angenehm ist, Märchen erzählen, die verheerende Folgen haben können. Und der Kommandeur selbst kann durch das Vertuschen seiner Irrtümer unabsichtlich großen Schaden anrichten. Jeder Kommandeur ist für seine Mißerfolge ebenso verantwortlich wie für seine Erfolge. Vielleicht hatte Clausewitz das im Sinn, als er sagte, es gäbe zwei Arten von Mut: den Mut, der Gefahr ins Auge zu sehen, und den Mut, die Verantwortung auf sich zu nehmen. Der Kommandeur, der den Mut hat, einen falschen oder unangebrachten Befehl zu widerrufen, wird sich den Respekt von Untergebenen und Vorgesetzten erwerben. Der uneinsichtige Kommandeur, der seines Prestiges wegen einen Irrtum vertuscht, wird das Vertrauen der Leute über und unter ihm verlieren.

Der ärgste Kommandeur ist der Intrigant, der Besserwisser, der Querulant, dessen wahre Absichten jedem ein Rätsel sind. Diese Art von Kommandeur ist natürlich um so schädlicher, je höher sein Rang. Üble Nachrede unter höheren Offizieren, Ausbeutung oder persönliche Hintansetzung von Untergebenen, Cliquenwesen zur Förderung der eigenen Interessen und zur Benachteiligung anderer — diese und ähnliche Erscheinungen sind Gift im Blutkreislauf der Armee. Früher oder später werden sie die moralischen Begriffe der höheren Rangstufen zersetzen und alle anderen bis zur untersten vergiften.

Ein riesiger Teil des Volksvermögens liegt in der Hand von Offizieren: Fahrzeuge, Ersatzteile, Treibstoff, Waffen, Munition, Bekleidung und unzähliges andere. Die in der Versorgung und Verwaltung beschäftigten Offiziere und Unteroffiziere sind täglich Tausenden von Versuchungen ausgesetzt und müssen daher (abgesehen von der üblichen Kontrolle) einen moralisch einwandfreien Charakter haben, um ihnen widerstehen zu können. Das Problem beschränkt sich nicht auf Unterschlagung und Diebstahl aus Armeebeständen und Zivilvorräten, die der Armee unterstehen. Was für Staatseigentum gilt, gilt auch für Kriegsbeute: Diebstahl ist Diebstahl, gleich, wo und wann. Es beginnt oft mit einer Kleinigkeit: ein Soldat pflückt ein paar Apfelsinen in einem Obstgarten; ein Offizier eignet sich eine Pistole als „Kriegsbeute" an, steckt sich einige Fundobjekte von einer historischen Stätte ein oder schickt seiner Frau ein „harmloses" Andenken, das er „in einem Haus im besetzten Gebiet gefunden" oder „einem Feind abgenommen hat". So wird der Damm der Armeemoral brüchig, und der Offizier ist nicht mehr imstande, die Korruption, der er selbst verfallen ist, einzudämmen. Pfennig oder Mark, klein oder groß — einerlei! Kein Kommandeur kann von seinen Leuten Ehrlichkeit und Gehorsam verlangen, wenn er ihnen nicht mit gutem Beispiel vorangeht. Und je höher der Rang, desto schwerer das Vergehen — desto schwerer aber auch die Strafe.

Befehlshaber jeden Ranges haben sich in ihrem Benehmen einer ungewöhnlichen Zurückhaltung zu befleißigen und der Neigung zu lockerer Lebensweise oder Promiskuität zu widerstehen, wollen sie nicht zum Objekt von Klatsch, Eifersucht und Intrigen werden. Loses Benehmen jüngerer Offiziere, ganz zu schweigen von höheren, gegenüber weiblichem Personal ist nicht nur eine Verletzung des Moralkodex, sondern auch ein Bruch der Disziplin. Das bedeutet keine Einmischung in das Privatleben. Verantwortliche Stellungen in der Armee tragen zahlreiche Verpflichtungen in sich, und die Armee ist keine Privatangelegenheit, in der man sich benehmen kann, wie man will.

Die Grenzen, die den jüngeren Offizieren gesetzt sind, gelten um so mehr für ihre Vorgesetzten. Der höhere Offizier ist auch für das moralische Verhalten seiner Untergebenen verantwortlich. Der jüngere Offizier hat im Lager und in seiner Truppe Zurückhaltung zu üben. Vom höheren Offizier wird mehr erwartet, sein Tun und Lassen ist dem Auge der Öffentlichkeit ausgesetzt. Ein Kommandeur, der sich nicht beherrschen, der seine Neigungen und Wünsche nicht im Zaum halten kann, darf in keiner verantwortlichen Position bleiben. Er hat sie, je früher, desto besser, aufzugeben, will er es nicht darauf ankommen lassen, daß die öffentliche Meinung oder Andeutungen seiner Vorgesetzten ihn dazu zwingen.

Der Kommandeur soll ein Vorbild an Bescheidenheit und Zurückhaltung sein, Tugenden eines jeden Mannes, erst recht eines Soldaten. Übertriebener Stolz und Großtuerei werden seinen Sinn für Proportionen und das Gleichmaß seines Urteils sowie seine Fähigkeit mindern, Sachverhalte zu überblicken und schnelle Entscheidungen zu treffen, und schließlich den Zusammenhalt seiner Einheit zerreißen. Eine klare Linie aber muß hier gezogen werden zwischen Informationen, die der Öffentlichkeit dienen, und reiner Zurschaustellung.

Offizielle Verlautbarungen für den öffentlichen oder internen Gebrauch sind von allen Offizieren zu unterschreiben, die für die Aktion verantwortlich waren, oder aber von keinem. Solche Verlautbarungen sind nicht nur genauer und ausgewogener, sondern verhindern auch Mißhelligkeiten und Verärgerungen, die gewöhnlich dann auftreten, wenn offizielle Sprecher und Informationsbüros bestimmte Personen aufs Podest erheben, wichtige Beiträge ihrer Waffenbrüder aber ignorieren. Das ist besonders ärgerlich, wenn hohe Militärs einander öffentlich Komplimente machen und sich eigene „Presseoffiziere" halten.

Kein verantwortungsvoller Kommandeur wird sich auf Kosten seiner Kollegen oder Untergebenen selbst in ein gutes Licht rücken. Es ist wünschenswert, daß höhere Offiziere die Truppen an der Front besuchen, um die Stellungen persönlich zu inspizieren und den Soldaten Mut zu machen. Das darf aber nicht in Abwesenheit des kommandierenden Offiziers des betreffenden Frontabschnitts geschehen. Sonst werden die Soldaten denken, daß „ihr Kommandeur hinten im Hauptquartier sitzt, während sein Chef den Mut hat, hier zu uns herauszukommen". Sie müssen wissen, daß „der Chef" sich den Luxus eines Frontbesuches nur leisten kann, weil ihr eigener Kommandeur gerade jetzt alles daransetzt, den Kampf zu gewinnen. Nichts ist widerlicher als solch eine Gruppe hoher Offiziere, von einer Horde Photographen und Reportern umschwärmt, die natürlich jeden „historischen Moment" für die Nachwelt festhalten, obwohl der Besuch keinen besonderen Zweck hat und der örtliche Kommandeur davon nicht verständigt worden ist. Sun Tschu hat recht: „Der General, der vorrückt, ohne nach Ruhm zu dürsten, oder zurückgeht, ohne Schande zu fürchten, der nur daran denkt, sein Land zu schützen und seinem Souverän zu dienen, ist ein Kronjuwel[4]."

Jüngere Offiziere und untere Chargen sollten für besondere Leistungen gelobt, oder ihr Prestige sollte auf andere Weise gehoben werden. Das gereicht der Armee zum Vorteil, soll sich aber nicht auf Kommandeure beschränken. Die ganze Einheit verdient ein Wort der Anerkennung oder des Lobes — manchmal in höherem Maße als bestimmte, wenn auch verdiente einzelne. Militärdienst ist nicht Selbstzweck, sondern eine Last, der man sich möglichst schnell entledigen sollte, und daher soll nicht der Mythos militärischen Heldentums gepflegt, sondern der Erfolg der Armee jeweils rational erklärt werden. Militärische Erfahrungen gewinnen auf diese Weise realistischen Erziehungswert und die Soldaten eine gesündere und belangvollere Vorstellung von ihrer Rolle in der Armee, frei von Größenwahn, Wichtigtuerei und Leichtsinn, häufigen Begleiterscheinungen so mancher Armeen.

Die Zusammenarbeit der Kommandeure steht der Pflege und Entwicklung individueller Begabungen nicht im Wege. Kriegskunst ist Teamwork. Militärische Erfolge hängen in allen Phasen einer Operation oder eines Feldzuges von der Zusammenarbeit von Individuen, Einheiten, Hilfsdiensten und Kampfformationen sowie der Kommandeure aller Rangstufen ab. Das kommandierende Personal einer jeden Einheit hat als Team zu arbeiten; es trägt die Kollektivverantwortung für die ganze Einheit und wird vom ranghöchsten Offizier befehligt. Das Armeekommando ist der Armee gegenüber ebenso verantwortlich wie die Verwaltung eines staatlichen Unternehmens der

[4] a. a. O., S. 27.

Öffentlichkeit. Es obliegt dem Zugführer, seine Männer dazu zu bringen, daß sie sich für die Leistung und das Schicksal ihres Zuges ebenso verantwortlich fühlen wie alle Zugführer zusammen für ihre Abteilung, und weiter für die Kompanie, das Bataillon und die Brigade (oder parallele Einheiten) bis hinauf zu den höchsten Spitzen für die ganze Armee. Der Kommandeur hat seine Mitarbeiter an der Planung und Ausführung der Aktion zu beteiligen, muß sich aber die Leitung vorbehalten und sich Zeit zum Nachdenken, zum Beaufsichtigen, zur Ermahnung, Ermutigung und Koordinierung lassen, kurz: er hat seine Einheit zu befehligen, ohne das große Ganze aus dem Auge zu verlieren.

Wettbewerbe zwischen Einheiten unter dem Kommando ihrer Befehlshaber sind wünschenswert, solange sie verantwortungsbewußt durchgeführt werden. Zweiseitige Übungen und Manöver geben solchen Wettbewerben den Anschein von Wirklichkeit, und das Bestreben, „zu siegen", ist sehr zu begrüßen. Gute Zusammenarbeit des Befehlspersonals der ganzen Armee wird diese Wettbewerbe in den richtigen Grenzen halten, den Streitkräften stärkeren Zusammenhalt geben und das Zusammenwirken im Kampf erfolgreicher gestalten.

Der Kommandeur ist der Vater seiner Einheit, das heißt, er erzieht sie als Soldatenfamilie, groß oder klein, je nach seinem Rang und der Zahl seiner Untergebenen. Er betrachtet sich für seine Einheit ebenso als verantwortlich wie ein Vater für seine Familie. Er stellt natürlich an seine Leute große Ansprüche, bis zur Hingabe des Lebens. Es kann daher von ihm erwartet werden, daß er mehr tut, als lediglich Ansprüche zu stellen. Er wird sich für die Nöte jedes einzelnen seiner Leute interessieren und sich um ihn ebenso kümmern wie um sich selbst. „Betrachte die Soldaten als deine Kinder, und sie werden dir in die tiefsten Schluchten folgen; sieh in ihnen deine geliebten Söhne, und sie werden dir beistehen, bis in den Tod[5]." Dieser Satz ist eine Binsenweisheit, obwohl viele, die ihm zustimmen,

5 a. a. O., S. 27.

ihn nicht immer befolgen. Bemerkenswert daran ist, daß er vor 2450 Jahren geschrieben wurde; der alte Sun Tschu verstand die Verpflichtungen eines Kommandeurs gegenüber seinen Soldaten und wußte ihren Mut zu schätzen.
Für seine Soldaten sorgen bedeutet nicht, daß der Kommandeur alles selbst tun muß. Er hat aber darauf zu achten, daß alles geschieht, wie es sich gehört, ob er es nun je nach den Umständen und den Mitteln, die ihm zur Verfügung stehen, seinen Mitarbeitern überläßt oder es selbst tut. Er soll seinen Untergebenen aller Rangstufen Vollmachten erteilen und Aufgaben zuweisen, damit er genug Zeit zum Nachdenken hat. Denn für den Kommandeur ist Denken — Tun.
Der Zweck militärischer Ausbildung ist schließlich und endlich die Vorbereitung für den Kampf. Der Kommandeur ist für diese Ausbildung verantwortlich. Daß die Sorge für die materiellen Bedürfnisse der Soldaten, ihre Unterbringung, Ernährung, ärztliche Hilfe und Unterhaltung in seinen unmittelbaren Aufgabenbereich fällt, ist selbstverständlich. Es genügt aber nicht, daß er sich nur um ihre militärische und technische Schulung und ihre Disziplin kümmert, obwohl diese Seite ihrer Ausbildung den größten Teil der Rekrutenzeit einnimmt und logischerweise auch einzunehmen hat.
Kampf ist mehr als eine Kombination von Feuer und Bewegung; Bewußtsein ist der Dritte im Bunde. Der Kommandeur darf sich daher nicht damit begnügen, Feuer und Bewegung zu dirigieren, er hat auch die geistige Reaktion seiner Soldaten auf den Kampf zu beeinflussen und ist daher für ihre geistige Vorbereitung nicht weniger verantwortlich als für die physische und technische. Väterliche Sorge für den Soldaten und sein Wohlergehen bedeutet nicht, ihn zu verwöhnen. Im Gegenteil: in Watte gepackte Soldaten werden angesichts der Schrecken des Krieges zusammenbrechen und nicht auf die größte aller Gefahren gefaßt sein. Wahre Sorge hingegen wird ihnen Zuversicht geben und sie darauf vorbereiten, den schwierigsten Situationen ruhig entgegenzusehen.
Für den Juden war das Menschenleben schon immer das höchste

Gut; das Leben einer einzigen Seele war für ihn das der ganzen Welt. Das, woran es heute in Israel am meisten fehlt, sind Menschen. Aus diesen beiden Gründen — einem moralischen und einem sozusagen materiellen — muß jede Aktion, die Menschenleben gefährdet, äußerst gründlich bedacht werden. Und aus Israels Kriegserfahrung gehen zwei Lehren hervor: seine Soldaten dürfen keinen unnötigen Gefahren ausgesetzt werden; sie müssen aber ihr Leben einsetzen, wenn es um das Leben des Volkes geht.

Die große tragische Krise des Kommandeurs beginnt, wenn er seine Mannschaft — seine Familie — ins Gefecht schicken muß. Nur wenn er in seinen Soldaten seine Kinder sieht, hat er das Recht dazu. Leute, die wissen, daß dem Kommandeur ihr Leben ebenso viel gilt wie sein eigenes und daß er sie nicht leichtfertig einer Todesgefahr aussetzen wird, werden verständnisvoll und bereitwillig jede Aufgabe auf sich nehmen, die er ihnen zuweist, sei sie noch so schwierig und gefährlich.

Soldaten, die wissen, daß ihr Kommandeur sie achtet und ihnen vertraut, daß er ihretwegen keine Mühe scheuen wird, die auch sie auf sich nehmen müssen, und daß er nie aus seinem Rang Nutzen ziehen wird, werden die Begrenzungen verstehen und sich der strengen Disziplin unterwerfen, die er ihnen auferlegt. Sie werden in den Kampf gehen in dem Bewußtsein, daß das unvermeidlich ist und daß alles getan wurde, ihn zu gewinnen. Sie werden ihr Bestes geben, um die Aufgabe zu erfüllen.

Woher nimmt der Kommandeur die Autorität über seine Leute? Was zwingt sie zur Disziplin? Was veranlaßt sie, in die Schlacht zu gehen? Ist es allein die Anerkennung seines Ranges? Der Kommandeur erhält — nach der unerläßlichen offiziellen Ernennung — seine Autorität erst, wenn er seinen Posten antritt. Das allein gibt ihm aber noch keine Macht über seine Leute, wenn er ihnen nicht beizubringen vermag, daß er nicht nur Autorität besitzt, sondern sie auch auszuüben versteht und der damit verbundenen Ehre wert ist. Er hat darauf zu bestehen, daß seine Befehle widerspruchslos ausgeführt werden. Darin unterstützt ihn das Gesetz, und Gesetz ist Gesetz. Er kann aber seine Leute nicht zwingen, ihn zu respektieren, an seine Fähigkeiten zu glauben oder ihn als Kameraden anzunehmen. Der Kommandeur ist von den dazu berechtigten Institutionen ernannt worden, aber seine Ernennung bedeutet nichts, wenn seine Untergebenen ihn nicht akzeptieren. Das geht natürlich nicht so weit, daß es den Soldaten erlaubt wäre, sich ihren Kommandeur zu wählen; sie sollten ihn aber so anerkennen und schätzen, als hätten sie ihn selbst gewählt.

Soldaten haben einen hochentwickelten Kollektivsinn. Sie irren sich fast nie in der Person ihres Kommandeurs und sind wie niemand sonst befähigt, ihn zu beurteilen. Man kann sie durch Werbung und Propaganda irreführen und einen Kult für eine Militärfigur erzeugen, die sie kaum zu Gesicht bekommen, ihnen aber nichts über den Charakter und die Eigenschaften ihres Kommandeurs vormachen, mit dem sie tagtäglich zusammenkommen.

Im Besitz ihres Vertrauens, braucht sich der Kommandeur nicht auf das Gesetz zu berufen oder schroffe Befehle zu erteilen. Sollte er sich gezwungen sehen, Strafen zu verhängen, werden seine Untergebenen das für recht und billig halten. Der Kommandeur kann sich seiner Gewalt und seines Rechts auf Bestrafung nie begeben, derjenige, der davon oft Gebrauch macht, ist aber kein guter Kommandeur.

Es gibt keine schlechten Einheiten, es gibt nur schlechte Kommandeure. Die Einheit ist für ihren Befehlshaber wie Ton in der Hand des Töpfers. Er formt die Rekruten zu einer Armee, die ihres Namens wert ist. Versagt er darin, so liegt das an ihm selbst, nicht an den Soldaten.

Viel ist über die „Distanz" gesagt und geschrieben worden, die der Offizier seinen Leuten gegenüber halten soll. Beide Extreme haben ihre Anhänger; die Wahrheit liegt wie gewöhnlich in der Mitte.

Zurückhaltung von seiten der Offiziere soll gut für die Disziplin sein. Der Kommandeur, der sich von seinen Leuten distanziert, gibt sich keine Blößen und wird so allmählich zu einer mit einem Nimbus umgebenen Gestalt, die mit höchster Autorität versehen ist, gegen die es keine Berufung gibt. Die Fürsprecher eines engeren Kontaktes zwischen Offizieren und Soldaten halten dem entgegen, daß eine künstliche Distanzierung gegen das Prinzip der sozialen Gleichheit verstößt, die unter allen Umständen gewahrt werden muß, soll auch im Gefecht wahre Einheit und Solidarität herrschen.

Die Furcht, daß ein Kommandeur sich in allen seinen Farben zeigen könnte, ist übertrieben. Ist er tatsächlich ein Schwächling oder fehlen ihm bestimmte Eigenschaften, so ist es besser, wenn das rechtzeitig entdeckt und er von seinem Posten entfernt wird. Ist er aber aus besserem Holz gemacht, so wird der erzieherische Einfluß seines Kontaktes mit den Truppen diesen nur gut tun. Eine gewisse Distanziertheit ist am Platze, es ist aber nicht nötig, sie künstlich herzustellen; sie ergibt sich natürlich und ganz von selbst. Respekt — wenn das bezweckt werden soll — wird nicht dadurch erreicht, daß man Barrieren zwischen Offizieren und Soldaten errichtet; das Verhalten des Kommandeurs, sein Charakter und seine Kompetenz werden ihn schon schaffen. Ein Kommandeur, der diese Gaben nicht besitzt und zu allen möglichen Mitteln greift, um „Distanz" zu wahren, ist seiner Aufgabe nicht gewachsen.

Dem Kommandeur steht natürlich ein eigenes Quartier zu — ebenso ein Arbeitsplatz außerhalb des Lärms des Lagerbetriebs, wo er sich auf seine Aufgabe, die oft geheimgehalten werden muß, konzentrieren kann. Es ist auch nichts gegen Offiziersklubs einzuwenden, wo die Kommandeure zusammenkommen, sich kennenlernen und ungestört gemeinsame Probleme besprechen können. Es besteht aber kein Grund für besondere Speiseräume für Offiziere und schon gar keiner für besondere Verpflegung.

Abgesehen von den Berufsoffizieren, die wie alle anderen Staatsangestellten ein zur Erhaltung einer Familie ausreichendes Gehalt bekommen sollen, darf es in der Besoldung der verschiedenen Rangstufen keine großen Unterschiede geben. Jeder bringt das gleiche Opfer, ohne Rücksicht auf seinen Rang. Der Kommandeur soll sich nicht selbst höher einschätzen als seine Leute. Er ist einer von ihnen, wenn er auch an der Spitze steht, *unus inter pares*. Neben diesen allgemein anerkannten Eigenschaften muß der israelische Kommandeur es auch verstehen, sich „Freunde zu machen", und dafür sorgen, „daß sein Talent, mit anderen gut auszukommen, ihn nicht hindert, seine anderen Eigenschaften zur Geltung zu bringen". Was immer er tut, er ist den Augen seiner Leute ausgesetzt, „wenn er arbeitet oder ruht, in seinem Zimmer, in seinen Beziehungen zum andern Geschlecht, in seiner Stellung zur Gesellschaft; er hat sich daher in jeder Hinsicht vorbildlich zu verhalten. Es stehen ihm keine besonderen Vorrechte für die besonderen Verpflichtungen zu, die er auf sich genommen hat: die größere Verantwortung und das größere Risiko im Kampf"[6]. Diese Worte Jizchak Sadehs sind heute noch ebenso gültig wie damals, als er sie an die Mitglieder des *Palmach* richtete, besonders für eine Armee, die noch immer vom Freiwilligengeist beseelt ist.

Kriegführung und alles, was zur Formierung, Ausbildung, Organisation und Vorbereitung einer Armee für den Krieg gehört, ist eine Wissenschaft. Es ist ein soziales Phänomen und daher wie andere Gebiete sozialer Betätigung ein auf genauer Beobachtung beruhender Wissenszweig, der studiert werden kann. Es heißt aber, Kommandieren sei eine Kunst. Die vielen Gegenstände, Prinzipien und Gesetze, die ein Kommandeur kennen muß, deuten eher auf Wissenschaft hin. Dennoch nehmen gewisse geistige und seelische Elemente, einschließlich das der Führung, einen großen Raum in der Tätigkeit des Kommandeurs ein. Der gute Kommandeur wird daher neben seinem technischen Wissen auch ein Gefühl dafür haben, daß Kommandieren eine Kunst ist: die Kunst der Menschlichkeit; die Kunst, mit Menschen umzugehen; die Kunst, das Verhalten von Menschen zu verstehen, auch das des Feindes. Der beste Komman-

---

6 Jizchak Sadeh, *Sefer Hapalmach*, I, S. 292—293.

deur vereint in seinem Wesen technische mit geistig-seelischen Elementen; er ist eine Synthese von Handwerker und Künstler.
Der Offizier soll zum Studium angehalten werden, um seine Aufgaben besser erfüllen zu können; es ist aber fraglich, ob das Offizierswesen ein Beruf sein sollte. Das Militärleben ist unvermeidlich einseitig und unkonstruktiv. Die moderne Technologie macht rasche Fortschritte, und der ständige Druck, mit den Neuerungen Schritt zu halten, wird den meisten Kommandeuren zur Last, wenn sie über ein gewisses Alter hinaus auf ihrem Posten bleiben. Mit zunehmendem Alter verlassen sie sich immer mehr auf ihre Erfahrungen und werden weniger empfänglich für die neuen Ideen und Möglichkeiten, die mit der Weiterentwicklung von Technologie und Soziologie entstehen. Militärdienst verlangt den ständigen Zustrom frischen Blutes und die Übergabe der Verantwortung von einer Generation an die nächste.
Es gibt viele Offiziere, zum Beispiel im Panzerkorps, in der Luftwaffe und Marine, die nicht leicht ersetzt werden können und daher länger als andere im Dienst bleiben müssen. Im allgemeinen sollte jedoch ein Höchstmaß an Dienstzeit festgesetzt werden, ebenso wie eine Mindestzeit für die Besetzung wichtiger Positionen. Das ist keine Kräftevergeudung, denn der ausgediente Offizier geht automatisch zur Reserve über, wo ihm eine seinem Wissen und Können entsprechende Stellung zugewiesen wird.
Neben ihrer militärischen Ausbildung soll den meisten Kommandeuren Gelegenheit geboten werden, einen Zivilberuf zu erlernen; nach Abschluß ihres Militärdienstes werden sie dann in der Lage sein, sich ohne besondere Schwierigkeiten in das Zivilleben einzuordnen. Viele werden lange Jahre beim Militär bleiben müssen, sollten aber von Zeit zu Zeit beurlaubt werden, um den Kontakt mit ihrem Zivilberuf nicht zu verlieren oder um nichtmilitärische Studien zu betreiben. Auf diese Weise werden sie sich der Gesellschaft, der sie angehören, nicht entfremden, ihre Interessen erweitern können und nicht den Sinn für Proportionen verlieren.

Befehlsgewalt ist eine komplexe Mischung theoretischen und praktischen Wissens mit der Kunst der Führung. Nicht minder wichtig ist die Erfahrung, die in tagtäglicher Arbeit bei der Organisierung, Planung und Ausführung militärischer Operationen erworben wird. Jeder Offizier muß daher eine Zeitlang von der Pike auf dienen und als Abteilungsführer (Unteroffizier oder Feldwebel) ausgebildet werden. Andernfalls würde ihm eine der wichtigsten Voraussetzungen fehlen, die ein Kommandeur braucht. Die glänzendste Strategie hängt letztlich von der Leistung der unteren Rangstufen ab. Der Kommandeur muß daher die Stimmung und Meinung seiner Männer kennen, muß wissen, wie weit ihre Leistungsfähigkeit reicht, und anderen Faktoren Rechnung tragen. Er kann das nicht, wenn er nicht selbst als einfacher Soldat gedient hat.

Ein Soldat ist ein Amalgam, das aus den Phasen der Ausbildung und Erfahrung geschmiedet und gehärtet hervorgeht. Dieser Prozeß bestimmt seine militärische Persönlichkeit, desgleichen die der Kommandeure bis hinauf zu den höchsten Stabsoffizieren. In China wurde vor einiger Zeit das System eingeführt, daß jeder Offizier nach einer gewissen Dienstperiode in die Reihen der Mannschaften zurückkehren muß, damit er wieder einmal am eigenen Leibe erfährt, was es heißt, einfacher Soldat zu sein, und sich nicht mit der intellektuellen Beurteilung seiner Männer begnügt. Im *Palmach* war das nicht nötig, denn Offiziere und Mannschaft beteiligten sich in gleichem Maße an fast allen Aktionen, genossen die gleiche Ausbildung und hatten den gleichen Lebensstandard: im Lager, bei der Mahlzeit, bei der Unterhaltung, bei Arbeit und Spiel.

Der Zugführer (Unteroffizier oder Feldwebel) nimmt unter den Kommandeuren eine nicht klar umrissene Stellung ein; er ist eine Art Zwischending: die Offiziere betrachten ihn nicht als ihresgleichen, und er findet es „unter seiner Würde", sich mit seinen Leuten länger zu befassen, als es seine offizielle Stellung verlangt, denn schließlich und endlich ist er ja „ein Kommandeur". In Wahrheit erfüllt er aber eine unersetzbare Funktion: die Ausführung eines von den besten Generälen ausgearbeiteten

Plans liegt in seiner Hand. Schlechte Unterführer können den besten Plan verderben, gute können schlechte Pläne retten, einfach deswegen, weil sie mit den Männern, auf denen die Hauptlast des Kampfes liegt, in unmittelbarem Kontakt stehen. Der Zugführer muß daher zum taktischen Kommandeur und Lehrer seiner Einheit ausgebildet werden. Es stimmt nicht, daß er nur in Partisanen-Verbänden (die unter ganz besonderen Bedingungen kämpfen und sich oft in kleine, unabhängige Einheiten auflösen müssen) eine Ausbildung braucht, die ihn befähigt, sich zurechtzufinden, Entscheidungen zu treffen und sie auf eigene Verantwortung auszuführen. Eine moderne, mit den neuesten Waffen ausgerüstete Armee — wie die israelische — hat ihre Zugführer so auszubilden, daß sie im Felde jederzeit das Kommando übernehmen können, wenn sie sich zum Beispiel mit ihrer Einheit von den anderen abgeschnitten sehen. Auch im „gewöhnlichen" Kampf, wo der Zugführer im Rahmen einer größeren Einheit kämpft und unter Befehl seines Vorgesetzten steht, muß er imstande sein, die Situation zu beurteilen. Moderne Feuerwaffen und die Entwicklung taktischer Kernwaffen können eine Armee in Offensive und Defensive dazu zwingen, in kleinen, verstreuten Abteilungen vorzugehen, ohne daß jedoch der Zusammenhang zwischen Einheiten und Untereinheiten verloren gehen dürfte. Alle Kommandeure müssen daher darin ausgebildet werden, den Umständen gemäß selbständig denken und handeln zu können, und Zugführer sind darin keine Ausnahme. Moderne Waffen geben überdies kleinen Einheiten mehr Feuerkraft und Beweglichkeit, stellen aber auch höhere Anforderungen an ihre Befehlshaber. Der Zugführer muß daher technisch als Offizier und nicht als Unteroffizier ausgebildet werden — wie im *Palmach* üblich.
Es sei hier wiederholt, daß ein Offizier, der eine Zeitlang als Unteroffizier gedient hat, eine Erfahrung gewinnt, die ihm keine Militärakademie geben kann. Das bekannte französische Wort kann auch — etwas abgeändert — auf Israel angewandt werden: „Jeder Zugführer trägt den Marschallstab im Tornister." Bei allem Respekt für Militärschulen und die allgemeine

und technische Ausbildung, die sie vermitteln, darf kein Absolvent einer Militärschule den Rang und die Verantwortung eines Offiziers tragen, wenn er nicht eine Zeitlang als Zugführer gedient hat.

In manchen Ländern stellt die Armee, besser gesagt: ihre höheren Offiziere, eine Bedrohung der Demokratie oder ein Hindernis bei der Errichtung eines demokratischen Regimes dar. Israels Armee ist zweifellos eine der demokratischsten der Welt, sowohl in ihrem Aufbau (obwohl hier noch manches zu wünschen übrig bleibt) als auch in ihrer Loyalität zur parlamentarischen Demokratie des Landes. Es ist aber nicht geringschätzig gemeint, wenn ich sage, daß es auch hier zu einem Überdruß an dem demokratischen Prozeß kommen kann, zu dem Wunsch, das „schwerfällige" demokratische System durch ein „effektiveres", totalitäres zu ersetzen.

Die Offiziere Israels haben eine Gelegenheit, wie sie kein anderer Teil der Bevölkerung in solchem Maße und mit solchen Möglichkeiten besitzt: die Jugend des Volkes, die Jugend beiderlei Geschlechts, ist ihnen für mindestens zweieinhalb Jahre in die Hand gegeben. Der Armee stehen mächtige Mittel der Beeinflussung zur Verfügung: Rundfunk, Presse, persönlicher Kontakt. Das Armeekommando kann daher die Jugend für eine bessere Demokratie erziehen. Und die heutige Jugend braucht den Geist der Demokratie nicht minder als das Pionierideal. Jeder Offizier hat das Recht, einer politischen Partei anzugehören, und soll dazu ermutigt werden. Er hat die gleichen Rechte wie jeder andere Staatsbürger, und als Soldat, der eine nationale Aufgabe erfüllt, sollte er an politischen Geschehnissen besonders interessiert sein. Der israelische Offizier steht jedoch in einer Position von nationaler Bedeutung und hat daher mehr als andere Staatsangestellte seinem Land in gewissenhafter Unparteilichkeit und Objektivität zu dienen, vergleichbar denen, die von einem hohen Richter verlangt werden.

Die Auswahl der Offiziere und die Zuweisung ihrer Aufgaben hat natürlich ohne jede Diskriminierung zu geschehen. Für die

Ernennung zum Offizier sind nur Fähigkeit, Eignung und Regierungstreue des Kandidaten entscheidend. Diskriminierung in der Armee ist mehr als bloße Verletzung des Gesetzes und mehr als ein Verstoß gegen die Demokratie; sie bedroht die Schlagkraft der Armee, besonders eines kleinen Staates wie Israel. Die Armee, in der das ganze Volk dient, muß daher eine allgemeine, überparteiliche Institution bleiben, die dem ganzen Volke dient.

Der israelische Kommandeur erfüllt viele Aufgaben öffentlicher und „ziviler" Natur. Diese Aufgaben stehen zu seinen militärischen Verpflichtungen nicht im Gegensatz. Er hat sich aber zutiefst dessen bewußt zu sein, daß er mit einer ganz besonderen Aufgabe betraut ist, die ihm eine besondere Stellung unter den Staatsangestellten einräumt. Diese Aufgabe ist die Vermeidung von Kriegen durch die Erhaltung einer gut ausgebildeten, tüchtigen Armee. Seine Hauptprüfung besteht er auf dem Schlachtfeld. Die Nation erwartet von ihm, daß er den gleichen Mut beweist und das gleiche persönliche Vorbild gibt wie seine Vorgänger in der Vergangenheit. Der israelische Kommandeur haßt den Krieg, geht aber bereitwillig ins Gefecht. Er schickt seine Leute nicht vor, sondern führt sie an: „Mir nach!" ist der Schlachtruf von Israels Kommandeuren.

Um zusammenzufassen: der beste Kommandeur ist der Mann, der mehr oder weniger mit bestimmten Eigenschaften ausgestattet ist, die ihm die Erfüllung seiner zahlreichen Aufgaben ermöglichen. Er ist Vater und Jugendführer, Instrukteur und Lehrer, Führer seiner Männer und Kommandeur im Kampf. Er hat seinen Mann zu stehen, einen Mann, der denkt und handelt, alle Seiten eines Arguments sieht und klare, eindeutige Entscheidungen treffen kann. Es hat vielleicht den Anschein, als verlangte ich zuviel von dem durchschnittlichen Kommandeur, als erwartete ich von ihm, ein Übermensch zu sein und Unmögliches zu vollbringen. Keineswegs. Krieg ist unmenschlich und verlangt übermenschliche Anstrengung, aber der Kommandeur braucht kein Übermensch zu sein. Natürlich wird niemand alle

Eigenschaften eines erstklassigen Kommandeurs besitzen. Jeder Mensch hat seine Besonderheiten, Stärken und Schwächen. Aber kein Befehlshaber verdient seinen Namen, der nicht hervorragende positive Eigenschaften besitzt, und niemand eignet sich zum Befehlshaber, der hervorstechende Schwächen hat. Das Leben gibt uns genug junge Männer, die sich zu Befehlshabern eignen. Man braucht sie nur zu finden, zu erziehen und auszubilden, und kommende Geschlechter werden der langen Kette großer Feldherren des Volkes der Hebräer neue Glieder anfügen.

Generalmajor Jizchak Rabin, oberster Befehlshaber der israelischen Verteidigungskräfte im Sechstagekrieg, hielt die folgende Ansprache am 28. Juni 1967 anläßlich einer Zeremonie am Skopusberg* in Jerusalem, bei der ihm die Hebräische Universität den Titel eines Doktors der Philosophie *honoris causa* verlieh, in Anerkennung seiner und seiner Armee Verdienste für Volk und Staat Israel.
General Rabin begann seine militärische Laufbahn als gewöhnlicher Soldat im *Palmach*, avancierte schnell und tat sich im Kampf gegen die Engländer als Bataillonskommandeur, später als Operationschef im *Palmach*-Hauptquartier hervor. Während des Freiheitskrieges war er Stabschef der Südfront, in einem Feldzug, der mit der Vertreibung der Ägypter aus dem Negev endete. Er setzte seinen Dienst in der regulären Armee fort und wurde im Jahre 1963 zum Generalstabschef ernannt. Seit dem Sechstagekrieg ist er Israels Botschafter in Washington.
Rabins einfache, ergreifende Ansprache, kaum drei Wochen nach dem Sechstagekrieg, hebt die Bedeutung hervor, die ein israelischer General den moralischen und geistigen Aspekten des Krieges sowie dem Kameradschaftsgefühl und dem gegenseitigen Verantwortungsbewußtsein in der Armee zuschreibt, und zeugt von einer Menschenliebe, die auch vor den Leiden des Feindes nicht haltmacht.

Ansprache am Skopusberg

Jizchak Rabin

Herr Präsident, Herr Premierminister, Herr Präsident der Hebräischen Universität, Herr Rektor der Hebräischen Universität, Mitglieder des Verwaltungsrates, meine Damen und Herren!
In tiefer Ehrfurcht stehe ich hier vor den Lehrern unseres Volkes, an diesem herrlichen Ort, der unsere altewige Haupt-

---

* Ursprünglicher Sitz der Hebräischen Universität, die im Jahre 1925 von Lord Balfour eingeweiht und im Jahre 1948 von den Jordaniern vom jüdischen Jerusalem abgeschnitten wurde. Neue Universitätsgebäude wurden später in West-Jerusalem errichtet.

stadt und die Heiligen Stätten der frühesten Geschichte unseres Volkes überblickt.

Sie haben mich mit einer Reihe hervorragender Persönlichkeiten, die gewiß diese Ehrung verdienen, zur Verleihung des Titels eines Doktors der Philosophie ausersehen. Darf ich aussprechen, was mir am Herzen liegt?

Ich stehe hier ausschließlich als Vertreter der gesamten israelischen Verteidigungsarmee: der Tausende von Offizieren und der Abertausende von Soldaten, die Israel den Sieg im Sechstagekrieg erkämpften.

Was kann eine Universität dazu bewegen, einem Soldaten das Ehrendoktorat der Philosophie zu verleihen? Was haben Soldaten mit der akademischen Welt zu tun, die für Zivilisation und Kultur steht? Was haben diejenigen, die beruflich mit Gewalt zu tun haben, mit geistigen Werten gemein? Ich glaube, daß Sie mit dieser Ehrung, die Sie in meiner Person meinen Waffenbrüdern erweisen, Ihre Anerkennung für den besonderen Charakter der israelischen Verteidigungsarmee ausdrücken wollen, die ihrerseits ein Abbild der Einzigartigkeit des jüdischen Volkes ist.

Die ganze Welt weiß, wie sehr sich Israels Armee von den Armeen anderer Länder unterscheidet. Ihre Hauptaufgabe, die Sicherheit des Landes zu wahren, ist militärisch, sie erfüllt aber auch viele dem Frieden dienende Aufgaben, nicht destruktiver, sondern konstruktiver Art, die die Stärkung der kulturellen und moralischen Kräfte des Volkes zum Ziel haben. Unsere Rolle im Erziehungswesen ist allgemein bekannt; sie wurde öffentlich anerkannt, als die Armee im Jahre 1966 den israelischen Preis für Erziehung gewann. NACHAL, diese einzigartige Verbindung von Militärdienst und Landarbeit, stellt den neuen Siedlungen an der Grenze auch Lehrer zur Verfügung und trägt zu ihrer sozialen Entwicklung bei — um nur einige Beispiele der Tätigkeit der israelischen Verteidigungskräfte auf diesem Gebiet zu nennen.

Heute aber verleiht uns die Universität ein Ehrendoktorat, nicht für diese Leistungen, sondern in Anerkennung der mora-

lischen und geistigen Kraft der Armee, die sie in dem vergangenen Krieg bewiesen hat. Wenn wir alle heute hier stehen können, so verdanken wir das dem Umstand, daß wir den uns aufgezwungenen Krieg in einen Sieg zu verwandeln wußten, den die ganze Welt bewundert.
Krieg ist hart und grausam, Blut und Tränen sind seine Begleiter. Der Krieg, den wir soeben beendet haben, brachte auch bewundernswerte Beispiele an Kühnheit und Heldentum hervor, ebenso wie erhabene Beweise von Brüderlichkeit, Freundschaft und selbst geistiger Größe. Wer nicht gesehen hat, wie eine Panzerbesatzung den Kampf fortsetzte, obwohl ihr Kommandeur gefallen und der Panzer in Stücke zerschossen war; wer nicht gesehen hat, wie Pioniere unter Lebensgefahr einen verwundeten Kameraden aus einem Minenfeld herausschafften; welche Anstrengungen die gesamte Luftwaffe unternahm, um einen über Feindesland abgeschossenen Piloten zu retten — der weiß nicht, was Kameradschaft bedeutet.
Das ganze Volk war begeistert, und viele weinten, als sie von der Eroberung der Jerusalemer Altstadt hörten. Unsere *Sabra*-Jugend und noch mehr unsere Soldaten haben nichts für Sentimentalität übrig und enthalten sich jeder Zurschaustellung ihrer Gefühle. In diesem Falle jedoch vereinte sich die Mühsal des Kampfes mit den Ängsten, die ihm voraufgingen, und dem Gefühl der Erlösung, das ihm folgte, dem Gefühl, am Herzen der jüdischen Geschichte zu stehen, und die harte Schale des Schamgefühls fiel ab, und Quellen der Freude und geistigen Wiederfindens brachen hervor. Die Fallschirmjäger, die die Mauer erobert hatten, lehnten sich an ihre Steine und weinten. Es war ein Akt, der wenige seinesgleichen in der Geschichte hat. Wir in der Armee führen keine hochtrabenden Worte im Munde, aber diese Stunde am Tempelberg war eine Offenbarung, die wie ein Blitzstrahl hervorbrach und alle Hemmungen beiseite schwemmte.
Das ist aber nicht alles. Das Land befindet sich im Siegestaumel, nicht aber die Soldaten. Sie können sich nicht richtig freuen, ihr Triumph ist von Leid und Schmerz verdunkelt, und manche

sehen überhaupt keinen Grund zur Freude. Die Männer an der Front sahen mit eigenen Augen nicht nur den Sieg, sondern auch das, was er kostete: die gefallenen, blutüberströmten Kameraden. Und ich weiß, daß der schreckliche Preis, den der Feind zahlen mußte, viele von ihnen tief erschüttert hat. Ist es Erziehung oder Erfahrung, die das jüdische Volk gelehrt hat, sich an Sieg und Eroberung nicht zu freuen, sondern sie mit gemischten Gefühlen zu begrüßen?

Der Heroismus, der sich im Sechstagekrieg offenbarte, beschränkt sich nicht auf die Tollkühnheit einzelner Männer, die, der Gefahr trotzend, vorwärtsstürmten. Vielerorts gab es lange, erbitterte Kämpfe: in Rafah, El Arisch, Um Kataf, Jerusalem und auf den Golan-Höhen. Hier und anderswo bewiesen unsere Soldaten ein geistiges Heldentum und eine Ausdauer, welche die Bewunderung eines jeden hervorriefen, der ihr Zeuge war. Man hört viel von den wenigen gegen die vielen. Zum erstenmal seit den arabischen Invasionen von 1948 und den Kämpfen um Negba und Dagania standen wir in diesem Krieg an allen Fronten einer vielfachen Übermacht gegenüber. Kleine Einheiten drangen in ausgedehnte Tiefenbefestigungen ein, die von Hunderten und Tausenden feindlicher Truppen besetzt waren und durch die sie sich mühselig und stundenlang einen Weg bahnen mußten. Sie drangen auch dann noch vor, wenn der erste Elan des Ansturms vorüber war und sie nur noch getragen waren von dem Vertrauen auf unsere Stärke, dem Glauben an das Ziel, für das wir kämpfen, der Erkenntnis, daß wir keine Wahl haben, und dem Zwang, den letzten Tropfen an Energie herzugeben, um den Kampf zu gewinnen. So brachen unsere Panzertruppen an allen Fronten durch, so drangen unsere Fallschirmjäger in Rafah und Jerusalem ein, so säuberten unsere Pioniere Minenfelder unter feindlichem Feuer. Die Männer, die nach langem Kampf in die Feindlinien eingedrungen waren, weigerten sich aufzuhören und setzten den Kampf fort, während links und rechts von ihnen die Kameraden fielen. Nicht Waffen und Kriegstechnik trugen sie vorwärts, sondern die Kraft moralischer und geistig-seelischer Werte.

Wir wollten immer die Besten unserer Jugend in den israelischen Verteidigungskräften haben. Und wenn wir „Hatowim le-Tajis" [„Die Besten zur Luftwaffe"] sagten, so dachten wir dabei nicht nur an technisches Können. Was wir meinten, war: wenn unsere Piloten in einigen wenigen Stunden die Luftstreitkräfte von vier Ländern zu zerstören haben, müssen sie von moralischen und menschlichen Motiven beseelt sein. Unsere Flieger, die die feindlichen Maschinen mit einer Präzision zerstörten, über die die ganze Welt staunt und die sie sich mit Rätselraten über geheime Waffen zu erklären sucht; unsere Panzertruppen, die den Feind überrannten, selbst wenn ihre Ausrüstung schlechter war als die seine; die Soldaten aller unserer Waffengattungen, die den Feind trotz seiner numerischen Überlegenheit und trotz seiner Befestigungen überall besiegten — sie alle bewiesen nicht nur Geistesgegenwart und Tapferkeit, sondern auch einen leidenschaftlichen Glauben an unsere gerechte Sache. Sie alle waren von der Gewißheit durchdrungen, daß nur ihr persönlicher, individueller Einsatz ihr Land und ihre Familie vor dem Schlimmsten bewahren kann und daß die Alternative des Sieges die Vernichtung ist.

Unsere Kommandeure zeigten sich überall dem Feind überlegen. Ihre Fähigkeit, ihre Einsatzbereitschaft und Improvisationsgabe, die Sorge für ihre Truppen und vor allem ihre Begabung, Menschen ins Gefecht zu führen — das sind keine Fragen von Technik und Bewaffnung, dafür gibt es nur eine Erklärung: ihren tiefen Glauben, daß der Krieg, den sie kämpften, ein gerechter Krieg war.

Alle diese Dinge haben ihren Anfang im Geiste und ihr Ende im Geiste. Unsere Soldaten siegten nicht mit Waffen, sondern im Bewußtsein ihrer Sendung und der Gerechtigkeit unserer Sache, dank der Liebe zu ihrem Land und dem Verständnis für die große Aufgabe, die ihnen auferlegt war: die Existenz unseres Volkes in seinem Heimatland zu sichern und sein Recht auf Freiheit, Unabhängigkeit und Frieden im eigenen Lande zu verteidigen — selbst unter Einsatz ihres Lebens.

Die Armee, die in diesem Kriege zu befehligen ich die Ehre

hatte, kommt vom Volk und kehrt zum Volk zurück, einem Volk, das in Krisen über sich selbst hinauswächst und in Zeiten der Gefahr den Feind mit seiner moralischen und geistigen Kraft bezwingt.

Als Vertreter der israelischen Verteidigungskräfte und im Namen jedes einzelnen ihrer Soldaten nehme ich Ihre Ehrung mit Stolz entgegen.

Die folgenden drei Landkarten illustrieren die drei großen Feldzüge Israels an der Südfront: 1948 bis 1949, 1956 und 1967. Der erste begann im Norden, fast im Zentrum des Landes, und befreite die Küstenebene, den Negev und den nördlichen Teil der Sinaihalbinsel (mit Ausnahme des Gaza-Streifens, der aus politischen Gründen aufgegeben wurde); die anderen beiden nahmen ihren Ausgang vom Negev und erstreckten sich über die ganze Sinaihalbinsel.

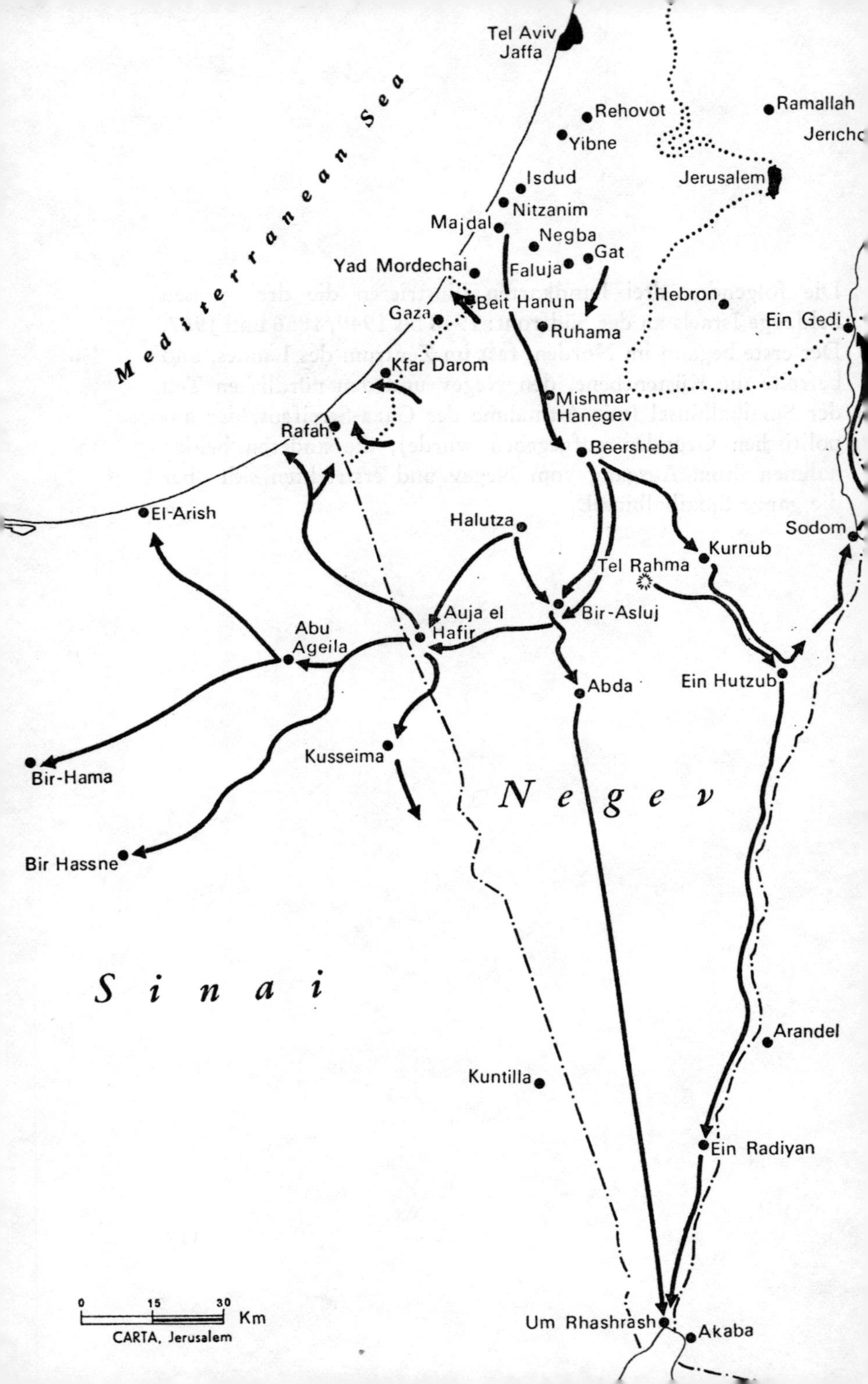

Tel Aviv
Jaffa
Mediterranean Sea
Rehovot
Ramallah
Jericho
Yibne
Isdud
Jerusalem
Nitzanim
Majdal
Negba
Gat
Faluja
Yad Mordechai
Beit Hanun
Hebron
Gaza
Ruhama
Ein Gedi
Kfar Darom
Mishmar
Hanegev
Rafah
Beersheba
El-Arish
Halutza
Sodom
Kurnub
Tel Rahma
Auja el
Hafir
Bir-Asluj
Abu
Ageila
Abda
Ein Hutzub
Kusseima
Bir-Hama
Negev
Bir Hassne
Sinai
Arandel
Kuntilla
Ein Radiyan
0
15
30
Km
CARTA, Jerusalem
Um Rhashrash
Akaba

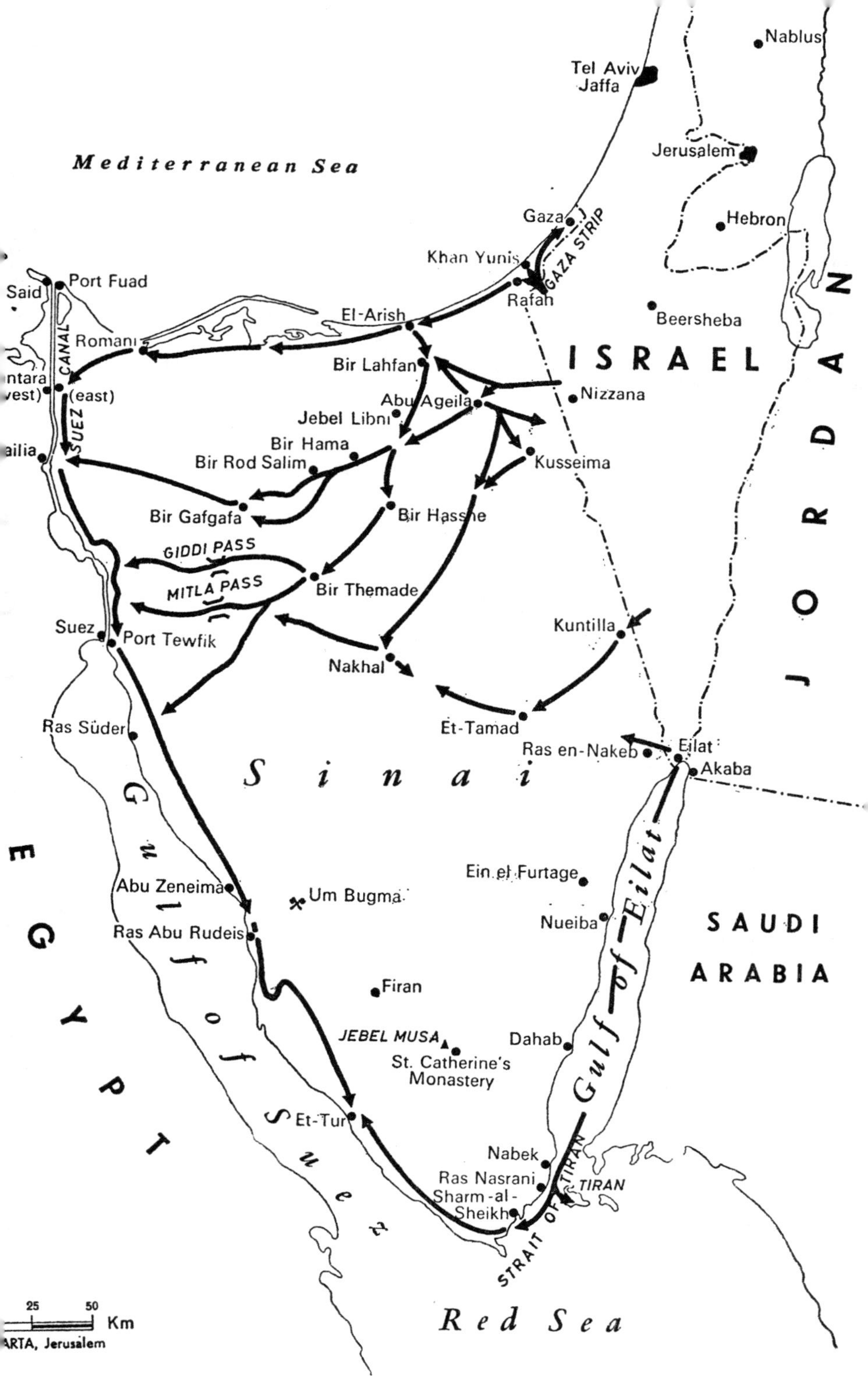

Nablus
Tel Aviv
Jaffa
Jerusalem
Mediterranean Sea
Gaza
GAZA STRIP
Hebron
Khan Yunis
Rafah
Said
Port Fuad
El-Arish
Beersheba
Romani
CANAL
ISRAEL
Bir Lahfan
ntara
vest)
(east)
Nizzana
Abu Ageila
Jebel Libni
SUEZ
Bir Hama
ailia
Bir Rod Salim
Kusseima
Bir Gafgafa
Bir Hassne
GIDDI PASS
MITLA PASS
Bir Themade
JORDAN
Suez
Port Tewfik
Kuntilla
Nakhal
Et-Tamad
Ras Süder
Ras en-Nakeb
Eilat
Akaba
Sinai
Gulf of Suez
EGYPT
Ein el Furtage
Abu Zeneima
Um Bugma
Nueiba
SAUDI ARABIA
Ras Abu Rudeis
Gulf of Eilat
Firan
JEBEL MUSA
Dahab
St. Catherine's Monastery
Et-Tur
Nabek
Ras Nasrani
TIRAN
Sharm-al-Sheikh
STRAIT OF TIRAN
Red Sea
25
50
Km
ARTA, Jerusalem

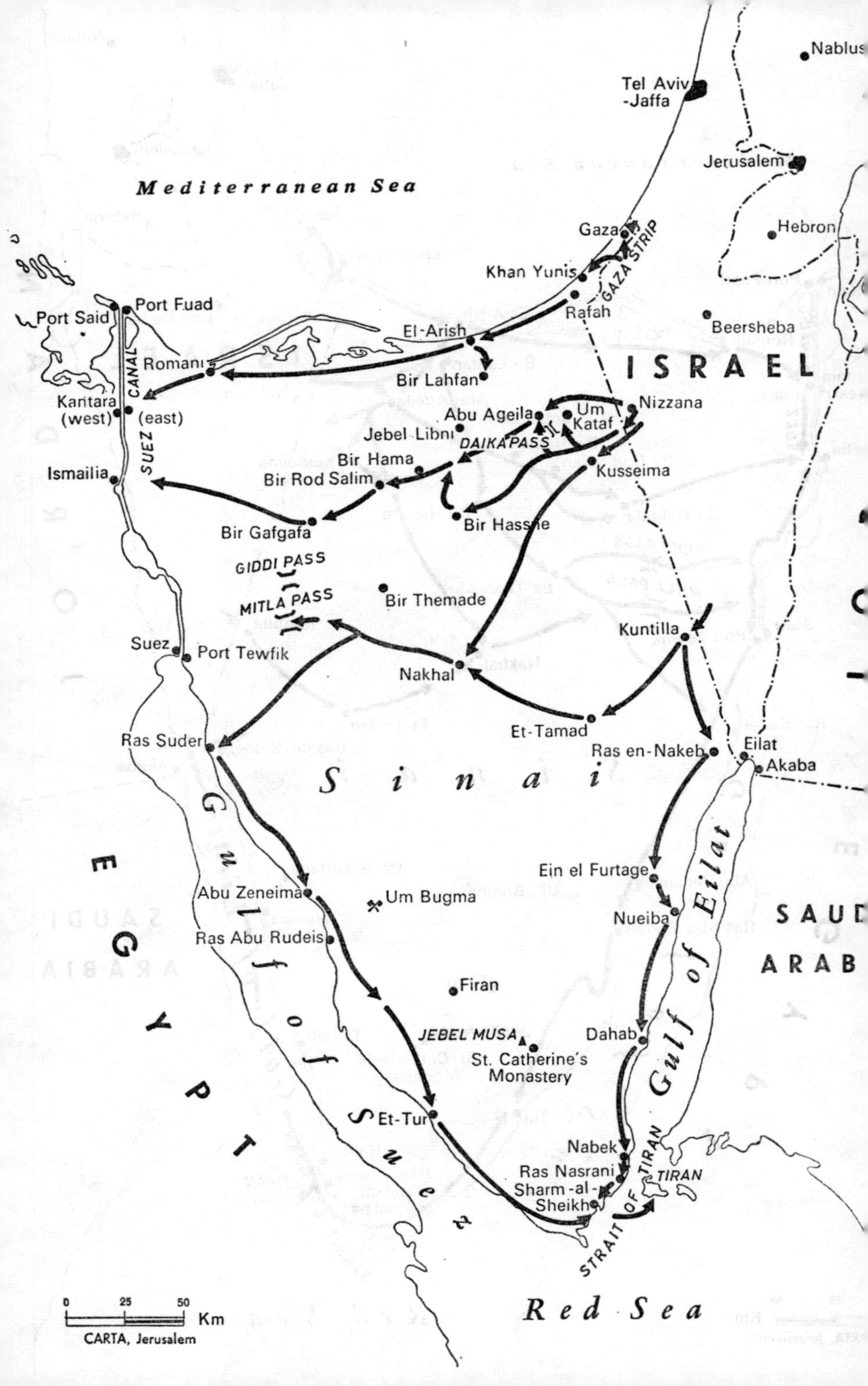

Mediterranean Sea
Nablus
Tel Aviv -Jaffa
Jerusalem
Hebron
Gaza
GAZA STRIP
Khan Yunis
Rafah
Beersheba
ISRAEL
Port Said
Port Fuad
El-Arish
Romani
Bir Lahfan
Kantara (west)
(east)
SUEZ CANAL
Nizzana
Um Kataf
Abu Ageila
Jebel Libni
DAIKA PASS
Bir Hama
Bir Rod Salim
Kusseima
Ismailia
Bir Hassne
Bir Gafgafa
GIDDI PASS
MITLA PASS
Bir Themade
Kuntilla
Suez
Port Tewfik
Nakhal
Et-Tamad
Ras Suder
Ras en-Nakeb
Eilat
Akaba
Sinai
EGYPT
Gulf of Suez
Gulf of Eilat
Ein el Furtage
Abu Zeneima
Um Bugma
Nueiba
SAUDI ARABIA
Ras Abu Rudeis
Firan
JEBEL MUSA
Dahab
St. Catherine's Monastery
Et-Tur
Nabek
Ras Nasrani
Sharm-al-Sheikh
TIRAN
STRAIT OF TIRAN
Red Sea
0 25 50 Km
CARTA, Jerusalem

Personen- und Sachregister

Abschreckungsmittel, atomare 84
Abu Ageila 56 f., 274, 286
Abu Gosch 231
Abwehrstrategie (s. a. Strategie) 22
Achbara 241, 251
Achse Berlin — Rom 27, 29
Achsenmächte 29
Achusah 205
Adriatischer Meerbusen 133
Ägypten 15, 17, 29, 31, 65 ff., 71, 73, 75—78, 80, 87, 89 f., 94—101, 103 f., 112, 127 f., 131—136, 224, 273, 285 ff.
Afrika 81, 133 f.
Aharonowitz, Ike Jizchak 161
Ajn Sejtun 234, 236, 238, 241, 246 ff., 250
Ajn Sejtun — Safed (Weg) 248
Ajn Tinna 241, 244, 257
Akaba 100
—, Golf von 58, 71 f., 75 ff., 89
Akko 16, 31, 48
Akko — Safed (Weg) 238, 241, 247
Algerien 78, 80
Alijah 258
Allenby-Brücke 176, 181 f., 184 f., 191 f.
Allenby-Brücke, Die berühmte 176, 191—195
Allon, Jigal (Jiftach) 162, 167, 175, 290
Alonim (Kibbuz) 227
Altermann 161
Altjerusalem (s. a. Jerusalem) 58
Amerika (s. a. Vereinigte St.) 17, 160, 225
Amman — Jericho (Straße) 46, 181
Amon 169
Andrews, Lewis 210

Ansiedlung (jüdische) 17, 26 f., 38 f., 41, 62, 208
Antiraketenraketen 84
Arik 276 f., 281
Aristoteles 30
Arlosoroff 172
Armee, britische 30, 32, 41, 209, 214, 228, 238, 264 f., 268, 270 f.
Artillerie (israel.) 35, 49, 103, 124, 230, 270
Aschdod 56, 207
Asien 65, 81, 133
Askalon 56
Asus-Bergkette 273—276
Atkin, Eliezer 196 f.
Atlantischer Ozean 80
Atlith 173, 200, 210
Atomkrieg 125
Audscha 272
Audscha El-Hafir 56, 273
Aufklärung(swesen) 103, 110, 182, 184, 190, 200, 254, 273
Aufklärungsabteilungen 74
Aufklärungsdienst 59, 201
Aufklärungstätigkeit 35, 212
Ausbildung (militärische) 17, 21, 24, 27, 30, 32—35, 45, 63 f., 68, 72, 82, 145, 148 f., 152—155, 214 f., 223, 225, 227, 263, 265—270, 300, 304—308
— von Unteroffizieren 155—162
Ausbildungsprogramm 139
Ausrüstung (der jüd. Kräfte) 59, 64, 68, 81, 101, 179, 187, 190, 198, 225, 229, 239, 248, 265, 270, 315
Ausrüstungsgegenstände 64, 225, 252
Autorität 16, 145, 290, 294, 301, 303
Awedath 275

Awidan, Schimon 162
Azarjahu, Amon (Dinai) 162
A-Ziv 178
Azmon, Akiwa 162

Baath-Regime 95
Bab-el-Mandeb 124
Bagdad 29
Bajit-Wegan 149
Balfour, Lord Arthur 17, 311
Balfour-Deklaration 16—18, 20, 29
Balkanländer 31
Barasch, David 162
Barbour 131
Bar-Jehuda, Jisrael 162
Bar Kochba 35
Bar-Lew, Chaim (Kidoni) 162, 196
Bataillone, jüdische (in der engl. Nahostarmee) 17
Baticha 250
Bauer, Elieser 162
Be'er, Jisrael 162
Beerotaim-Kontrollpunkt 273
Beerseba 56 f., 272, 274
Befehlsbereiche (territoriale) 54 f.
Befehlshaber 27, 35, 51, 68, 72, 111, 208, 240, 296, 299, 302, 307, 310 f.
Befreiungsarmee (arabische) 54, 121 f.
Beisan 48
Bejt Jubrin 56
Ben Gurion, David 29, 51, 140, 258, 260, 286 f.
Ben-Jehudah, Abraham 277
Ben-On, Mordechai 283
Ben-Zwi, Isser 162
Berlin 29, 134
Beschaffungswesen 70
Beschwichtigungspolitik 129 f., 135
Bet Surik 231 f.
Beth-Chanun 199, 207
Beth-Chanun — Dir Sunir (Linie) 273
Beth Ha'arawa 46, 185, 195
Beth-Kescheth 199
Bethlehem 56, 58
Beth Pfeffermann 231
Beth Schean 181

Beth Schean (Beisan) — Irbid (Straße) 181
Beth Schean — Jericho (Straße) 181
Bevölkerungszahlen 80
Bewaffnung 51, 79, 185, 213, 223, 236, 269, 270, 315
Beweglichkeit 55, 82, 307
Bewegungskrieg 57
Bewegungstaktik 56
Biddu 231 f.
Biddu — Bet Surik (Straße) 231
Biddu — Kubeiba (Straße) 231 f.
Biddu — Maale Hachamischah (Straße) 231 f.
Bir-Asluj 56
Bir-Gafgafa 57
Bir Hama 272
Bir-Hassne 57, 272
Birja 234, 238, 246 ff.
— (Berg) 247
Biro 276, 278
Bir Sabcha (s. Sabcha)
Bir Themade 288
Blockade 40, 65, 73, 77, 97, 99 f.
Blum, Jehoschua 162
Blum, Jehuda 162
Bnoth Ja'akow-Brücke 179
Bodentruppen (israel.) 82, 103 f., 125
Brigade, Jüdische (in der brit. Armee) 258, 264, 266—271
Brigade, Das Vermächtnis der Jüdischen 264—271
Brücken, Der Angriff auf die 176, 178—183
Brünn 155
Bürgerwehr 47, 55
Bull, General Odd 101
Bundesrepublik Deutschland 129 f., 134

Casus belli 77, 88, 96, 100
Ceylon 134
Chaditha 238
Chaim 192 f.
Chan Junis 275
Chareth-el-Krad 236, 241, 244, 249, 251, 253, 257
Chareth-el-Rumana 242 f.

Chartuw 148
Chasan, Ja'akow 162
Chirbet-er-Ras 263
CHISCH (Feldarmee der Haganah) 148, 225
Cis-Jordanien 101
Clausewitz 295
Cohen, Seev 249
Cohn, Gabriel 233
Crossman, Richard 223
Cunningham, Sir Alan 223

Dagania 314
Dajan, Mosche 139, 284
Daliah 155
Dalton, H. 36
Damaskus 18, 95, 106 f.
Davidi 277 f.
Deutschland 28, 36, 129, 199
Dienstgrade 60, 110, 263, 265, 268
Dir — Sened (Bahnstrecke) 182
Disziplin (militärische) 23, 27, 34, 51, 60 f., 76, 145 ff., 152, 214, 229, 260, 266, 291, 296, 300 ff.
Dokumente 139—316
Dori, Jakov 50, 162
Drechsler, Schlomo 162
„Dreieck" 54, 58
Dringlichkeitsliste 52, 67, 81, 286
Drusien 106
Dubik 275
Dubnow, Jizchak 162

Efron, Mussa 275 f., 278
Eid der *Haganah* 139, 147
— der Verteidigungskräfte 260
— des *Palmach* 139, 151
Einheit (taktische) 27, 68, 263, 269 f., 298
Einwanderung 17, 27, 35, 38 f., 41, 45, 123, 160, 165, 167, 168, 170 f., 173 ff., 208, 224, 258 f.
Einzelkampf 267
Eisenstadt, Baruch 162
Ejn Gedi 58
Ejn Haschofeth 263
Ejn-Kerem 149
Ejn Sejtim 234 ff., 238 f., 241, 245

Ejn Sejtim — Berg Kanaan (Weg) s. Kanaan, Berg. — E. S.
Ejn Sejtim — Taitaba (Berggrat) 238
El Alamein 30, 32, 265
El-Arisch 56 f., 272, 285 f., 289, 314
El-Arisch — Bir-Gafgafa (Achse) 288
Elath 97, 100
—, Hafen von 65, 72 f.
El Chawah-Brücke 180
El Damieh-Brücke 181
Elischa 275
Emek 210
Emin el Husseini, Hadschi 20
Enfield 155
England 17, 28 f., 37, 39, 73, 108, 117, 129, 155, 161, 224
Entmilitarisierung 119
'En-Traibe 190
Entscheidung, Vor einer kritischen 208—218
Erfahrungsbericht 261—263
Erkundung 32
Erziehung, ideologische 64
Erziehungsprogramm 139
Eschkol, Levi 95
Etzion-Siedlungsblock 227
Euphrat 80
Europa 28, 36, 39 ff., 130, 133, 160, 168 f., 173
Europäische Wirtschaftsgemeinschaft 129 f.
Exodus 1947 216, 220 f.

Fallschirmjäger (israel.) 72, 74, 83, 103, 106, 272, 275 f., 279, 285, 286, 288, 313 f.
Fallschirmjäger-Aktion, Eine 272—283
Fallschirmjäger-Landung 74, 83, 285 f., 288
Fallschirmkorps (israel.) 55, 68, 70, 83, 124, 272
Faluja 56
Faluja-Kessel 59
Fedajin 71, 73, 76
Feisal I., König des Irak 18
Feldartillerie (israel.) 74, 83
Fliegerabwehr 84, 103, 125

Flotte (israel.) 35, 42 f., 47, 50 f.,
  68 ff., 75, 83, 125, 140, 259, 305
Flugabwehrraketen 84
FOSCH (Feldeinheit der *Haganah*)
  24, 148
Frankreich 29, 54, 73, 108, 129 f.,
  267
Freiheitskrieg (1948) 35, 45—61, 67,
  110, 139, 148, 155, 230, 233,
  259 ff., 264—267, 269, 311
Freundschaftspakt, russisch-
  ägyptischer 130, 135
Friedenskonferenz 74, 92
Friedensoffensive, amerikanische 128
Friedensvertrag 130, 132
Frontkommandeure 55

Galiläa 17, 21, 31, 37, 54, 56, 163,
  210, 227, 240, 244 f.
Galili, Elieser 162
Galili, Jisrael 51, 140, 145, 162, 208,
  219, 294
Gaza 56, 99, 104, 182, 286
Gaza-Brücken 182
Gazafront 207
Gazastreifen 57 ff., 65, 73 ff., 77, 100,
  103 f.
Gedera 258
Gegenaktion, -offensive, vorgreifende,
  s. Offensive, vorwegnehmende
Gegenangriff, vorwegnehmender,
  s. Offensive, vorwegnehmende
Geländeausbildung 34
Gemeinschaft der Kämpfer, Die
  140, 163 f.
Generalstab der Armee 47, 50, 105,
  110, 120, 261 f.
Generalstabschef 50 f., 54, 60, 100 f.,
  111, 261, 284, 311
Georg VI., König von England 227
George, Lloyd 17
Giddie 194
Gideon 24, 151
Giles, Lionel 291
Gilead, Z. 140, 176
Ginsburg, Raphael 199—207
Gleichheit, soziale 303
Globerbaum, Jehoschua 162

Golan, Jankele 280 f.
Golanhöhen 106 f., 314
Grenzen, gesicherte 115, 117 ff.
Grenzkorps, Transjordanisches
  42, 180
Griechenland 222
Großbritannien, s. England
Groß-Sabcha, s. Sabcha
Grünbaum, Jizchak 162
Grundsätze der Haganah 139, 145 f.,
  147
Guerilla-Aktionen 38, 46, 53, 57, 66,
  76, 89
Guerilla-Einheiten (israel.) 140
Guerillaformationen (arab.) 20
Guerillakrieg 23, 33 f., 38, 51, 53, 88
Guerillas 15, 21, 45, 90
Guerillataktik 24
Guri, Chaim 199

Hadar Hakarmel 202
Haganah 15 f., 19—27, 30, 32 f.,
  35—38, 41—51, 60 f., 122, 139 ff.,
  145 ff., 155, 159, 185, 189, 210,
  212 ff., 216 ff., 223—228, 238,
  240, 256, 258 f., 263 f., 266 ff.
—, Befehlshaber der 145, 208, 294
—, Eid der 139, 147
—, Fahne der 146
—, Generalstabschef der 148
—, Grundsätze der 139, 145 f., 147
—, Hymne der 146
Haifa 31, 46, 48, 52, 196, 200, 202,
  204 f., 217, 227, 238, 287
Haifa — Beirut (Landstraße) 178
Haifa — Beirut — Tripoli (Bahn-
  linie) 178
Halkin, Schimon 162
Hamburger, Jossi 161
Hanna Szenes 202
Hariba 207
Harmann 162
Harriva 196, 198
Har-Zions, Meir 274 ff., 281
Haschomer (s. a. Wächter, Der) 16,
  141 ff., 258
Hebron 16, 56
Hebronhügel 58

Hebron-Massaker 18
Heer (israel.) 47, 50, 63, 68, 81, 83, 124, 214, 226, 262, 270
Heikal, Mohammed 129 f., 136
Heiliger Krieg 107, 130, 211 f., 221
Henriques, Oberst Robert 60
Hilfsdienste 47, 63, 84, 110 f., 196 f., 214, 225, 262, 266, 270, 298
Hilfstruppen 27
Histadruth (Allg. Arbeitergewerkschaft) 158, 208, 214, 218
Hitler 227
Hitler-Deutschland 27
Hochmann, Itzig 256
Huletal 106 f., 238
Hussein, Scherif, König von Hedschas 18

Ibrahim el Awal 75
Improvisationsfähigkeit 56, 315
Indischer Ozean 65
Indonesien 222
Infanterie (israel.) 72, 83, 104, 106, 124, 234, 285, 286
—, motorisierte (israel.) 68, 70, 74, 103, 107
Infanterie-Ausbildung 34
Infiltrationen 71, 73, 77, 98
Intervention 53, 66, 75, 78, 108, 135, 145, 167, 211, 287
Invasion 31, 40, 46, 48 f., 65 f., 69 f., 73, 90, 96, 98, 102 f., 208, 248, 262, 314
Invasionsarmeen, arab. 52, 103, 132, 272
Irak 15, 59, 78, 80, 94, 165
Irgun Ha-Haganah s. Haganah
Irgun Zwai Leumi 38, 43, 159
Ismailia 56
Israel 84—103, 105—121, 123—136, 141 ff., 145 ff., 151, 158 f., 161, 163, 165, 170, 173, 178, 219 f., 222, 225, 258 ff., 264, 267 ff., 273, 278, 284, 288—291, 293 f., 301, 307 ff., 311 f.
Israel — Ägypten (Straße) 288
Israel — Ostjordanien — Syrien (Drei-Länder-Ecke) 180

Istanbul 28
Italien 28, 266 f.

Jadin, Jigael 63, 139, 261
Jad-Mordechai 207
Jaffa 16, 48
Jagur 200, 202, 207
Jarmuk-Fluß 180
Jarring-Mission 132
Ja'uneh 240
Jehuda 275
Jemen 78, 80, 96 f.
Jenin 50, 54, 58
Jericho 185
Jericho — Amman (Hauptstraße) s. Amman — Jericho
Jerusalem 16, 19, 40, 45, 48, 52, 55, 58 f., 65, 89, 101, 106, 116, 149 f., 230, 261, 311, 314
Jerusalemer Altstadt 50, 52, 106, 313
Jerusalemer Korridor 48, 65, 230
Jerusalem — Lod (Landstraße) 231
Jerusalem Post 110
Jewish Agency 224
Jischuw 141 f., 158, 170 f., 183, 195, 209 f., 213, 216, 218 f., 221 f., 225—228, 258 f., 262
Jordan 49, 105 f., 121, 128, 179 ff., 186, 250
—, Westufer des 65, 88, 90, 94, 97, 105
Jordanien 59, 65 ff., 72 ff., 78, 80, 88 ff., 94, 97, 99, 101 f., 105 ff., 128
Jordantal 106 f., 191
Josskowitz, Z. 161
Jub Jussef 233
Judäa 37
—, Wüste 58
Jugoslawien 133

Kadesch 284
Kairo 89, 96, 101, 105, 108, 129 f., 136
Kalkilija 105
Kalman 275
Kameradschaft (-sgeist) 60, 146, 152, 163, 295, 313
Kampf, Am Vorabend des 219

Kampfbereitschaft 36, 173
Kampfeinheit, s. Einheit, taktische
Kampferfahrung 27, 266—269, 292
Kampfgeist 51, 79, 81, 101, 110, 229, 241, 263
Kampfmethoden 31, 40, 124, 135, 148
Kanaan, Berg 180, 234, 236, 237—242, 244—249, 251 f., 256 f.
Kanaan, Berg, — Ejn Sejtim (Weg) 234, 238 f.
Karkow, Josef 162
Karmel 31, 176, 180, 196, 198, 200 f., 204, 207
Karmon, David 162, 264
Katza 278
Kaukji, Fawzi al 54, 245, 250
Keditha 236
Kernforschung 87 f., 125
Kernwaffen 87 f., 125, 307
Keziv-Brücken 178
Keziv-Fluß 178
Kezioth 273
Kfar Saba 210
Khartum 112
Kibbuz (-im) 19, 24 f., 33, 37, 147, 200, 227, 228, 273
Kibija 72
Klatzkin 161
Klein, Elieser (Arik) 168
Klein-Sabcha, s. Sabcha
Klinow, J. 162
Kochaw, Schimschon 275, 280 f.
Komitee, Arabisches 27
Kommandeur (-e) 22 f., 34, 36, 47, 50 f., 60, 64, 68, 110, 148 f., 155 f., 165, 178 f., 184, 189 f., 196 f., 201, 204 f., 214 f., 225, 230 f., 243, 249, 260, 263, 269, 277, 284, 290—310, 313, 315
Kommandeur, Profil eines 290—310
Kommando-Einheiten 68
Kommandos 24
Kommando-Überfälle (jüdische) 30, 49
Konstantinopel 141
—, Abkommen von 71
Korpsgeist 33, 265

Knesseth 51, 131, 158, 233
Kräfte, motorisierte 53
Krieg, vorwegnehmender, s. Offensive, vorwegnehmende
Kriegführung 23, 37 f., 53, 67, 76, 89, 238, 304
Kriegsgrundsätze 60
Kriegsmarine, s. Flotte
Kriegstechnik 34, 42, 52, 314
Kuba 134
Kunteila 57, 273
Kusseima 57, 272 ff., 278, 281
Kuwait 80

L., Dan 201
Labour Party 36
Labourregierung 36
Landstreitkräfte (israel.) 67 f., 74, 83, 104, 123, 140, 259, 288
Latrun 50, 105
Lawrence, T. E. 18
Legion, Arabische 56
Legion, Jüdische 258
Leningrad 32
Lerner, Dan 162
Levi 275, 283
Levita, L. 162
Libanon 15, 29 f., 59, 67, 78, 80, 97, 101, 241
Libyen 80
Licht, Abraham 253
Liddell Hart, Sir Basil 56
Liga, Arabische 121, 222
Lili 274, 276, 278
Litani-Fluß 56, 59
Lochamej Cheruth Jisrael 38, 43
Logistik 52, 64, 76, 79, 101
London 20, 29, 40, 46
Loyalität 44, 61, 81, 308
Lubija 233
Luftabwehr, s. Fliegerabwehr
Luftschutz, ziviler 47, 84, 125
Luftstreitkräfte, s. Luftwaffe
Luftverteidigung 84
Luftwaffe (israel.) 35, 47, 49 ff., 66 ff., 70, 82 f., 89 ff., 102 f., 105, 107, 123 ff., 135, 140, 230, 259, 287, 288, 305, 313, 315

Lydda 50, 52 f.
Lydda — Jerusalem (Bahnlinie) 148

M. 201 f.
Majan Charod 151
Malakia 245
Malta 134
Manara 234
Mandat, britisches 15, 40, 43, 48
Mandatsbehörden 20
Mandatsmacht 19 f., 122
Mandatsregierung, britische 18, 37
Mandatsregime 15, 110
Manövriertaktik 56
Marath 241
Margalith 161
Marineinfanterie (israel.) 125
Marokko 80
Marschak, Benny 169
Massabe Sadeh (Kibbuz) 273
Massada 31, 58, 151
Mauritius 134
Meged, M. 140
Meir (Meirsohn), Golda 131, 162
Meldesystem 70
Meldewesen 63, 265
Mendelssohn 161
Meron 245
—, Berg 250
Metulla 179, 233, 258
Metulla — Libanon (Straße) 179
Metulla — Tyrus (Straße) 179
Militärdienst 62, 226, 228, 293, 298, 305, 312
Militärdoktrin 57, 70, 79, 116, 126, 128, 140
Militärorganisation 27, 41, 140
Militärtechnologie 66, 109
Milstein, Uri 272
Mischmar Haemek 263
Misgaw Am 234
Mitla-Paß 288 f.
Mitla — Nachel (Achse) 289
Mitteleuropa 40, 134
Mittelgaliläa 56, 234, 235, 241
Mittelmeer 39, 41, 45, 56, 65, 133, 176
Mittelmeerküste 75, 288

Mobilisierung 34, 91, 98, 225 f., 228, 262 f.
Mobilmachung, allgemeine 96
Modiin 151
Moralkodex 296
Moschawim 19, 24, 227

Nablus 54
Nablus — Ostjordanien (Straße) 181
NACHAL 54, 276, 278, 312
Nachel 288
Nachel — Et Tamad (Linie) 289
Nachrichtendienst (israel.) 70, 89, 93, 98
Nachrichtenwesen 30, 63
Nachschub (-wesen) 27, 70, 84, 103, 110, 124, 246
Nachtaktionen (-operationen) 49, 53, 149, 185, 230
Nachtkampf 34, 125, 263, 276
Nahalal 200, 227
Naher Osten 18, 27, 29 f., 80, 88, 107 f., 111, 113, 118, 124, 125, 129 f., 133, 136, 161, 222, 294
Nahostarmee, englische 17
Nahostkonflikt 78, 134
Namier, Prof. 110
Nasser, Gamal Abdel 56, 95 f., 104, 127, 285
Nationalheim, jüdisches 17
Nazareth 52, 210, 241
Nazi-Deutschland 20, 29
Nebi Samwil — Biddu 231
Negba 314
Negev 37, 48, 56, 58, 73, 76, 100, 104, 213, 224, 227, 230, 311
Negevfront 56
Negev-Kampagne 56
Nehemia 26
Newe-Schaanan 207
Nichtangriffspakt 84 f.
Nildelta 136
NILI-Gruppe 17
Nizana 272 ff.
Nizana — Beer Maschabim (Straße) 272
Nizana — Kusseima (Weg) 274

327

Nordgaliläa 65
Nordsinai 288
Nord-Vietnam 117
Nordzaun 24

Obergaliläa 50, 59, 106, 180, 224, 226 f., 233, 235, 240
Oberkommando, vereinigtes (arabisches) 73, 78, 99
Offensive, vorwegnehmende 69 f., 73 f., 84, 91 ff., 98 ff., 102, 109, 123
Offizier (-e) (jüdische) 23, 26, 34 f., 50, 59, 109, 149 f., 155, 159, 185, 215, 228, 262 f., 265 f., 268 ff., 275 f., 280, 286, 293, 298, 303, 305, 309, 312
Offiziersanwärter 291
Offizierslehrgänge (-kurse) 155, 263
Operation *Choref* 272
— *Jiftach* 245, 248, 251
— *Kadesch* 284, 286
Organisation (militärische) 17, 51, 56, 64, 145, 267, 287, 290, 304
Organisationsform 51
Osteuropa 40, 67, 134
Ostgaliläa 233, 245
Ostjerusalem 106
Ostjordanien 184 f.

Palästina 15, 17 f., 23, 26—29, 31, 36 f., 39—43, 45, 51, 54 f., 58, 110, 112, 121, 141, 165, 176, 184 f., 192, 209, 221 f., 224, 265, 294
Palästina-Mandat 17, 37, 224
Palästina — Ägypten (Straße, E.-Linie) 182
Palmach 30—36, 39, 41 f., 47, 50 f., 53 f., 140, 155, 159, 163, 176, 183 f., 196, 198, 200, 205, 207, 215, 225 f., 230, 233—236, 238—241, 243 ff., 247, 258, 264, 294, 304, 306 f., 311
Palmach-Aktionen 176
Palmach-Beauftragte, Briefe an 165—175
Palmach, Eid des 139, 151

—, Feldübungsprogramm des 152—154
—, Kommandeur des 148, 165, 167
Pampilow 292
Panzerabwehr (israel.) 68
Panzerbrigade (—) 51, 53, 148
Panzerkorps (—) 68, 70, 83, 104, 305
Panzertruppen (—) 74 f., 103, 107, 314 f.
Panzerverbände (—) 106
Panzerwaffe (—) 50, 68, 83, 124, 285
Pearl Harbor 66
Peel-Kommission 27
Persischer Golf 80, 133
Petach Tikwah 258
Philipp, Thomas R. 291
Pionierbewegung, zionistische 26
Pionierdienste 63
Pioniereinheiten 25, 74
Pionierkorps (-truppen) 84, 103, 124
Pioniersiedlungen, zionistische 19
Port Said 75
Präventivkrieg 69, 84 ff., 93

R., J. 205 f.
Rabin, Jizchak 98, 111, 131, 140, 162, 311
Radar-Aktion, Die 176, 199—207
Radar-Nacht, Die 176, 196—198
Rafah 56, 58, 272, 289, 314
Raful 274—277
Ram, Dan (Ramadan) 162, 165, 167
Ramallah — Biddu (Weg) 231
Ramat David, Flugfeld 105
Ramat Rachel 186, 190
Ramath Jochanan 245
Ramle 49, 52
Ramoth Naftali 234, 248
Rangordnung 50
Rangstufung (-en) 51, 295, 298, 300, 303, 306
Raschid Ali 29
Ras-en-Nakurah 178
Ras Siram 273
Ravina, Menasche 161
Rechoboth 49, 54
Regierung (Israels) 44, 51, 53, 56 f., 81, 96, 99, 101, 131, 226, 258 ff.

Repetur, Berl 162
Reserve (-einheiten) 35, 74, 98, 101, 103, 142, 166, 230 f., 248, 252, 254, 275, 305
Reservisten 35, 62 f., 81, 185, 190
Respekt 303
Revanchekrieg 62
Rewiwim (Kibbuz) 273
Rheinland 119
Rhodos, Waffenstillstandsvertrag von 272
Rischon Lezion 258
Riwka 273 ff.
Riwlin, Gerschon 162
Rodenski 161
Rommel 265
Rosch Pinna 180, 239 ff., 244 f., 251, 258
Rosch Pinna — Berg Kanaan (Straße) 236
Rosch Pinna — Damaskus (—) 179
Rosch Pinna — Safed (—) 234 f., 240 f., 246
Rothschild, Lord 17
Rotes Meer 54, 57, 65, 73, 76, 89, 99, 124
Royair-Strand 190
Rubikon 94
Rumänien 28

S., Nachum 200
Saasa 235, 245
Sabcha 273 f., 280 f., 283
Sabcha-Tal 273, 280
Sabcha — Kusseima (Straße) 274
Sabotageakte 28, 30, 95, 128, 239, 244
Sabotage-Aktion Nr. 9 176, 184
Sabotagetätigkeit (jüdische) 30, 35
Sadat 133
Sadeh, Jizchak 22 f., 139 f., 148, 163, 167, 304
Safed 16, 48, 233—236, 238—241, 243—248, 250 f., 256 f.
Safed — Ejn Sejtim (Straße) 236
Safed — Rosch Pinna (—), s. R. P. — Safed
Safed, Der Kampf um 233—257

Samach 48
Samaria — Hebron (Gebiet) 59
Samaria — Scharon (Region) 54
Sakai, Abraham (Erez) 168
Samfier 75
Samueh 241, 257
Samuel 17
Sanapir 287
Sanitätseinheiten 74
Sanitätswesen (-dienst) 47, 63, 84, 187
Saudiarabien 15, 67, 78, 80
Schaham, Joab 275
Scharm-el-Scheik 77 f., 286 f., 289
Scheich-Hussein-Brücke 171
Schein, Nehemia 178, 200
Schiffe (Einwanderer-) 28, 39 ff., 43, 45, 161, 170, 172—176, 196, 201 f.
Schischakli, Adib 236, 241, 245
Schmilowitz, Zwi (Lerman) 282
Schochat, Jisrael 141
Schomer, s. Haschomer
Schoschani, Elieser 162
Schwarzes Meer 28
Sdej Boker (Kibbuz) 273
Sebulon-Ebene 31, 200
Sechstagekrieg 15, 35, 74, 77, 79, 94—111, 112, 115, 118, 120, 123, 139 f., 155, 311 f., 314
Seestreitkräfte, s. Flotte
Senio 268
Sheppard 155
Sicherheitsgarantien 113
Sichron Jaakov 258
Siedlungen, jüdische 16—19, 21, 24 f., 27 f., 37 f., 46—50, 53, 71, 81, 100, 106 f., 113, 118, 120, 122, 141 ff., 149, 209, 213, 215 f., 220, 224, 227, 233, 235, 262, 272 f., 312
Siedlungspolizei, jüdische (JSP) 20, 26, 258
Siedlungswerk, jüdisches 25, 213
Simchoni, Assaf 284
Simchoni, Uri 275
Sinai 74, 288
Sinai-Feldzug 62, 70, 75, 77, 82, 139, 155, 272, 284, 286

329

Sinai-Feldzug 1956, Aus dem Tagebuch des 284—289
Sinaigrenze 57
Sinaihalbinsel 56 ff., 73—77, 94—97, 99 ff., 103 ff., 127, 132, 135, 230, 273, 284, 286 f., 289
Sinai-Kampagne 73
Sinaikrieg 108
Sinaiwüste 94, 288
Singer, Chaim 162
Siw, Dan 275
Skopusberg 105, 311
Skopusberg, Ansprache am 140, 311—316
Sneh, Mosche 162
Sodom 46
Sohar, Eli 168
Sohar, Zipporah (Zifzah) 168
Sowjetunion 45, 67, 76, 78, 94 f., 100, 106, 112, 129 f., 133 ff.
Spanien 222
Special Night Squads (SNS) 21, 210
Stalingrad 242 ff., 254 f.
Status quo 86, 95, 113, 124, 133
Stella-Maris-Kloster 196, 200
Stiller Ozean 65
Stoßtrupp, Doktrin des 230—232
Stoßtruppunternehmen (-aktionen) 28, 127, 230
Strategie 24, 32, 37 f., 46 f., 49, 52, 55 f., 66 f., 81 f., 84, 94, 101, 104 f., 107, 109, 123, 129, 136, 140, 263, 306
Struma 28
Sudan 80
Südamerika 81 f.
Südeuropa 133
Südnegev 57 f., 65
Südsyrien 106, 121
Suezkanal 56 f., 71, 73—76, 104 f., 127, 130 ff., 135, 285—288
Sun Tschu 114, 291, 298, 300
Syrien 15, 29 f., 59, 73, 78, 80, 94, 95, 97, 101, 106 f., 241, 251

Tabenkin, Jizchak 162
Tabenkin, Josef 162, 168, 230
Tagesbefehl 258 ff.

Taitaba 236, 238
Tamar 274 f.
Tamir, Abraham 264
Tel Aviv 50, 52 f., 146, 208, 216, 227, 233, 287, 289
Tel Aviv — Jerusalem (Achse) 54
Tel Chaj 258
Territorialabkommen 128
Territorialverteidigung 63, 66, 68, 82
Terrorakte (arabische) 71, 77, 98, 119 f.
Terrorbanden, s. Terrorgruppen
Terrorgruppen (arabische) 112, 120, 122 f., 128, 210, 272
Terroristen, s. Terrorgruppen
Terrororganisationen (jüdische) 38, 43, 159, 216, 217
Terrortaktik 38
Tiberias 16, 48, 181, 233
Tiberias-See 65, 71, 76
Tiberias — Rosch Pinna (Straße) 245
Tibi 274 f., 281 ff.
Tiefe, strategische 66, 81, 112, 117
Tiefendimensionen, geographische 52, 65, 81, 117, 132
Tiefenverteidigung 31, 124
Tiran 75, 100, 287
—, Straße (Meerenge) von 65, 77 f., 88, 90, 94, 96, 98 ff., 108, 287
Titus 31
Tobruk 32
Totes Meer 31, 42, 46, 58
Towa 274, 279
Tradition (-en) 60, 76, 140
Transjordanien 15, 59, 121, 224
Transport (-wesen) 27, 47, 63, 70, 84, 103, 265
Treueid 50
Truppeneinheiten 24, 33, 60, 93, 125
Tschechoslowakei 54, 67
Türkei 29
Tul-Kerem 54
Tunis 80
Turpin 155

Überfallkommando, Das 139, 148 ff.
Überlegenheit 55, 63, 74, 81, 85, 89, 102, 241, 285, 315

Überraschungsfaktor 23, 55, 66, 74, 104, 263
Ultimatum, englisch-französisches 75
Um Kataf 314
Unabhängigkeitserklärung (Israels) 259
Unabhängigkeitskrieg, s. Freiheitskrieg
UNEF 77 f., 95, 108
Uniform 50, 226 f.
UNO (s. a. Vereinte Nationen) 37, 53, 59
UNO-Vertretung 105
UN-Beschlüsse (1947) 46
UN-Sicherheitsrat, s. Vereinte Nationen, Sicherheitsrat der
UN-Sicherheitstruppe, s. UNEF
UN-Vollversammlung 45
UN-Waffenstillstands-Kontrollkommission 101, 273
Unruhen, arabische (1920—1939) 18, 20, 148, 209—213, 224, 258
Untergaliläa 52
Unteroffiziere 26, 155, 157, 265 f., 295, 306 f.
Unteroffizierslehrgang 155
U Thant 94 f.

Verbindungswesen 30
Vereinigte Staaten 45, 76, 129, 159
Vereinte Nationen (s. a. UNO) 15, 40, 43, 45, 50, 52 f., 59, 66, 76 f., 80, 92, 94 f., 121, 220, 223, 259, 272
— —, Generalsekretär der, s. U Thant
— —, Sicherheitsrat der 71, 73, 107, 112, 127 f., 132
Vernichtungskrieg 94
Versorgungseinheiten 74
Verteidigung 24, 49 f., 59, 66, 72, 84, 88, 108, 135, 139, 141—144, 146 f., 149, 153 f., 157, 166 f., 174, 209, 211—214, 216, 221, 224 f., 227 f., 234 f., 240 ff., 259 f., 264, 268—272, 278
Verteidigungsarmee (-heer) 44, 50, 60, 62, 110, 258, 312

Verteidigungsdoktrin 82, 101
Verteidigungskräfte 19, 35, 70, 94, 122, 139, 163, 258—261, 264, 266 f., 284, 311 f., 315 f.
Verteidigungskrieg 15, 88, 107
Verteidigungstaktik 53
Vietnam 119
Volksarmee 60
Volkswehr 27, 36

Wächter, Der (Haschomer) 16, 59, 141 ff.
Waffen 17, 21, 26, 34, 46, 51, 54, 60, 63 ff., 69 f., 72, 74, 78, 81, 86 ff., 91, 97, 99, 109, 114, 117, 126, 135, 146 f., 151 f., 156, 167, 171, 179—182, 189, 200, 210, 213, 220, 224 f., 228, 247 f., 251, 263, 285, 295, 307, 314 f.
Waffengattungen 32, 34, 72, 82 f., 124, 214, 262, 266, 269, 315
Waffenstillstand 53, 91, 93
— (11. 6. 1948) 50, 52
— (19. 7. 1948) 53 ff.
— (1949) 56, 62, 71
— (1967) 105 ff., 113, 115, 119, 127 f.
Waffenstillstandsbedingungen (1949) 59
— (1967) 112
Waffenstillstandslinien 76, 113, 116—119, 122 f., 127, 130, 272
Waffenstillstandsvertrag (-träge) 58 f., 62, 85, 272 f.
Wahab, Abdul 245
Warnsystem 70, 117, 119
Wartungsdienst (-system, -wesen) 68, 70, 75, 83, 124
Washington 131, 311
Wehrpflicht, allg. 63
Weißbuch, britisches 27 ff., 33, 39, 174, 209, 221
Weitz, Jechiam 178 f.
Weizmann, Chaim 17, 28
Wellington 155
Weltkrieg, erster 16, 18, 258
—, zweiter 18, 28 f., 32 f., 40, 158, 176, 258, 264, 270

331

Westgaliläa 48
West-Jerusalem 105, 311
Westmächte 30, 67, 99 f., 135
Westpalästina 121, 176
Wingate, General Orde 21—25, 210

Zahal 50, 110
Zemach 181
Zemach — Damaskus (Bahnstrecke) 180

Zentralgaliläa, s. Mittelgaliläa
Zionismus 21, 33, 145, 158, 194, 227
Zionistische (Welt-) Exekutive 29 f., 40
Zionistische (Welt-) Organisation 15 f., 36 f., 145 f., 158, 208
Zionistisches Aktionskomitee 141
Zugführer, Stellung des 306 ff.
Zwika 274, 277, 279
Zypern 42, 45, 54, 165, 173 f.

Inhalt

Vorwort 5
Vorbemerkung des Autors 9
Erster Teil: Die Verteidigung des Landes 13

Vor der Staatsgründung 15
Der Freiheitskrieg 45
Dem Sinai-Feldzug entgegen 62
Vom Sinai-Feldzug zum Sechstagekrieg 77
Der Sechstagekrieg 94
Seither 112
Nachwort 127

Zweiter Teil: Stimmen und Dokumente 137

Ein Vorschlag zur Verteidigung der jüdischen Gemeinschaft im Lande Israel 141
Jisrael Schochat
Grundsätze der Haganah (Mai 1941) 145
Eid der Haganah 147
Das Überfallkommando 148
Jizchak Sadeh
Eid des Palmach 151
Feldübungsprogramm des Palmach 152
Ausbildung von Unteroffizieren des Palmach in Daliah 155

Die Gemeinschaft der Kämpfer *Jizchak Sadeh*	163
Brief an einen Beauftragten	165
Rundschreiben an die Beauftragten	168
Der Angriff auf die Brücken	178
Sabotage-Aktion Nr. 9 (Bericht)	184
Die „berühmte" Allenby-Brücke	191
Die Radar-Nacht	196
Die Radar-Aktion *Chaim Guri*	199
Vor einer kritischen Entscheidung *Jisrael Galili*	208
Am Vorabend des Kampfes *Jisrael Galili*	219
Aus „Doktrin des Stoßtrupps" *Josef Tabenkin*	230
Der Kampf um Safed *Gabriel Cohn*	233
Tagesbefehl	258
Erfahrungsbericht *Jigael Jadin*	261
Das Vermächtnis der Jüdischen Brigade *Abraham Tamir und David Karmon*	264
Eine Fallschirmjäger-Aktion *Uri Milstein*	272
Aus dem „Tagebuch des Sinai-Feldzuges 1956" *Mosche Dajan*	284
Profil eines Kommandeurs *Jigal Allon*	290
Ansprache am Skopusberg *Jizchak Rabin*	311

Geschichte im Buch

Diese neue Reihe, getragen von sechs Verlagen, bringt ausgewählte Neuerscheinungen zu Themen der Geschichte und Zeitgeschichte in einheitlicher Ausstattung.

Rolf Bauer
Österreich — Ein Jahrtausend Geschichte im Herzen Europas
542 Seiten, 31 Abbildungen (Haude & Spener)

Robert Conquest
Am Anfang starb Genosse Kirow
Säuberungen unter Stalin
736 Seiten (Droste)

Fritz Federau
Von Versailles bis Moskau
Politik und Wirtschaft in Deutschland 1919—1970
248 Seiten, 32 Abbildungen (Haude & Spener)

Michael Freund
Propheten der Revolution
Biographische Essays und Skizzen
224 Seiten (Schünemann)

Wolfgang J. Helbich
Franklin D. Roosevelt
268 Seiten, 16 Bildseiten (Colloquium)

Alfred Kantorowicz
Exil in Frankreich
Merkwürdigkeiten und Denkwürdigkeiten
254 Seiten (Schünemann)

L. A. Puntila
Bismarcks Frankreichpolitik
336 Seiten, 8 Abbildungen und 8 Karikaturen (Musterschmidt)

G. A. Rein
Der Deutsche und die Politik
Betrachtungen zur Geschichte der deutschen Bewegung bis 1848
321 Seiten (Musterschmidt)

Geschichte im Buch

Diese neue Reihe, getragen von sein Verlegen, bringt ausgewählte Neuerscheinungen zu Themen der Geschichte und Zeitgeschichte in einheitlicher Ausstattung.

Rolf Bauer
Österreich — Ein Jahrtausend Geschichte im Herzen Europas
542 Seiten, 31 Abbildungen (Haude & Spener)

Robert Conquest
Am Anfang starb Genosse Kirow
Säuberungen unter Stalin
736 Seiten (Drotre)

Franz Pedrotti
Von Versailles bis Moskau
Politik und Wirtschaft in Deutschland 1919—1939
2 Bänden, 32 Abbildungen (Haude & Spener)

Michael Freund
Propheten der Revolution
Biographische Essays und Skizzen
421 Seiten (Schünemann)

Wolfgang J. Helbich
Franklin D. Roosevelt
268 Seiten, 16 Bildtafeln (Colloquium)

Aliyja Kantorowicz
Exil in Frankreich
Merkwürdigkeiten und Tagebuchblätter
284 Seiten (Schünemann)

L. A. Pondth
Bismarcks Frankreichpolitik
306 Seiten, 8 Abbildungen und 8 Karten von Manuskriptbuch

G. A. Kent
Der Deutsche und die Politik
Betrachtungen zur Geschichte der deutschen Bewegung bis 1945
321 Seiten (Musterschmidt)